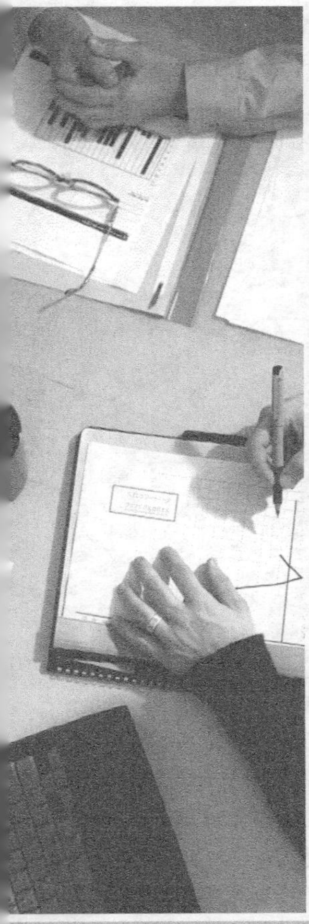

全国商业职业教育教学指导委员会推荐教材

工业和信息化高职高专“十三五”规划教材

高等职业教育财经类**名师精品**规划教材

COST CALCULATION AND CONTROL

成本计算与控制

陈强 王超 主编

王宏艳 蓝琨 副主编

人民邮电出版社

北京

图书在版编目（CIP）数据

成本计算与控制 / 陈强，王超主编. -- 北京 : 人民邮电出版社，2017.7（2020.2重印）
高等职业教育财经类名师精品规划教材
ISBN 978-7-115-45514-7

Ⅰ. ①成… Ⅱ. ①陈… ②王… Ⅲ. ①成本计算－高等学校－教材②成本控制－高等学校－教材 Ⅳ. ①F231.2②F234.2

中国版本图书馆CIP数据核字(2017)第090828号

内 容 提 要

本书根据高等职业教育技术技能人才培养目标和财政部管理会计人才培养规划，参照《企业产品成本核算制度（试行）》，紧扣初级会计专业技术资格考试《初级会计实务》的相关内容，依据工业企业成本会计岗位工作内容和工作流程，遵循以工作过程为导向，以学生为主体的教育教学理念编写而成。本书共设计了5个教学项目、22个学习任务，按照“了解成本会计—产品成本核算—成本报表的编制与分析—成本管理与控制”的递进模式，营造成本会计岗位职业氛围。本书在内容的选择上力求与财会工作方向的新变化同步，更多地加入了企业在成本管理与控制方面的新思路，以达到学生与时俱进的学习效果，实现“课、证、岗”深度融合，实现职业素养、创新创业与专业教育深度融合。

本书适用于高职高专、应用型本科、成人高校等会计类专业及相关专业的教学，也可供中专学生使用，还可作为财会人员的岗位培训教材和社会从业人士的参考读物。

◆ 主　　编　陈　强　王　超
副 主 编　王宏艳　蓝　琨
责任编辑　李育民
责任印制　焦志炜

◆ 人民邮电出版社出版发行　　北京市丰台区成寿寺路11号
邮编　100164　　电子邮件　315@ptpress.com.cn
网址　http://www.ptpress.com.cn
涿州市京南印刷厂印刷

◆ 开本：787×1092　1/16
印张：18.5　　　　2017年7月第1版
字数：513千字　　　　2020年2月河北第2次印刷

定价：49.80元

读者服务热线：(010)81055256　印装质量热线：(010)81055316
反盗版热线：(010)81055315
广告经营许可证：京东工商广登字20170147号

前 言

把降低成本进行到底

“成本计算与控制”是会计专业的核心课程，也是经济类和管理类专业的专业课之一。

美国生产力协会及管理会计协会的调查报告显示：20世纪世界各大公司把“成长”放在第一位，到了21世纪，却把“成本”放在了第一位。可见企业不仅对成本的控制和管理产生了高度的重视，而且还将其视为企业、持续成功的关键因素之一。

本书根据高等职业教育技术技能人才培养目标和财政部管理会计人才培养规划，参照《企业产品成本核算制度（试行）》，紧扣初级会计专业技术资格考试《初级会计实务》中“第八章产品成本核算”和“第九章产品成本计算与分析”的相关内容，依据工业企业成本会计岗位工作内容和工作流程调研结果，遵循“以工作过程为导向，以学生为主体”的教育教学理念编写而成。本书以成本费用归集、成本费用分配、产品成本计算、成本报表编制、成本分析为主线，以成本会计岗位工作内容为标准，以岗位的职业能力培养为重点，以岗位工作任务为驱动，按照“了解成本会计—产品成本核算—成本报表的编制与分析—成本管理与控制”的递进模式，营造成本会计岗位职业氛围。在内容的选择上，本书力求与财务工作方向的新变化同步，更多地加入了企业在成本管理方面的新思路，以达到学生与时俱进的学习效果。教材集理论教学和实训教学于一体，教学内容与岗位工作内容完全一致，体现了针对性、实用性、职业性和创新性；实现了“课、证、岗”深度融合，实现了职业素养、创新创业与专业教育深度融合。

本书在结构上设计了5个教学项目，共22个学习任务，每个项目包含知识目标→能力目标→情景写实→任务描述→任务下达→知识准备→任务实施→闯关考验→全真实训→项目小结，并适当穿插学习建议、小提示、动脑筋、相关链接等栏目，以及配套相关二维码资源。每个学习项目和任务均是模拟真实企业的实际情况设计的，使学生的学习过程与岗位工作内容完全一致，课后能力训练项目与岗位工作内容完全一致。在教学内容上，本书从期初账簿的设置、费用要素的归集和分配到成本明细账户的登记，遵循学生的认知规律和成本计算流程，使学生的学习和教学活动目的更加清晰，目标更加明确。

本书由浙江商业职业学院的陈强教授、黑龙江农垦职业学院的王超副教授任主编，黑龙江农垦职业学院的王宏艳高级会计师和江西工业职业技术学院的蓝琨任副主编。其中，陈强负责编写项目一、项目三的任务一和任务二、项目四；王超负责编写项目二、项目三的任务三和任务四；王宏艳负责编写项目三的任务五和项目五。

编者
2017年5月

目录

项目三

项目一
了解成本会计

知识目标

1. **了解成本的作用；熟悉成本的分类标准。**
2. **熟悉成本会计的职能。**
3. **掌握产品成本计算方法的适用条件。**
4. **熟悉产品成本核算流程。**
5. **掌握产品成本核算明细账的设置方法。**

能力目标

1. **能够描述成本的作用和成本的分类标准。**
2. **理解成本会计的职能。**
3. **能根据企业的生产特点和管理要求选择正确的产品成本计算方法。**
4. **会画产品成本核算流程图。**
5. **会设置产品成本核算明细账。**

情景写实

宇辰集团下属的宇辰机械有限责任公司，成本会计岗位收入水平远高于出纳会计岗位，差距在 1 000 到 2 000 元。为什么差距会这么大呢？我们知道，收入减去费用是企业的利润，为了创造更多的利润，企业除了增加收入外，另一个途径即是控制费用，也就是开源节流。成本是利润的第二源头，如何控制成本是创造利润的重要办法之一。经营者只有在生产经营中不断地取得利润，其经营活动才能得以维持和发展。成本会计岗位所需要掌握的知识远远多于出纳岗位所需要掌握的知识，这是二者收入差距的主要原因。一名合格的成本会计除了掌握成本计算与核算的各种专门方法之外，还要从宏观上把握成本会计岗位的基本理论知识，包括了解产品成本的内涵、分类、作用，熟悉成本会计的职能；能够根据企业的生产类型和管理要求选定成本的计算方法，能够根据企业的生产实际进行账户设置和规划成本核算流程。本项目即是为了解决上述问题而设置的。

任务一 熟悉产品成本

任务描述

宇辰集团的前身是宇辰机械有限责任公司，该公司是一家工业制造企业，主要生产两种产品，设出纳一名、会计一名。公司成立运营了 3 年后，老板准备规范运营管理公司，聘请了一个财务顾问。财务顾问与老板进行交流。

财务顾问：你这个公司一年的利润是多少?

老板：不知道!

财务顾问：每个订单的成本是多少?

老板：不知道!

财务顾问：企业的钱都花到哪去了？哪些花在了产品的生产上？哪些花在了经营管理上?

老板：不知道!

财务顾问：成本费用中变动成本是多少？固定成本是多少?

老板：不知道!

财务顾问：你公司聘的会计一个月多少钱?

老板：4 500 元。

财务顾问：这个会计 2 000 元都不值。

上述案例反映的问题就是当前很多中小民营企业的现实情况。

任务下达

1. 什么是产品成本?
2. 成本可以从哪些角度进行分类?
3. 研究产品的成本有何作用?

知识准备

成本被认为是为了取得资产或某种利益而发生的耗费，或者说是为了获取某种利益或实现一定目的所发生的支出。例如，购买原材料是为了获得其使用效益的支出，属于成本；雇用工人是为了取得服务的支出，属于成本。

1-1　成本

一、产品成本

按照《企业产品成本核算制度》的规定，产品成本是指企业在生产产品的过程中所发生的材料费用、职工薪酬等，以及不能直接计入而按一定标准分配计入的各种间接费用。

产品是指企业日常生产经营活动中持有以备出售的产成品、商品、提供的劳务或服务。

本书成本计算的原理以工业制造企业为例进行介绍。

二、成本的分类

为了适应成本计算、成本控制和成本规划的需要，寻求进一步降低产品成本的途径，成本可依不同目的、按各种不同标准加以分类。

1．以计算产品成本为目的的分类

（1）按产品成本的构成项目分类。产品成本按其成本构成项目分类，可分为直接材料、燃料和动力、直接人工和制造费用 4 个项目。

直接材料是指构成产品实体的原材料以及有助于产品形成的主要材料和辅助材料。

燃料和动力是指直接用于产品生产的燃料和动力。

直接人工是指直接从事产品生产的工人的职工薪酬。

制造费用是指企业为生产产品和提供劳务而发生的各项间接费用，包括企业生产部门（如生产车间）发生的水电费、固定资产折旧、无形资产摊销、管理人员的职工薪酬、劳动保护费、国家规定的有关环保费用、季节性和修理期间的停工损失等。

> **小提示**　产品生产成本明细账中设置的成本项目是直接材料、燃料和动力、直接人工和制造费用。

（2）按成本与特定产品之间的关系分类。产品成本按成本与特定产品之间的关系可分为直接成本与间接成本。

直接成本也称追溯成本，是指与某一特定产品具有直接联系的成本。它是为某一特定产品所消耗的，因而可以直接计入该产品成本。例如，大部分的直接材料和直接人工成本都属于直接成本。

间接成本是指与某一特定产品之间没有直接联系的成本，它是为几种产品所消耗的，不能直接计入某一种产品的成本，需要按适当的标准分配计入各种产品的成本。例如，制造费用是分配计入各有关产品的成本。

2．以规划成本和控制成本为目的的分类

（1）按成本习性分类。成本习性是指成本总额与业务量变化的依存关系。成本按成本习性可分为变动成本、固定成本和混合成本。

变动成本是指其总额随着业务量（可用产量，也可用直接人工小时或机器小时表示）的变化而成正比例变化的成本。但若就单位产品中的变动成本而言，则是不变的，如直接材料、直接人工中的计件工资等。必须指出，变动成本同业务量之间成正比例变动的关系是有一定范围的，超过一定范围，变动成本同业务量之间的比例关系可能会改变。

固定成本是指在一定期间和一定业务量范围内，其总额不随业务量变动而变动的成本，但单位产品中的固定成本则随着业务量的增减变化而成反比例变动。例如，房屋、建筑物的租金、保险金、管理人员工资、机器设备的折旧费等都属于固定成本。

混合成本是指其总额虽受业务量变动的影响，但其变动幅度并不同业务量的变动保持严格的比例。也就是说，混合成本兼有固定成本和变动成本两种性质，视其具体情况不同，可进一步分为半变动成本和半固定成本两类。

动脑筋

将成本区分成变动成本和固定成本在产品定价中有何作用?

（2）按成本与决策的相关性分类。成本按是否与决策相关可分为相关成本与无关成本。

相关成本是指与决策有关联的未来成本，即在决策分析过程中必须认真加以考虑的各种形式的成本，如专属成本、差别成本、机会成本、重置成本等。这些成本一般不必记录在凭证和账簿上，因为它们是尚未发生的未来成本。但是，企业进行决策时，必须结合实际情况对它们逐一进行认真研究，从而有效地对各个备选方案进行比较和选择。否则，往往会造成决策的失误。

无关成本是指过去已经发生，或虽未发生但对未来决策没有影响的成本。常见的无关成本是沉没成本；另外，在决策过程中，凡是项目一致、金额相同，为各个备选方案所共同拥有的未来成本，也属于无关成本。

（3）按成本可控与否分类。成本按其是否可控可分为可控成本与不可控成本。

可控成本是指能由一个责任单位或个人的行为所控制，受其工作好坏影响的成本。

不可控成本是指不能由一个责任单位或个人行为所控制，不受其工作好坏影响的成本。

可控成本和不可控成本的区分是相对的。其区分与成本责任中心所处的管理层次的高低、管理权限的大小及控制的范围的大小有关。例如，从整个企业的角度来看，所有的成本都是可控成本，但对于企业内部的分厂、车间、班组来说，则各有其专属的可控成本；劳动用工统一集中管理的企业，人工费用对于企业所属的内部单位来讲，是不可控成本；而有劳动用工权的分厂、车间，人工费用是可控成本；较低层次的成本责任中心的可控成本一定是较高层次责任中心的可控成本，而较高层次的成本责任中心的可控成本却不一定是较低层次责任中心的可控成本。另外，其区分同成本发生的空间有关。有些成本，即使是处于同一层次的成本责任中心，对有些中心是可控的，对有些中心则是不可控的。例如，材料采购成本的高低对于负责采购工作的供应部门来说是可控的，而耗用材料的生产车间却无法控制材料价格的高低，他们只对材料单耗负责。

区分成本的可控与不可控，目的是为了区分成本责任。成本责任中心只对自己可以控制的成本负责，不可控成本不应成为业绩考核的内容。

动脑筋

请谈一谈上述 3 种成本分类标准在实际工作中有何具体意义?

三、成本的作用

1. 成本是制定和选择决策方案的重要依据

在市场价格一定的条件下，成本高低直接影响企业的盈利水平与市场竞争的能力。企业进行生产经营或投资决策，多以效益的高低作为评价决策的标准，而衡量决策方案经济效益的高低时，成本是必须考虑的主要因素。假定一家饺子店的管理部门正在考虑扩展业务增加新品种，或是在一个不同地区增加新的连锁店。决策的关键是确定哪种选择最有利可图：保持现有规模？在现营业地点扩大经营？或开设新店？

例如，老大娘饺子店单一经营饺子业务，每天的营业时间是上午 11 点到晚上 9 点。店老板刘大娘准备考虑延长营业时间，即每天晚上 9 点到 12 点也营业。该决策从经济效益方面考虑是否可行？这取决于延长时间后收入和成本的变动情况。她将此任务交给了主管成本工作的会计刘超，刘超利用他的知识以及工作经验和市场情况来预计成本的变化，并确认引起成本变动的因素。根据预测，刘超认为晚上延长 3 个小时营业时间，每个月收入、原料成本、人工及水电费将增加 30%，其他成本将增加 10%，由于经营用房是按年租借的，所以每月的租金不变，设备折旧不变，那么预计的月利润情况如表 1-1 所示。

表 1-1　　老大娘饺子店月利润表　　单位：元

项目	基本营业时间的金额	延长营业时间后的金额	差异
销售收入	100 000	130 000	3 000
成本			
原料	40 000	52 000	12 000
人工	16 000	20 800	4 800
水电费	5 000	6 500	1 500
租金	20 000	20 000	0
折旧	5 000	5 000	0
其他	4 000	4 400	400
成本合计	90 000	108 700	18 700
营业利润	10 000	21 300	11 300

通过收入和成本对比分析可以发现，延长晚上的营业时间每月可以增加 11 300 元营业利润。以此为依据，老板刘大娘决定延长晚上的营业时间。

由此可见，对于制定决策来说，过去的成本信息是进行决策分析的重要工具和依据，没有过去的准确的成本信息是无法进行正确决策的。

2．成本是业绩评价的重要依据

一个企业会将各种责任派给不同的人员，如将一个分工厂安排给一个厂长负责，将一个车间安排给一名车间主任负责，将一个事业部安排给一名部门经理负责等，这些分厂、车间和事业部等部门从管理会计的角度称为责任中心，责任中心的负责人对他所管辖部门机构的经营和资源利用负责。责任中心根据它的控制区域和权责范围的大小，一般可分为成本中心、利润中心和投资中心，其中成本中心是基础，因为 3 个中心的任何一个中心都要进行成本核算；划分责任中心的目的是充分调动一切积极因素，使各中心在其职责范围内，恪尽职守，努力工作，并根据业绩评价的优劣进行奖惩。业绩评价的方法一般是将各责任中心的有关项目的实际发生数与其预算数进行比较。这里的有关项目，根据不同责任中心其评价的内容也不完全相同，但成本是最重要的，没有成本数据的对比考核，任何中心的业绩评价都是没有实际意义的。

学习建议

此案例在学习中用 Excel 进行动态分析，学生动手制作 Excel 表，设计公式进行计算分析，培养 Excel 操作技能。

仍以老大娘饺子店为例。该店开始投产时由老板本人管理全部经营业务。但随着业务的发展她又新添了鸭血粉丝汤业务，于是雇用了王宏艳和咸苏娜两名经理分别管理饺子部和鸭血粉丝汤部。刘大娘自任总经理监督整个业务的营运。每个经理对本部门的收入和成本负责。餐饮店租金、水电费和其他管理成本由两个部门分摊，刘大娘对两个部门经理实行年薪制，即每个月发给 1 500 元生活费，年终根据考核后的业绩发给效益工资。两个部门某月份简化损益对比表如表 1-2 所示，通过此表可以看出哪个部门业绩好。

表 1-2　　部门简化损益对比表　　单位：元

项目	饺子部		鸭血粉丝汤部	
	预算数	实际数	预算数	实际数
销售收入	150 000	165 000	150 000	158 000
部门成本				
原料	60 000	63 000	60 000	55 000
人工	20 000	22 000	20 000	20 000
水电费	5 000	5 000	5 000	5 000
租金	10 000	10 000	10 000	10 000
折旧	2 500	2 500	2 500	2 500
其他	1 000	1 000	1 000	1 000
部门成本合计	98 500	103 500	98 500	93 500
部门毛利	51 500	61 500	51 500	64 500

分析：从表 1-2 中的数据可以看出，饺子部的销售收入完成预算的程度比鸭血粉丝汤部要好很多，即饺子部完成了预算 110%（165 000÷150 000×100%=110%），而鸭血粉丝汤部只完成了________。但从毛利率看，鸭血粉丝汤部却比饺子部完成预算的程度要好，即饺子部完成了________，鸭血粉丝汤部完成了________，所以鸭血粉丝汤部的业绩好于饺子部。其主要原因是饺子部的实际成本比预算高了________，而鸭血粉丝汤部的实际成本比预算低了________，为什么会出现这种现象，需进一步研究。即饺子部应该调查原料的使用过程中是否存在浪费问题、员工是否存在计划外加班的现象等。

3．成本是制定价格的依据

根据价值规律，产品价格决定于产品价值。但在产品价值无法直接计算的情况下，只能通过产品成本间接地反映产品价值水平，所以，成本是制定价格的依据。

动脑筋　学习了这么多的成本知识，请思考一下，上述内容对企业管理的重要意义是什么？

四、成本会计的含义及发展

成本会计是指收集、整理成本信息，并用成本信息进行成本控制的管理活动。即成本会计是运用成本核算理论和成本管理方法进行产品的总成本和单位成本计算并进行成本管理的会计。

成本会计是随着社会经济的发展逐步完善起来的。其产生和发展先后经历了原始成本会计阶段（1880～1920 年）、近代成本会计阶段（1921～1945 年）、现代成本会计阶段（1945～1980 年）和战略成本会计阶段（1981 年以后）等。成本会计的方式和理论体系，随着发展阶段的不同而有所不同。

小提示　财务会计要依据成本会计所提供的有关资料进行资产计价和收益确定，而成本的形成、归集和结转程序也要纳入以复式记账法为基础的财务会计总框架中，因此，成本数据往往被企业外部信息使用者用于对企业管理当局业绩的评价，并据此做出投资决策。同样，成本会计所提供的成本数据，往往被企业管理当局作为决策的依据或用于对企业内部管理人员的业绩评价。

动脑筋　请了解成本会计的具体发展趋势是怎样的？工业企业成本会计核算的对象是什么？商品流通企业成本核算的对象是什么？

五、成本会计的职能

成本会计的职能是指成本会计在生产经营过程中所能发挥的功能与作用。现代成本会计拓宽了传统成本会计的内涵和外延，其涉及的内容广泛，以我国会计界目前的共识来看，现代成本会计的主要职能有以下 7 个方面。

1．成本核算

成本核算是根据一定的成本核算对象，采用适当的成本计算方法，按规定的成本项目，通过各费用要素的归集与分配，计算出各成本计算对象的总成本和单位成本。成本核算是成本会计最基本的职能。成本核算既是对生产经营过程中发生的生产耗费进行如实反映的过程，也是进行反馈和控制的过程。通过成本核算可以反映成本计划完成的情况，并为进行成本预测、编制下期成本计划提供可靠的资料，同时也为以后的分析和成本考核提供必要的依据。

2．成本分析

成本分析是利用成本核算等资料与本期计划成本、上年同期实际成本、本企业历史先进成本以及国内外同类产品先进成本进行比较，分析成本水平构成的变动情况，研究成本变动的因素和原因，挖掘降低成本的潜力。通过成本分析，可以为成本考核提供依据，为未来成本的预测和决策，以及编制新的成本计划提供资料。

3．成本预测

成本预测是指根据成本的有关数据，以及可能发生的企业内外环境变化和可能采取的各项措施，运用一定的技术对未来的成本水平及其发展趋势所做出的科学估计。通过成本预测，可以减少生产经营管理的盲目性，提高成本管理的科学性与预见性。

4．成本决策

成本决策是在成本预测的基础上，根据其他有关资料，在若干个与生产经营和成本有关的方案中，选择最优方案以确定目标成本。做出最优化的成本决策是编制成本计划的前提，也是提高经济效益的途径。

5．成本计划

根据成本决策所制定的目标成本，具体规定在计划期内为完成经营任务所需支出的成本、费用，确定各个成本水平，并提出为达到目标成本水平所应采用的各种措施。成本计划是降低成本、费用的具体目标，也是进行成本控制、成本分析和成本考核的依据。

6．成本控制

成本控制是根据成本计划，对成本发生和形成的过程以及影响成本的各种因素进行限制与监督，使之能按预定的计划进行的一种管理活动。通过成本控制可以保证成本目标的实现。成本控制包括事前控制和事中控制。

7．成本考核

成本考核是定期对成本计划及其有关指标的实际完成情况进行总结和评价，以监督和促使企业加强成本管理责任制，履行经济责任，提高成本管理水平。成本考核一般与奖惩制度结合，以调动各责任人努力完成目标成本的积极性。

成本会计的各项职能是相互联系、相互依存的。成本预测是成本决策的前提；成本决策是成本预测的结果；成本计划是成本决策所确定目标的具体化；成本控制是对成本计划实施进行的监督；成本核算是对成本计划是否完成的检验；成本分析是对计划完成与否的原因进行检查；成本考核则是实现成本计划的重要手段。这 7 项职能中，成本核算是基础，没有成本核算其他各项职能都无法进行。成本会计的各项职能及其关系如图 1-1 所示。

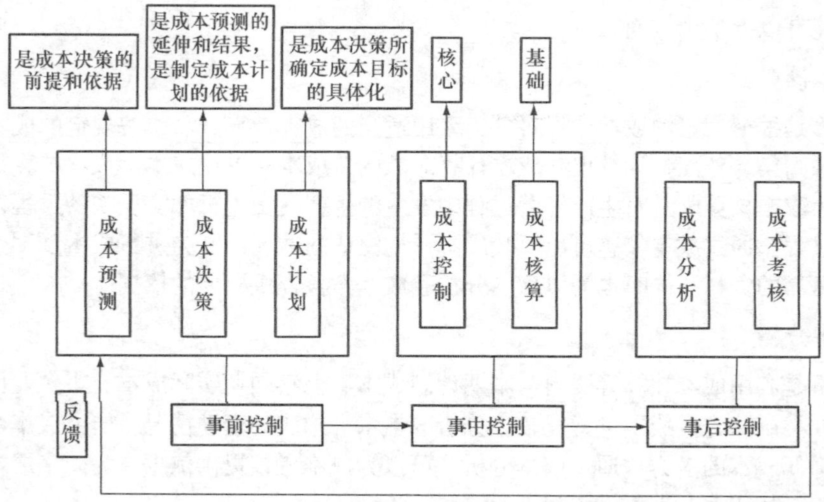

图 1-1　成本会计的职能及其关系

> **小提示**
>
> 成本会计的中心内容为成本核算。成本核算是对生产经营管理费用的发生和产品成本的形成所进行的会计核算。首先，审核生产经营管理费用，看其是否已发生，是否应当发生，已发生的是否应当计入产品成本，实现对生产经营管理费用和产品成本直接的管理和控制。其次，对已发生的费用按照用途进行分配和归集，计算各种产品的总成本和单位成本，为成本管理提供真实的成本资料。
>
> 成本会计的实质内容是成本管理。成本管理是指企业生产经营过程中各项成本核算、成本分析、成本决策和成本控制等一系列科学管理行为的总称。成本管理是在企业预算的基础上，根据企业的经营目标，在成本预测、成本决策、测定目标成本的基础上，进行目标成本的分解、控制分析、考核、评价的一系列成本管理工作。它以管理为核心、核算为手段、效益为目的，对成本进行事前测定、日常控制和事后考核，从而形成一个全企业、全过程、全

员的多层次、多方位的成本体系，以达到少投入、多产出，获得最佳经济效益的目的。成本管理是企业管理的一个重要组成部分，它要求系统而全面、科学与合理，它对于促进增产节支、加强经济核算、改进企业管理、提高企业整体管理水平具有重大意义。

六、成本会计岗位职责

由于企业规模、生产类型和管理要求不同，所以不同企业的成本会计岗位职责也存在着差异，有的企业成本会计还兼任其他会计岗位的工作，如采购会计岗位、销售会计岗位、费用会计岗位等，在岗位职责的确定上只要不违背内部控制的不相容职务相分离的基本原则即可。本书仅从成本核算角度介绍成本会计岗位的基本职责。具体的岗位职责体现在以下几个方面。

（1）参与编制年度生产计划，确定成本目标，编制生产预算。

（2）根据企业的生产类型和管理要求设置生产成本明细账或成本计算单。

（3）审核材料出库单，编制与成本有关的会计凭证，登记生产成本和制造费用等明细账。

（4）审核工资结算单，编制工资费用分配表，编制与成本有关的会计凭证，登记生产成本和制造费用等明细账。

（5）审核或编制固定资产折旧计算表，编制与成本有关的会计凭证，登记制造费用明细账。

（6）月末或产品完工时及时、正确地进行各项成本费用的归集与分配，根据完工产品入库单和在产品记录，计算完工产品成本，完成各种成本明细账的结转工作。

（7）根据车间提供的产量、产值报表，进行分类、汇总，编制车间生产完成情况月报表并进行综合统计，保证报表的真实、准确、及时。

（8）根据管理要求，按周、月或季度编写成本分析报告，对车间的生产完成情况进行综合、总结、概括，对产量、单价、成本和利润进行多角度测算、分析、总结，提交在产品、产成品账龄分析表、产成品成本异动分析表等管理报表，并提出完善成本管理、改进生产效率的建议和措施。

（9）根据国家发布的《企业产品成本核算制度（试行）》和成本核算的有关规定，结合本单位生产经营的特点和管理的要求，参与修订成本核算管理制度。

动脑筋　如果你是单位的一名成本会计，则在平时的工作中需要经常打交道的部门和岗位有哪些？

任务实施

（1）产品成本是指企业在生产产品的过程中所发生的材料费用、职工薪酬等，以及不能直接计入而按一定标准分配计入的各种间接费用。

（2）成本可以从两个大的角度进行分类：一是以计算产品成本为目的的分类；二是以规划成本和控制成本为目的的分类。

（3）成本是制定和选择决策方案、业绩评价和制定价格的重要依据。

闯关考验

一、单选题

1. 根据有关的历史数据，运用一定的方法对未来的成本水平及发展趋势所做出的科学估计是（　　）。

A. 成本预测　　B. 成本分析　　C. 成本计划　　D. 成本决策

2. 成本会计最基础的职能是（　　）。

A. 成本分析　　B. 成本核算　　C. 成本控制　　D. 成本决策

3. 产品成本是指企业在生产产品的过程中所发生的材料费用、职工薪酬等，以及不能直接计入而按一定标准分配计入的各种（　　）。

A. 管理费用　　B. 财务费用　　C. 销售费用　　D. 间接费用

4. 下列（　　）不应计入产品成本。

A. 管理费用　　B. 制造费用

C. 生产车间管理人员的工资　　D. 生产车间的机物料消耗

二、多选题

1. 成本会计的职能包括（　　）。

A. 成本预测　　B. 成本决策　　C. 成本控制　　D. 成本计划

2. 成本会计具有的重要作用包括（　　）。

A. 成本是业绩评价的重要依据　　B. 成本是重要的经济指标

C. 成本是制定价格的重要依据　　D. 成本是进行生产经营决策的重要参考

3. 产品成本按其成本构成项目分类，可分为（　　）。

A. 直接材料　　B. 直接人工　　C. 燃料和动力　　D. 制造费用

4. 成本习性是指成本总额与业务量变化的依存关系。成本按成本习性可分为（　　）。

A. 变动成本　　B. 固定成本　　C. 混合成本　　D. 可控成本

5. 成本可以从两个大的角度进行分类：（　　）。

A. 以计算产品成本为目的的分类　　B. 以规划成本和控制成本为目的的分类

C. 以成本是否可控为标准的分类　　D. 以与生产是否相关为标准的分类

三、判断题

（　　）1. 在成本会计的职能体系中，成本核算是成本会计最基本、最重要的职能。

（　　）2. 产品生产成本是企业为生产一定种类和数量的产品所发生的各种耗费的总和，不包括管理费用、营业费用和财务费用。

（　　）3. 期间费用包括管理费用、财务费用和销售费用。期间费用发生时，应采用分摊的方法计入产品成本，才能保证产品成本计算的完整性。

（　　）4. 成本按习性分类可分为变动成本和固定成本。

（　　）5. 成本按习性分类管理有助于企业加强成本管理，提高企业的经济效益。

全真实训

某企业在本会计期间内发生部分经济业务内容如下。

1. 为制造产品主体消耗了材料费用 250 000 元。
2. 为制造产品支付了工资费用 150 000 元。
3. 生产设备和生产用房屋计提折旧费用 80 000 元。
4. 行政管理部门办公设备和办公用房计提折旧费用 30 000 元。
5. 生产过程中发生的定额内废品损失 5 000 元。
6. 购买新的生产设备支付银行存款 500 000 元。
7. 对外投资支付 20 000 元。
8. 向投资者分配利润 30 000 元。

9. 以现金支付广告费 50 000 元。

10. 因违反税法等有关规定被处罚，支付现金 6 000 元。

11. 支付本期利息支出 600 元。

要求：指出上述支出中哪些应计入产品成本，哪些应计入期间费用。

任务二 熟悉企业的生产类型与管理要求

任务描述

宇辰机械有限责任公司的生产部门有两个：一个是基本生产车间，另一个是铆焊车间。铆焊车间为基本生产车间生产的部分产品进行精加工，同时生产一些大型的单件产品。基本生产车间的产品均按订单进行生产。产品的生产分为 4 步：第 1 步是进行废铁熔炼，生产铁水；第 2 步是将铁水浇入铸模中，形成半产品；第 3 步是将半产品进行除砂处理；第 4 步是对上步半成品进行精细加工，形成产成品。

任务下达

1. 从生产工艺的角度看，产品生产可以分为哪些类型？
2. 从生产组织方式的角度看，产品生产可以分为哪些类型？
3. 生产工艺和生产组织方式对成本的计算方法有哪些影响？
4. 宇辰机械有限责任公司生产车间应采用什么方法计算成本？

知识准备

一、工业企业的生产类型及其特点

工业企业产品成本计算的过程，就是将生产经营过程中所发生的费用按照一定的对象进行归集和分配，最终计算出产品的总成本和单位成本的过程。

在实际工作中，工业企业计算产品成本有多种不同的方法，决定产品成本计算方法的主要因素是产品成本计算对象，而决定产品成本计算对象的主要因素则是企业的生产类型特点和成本管理要求。正是基于此，在确定一个企业产品成本计算的方法之前，首先要分析企业的生产类型特点和成本管理要求，选择适合本企业的计算方法，进而得出准确的产品成本。企业的生产类型，就是企业按照生产工艺过程和生产组织方式的不同进行的划分。

1．生产类型按生产工艺特点分类

生产工艺过程是指制造各种产品的具体方法，即工人使用机器设备等直接改变原材料的形状、尺寸、成分、性质等，使其成为预期产品的过程，如机械制造过程中的铸造、锻压、机械加工、热处理、装配检验等一系列生产过程。

按照生产工艺过程的特点，产品生产可以分为单步骤生产和多步骤生产。

（1）单步骤生产。单步骤生产也称为简单生产，即生产工艺过程不能间断，或者由于工作场地的原因不便于分散在不同地点进行的生产。此类生产的生产周期较短，工艺比较简单，如发电厂、采掘工业、燃气生产、铸造企业等。

（2）多步骤生产。多步骤生产也称为复杂生产，即产品的生产工艺过程由若干可以简单、可以分散在不同时间和地点进行的生产步骤所组成的生产。此类生产的生产周期长，工艺比较复杂，如纺织企业、钢铁企业、机械制造、服装加工企业、造纸及冶金等。

多步骤生产按照其产品加工方式的不同，还可以分为连续加工式生产和装配式（平行加工）生产。

连续加工式多步骤生产是指从原材料投入生产直到产品完工，需要依次经过各生产步骤的连续加工，前一步骤完工的半成品都是企业自制半成品，也往往就是下一步骤的加工对象，此类企业如纺织、造纸、服装等。

装配式多步骤生产是指各个生产步骤可以在不同时间、不同地点同时进行，即将原材料投入到不同的生产加工部分制成各种零件、部件，然后再将零件、部件装配成产成品，此类企业如机械制造、汽车、电动车等。

2．生产类型按生产组织方式分类

生产组织方式是指企业生产的专业化程度，具体是指企业在一定时期内生产产品品种的多少、同类产品数量的多少以及生产的重复程度。按照企业生产组织方式，产品生产可以分为大量生产、成批生产和单件生产。

（1）大量生产。大量生产是指不断大量重复生产品种相同的生产。此类生产的特点是陆续投入，陆续产出，产量较大，品种较少，如纺织、面粉加工、发电、燃气、造纸等。

（2）成批生产。成批生产是指按照事先规定的数量和规格进行生产。此类生产的产品品种较多、产量较大，生产具有重复性，如服装、机械加工等。按照产品批量的大小，成批生产又可分为大批生产和小批生产。大批生产的产品批量较大，往往重复生产，在生产实质上接近大量生产；小批生产批量较小，一批产品一般可以同时完工，在生产实质上接近单件生产。

（3）单件生产。单件生产是根据订货单位的要求，个别性质特殊的产品生产，如船舶制造、飞机制造、新产品试制等。单件生产类似于小批量生产。

将上述生产工艺的特点、生产组织方式的不同结合起来，可以形成不同的生产企业类型。两种分类方法的联系如图 1-2 所示。

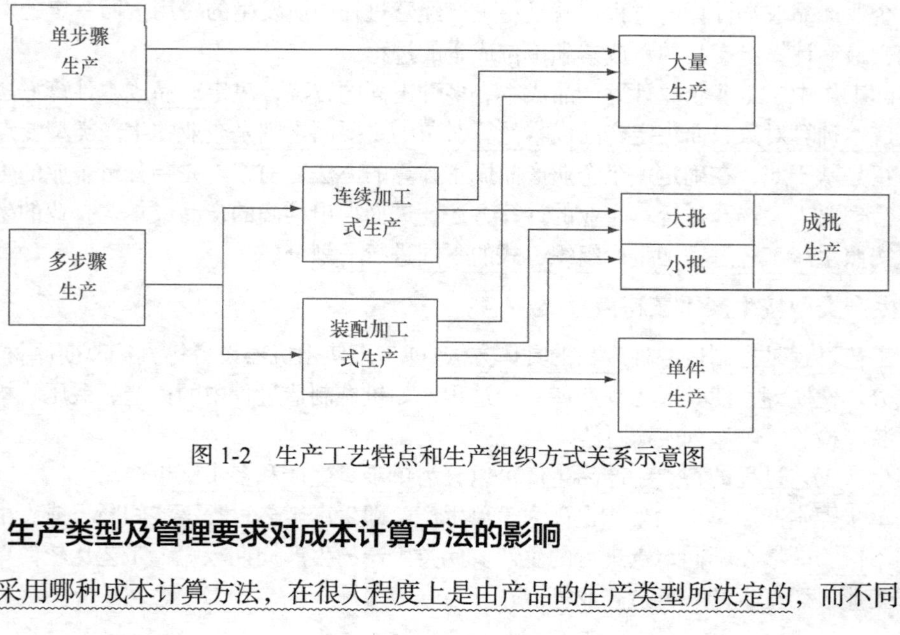

图 1-2　生产工艺特点和生产组织方式关系示意图

二、生产类型及管理要求对成本计算方法的影响

企业采用哪种成本计算方法，在很大程度上是由产品的生产类型所决定的，而不同的生产类

型对成本管理的要求也不相同。由于成本计算总是以一定的成本计算对象归集和分配生产费用，所以生产特点和管理要求对产品成本计算的影响主要表现在以下 3 个方面：成本计算对象、成本计算期、完工产品与在产品之间的费用分配。

1．对成本计算对象的影响

计算产品成本，首先要确定产品的成本计算对象。企业应当根据生产经营的特点和管理要求，确定成本核算对象，归集成本费用，计算产品的生产成本。制造企业一般按照产品品种、批次订单或生产步骤等确定产品成本核算对象。

（1）大量大批单步骤生产产品或管理上不要求提供有关生产步骤成本信息的，一般按照产品品种确定成本核算对象。

（2）小批单件生产产品的，一般按照每批或每件产品确定成本核算对象。

（3）多步骤连续加工产品且管理上要求提供有关生产步骤成本信息的，一般按照每种（批）产品及各生产步骤确定成本核算对象。

产品规格繁多的，可以将产品结构、耗用原材料和工艺过程基本相同的产品，适当合并作为成本核算对象，如表 1-3 所示。

表 1-3　　成本核算对象

生产组织	生产工艺		管理要求	成本核算对象
大量大批	单步骤生产			产品品种
大量大批	多步骤生产		不要求分步	
大量大批	多步骤生产		要求分步	生产步骤
单件小批	多步骤生产		要求分步	
单件小批	多步骤生产		不要求分步	产品批次

动脑筋

农业企业的成本核算对象是什么？

2．对成本计算期的影响

成本计算期即生产费用计入产品成本所规定的起止日期。企业产品的生产特点和管理要求不同，对确定成本计算期同样有影响。

在大量大批生产中，由于生产连续不断地进行，企业不断地投入原材料，不断地有完工产品产出，因而产品成本要定期在月末进行计算，成本计算期与生产周期不一致，而与会计报告期一致，满足会计分期核算确定企业经营损益的需求。

在小批量或单件生产的情况下，由于生产一般是不重复进行的，而各批产品的生产周期往往不同，一批产品的投产时间相同、完工时间相同，成本一般要等到某件或某批产品完工后才能计算，因此，成本计算不定期，与生产周期一致，与会计报告期不一致。

小提示

采用分批法计算产品成本时，通常是每完工一批计算一次完工产品成本。

3．对生产费用在完工产品与在产品之间分配的影响

企业生产的特点，还影响到月末在进行成本计算时是否需要在完工产品与在产品之间分配生产费用，也就是是否需要计算在产品成本。

在大量大批生产的情况下，由于成本计算期与产品的生产周期不一致，月末一般都会有尚未完工的在产品，因此，月末计算产品成本时，生产费用就必须在完工产品和月末在产品之间进行分配。

在单件生产或小批量生产的情况下，由于成本计算期和产品生产周期相一致，在产品尚未完工时，该批（件）产品成本计算单所归集的生产费用，全部是在产品的成本，当产品全部完工时，该批（件）产品成本计算单所归集的生产费用，全部都是完工产品的成本。因此，一般不存在计算月末在产品成本的问题。

以上 3 个方面的影响彼此之间是相互联系、相互作用的。三者中，生产类型对成本计算对象具有决定性影响。以此为基础，不同的成本计算对象又决定了不同的成本计算期和生产费用是否在完工产品和在产品之间分配。可以说，成本计算对象的确定是正确选择成本计算方法的关键和依据，更是区分不同成本计算方法的主要标志。

动脑筋

结合成本的分类，思考一下，企业经营过程中都需要哪些产品的成本信息？

三、产品成本计算方法的选择与应用

1．产品成本计算方法的选择

1-2　成本计算方法

成本计算方法的选择，首先取决于生产类型的特点，还要考虑成本管理的要求。生产特点和成本管理的要求对成本计算方法的影响，主要表现在成本计算对象、成本计算期和在产品成本计算 3 个方面。这 3 个方面的结合，构成了以成本计算对象不同为主要特征的不同的成本计算方法。成本计算的基本方法有以下 3 种。

（1）以产品品种为成本计算对象的品种法。这种方法适用于大量、大批的单步骤生产或管理上不要求分步骤计算成本的多步骤生产，是最基本的产品成本计算方法。发电厂、水泥厂、采掘企业均可采用此方法计算产品成本。

（2）以产品批别或订单为成本计算对象的分批法。这种方法适用于管理上不要求分步骤计算成本的单件、小批生产。重型机械制造、船舶制造、印刷、服装加工均可采用此方法计算产品成本。

（3）以各种产品及其所经各生产步骤为成本计算对象的分步法。这种方法适用于管理上要求分步骤计算成本的大量、大批的多步骤生产。纺织、冶金均可采用此方法计算产品成本。

除上述 3 种基本方法外，为满足企业管理的需要和成本计算的要求，还可采用其他一些成本计算方法，如分类法、定额法或标准成本法等。

2．各种成本计算方法的实际应用

实际工作中，由于企业的情况错综复杂，所以在同一个企业里，可以采用一种成本计算方法，也可以采用多种成本计算方法；可以多种成本计算方法同时使用，也可以多种方法结合使用。

（1）不同成本计算方法同时应用。

① 一个企业的各个车间可以同时采用几种成本计算方法。

在一个工业企业中，不同的生产车间同时采用几种成本计算方法的情况是很多的。制造业一般都有基本生产车间和辅助生产车间。基本生产车间和辅助生产车间的生产类型往往不同，因而采用的成本计算方法也往往不一样。例如，纺织厂的纺纱和织布等基本生产车间，一般属于多步骤的大量生产，应该采用分步计算半成品纱和产成品布的成本，而厂内的供水、供电等辅助生产车间，属于单步骤大量生产，则应采用品种法计算成本。

一个企业的基本生产车间和辅助生产车间的生产类型即使相同，由于管理要求不一样，所以可以采用不同的成本计算方法。例如，发电厂的基本生产车间——发电车间和辅助生产车间——供水车间，都是单步骤大量生产，均可采用品种法计算成本。由于水不是企业的主要产品，如果企业规模很小，也可以不单独计算供水的成本。

② 一个企业或一个车间的各种产品可以同时采用几种成本计算方法。

一个企业或一个车间所生产的各种产品，其生产类型可能不同，因而采用的成本计算方法也会有所不同。例如，木器厂所产的各种木器有的已经定型，已大批量生产，可以采用分步法计算成本；有的则正在试制、刚刚试制或者刚刚试制成功，只能单件、小批生产，则应采用分批法计算成本。

（2）不同成本计算方法结合应用。在实际工作中，即使是一种产品，其各个生产步骤、各种半成品各个成本项目之间的生产特点和管理要求也不一定一样，因而也有可能把几种成本计算方法结合起来应用。

① 一种产品可能结合采用几种成本计算方法。在计算一种产品的成本时，结合采用几种成本计算方法的情况也是不少的。一种产品的不同生产步骤，由于生产特点和管理要求的不同，所以可以采用不同的成本计算方法。

例如，小批单件生产的机械厂，铸工车间可以采用品种法计算铸件的成本；加工装配车间则可采用分批法计算各批产品的成本；而在铸工和加工装配车间之间，则可采用逐步结转分步法结转铸件的成本；如果在加工和装配车间之间要求分步骤计算成本，但加工车间所产半成品种类较多，又不外售，不需要计算半成品成本，那么，在加工和装配车间之间则可采用平行结转分步法结转成本。这样，该厂就在分批法的基础上，结合采用了品种法和分步法；在分步法中还结合采用了逐步结转和平行结转的方法。

在构成一种产品的不同零部件之间，也可采用不同的成本计算方法。

例如，机械厂所产产品的各种零部件，其中不外销的专用件，不要求单独计算成本；经常外销的标准件以及各种产品通用的通用件，则应按照这些零部件的生产类型和管理要求，采用适当的成本计算方法并单独计算成本。

另外，在一种产品各个成本项目之间，也可采用不同的成本计算方法。

例如，钢铁厂产品的原料成本，占全部成本的比重较大，又是直接计入费用，应该采用分步法，按照产品的品种和生产步骤设立明细账计算成本；其他成本项目，则可结合采用分类法，按照产品类别设立成本明细账归集费用，然后按照一定的系数分配计算各种产品的成本。

例如，机械厂产品的原材料费用占全部成本的比重较大，如果定额资料比较准确、稳定，可以采用定额法计算成本；其他成本项目，则可以采用其他方法计算成本。

② 成本计算的辅助方法一般应与基本方法结合应用。成本计算的分类法和定额法是为简化成本计算工作或加强成本管理而采用的。这两种方法与生产类型的特点都没有直接的联系，可以应用于各种类型的生产，但必须与各种类型的生产中所采用的基本成本计算方法结合起来，即与品种法、分批法或分步法相结合，不能单独采用。

动脑筋

什么样的产品生产会采用分类法？

任务实施

（1）按照生产工艺过程的特点，产品生产可以分为单步骤生产和多步骤生产。

（2）按照企业生产组织方式，产品生产可以分为大量生产、成批生产和单件生产。

（3）生产工艺和生产组织方式主要影响成本计算对象、成本计算期和期末生产费用在完工产品与在产品之间的分配。

（4）该车间应采用分批法计算产品成本。

闯关考验

一、单选题

1. 按照生产工艺过程的特点，产品生产可以分为（　　）。
   A. 单步骤生产和多步骤生产　　B. 连续加工式生产和装配式生产
   C. 单步骤生产与大量生产　　D. 大量生产与成批生产
2. 以下不属于按生产组织方式分类的是（　　）。
   A. 单步骤生产　　B. 大量生产　　C. 成批生产　　D. 单件生产
3. 以下不是生产特点和管理要求对产品成本计算影响的是（　　）。
   A. 成本计算对象　　B. 成本计算期
   C. 完工产品与在产品之间的费用分配　　D. 生产周期
4. 在大量大批生产的情况下，月末计算产品成本时，（　　）。
   A. 生产费用必须在完工产品和月末在产品之间进行分配
   B. 生产费用不须在完工产品和月末在产品之间进行分配
   C. 不存在计算月末在产品成本的问题
   D. 以上都不对
5. 适用于品种法计算产品成本的生产企业有（　　）。
   A. 大量大批的单步骤生产或管理上不要求分步骤计算成本的多步骤生产
   B. 分批生产企业
   C. 大量大批多步骤生产和管理上要求分步骤计算成本的多步骤生产
   D. 服装生产企业
6. 在计算一种产品成本时，（　　）。
   A. 可能结合应用几种成本计算方法　　B. 不可能结合应用几种成本计算方法
   C. 必须结合应用几种成本计算方法　　D. 可能同时应用几种成本计算方法
7. 以下属于成本类账户的是（　　）。
   A. 管理费用　　B. 制造费用　　C. 财务费用　　D. 应付职工薪酬
8. 重型机械制造、船舶制造等企业比较适用的成本计算方法是（　　）。
   A. 品种法　　B. 分批法　　C. 分步法　　D. 分类法
9. 大量大批生产企业且管理上要求分步计算成本的企业应选用的成本计算方法是（　　）。
   A. 品种法　　B. 分批法　　C. 分步法　　D. 分类法
10. 在工业企业或生产车间中，（　　）。
   A. 可能同时采用品种法、分步法　　B. 不可能同时采用品种法、分步法
   C. 必须同时采用品种法、分步法　　D. 必须结合采用品种法、分步法

二、多选题

1. 工业企业按照生产工艺过程的特点可将生产类型分为（　　）。

A. 单步骤生产　　B. 多步骤生产　　C. 大量生产　　D. 成批生产

2. 生产型企业按生产组织方式分类可分为（　　）。

A. 多步骤生产　　B. 大量生产　　C. 成批生产　　D. 单件生产

3. 生产特点和管理要求对产品成本计算影响的主要是（　　）。

A. 成本计算对象　　B. 成本计算期

C. 完工产品与在产品之间的费用分配　　D. 成本计算与分析方法

4. 月末计算产品成本时，生产费用（　　）。

A. 在大量大批生产时要在完工产品和月末在产品之间进行分配

B. 单件生产时不存在计算月末在产品成本的问题

C. 小批量生产时不存在计算月末在产品成本的问题

D. 以上都对

5. 适用于品种法计算产品成本的生产企业有（　　）。

A. 发电厂　　B. 水泥厂　　C. 采掘企业　　D. 服装生产企业

6. 计算产品成本需要设置的账户有（　　）。

A. 生产成本　　B. 制造费用　　C. 固定资产　　D. 财务费用

7. 以下不属于成本类账户的是（　　）。

A. 库存商品　　B. 管理费用　　C. 财务费用　　D. 应付职工薪酬

8. 以下企业比较适用分步法计算成本的是（　　）。

A. 纺织厂　　B. 钢铁厂　　C. 印刷厂　　D. 服装厂

9. 大量大批生产企业且管理上要求分步计算成本的企业不应选用的成本计算方法是（　　）。

A. 品种法　　B. 分批法　　C. 分步法　　D. 分类法

10. 以下观点正确的是（　　）。

A. 可能同时采用几种成本计算方法

B. 不可能同时采用几种成本计算方法

C. 一种产品可能结合采用几种成本计算方法

D. 成本计算的辅助方法一般均应与基本方法结合应用

三、判断题

（　　）1. 按照生产工艺过程的特点，产品生产可以分为大量生产与成批生产。

（　　）2. 制造费用和管理费用都是企业在生产经营过程中发生的支出，都可以计入产品生产成本。

（　　）3. 企业可以在“生产成本”一级账户下设置“辅助生产成本”二级账户，也可以将“辅助生产成本”设置为一级账户。

（　　）4. 管理费用是企业在一定时期内发生的生产经营费用，是生产成本的组成部分。

（　　）5. 如果生产车间只生产一种产品，所发生的制造费用不需分配即可直接转入该种产品的生产成本。

（　　）6. 生产特点和管理要求影响成本计算对象和成本计算期。

（　　）7. 大量、大批的单步骤生产或管理上不要求分步骤计算成本的多步骤生产企业适用分步法。

（　　）8. 在计算一种产品成本时可能结合应用几种成本计算方法。

(　　) 9. 生产成本和管理费用账户的性质相同。

(　　) 10. 成本计算没有固定的程序，能算出成本即可。

全真实训

实训一　大洋机械制造公司设有两个基本生产车间和两个辅助生产车间。第一基本生产车间生产甲、乙两种产品，第二基本生产车间生产丙产品；辅助生产车间分别为供气车间和修理车间，分别为生产车间和管理部门供气和提供修理劳务。

生产组织：大量大批生产；工艺过程：单步骤生产类型；成本核算的管理要求：提供最终完工产品成本。

要求：请根据该企业的生产类型和管理要求初步判断选用什么成本计算方法较为合适？

实训二　兴昌机械制造厂设有一个基本生产车间生产甲、乙、丙、丁 4 种产品；生产组织：根据客户订货单小批生产；工艺过程：单步骤生产类型；成本核算的管理要求：提供最终完工产品成本。

要求：请根据该企业的生产类型和管理要求初步判断选用什么成本计算方法较为合适？

实训三　宇通公司基本生产车间甲产品生产分 3 个生产步骤。第 1 步是生产甲半成品Ⅰ，完工后交半成品仓库验收；第 2 步是从仓库领用甲半成品Ⅰ加工成甲半成品Ⅱ，完工后交半成品仓库验收；第 3 步是从仓库领用甲半成品Ⅱ继续加工，直至加工完成甲产品。领用甲半成品成本按照全月加权单位成本计算。生产组织：大量大批生产；工艺过程：多生产步骤；成本核算的管理要求：提供各步骤半成品成本和最终完工产品成本。

要求：请根据该企业的生产类型和管理要求初步判断选用什么成本计算方法较为合适。

任务三　掌握成本核算流程

任务描述

宇辰机械有限责任公司新招聘成本会计一名，并向其介绍了企业的生产流程和企业的基本信息，在对其进行了面试后，录用了该名成本会计。

任务下达

1. 成本核算主要设置哪些账户？明细账如何设置？
2. 成本计算的一般程序是什么？

知识准备

一、成本核算主要账户的设置

产品成本核算的过程，就是将生产过程中的各项耗费计入产品成本的过程。与产品成本核算有关的账户主要有“生产成本”账户和“制造费用”账户。

1.“生产成本”账户

“生产成本”账户用来核算企业生产各种产品（包括产成品、自制半成品、提供劳务等）在生产过程中所发生的各项生产费用，并据以确定产品的实际生产成本。该账户借方登记月份内发生的全部生产费用；贷方登记应结转的完工产品的实际生产成本。月末的借方余额表示生产过程中尚未完工的在产品实际生产成本。“生产成本”账户应设置“基本生产成本”和“辅助生产成本”两个明细账户。为了具体反映每一种产品的生产费用和实际生产成本，该两个明细账户可按产品种类进行三级明细核算。为了简化会计核算手续，企业也可以将两个二级账户提升为一级账户，不再设置“生产成本”总账账户。

2.“制造费用”账户

“制造费用”账户也是成本类账户，用来归集和分配企业为生产产品和提供劳务而发生的各项间接费用，如管理人员薪酬、车间折旧费、办公费、水电费等。该账户的借方登记月份内发生的各种制造费用；贷方登记分配结转应由各种产品负担的制造费用，月末一般无余额。

为了考核不同车间（分厂）的经费开支情况，以及不同产品的制造费用分配标准和数额，该账户应按不同车间、部门和费用项目设置明细分类账。期末，将共同负担的制造费用按照一定的分配标准分配计入各成本核算对象，除季节性生产外，本科目期末应无余额。

动脑筋

什么样的企业制造费用账户月末会存在余额？

二、成本核算的一般程序

成本核算的一般程序是指对企业在生产经营过程中发生的各项生产费用和期间费用，按照成本核算要求，逐步进行归集和分配，最后计算出完工产品成本的基本过程，主要包括以下几个方面。

1-3　成本核算程序

1.根据生产特点和成本管理的要求，确定成本计算对象

所谓成本计算对象就是费用归集和分配的对象。进行成本计算，必须首先确定成本计算的对象，它是计算产品成本的前提。如果成本计算对象确定得不准确或不恰当就会大大增加成本计算的难度，同时降低产品成本计算结果的准确性，这将会无法满足企业管理的需要。关于如何确定企业成本计算的对象，前面已经述及。企业应该根据生产类型的特点和管理要求，从产品品种、产品批别和产品生产步骤中选择最适合本企业实际情况的产品成本计算对象进行成本核算。

2.确定成本项目

成本项目是指生产费用要素按照经济用途划分成若干项目。通过成本项目，可以反映成本的经济构成和产品生产过程中不同资金的耗费情况。企业应当根据生产经营的特点和管理要求，按照成本的经济用途和生产要素内容相结合的原则或者成本性态等设置成本项目。

制造企业一般设置直接材料、燃料和动力、直接人工和制造费用等成本项目。

3.确定成本计算期

确定成本计算期就是确定产品成本计算的起止时间。如前所述，产品成本计算期的确定与企业所生产产品的特点紧密相关。

4．将生产费用进行归集和分配

企业通过对各种生产费用要素支出的有关原始凭证进行审核，编制要素费用分配表，继而将应由本期产品承担的制造成本项目在成本计算单中进行归集。对于能确认成本某一计算对象的直接费用，如直接材料、直接人工，应直接计入“基本生产成本”账户及其有关的产品成本明细账；对于不能确认其费用的要素，则按照发生的地点或用途分别归集在“制造费用”“辅助生产成本”等账户。月末，将这些要素费用按照一定的分配方法进行分配，最终计入“基本生产成本”以及有关的产品成本明细账。

5．进行完工产品成本与在产品成本的划分

通过对各项要素费用的分配，所有发生的生活费用均已归集在“基本生产成本”账户及有关的产品成本明细账中，对于月末既有完工产品又有在产品的企业，还必须将应计入各产品的生产费用在其完工产品和在产品之间按照恰当的方法进行划分，从而计算出完工产品成本和月末在产品成本。

成本核算账务处理流程图如图 1-3 所示。

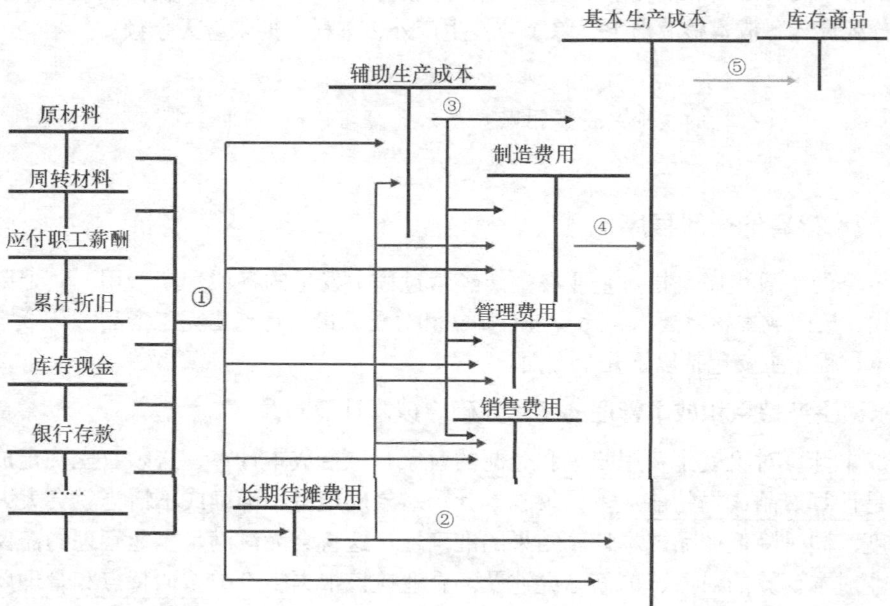

图 1-3　成本核算账务处理流程图

说明如下。

① 平时生产领料、月末计算的职工薪酬、计提的折旧费用和其他生产经营费用，属于直接生产费用的借记基本生产成本账户，属于辅助生产部门发生的，借记辅助生产成本账户，属于间接生产费用的记入制造费用账户，属于期间费用的记入管理费用和销售费用账户等。企业开办期间发生的费用先计入长期待摊费用账户。

② 长期待摊费用生产经营期间摊销转入有关成本费用账户借方。

③ 月末将辅助生产费用账户中的费用分配给受益部门，记入基本生产成本、制造费用、管理费用和销售费用等账户。

④ 月末或产品完工时，将制造费用分配转入基本生产成本账户。

⑤ 产品完工时，将基本生产成本账户的金额转入库存商品账户。

动脑筋　请针对我们使用的教材，替出版社设计《成本会计实务》这本书的成本核算流程。

任务实施

成本核算主要设置生产成本和制造费用账户。如果企业存在辅助生产部门，为了核算详细的费用支出情况，可以在生产成本账户下设置“基本生产成本”和“辅助生产成本”两个明细账户，该两个明细账户可按产品种类进行三级明细核算。为了简化会计核算手续，企业也可以将两个二级账户提升为一级账户，不再设置“生产成本”总账账户。

成本计算的一般程序为确定成本核算对象；确定成本项目；确定成本计算期；将生产费用进行归集和分配；进行完工产品成本与在产品成本的划分。

闯关考验

一、单选题

1. 将资本性支出、营业外支出等计入当期生产经营费用（　　）。

A. 对企业损益没有影响

B. 只影响产品成本，不影响期间费用

C. 影响产品成本或期间费用，造成当期营业利润减少

D. 影响产品成本和期间费用，造成当期营业利润增加

2. 生产费用中应当按照受益原则分配的费用是指（　　）。

A. 直接计入费用　B. 固定费用　C. 间接计入费用　D. 变动费用

3. 下列各项中不直接在“基本生产成本”科目核算的内容是（　　）。

A. 生产工人的薪酬　B. 直接用于产品生产的原材料

C. 车间管理人员的薪酬　D. 直接用于产品生产的燃料和动力

4. 下列各项中，属于“基本生产成本”科目核算的内容是（　　）。

A. 按规定支付的印花税和车船使用税　B. 产品生产领用的材料

C. 行政管理部门发生的各项费用　D. 销售产品发生的费用

5. 制造费用应分配计入（　　）账户。

A. 基本生产成本　B. 基本生产成本和辅助生产成本

C. 销售费用和管理费用　D. 财务费用和销售费用

二、多选题

1. 下列应计入产品成本的费用是（　　）。

A. 燃料和动力费用　B. 生产工人工资及福利费用

C. 车间管理人员工资及福利费用　D. 期间费用

2. 工业企业成本核算的一般程序是（　　）。

A. 按成本开支范围审核各项费用应否计入产品成本

B. 将应计入本期产品成本的费用在各种产品间进行分配

C. 正确划分各种产品的销售成本

D. 将计入各种产品的本期生产费用连同期初在产品成本在本期完工产品和期末在产品之间进行纵向分配

3. 下列属于产品生产成本的构成内容的费用是（　　）。

A. 直接材料　B. 燃料和动力费　C. 直接人工　D. 制造费用

4. 工业企业的期间费用包括（　　）。

A. 财务费用　B. 销售费用　C. 管理费用　D. 制造费用

5. 下列支出中，不应当计入生产经营费用的有（　　）。

A. 资本性支出　　B. 生产费用　　C. 营业外支出　　D. 期间费用

三、判断题

（　　）1. “生产成本”账户用来核算企业生产各种产品（包括产成品、自制半成品、提供劳务等）在生产过程中所发生的各项生产费用，并据以确定产品的实际生产成本。

（　　）2. “制造费用”账户属于期间费用账户。

（　　）3. 企业应该根据生产类型的特点和管理要求，从产品品种、产品批别和产品生产步骤中选择最适合本企业实际情况的产品成本计算对象进行成本核算。

（　　）4. 制造企业一般设置直接材料、燃料和动力、直接人工和制造费用等成本项目。

（　　）5. 所有成本计算方法在月末时都要进行完工产品成本与在产品成本的划分。

全真实训

实训一　天地用品有限责任公司设有一、二、三基本生产车间和供电、供水两个辅助生产车间。其中，一车间生产 A、B 产品，二车间生产 C 产品，三车间生产 D、E、F 产品。

要求：请根据该厂的情况设置“生产成本”总账和明细分类账，并填写表训 1-1。

表训 1-1　　生产成本账户设置一览表

总账	二级账	三级明细账	成本项目

实训二　成本核算程序。

要求：请在表训 1-2 中写出成本核算的主要会计分录（只写一级会计科目）。

表训 1-2　　成本核算的主要会计分录

核算程序	会计分录
1. 分配结转要素费用 （1）分配材料费用	
（2）分配工资费用	
（3）分配折旧费用	
2. 分配结转辅助生产费用 （写出“生产成本”二级科目）	
3. 分配结转制造费用	
4. 结转完工产品成本	

项目小结

产品成本是指企业在生产产品的过程中所发生的材料费用、职工薪酬等，以及不能直接计入而按一定标准分配计入的各种间接费用。

成本可依不同目的、按各种不同标准加以分类。成本按成本项目可分为直接材料、直接人工、燃料和动力、制造费用 4 个项目；按成本同特定产品的关系可分为直接成本与间接成本；按成本习性可分为变动成本、固定成本和混合成本；按成本是否与决策相关可分为相关成本与无关成本；按其是否可控可分为可控成本与不可控成本。

成本是制定和选择决策方案的重要依据，是业绩评价的重要依据，是制定价格的依据。

成本会计的主要职能有成本核算、成本分析、成本预测、成本决策、成本计划、成本控制、成本考核。

成本计算方法的选择，既取决于生产类型的特点，同时又考虑成本管理的要求。

品种法适用于大量、大批的单步骤生产或管理上不要求分步骤计算成本的多步骤生产；分批法适用于管理上不要求分步骤计算成本的单件、小批生产；分步法适用于管理上要求分步骤计算成本的大量、大批的多步骤生产。

项目二 产品成本核算——品种法

知识目标

1. 了解成本核算账户的设置方法。
2. 掌握材料费用、燃料和动力费用、人工费用、辅助生产费用、制造费用的分配方法。
3. 熟悉废品损失、停工损失的核算原理。
4. 掌握生产费用在完工产品与在产品之间的分配方法。
5. 熟悉费用分配和结转的账务处理方法。

能力目标

1. 能够根据企业的生产特点和管理要求设置成本核算账户。
2. 会分配材料费用、燃料和动力费用、人工费用、辅助生产费用、制造费用。
3. 能够正确结转辅助生产费用、制造费用。
4. 会计算废品损失。
5. 会核算停工损失。
6. 能够运用不同的方法进行生产费用在完工产品与在产品之间的分配。
7. 能够进行费用分配和结转的账务处理。

情景写实

宇辰集团下属的宇辰机械有限责任公司采用品种法计算产品成本。产品成本计算的品种法是生产制造企业计算产品成本最基本的方法，运用分批法、分步法计算产品成本均需要运用品种法的基本原理。品种法的基本原理包括成本核算账户的设置方法；材料费用归集和分配方法；职工薪酬归集和分配方法；制造费用归集和分配方法；辅助生产费用归集和分配方法；生产费用在完工产品和在产品之间的分配方法。掌握了这些基本方法，再掌握分批法和分步法的基本原理与核算流程，我们基本上就能够胜任一个企业的成本计算工作了。品种法的难点是费用的结转与分配，在学习过程中我们一定要在账簿上进行训练，理解其分配与结转的原理和流程，切忌在纸面上把案例当成数学应用题来做。

学习建议　本项目中的相关案例在学习中用 Excel 表来进行动态分析，根据计算原理设计公式进行计算分析，培养 Excel 的操作技能。

任务一　熟悉品种法的基本原理

任务描述

宇辰集团下属的宇辰机械有限责任公司是生产机械产品的中型工业企业。该公司主要生产 NH120 和 NH121 两种产品，采用品种法计算产品成本。公司设有一个基本生产车间，另设有维修车间和锅炉车间两个辅助生产车间，为生产提供劳务，辅助生产车间之间相互提供劳务。因为产品具有批量大、生产周期短、工艺流程连续性强的特点，所以公司采用品种法核算成本。原材料为一次性投料，期末在产品的加工程度按 50%计算，辅助生产车间的费用采用交互分配法进行分配。公司存货采用实际成本法核算。

期初在产品资料如表 2-1 所示。

表 2-1　月初在产品成本

2017 年 1 月 1 日　单位：元

产品品种	直接材料	燃料及动力	直接人工	制造费用	合计
NH120（50 件）	36 000	4 800	6 000	12 600	59 400
NH121（80 件）	42 000	5 600	4 400	18 000	70 000

任务下达

1. 如果你是宇辰机械有限责任公司的成本会计，请解释一下公司为什么要采用品种法进行成本核算。

2. 品种法的特点是什么？

3. 根据该公司的车间设置情况以及期初资料，应当设置哪些成本核算账簿？

知识准备

一、品种法的含义、分类及适用范围

品种法是以产品品种为成本计算对象，归集生产费用，计算产品成本的一种方法。这种方法在实际工作中应用较广泛，其分类及适用范围主要包括以下几个方面。

（1）大量大批单步骤生产，生产过程连续进行、不可间断，不能划分车间分散生产，只能由一个企业单独完成，所以其成本计算不能分步骤，只能用最终产品作为成本计算对象，归集生产费用，计算产品成本，如火力发电、采掘工业等企业。

（2）在大量大批多步骤生产条件下，如果企业或车间规模较小，或者车间是封闭式的，从材料投入到产品完工都在一个车间进行，或者生产是按流水线组织的，管理上不要求按照生产步骤计算产品成本，也可以采用品种法计算产品成本，如玻璃制品生产、小型水泥厂和铸件熔铸等。

（3）在一些大中型企业中，设有一些辅助生产车间，为基本生产车间提供产品和劳务，如供冷、供水、供汽、供电等产品，其成本计算也采用品种法。

动脑筋　请指出我们身边的日常用品中哪些物品成本的计算适用于品种法。

二、品种法的特点

1．成本计算对象

品种法的成本计算对象是产品品种。采用品种法计算产品成本的企业，如果只生产一种产品，则只需要为该产品设产品成本明细账，账内按成本项目设专栏，这时发生的全部费用都是直接费用，可以直接计入该产品成本明细账，不需要设置制造费用账。如果企业生产的是两种或两种以上的产品，则需要按每种产品设明细账，发生的直接费用直接计入相关专栏，间接费用则需要设置制造费用账予以归集，再采用适当的方法在各种产品之间进行分配，然后计入各种产品的明细账。

2．成本计算期

品种法的成本计算期一般为一个月。因为大量大批意味着不间断重复生产一种或多种产品，不可能等到产品全部完工后再计算成本，所以只能定期在月末计算当月产出的完工产品成本。因此，品种法的成本计算期与会计报告期一致，但与生产周期不一致。

3．生产费用在完工产品和在产品之间的分配

月末，如果没有在产品或在产品数量很少且占有生产费用数额不大，按照重要性原则，就不需要计算在产品成本，归集的所有生产费用就是完工产品总成本；如果月末在产品数量较多、占用费用较大，就需要采用适当的分配方法将所归集的生产费用在完工产品和在产品之间进行分配，计算出完工产品成本和在产品成本。

三、品种法的核算程序

1．按产品品种设立生产成本明细账，并按成本项目设置专栏

制造企业按照生产的产品种类设置明细账，明细账中一般设置直接材料、直接人工、燃料和动力、制造费用等成本项目。生产成本明细账的常见格式如表 2-2 所示。

表 2-2　　生产成本明细账

生成成本明细账

车间名称：
产品名称：　　规格：

年		凭证		摘要	借方发生额	直接材料	直接人工	燃料和动力	制造费用	
月	日	种类	号数		千百十万千百十元角分	千百十万千百十元角分	千百十万千百十元角分	千百十万千百十元角分	千百十万千百十元角分	千百十万千百十

企业如果有辅助生产部门的，按辅助生产部门设置明细账，明细账中按费用类型进行明细分类登记。辅助生产成本明细账的常见格式如表 2-3 所示。

表 2-3　　　　辅助生产成本明细账

辅助生产成本 明细账

车间名称：

年		字号	摘要	借方金额					
				材料费	人工费	办公费	水电费		
月	日			千百十万千百十元角分	千百十万千百十元角分	千百十万千百十元角分	千百十万千百十元角分	千百十万千百十元角分	千百十万千百十元角分

学习建议

下载 Excel 格式的明细账，将宇辰机械有限责任公司期初在产品成本数据录入明细账中，后续任务二至任务八涉及该公司的案例均以此明细账为基础进行产品成本的计算。

2．编制各种费用分配表完成费用的分配，据以登记各生产成本明细账

在日常生产过程中，各项产品所耗的直接材料费用直接记入相应的生产成本明细账；人工费用在月末分配后分别记入相应的成本、费用账户；所耗用的间接费用先记入辅助生产成本账户或制造费用账户，在月末时分配记入相应的生产成本明细账和费用账户。各种费用分配表及有关明细账见项目二中任务二至任务八相应分配表。

3．月末，汇总生产成本，分配计算出完工产品和在产品成本

品种法的上述成本计算程序如图 2-1 所示，各步骤分别用①、②、③、④、⑤标注。

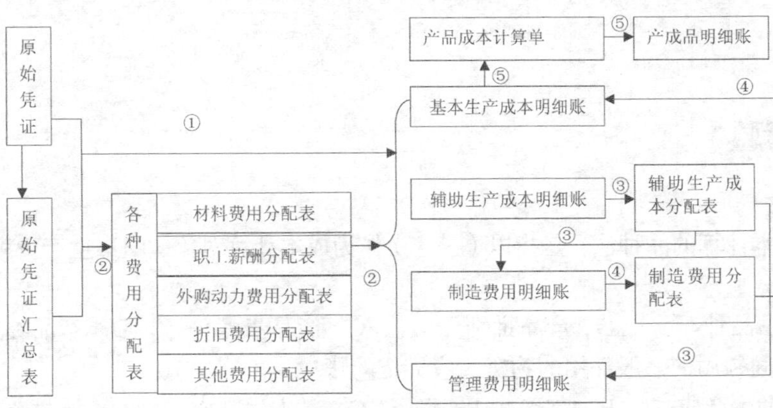

图 2-1　品种法核算程序图

说明：

① 在日常核算过程中，可直接归属于某账户的费用直接记入对应的账户。例如，某产品耗用的直接材料费用、生产车间发生的办公费用等可以根据原始凭证或原始凭证汇总表直接记入生产成本明细账和制造费用明细账。

② 对于不能归属于某账户的成本费用，需要根据原始凭证或原始凭证汇总表编制费用分配表分配计入相应的账户。例如，生产甲产品和乙产品均需耗用 A 材料，在领用时，由于生产者无法直接确定甲产品和乙产品实际耗用了多少 A 材料，所以需要在生产完成时或在月末时根据生产情况编制成本费用分配表，将 A 材料的成本分配记入甲产品和乙产品的成本明细账。

③ 一些大中型企业设置有为基本生产服务的辅助部门，如机修部门、供水、供电部门等，这些部门每个月发生的费用一般先归集到该部门的辅助生产成本明细账，月末时将该部分费用分配转给受益部门，一般是记入制造费用和管理费用等账户。

④ 制造费用账户归集平时生产过程中发生的间接费用，如折旧费用、车间办公费用和车间管理人员工资等，月末时按一定方法分配转入各产品的基本生产成本明细账。

⑤ 月末，如果生产车间同时存在完工产品和未完工产品，该车间的生产费用一般要在完工产品和未完工产品之间分配，分配完成后，编制完工产品成本计算单，将完工产品成本转入产成品成本明细账。

小提示 品种法是最基本的成本计算方法，品种法的各项原理在其他成本计算方法中都是通用的。

任务实施

（1）该公司产品具有批量大、生产周期短、工艺流程连续性强的特点，且属于大量大批单步骤生产，因此采用品种法。

（2）品种法的特点是成本计算对象是产品品种。成本计算期与会计报告期一致，但与生产周期不一致。如果月末在产品数量较多，占用费用较大，就需要将所归集的生产费用在完工产品和在产品之间进行分配。

（3）需要按两个产品设置基本生产成本明细账，按辅助生产车间设置辅助生产明细账，同时设置制造费用明细账。

相关链接

对费用进行合理分类

生产经营过程中由于费用发生的对象不同，所以费用是多种多样的。为了对费用进行科学管理和核算，也为了进行成本管理，对费用有两种常见的分类方法：一是按费用的经济内容（费用要素）分类，即外购材料、外购燃料、外购动力、职工薪酬、折旧费、税金、利息支出和其他费用；二是按照费用的经济用途分类，首先应将费用分为应计入产品成本的生产费用和不计入产品成本的期间费用两大类，其次对应计入产品成本的费用按成本项目分类。

闯关考验

一、单选题

1. 产品成本计算的品种法，是指以（　　）作为成本计算对象，归集生产费用、计算产品成本的方法。

A. 产品品种　　B. 产品批别　　C. 产品步骤　　D. 产品类别

2. 生产车间领用的一般耗用的物资，应借记的账户为（　　）。

A. 辅助生产成本　B. 制造费用　C. 基本生产成本　D. 原材料

3. 生产车间耗用的生产人员工资，应借记的账户是（　　）。

A. 基本生产成本　B. 辅助生产成本　C. 制造费用　D. 管理费用

二、多选题

1. 不属于品种法的特点的是（　　）。

A. 不定期计算产品成本　B. 大量大批生产时需要计算各步骤的成本

C. 成本计算对象是产品批别　D. 费用不需在完工产品与在产品之间分配

2. 以下项目应直接计入产品成本项目——直接材料的有（　　）。

A. 构成产品实体的主要材料费用　B. 包装产品的周转材料

C. 构成产品实体的辅助材料　D. 车间一般耗用材料

三、判断题

（　　）1. 品种法、分批法和分步法的主要区别是成本计算对象不同。

（　　）2. 制造费用属于间接生产费用，但如果生产车间只生产一种产品，则可将制造费用直接计入产品成本。

（　　）3. 品种法不需要在各种产品之间分配费用，也不需要在完工产品和月末在产品之间分配费用，所以也称简单法。

全真实训

冰灯面粉有限责任公司是一家工业企业，设有两个生产车间，A 车间生产面粉，B 车间生产面条。主要产品是各种面粉和面条，面粉包括白面、玉米面、大米面，面条包括白面面条、玉米面条。生产过程是生产车间从仓库领小麦、玉米或大米进行生产，各种面粉的生产是分别进行的，各批次面粉生产完工后装袋入库，部分销售，部分用于生产面条，月末不存在在产品，生产工艺是将原料投入设备后直接生产出面粉装袋。B 车间从仓库领取 A 车间生产的白面和玉米面同时进行两种面条的生产，生产完工后包装入库直接对外销售，面条月末存在未完工产品，生产工艺是将面粉投入设备后直接生产出各种面条，机器进行自动包装。两个车间每天都在进行生产，面粉和面条的生产费用包括原材料费用、人工费用、折旧费用、水电费用、车间办公费用等。

请问，两个车间生产的产品应采用什么方法进行成本核算？如果 A 车间生产的面粉成本高于市场价格，公司在成本考核工作中对 B 车间的原材料成本应该如何计算才是合理的？

任务二　完成材料费用的归集与分配

任务描述

2017 年 1 月，宇辰机械有限责任公司为生产 NH120 直接耗用的材料费用累计 527 740.00 元，为生产 NH121 直接耗用的材料费用累计 656 460.00 元，维修车间耗用材料费用累计 6 847.00 元，锅炉车间耗用的材料费用累计 5 784.00 元，企业管理部门耗用的材料费用累计 1 242.00 元。

在生产过程中为生产两种产品共实际耗用 A 材料 714.00 千克，每千克单价 152.40 元，本月投产 NH120 号器械 500 件，单位消耗定额为 0.60 千克；投产 NH121 号器械 800 件，单位消耗定额为 0.50 千克。

任务下达

1. 采用定额消耗量比例分配法计算 NH120 和 NH121 两种产品应分配的材料费用，并填写表 2-4。

2. 根据上述资料编制原材料费用分配汇总表，填写表 2-5，然后编制记账凭证，并登记生产成本明细账。

表 2-4　　　　原材料费用分配表（A 材料）

2017 年 1 月

产品名称	产量/件	单位消耗定额/千克	定额消耗量/千克	分配率/（元/千克）	分配数量/千克	单价/元	金额/元
NH120							
NH121							
合计							

表 2-5　　　　原材料费用分配汇总表

2017 年 1 月

<table>
<tr><th colspan="2" rowspan="2">领料单位及用途</th><th rowspan="2">产量/件</th><th colspan="6">共同耗用材料费</th><th rowspan="2">直接材料费用/元</th><th rowspan="2">合计/元</th></tr>
<tr><th>单位消耗定额/千克</th><th>定额消耗量/千克</th><th>分配率/（元/千克）</th><th>耗用数量/千克</th><th>单价/元</th><th>分配额/元</th></tr>
<tr><td rowspan="4">基本生产车间</td><td>NH120</td><td></td><td></td><td></td><td></td><td></td><td></td><td></td><td></td><td></td></tr>
<tr><td>NH121</td><td></td><td></td><td></td><td></td><td></td><td></td><td></td><td></td><td></td></tr>
<tr><td>小计</td><td></td><td></td><td></td><td></td><td></td><td></td><td></td><td></td><td></td></tr>
<tr><td>一般消耗</td><td></td><td></td><td></td><td></td><td></td><td></td><td></td><td></td><td></td></tr>
<tr><td colspan="2">维修车间</td><td></td><td></td><td></td><td></td><td></td><td></td><td></td><td></td><td></td></tr>
<tr><td colspan="2">锅炉车间</td><td></td><td></td><td></td><td></td><td></td><td></td><td></td><td></td><td></td></tr>
<tr><td colspan="2">企业管理部门</td><td></td><td></td><td></td><td></td><td></td><td></td><td></td><td></td><td></td></tr>
<tr><td colspan="2">合计</td><td></td><td></td><td></td><td></td><td></td><td></td><td></td><td></td><td></td></tr>
</table>

知识准备

一、常用领料凭证

企业在生产过程中领用的材料品种、数量很多，领用材料使用的原始凭证主要包括领料单、限额领料单或领料登记表等，如表 2-6 和表 2-7 所示。各企业可以根据自己单位的具体特点，设计凭证格式，选择使用一种或几种领料凭证。

表 2-6　　　　××公司领料单　　　　编号：

领料部门：　　　　年　月　日　　　　仓库：

材料编号	材料名称	计量单位	请领数量	实发数量	单价/元	金额/元	用途
合计							

发料人：　　　　领料人：　　　　领料部门负责人：

表 2-7　　　　限额领料单

材料类别：
领料部门：　　　　　　　　　　　　　　　　　　　　　　发料仓库：
用途：　　　　　　　　　　　　年　月　　　　　　　　　编号：

<table>
<tr><td rowspan="2">材料编号</td><td rowspan="2">材料名称</td><td rowspan="2">规格</td><td rowspan="2">计量单位</td><td rowspan="2">领用限额</td><td colspan="3">实际领用</td><td rowspan="2">备注</td></tr>
<tr><td>数量</td><td>单位成本/元</td><td>金额/元</td></tr>
<tr><td></td><td></td><td></td><td></td><td></td><td></td><td></td><td></td><td></td></tr>
<tr><td rowspan="2">日期</td><td rowspan="2">请领数量</td><td colspan="3">实发</td><td colspan="3">退回</td><td rowspan="2">限额结余</td></tr>
<tr><td>数量</td><td>发料人</td><td>领料人</td><td>数量</td><td>退料人</td><td>收料人</td></tr>
<tr><td></td><td></td><td></td><td></td><td></td><td></td><td></td><td></td><td></td></tr>
<tr><td>合计</td><td></td><td></td><td></td><td></td><td></td><td></td><td></td><td></td></tr>
</table>

生产部门负责人：　　　　　　供应部门负责人：　　　　　　仓库负责人：

对于生产所剩的余料，应当分不同情况处理。如果下月或下一批产品不再使用，应当编制退料单（或用红字领料单代替），将余料退回仓库；如果下月或下一批产品还要使用，为了保证成本计算的准确性，则应当办理“假退料”，即余料仍留在车间，只是在凭证的传递上，先编制一张本月或本批的退料单，同时再编制一张下月或下批的领料单，这样余料虽然没有退回仓库，但将材料的成本实现了由本月（本批）向下月（下批）的结转。

动脑筋　你还记得材料核算的计价方法有哪两种吗？实际成本法下材料发出的计价方法有哪些？

二、材料费用的归集

在日常生产过程中，对于用于产品生产并构成产品主要实体或有助于产品形成的各种材料，明确由某种产品耗用的直接材料费用直接计入该成本计算对象的“直接材料”项目，共同耗用的间接材料费用则采用适当的方法分配计入各产品成本计算对象的“直接材料”项目。会计人员根据领料凭证，先按照车间、部门、用途进行汇总，即可计算出各个车间、部门所消耗材料的数量、金额，再通过编制“材料费用分配表”（参见表 2-3）进行材料费用的分配，记入相应产品的生产成本账户。该项工作可以在产品生产完成时进行，也可以根据实际情况在月末进行。

三、材料费用的分配

如果多种产品共同耗用某种材料，应当采用适当的方法在各种产品之间进行分配，材料费用的分配是通过编制“材料费用分配表”的方式进行的。在按实际成本法核算材料时，应当根据各种领料凭证中所登记的实际成本汇总编制“材料费用分配表”；在按照计划成本核算时，除根据各种领料凭证中所登记的计划成本汇总外，还应当根据材料成本差异率计算出所领用材料应负担的成本差异，计算出材料成本差异额。最后，在各个车间、部门“材料费用分配表”的基础上，汇总编制“材料费用分配汇总表”（参见表 2-4），据以进行材料费用分配的总分类核算。

对于生产车间一般耗用的材料，应计入“制造费用”账户的相关项目。对于直接用于多种产品生产的小额材料费用，根据重要性原则，为了简化核算，也可以在“制造费用”中归集。月末，根据“制造费用”账户所归集的费用，采用适当的方法分配计入各个成本计算对象的成本。

常用的材料费用的分配标准有产品的产量、体积、重量、消耗定额、定额费用等。

1．定额消耗量比例分配法

定额消耗量比例分配法是按照产品材料定额消耗量比例分配材料费用的方法。该方法适用于各种材料消耗定额比较健全且相对准确的材料费用的分配。一般产品按照工艺设计或生产配方，将有比较准确的定额消耗量。其计算原理如下。

（1）计算出各种产品的定额消耗量。

某种产品材料定额消耗量=该种产品实际产量×单位产品材料消耗定额

（2）计算出各种产品的定额消耗量之和。

（3）计算出分配率即单位定额消耗量应分配的材料数量。

材料消耗量分配率=材料实际消耗总量÷各种产品材料定额消耗总量

（4）计算出各种产品应分配的材料数量。

某种产品应分配的材料数量=该种产品的材料定额消耗量×材料消耗量分配率

（5）计算出各种产品应分配的材料费用。

某种产品应分配的材料费用=该种产品应分配的材料数量×材料单价

【案例 2-1】某企业某月生产甲、乙两种产品，共同耗用 A 材料 23 970 千克，A 材料单价为 3 元/千克，计 71 910 元。甲产品实际产量为 300 件，每件定额消耗 A 材料 20 千克；乙产品实际产量为 500 件，每件定额消耗材料 35 千克。

要求：用定额耗用量比例分配法核算甲、乙两种产品应分摊的材料费用，并写出相应的会计分录。

甲产品原材料定额消耗量=300×20=6 000（千克）

乙产品原材料定额消耗量=500×35=17 500（千克）

原材料消耗量分配率=23 970/（6 000+17 500）=1.02（元/千克）

甲产品应分配原材料实际消耗量=6 000×1.02=6 120（千克）

乙产品应分配原材料实际消耗量=17 500×1.02=17 850（千克）

甲产品应分配的实际原材料费用=6 120×3=18 360（元）

乙产品应分配的实际原材料费用=17 850×3=53 550（元）

分录如下。

借：生产成本——基本生产成本（甲产品）　　18 360
　　　　　　——基本生产成本（乙产品）　　53 550
　贷：原材料——A 材料　　71 910

为了简化分配工作，也可以按原材料定额消耗量的比例，直接分配原材料费用。

其工作步骤如下。

（1）计算出各种产品的定额消耗量。

某种产品材料定额消耗量=该种产品实际产量×单位产品材料消耗定额

说明：各种产品的定额消耗量是指在实际产量下按照工艺配方需用材料的数量。

（2）计算出各种产品的定额消耗量之和。

（3）计算实际材料费用总额。

材料实际费用总额=材料的实际消耗总量×材料单价

（4）计算出分配率即单位定额消耗量应分配的材料费用金额。

材料费用分配率=材料实际消耗总额÷各种产品材料定额消耗总量

（5）计算出各种产品应分配的材料费用。

某种产品应分配的材料数量=该种产品的材料定额消耗量×材料费用分配率

在材料费用分配完成后，可以将各部门耗用的材料费用进行汇总，编制原材料费用分配汇总表。

动脑筋　请谈一下上述两种分配方法的主要区别是什么。

2．定额费用比例分配法

定额费用比例分配法是以产品材料定额成本为标准分配材料费用的一种方法，适用于多种产品共同耗用多种材料的情况。其计算原理如下。

（1）计算出各种产品的材料定额费用。

某种产品某种材料定额费用=该种产品实际产量×单位产品该种材料费用定额

（2）计算出各种产品的材料定额费用之和。

（3）计算分配率（单位材料定额费用应分配的材料费用）。

材料费用分配率=各种材料实际费用总额÷各种产品材料定额费用之和

（4）计算出各种产品应分配的材料费用。

某种产品应负担的材料费用=该种产品各种材料定额费用×材料费用分配率

【案例 2-2】恒兴公司生产 A、B 两种产品，2017 年 1 月共同领用甲、乙两种材料，材料费用共计 1 391 860.80 元，本月大发公司投产 A 产品 160 件、B 产品 240 件。A 产品材料消耗定额为：甲材料 16 千克，乙材料 6 千克。B 产品材料消耗定额为：甲材料 12 千克，乙材料 10 千克。甲材料单价为 102.00 元，乙材料单价为 245.00 元。

现采用定额费用比例分配法计算 A 和 B 两种产品应分配的材料费用如下。

A 产品：

甲材料定额费用=160×16×102=261 120.00（元）

乙材料定额费用=160×6×245=235 200.00（元）

A 产品合计材料定额费用=261 120.00+235 200.00=496 320.00（元）

B 产品：

甲材料定额费用=240×12×102=293 760.00（元）

乙材料定额费用=240×10×245=588 000.00（元）

B 产品合计材料定额费用=293 760.00+588 000.00=881 760.00（元）

$$材料消耗量分配率=\frac{1\,391\,860.80}{496\,320.00+881\,760.00}=1.01$$

A 产品应分配的材料费用=496 320.00×1.01=501 283.20（元）

B 产品应分配的材料费用=881 760.00×1.01=890 577.60（元）

如表 2-8 所示。

表 2-8　原材料费用分配表

2017 年 1 月

受益部门	材料类别	产量/件	单位消耗定额/千克	单价/元	定额费用/元	分配率/（元/千克）	分配金额/元
A 产品	甲材料	160	16	102.00	261 120.00	1.01	501 283.20
	乙材料		6	245.00	235 200.00		
	小计				496 320.00		

续表

受益部门	材料类别	产量/件	单位消耗定额/千克	单价/元	定额费用/元	分配率/（元/千克）	分配金额/元
B 产品	甲材料	240	12	102.00	293 760.00	1.01	890 577.60
	乙材料		10	245.00	588 000.00		
	小计				881 760.00		
合计					1 378 080.00		1 391 860.80

小提示 学习成本会计计算原理的过程中一定要理解每个计算案例的核算实质，切忌把案例当成数学应用题来做。

3. 产品重量比例分配法

产品重量比例分配法是按照各种产品的重量比例分配材料费用的一种方法，适用于产品所耗用材料的多少与产品重量有着直接联系的情况。

其工作步骤如下。

（1）计算分配率（单位重量应分配的材料费用）。

材料费用分配率=各种材料实际费用总额÷各种产品重量之和

（2）计算出各种产品应分配的材料费用。

某种产品应负担的材料费用=该种产品的重量×材料费用分配率

【案例 2-3】蓝天公司生产甲、乙两种产品，2017 年 1 月共同领用 A 材料 20 400 千克，每千克 10.00 元，材料费用共计 204 000.00 元，本月蓝天公司生产的甲产品重量为 16 000 千克，乙产品重量为 8 000 千克。

现采用产品重量比例分配法计算甲和乙两种产品应分配的材料费用如下。

材料消耗量分配率=$\dfrac{204\,000}{16\,000+8\,000}=8.50$（元/千克）

甲产品应分配的材料费用=16 000×8.50=136 000.00（元）

乙产品应分配的材料费用=8 000×8.50=68 000.00（元）

编制原材料费用分配表，如表 2-9 所示。

表 2-9　原材料费用分配表

2017 年 1 月

受益部门	重量/千克	分配率/（元/千克）	分配金额/元
甲产品	16 000	8.50	136 000.00
乙产品	8 000		68 000.00
合计	24 000		204 000.00

4. 产品产量比例分配法

产品产量比例分配法是按照各种产品的产量比例分配材料费用的一种方法，适用于产品所耗用材料的多少与产品产量有着密切联系的情况。

其工作步骤如下。

（1）计算分配率（单位产量应分配的材料费用）。

材料费用分配率=各种材料实际费用总额÷各种产品实际产量之和

（2）计算出各种产品应分配的材料费用。

某种产品应负担的材料费用=该种产品的实际产量×材料费用分配率

【案例 2-4】高远公司生产甲、乙两种产品，2017 年 1 月共同领用 B 材料 400 千克，每千克 37.80 元，材料费用共计 15 120.00 元，本月高远公司生产的甲产品产量为 1 600 件，乙产品产量为 920 件。

现采用产品产量比例分配法计算甲和乙两种产品应分配的材料费用如下。

材料消耗量分配率=$\frac{15\,120}{1\,600+920}=6.00$（元/件）

甲产品应分配的材料费用=1 600×6.00=9 600.00（元）

乙产品应分配的材料费用=920×6.00=5 520.00（元）

如表 2-10 所示。

表 2-10　　原材料费用分配表

2017 年 1 月

产品名称	产量/件	分配率/（元/件）	分配金额/元
甲产品	1 600	6.00	9 600.00
乙产品	920		5 520.00
合计	2 520		15 120.00

动脑筋　学习了材料费用的内容，知道了材料费用在产品成本中的重要性，请思考一下，有哪些管理办法可以减少产品的材料费用呢？

任务实施

（1）采用定额消耗量比例分配法计算 NH120 和 NH121 两种产品应分配的材料费用如下。

NH120 定额消耗量=500×0.60=300.00（千克）

NH121 定额消耗量=800×0.50=400.00（千克）

A 材料定额消耗总量=300.00+400.00=700.00（千克）

A 材料消耗量分配率=$\frac{714.00}{700}=1.02$

NH120 应分配的材料数量=300.00×1.02=306.00（千克）

NH121 应分配的材料数量=400.00×1.02=408.00（千克）

NH120 应分配的材料费用=306.00×152.40=46 634.40（元）

NH121 应分配的材料费用=408.00×152.40=62 179.20（元）

如表 2-11 所示。

表 2-11　　原材料费用分配表（A 材料）

2017 年 1 月

产品名称	产量/件	单位消耗定额/千克	定额消耗量/千克	分配率	分配数量/千克	单价/元	金额/元
NH120	500	0.60	300		306.00	152.40	46 634.40
NH121	800	0.50	400		408.00	152.40	62 179.20
合计			700	1.02	714.00	152.40	108 813.60

（2）根据上述资料编制原材料费用分配汇总表，如表 2-12 所示，然后编制记账凭证。

表 2-12　　原材料费用分配汇总表

2017 年 1 月

领料单位及用途		产量/件	共同耗用材料费						直接材料费用/元	合计/元
			单位消耗定额/千克	定额消耗量/千克	分配率/（元/千克）	耗用数量/千克	单价/元	分配额/元		
基本生产车间	NH120	500	0.60	300.00				46 634.40	527 740.00	574 374.40
	NH121	800	0.50	400.00				62 179.20	656 460.00	718 639.20
	小计			700.00	155.448	714.00	152.40	108 813.60	1 184 200.00	1 293 013.60
	一般消耗								18 456.00	18 456.00
维修车间									6 847.00	6 847.00
锅炉车间									5 784.00	5 784.00
企业管理部门									1 242.00	1 242.00
合计									1 216 529.00	1 325 342.60

根据表 2-12，编制会计分录如下。

借：生产成本——基本生产成本——NH120（材料费）　　574 374.40
　　　　　　——基本生产成本——NH121（材料费）　　718 639.20
　　生产成本——辅助生产成本——维修（材料费）　　6 847.00
　　　　　　——辅助生产成本——锅炉（材料费）　　5 784.00
　　制造费用——材料费　　18 456.00
　　管理费用——材料费　　1 242.00
　　贷：原材料　　1 325 342.60

（3）登记生产成本明细账。

根据上述资料，自行完成宇辰机械有限责任公司表 2-13 和表 2-14 两个明细账的填写。

表 2-13　　生产成本明细账（NH120）

生产成本明细账

车间名称：基本生产车间

产品名称：NH120　　　　规格：

年		凭证		摘要	借方发生额	直接材料	直接人工	燃料和动力	制造费用
月	日	种类	号数		千百十万千百十元角分	千百十万千百十元角分	千百十万千百十元角分	千百十万千百十元角分	千百十万千百十元角分

表 2-14　　　　　　　　　　　　生产成本明细账（NH121）

生产成本明细账

车间名称：基本生产车间
产品名称：NH121　　　　　规格：

年		凭证		摘要	借方发生额	直接材料	直接人工	燃料和动力	制造费用
月	日	种类	号数		千百十万千百十元角分	千百十万千百十元角分	千百十万千百十元角分	千百十万千百十元角分	千百十万千百十元角分

闯关考验

一、单选题

1. 企业为生产产品发生的原料及主要材料的耗费，应通过（　　）账户核算。

A. “基本生产成本”　B. “辅助生产成本”　C. “管理费用”　D. “制造费用”

2. 月末编制材料费用分配表时，对于退料凭证的数额，可采取（　　）。

A. 冲减有关成本费用　　　　B. 在下月领料数中扣除

C. 从当月领料数中扣除　　　D. 不需考虑

二、多选题

1. 应记入产品成本的各种材料费用，按其用途进行分配，应记入的账户有（　　）。

A. “管理费用”　B. “基本生产成本”　C. “制造费用”　D. “财务费用”

2. 用于几种产品生产的共同耗用材料费用的分配，常用的分配标准有（　　）。

A. 工时定额　B. 生产工人工资　C. 材料定额费用　D. 材料定额消耗量

3. 以下项目应直接计入产品成本项目——直接材料的有（　　）。

A. 构成产品实体的主要材料费用　　B. 包装产品的周转材料

C. 构成产品实体的辅助材料　　　　D. 车间一般耗用材料

三、判断题

（　　）1. 如果是几种产品共同耗用的材料，则应采用适当的方法，分配记入几种产品成本明细账的“直接材料”成本项目中。

（　　）2. 常用的材料费用的分配标准有产品的产量、体积、重量、消耗定额、定额费用等。

全真实训

说明：任务二至任务八实训业务分配率保留 4 位小数，分配金额保留 2 位小数。任务二至任务八实训业务中与蓝天笔业有限公司有关的业务与基础资料为相关、连续业务。

基础资料：蓝天笔业有限公司是生产笔类文具产品的小型工业企业。该公司主要生产自动钢笔和墨碳笔两种产品，采用品种法计算产品成本。公司设有一个基本生产车间，另设有维修车间和恒温车间两个辅助生产车间，为生产提供劳务，辅助生产车间之间相互提供的劳务进行交互式分配，所发生的制造费用记入“辅助生产成本”科目。原材料均为生产开始时一次性投入。企业的月末在产品与完工产品之间采用“约当产量比例法”计算分配。

1. 本月产量资料如表训 2-1 所示。

表训 2-1　　本月产量资料表

2017 年 1 月　　单位：盒

产品名称	月初在产品	本月投入数量	本月完工产品	月末在产品数量
自动钢笔	30	1 400	1 395	35
墨碳笔	35	2 000	1 990	45

该公司产品自动钢笔、墨碳笔的单只成本较小，产品以 100 支封盒后外销，为了在简化核算的同时提高产品成本的核算精度，我们将以盒（100 支）作为产品的基本单位来核算。

2. 月初在产品成本如表训 2-2 所示。

表训 2-2　　月初在产品成本统计表

2017 年 1 月　　单位：元

产品名称	直接材料	燃料及动力	直接人工	制造费用	合计
自动钢笔	800.00	500.00	750.00	800.00	2 850.00
墨碳笔	1 100.00	750.00	1 000.00	1 050.00	3 900.00

实训一　设置生产明细账

根据蓝天笔业有限公司 2017 年 1 月月初的成本资料，登记自动钢笔和墨碳笔生产成本明细账，如表训 2-3 和表训 2-4 所示。

表训 2-3　　基本生产成本明细账

生产车间：　　产品名称：自动钢笔　　单位：元

年		摘要	成本项目				合计
月	日		直接材料	燃料及动力	直接人工	制造费用	

表训 2-4　　基本生产成本明细账

生产车间：　　产品名称：墨碳笔　　单位：元

年		摘要	成本项目				合计
月	日		直接材料	燃料及动力	直接人工	制造费用	

实训二　练习材料费用的核算

蓝天笔业有限公司 2017 年 1 月领用生产材料如表训 2-5 所示，自动钢笔的防溢出保护油定额耗用量为 60 克/盒；墨碳笔的防溢出保护油定额耗用量为 110 克/盒。

要求：（1）根据表训 2-5 中的资料采用定额消耗量比例分配法分配共同耗用的生产费用，填制表训 2-6。

（2）编制会计分录，登记表训 2-3 和表训 2-4。

表训 2-5　　领用原材料汇总表

领料部门：基本生产车间　　2017 年 1 月 31 日

明细项目	单位	数量		成本/元	
		请领	实发	单价	金额
自动钢笔头	百支	1 400	1 400	3.00	4 200.00
自动钢笔管	百支	1 400	1 400	1.50	2 100.00
自动钢笔填充墨	百支	1 400	1 400	3.00	4 200.00
墨碳笔头	百支	2 000	2 000	5.00	10 000.00
墨碳笔管	百支	2 000	2 000	2.00	4 000.00
墨碳笔填充墨	百支	2 000	2 000	5.00	10 000.00
防溢出保护油	千克	270	270	10.00	2 700.00
金额合计					37 200.00

表训 2-6　　　　材料费用分配表

2017 年 1 月　　　　单位：元

材料		基本生产成本		合计
		自动钢笔	墨碳笔	
自动钢笔管		2 100.00	—	3 000.00
自动钢笔头		4 200.00	—	4 300.00
自动钢笔填充墨		4 200.00	—	6 000.00
小计			—	
墨碳笔管		—	4 000.00	5 000.00
墨碳笔头		—	10 000.00	20 000.00
墨碳笔填充墨		—	10 000.00	23 000.00
小计		—		
防溢出保护油	定额耗用量			
	分配率			
	分配金额			
合计				

实训三　练习材料费用的分配与核算

玉成生物制品有限公司生产 A、B 两种产品，耗用原材料费用共计 20 000.00 元。本月投产 A 产品 100 件，B 产品 300 件。单件原材料费用定额：A 产品 60 元，B 产品 10 元。

要求：采用原材料定额费用比例分配 A、B 产品实际耗用原材料费用（计算材料费用分配率、分配实际原材料费用）。

任务三　完成外购燃料及动力的归集与分配

任务描述

宇辰机械有限责任公司 2017 年 1 月共耗用电费 288 400.00 元（未付），不考虑增值税，本月生产总工时共 34 000 小时，NH120 耗用 20000 工时，NH121 耗用 14 000 工时。各部门用电清单如表 2-15 所示。

表 2-15　　　　部门用电清单

2017 年 1 月

部门	用途	用电量/千瓦时	单价/（元/千瓦时）	金额/元
生产车间	生产用	340 000	0.8	272 000.00
维修车间	照明与办公用	1 500	0.8	1 200.00
锅炉车间	照明与办公用	12 000	0.8	9 600.00
厂办	办公用	2 000	0.8	1 600.00
销售部	办公用	2 000	0.8	1 600.00
财务部	办公用	3 000	0.8	2 400.00
合计		360 500	0.8	288 400.00

任务下达

按照生产工时比例进行外购动力费用的分配。填制表 2-16 所示的外购动力费用分配表，并编制相关的会计分录，登记账簿。

表 2-16　　外购动力费用分配表

2017 年 1 月

<table>
<tr><th colspan="2">受益部门</th><th>成本/费用项目</th><th>生产工时/时</th><th>分配率/（元/千瓦时）</th><th>分配电费/元</th><th>直接计入/元</th></tr>
<tr><td rowspan="3">生产车间</td><td>NH120</td><td>燃料及动力</td><td></td><td rowspan="2"></td><td></td><td>—</td></tr>
<tr><td>NH121</td><td>燃料及动力</td><td></td><td></td><td>—</td></tr>
<tr><td colspan="2">小计</td><td></td><td>—</td><td></td><td>—</td></tr>
<tr><td colspan="2">维修车间</td><td>水电费</td><td>—</td><td>—</td><td>—</td><td></td></tr>
<tr><td colspan="2">锅炉车间</td><td>水电费</td><td>—</td><td>—</td><td>—</td><td></td></tr>
<tr><td colspan="2">厂办</td><td>水电费</td><td>—</td><td>—</td><td>—</td><td></td></tr>
<tr><td colspan="2">销售部</td><td>水电费</td><td>—</td><td>—</td><td>—</td><td></td></tr>
<tr><td colspan="2">财务部</td><td>水电费</td><td>—</td><td>—</td><td>—</td><td></td></tr>
<tr><td colspan="3">合计</td><td>—</td><td>—</td><td>—</td><td></td></tr>
</table>

知识准备

外购燃料及动力是指企业在生产过程中购入的煤、汽油、机油、电、汽等，电、汽费用一般称为动力费用。企业耗用的动力费用，有从外单位购入的，也有由本企业辅助生产车间供应的。由本企业辅助生产车间供应的电力将在辅助生产费用归集和分配部分讲述。制造企业外购燃料和动力的，应当根据实际耗用数量或者合理的分配标准对燃料和动力费用进行归集分配。生产部门直接用于生产的燃料和动力，直接计入生产成本；生产部门间接用于生产（如照明、取暖）的燃料和动力，计入制造费用。制造企业内部自行提供燃料和动力的，参照上述原理进行处理。

一、外购燃料及动力费用的归集

如果外购燃料金额不大，可以直接计入“生产成本——直接材料”账户。如果金额较大，外购燃料及动力费用是在生产成本账户下单设“燃料及动力”二级账户进行核算，在每月月末，可以通过查阅有关计量仪器（电表、汽表等）或燃料领用记录来确定使用数量，将本月发生的动力费用分配计入成本、费用类账户时，借记成本、费用类账户，贷记“应付账款——电费”或“原材料——燃料”账户。

二、外购燃料及动力费用的分配

外购燃料费用的分配方法与任务二材料费用的分配原理相同，可参照原料费用的分配方法按部门和用途进行分配。

外购动力费用的分配，如耗用的电费，一般以电表记录作为本月可分配的费用的分配标准。各车间部门的动力用电和照明用电一般都分别安装电表，因此，外购动力费用在各车间、部门的动力用电和照明用电之间，就可按用电度数进行分配。对于生产车间中的动力用电，各种产品的生产在有仪表记录的情况下，各种产品的动力费用应根据仪表记录的数量以及动力的单价计算；

在没有仪表记录的情况下，可按各种产品生产工时的比例、机器功率时数（机器功率×机器工作时数）的比例，或定额消耗量的比例进行分配。

【案例 2-5】宇辰机械有限责任公司 2017 年 1 月为生产 NH120 和 NH121 共耗用油料 1 000 升，每升 8.64 元。产品 NH120 单位定额耗用量 0.8 升，产品 NH121 单位定额耗用量 0.7 升，NH120 本月投产 500 件，产品 NH121 本月投产 800 件，月初在产品加工成完工产品已不需要耗用油料和蒸汽。锅炉车间 1 月共耗用焦煤 150 吨，每吨 800 元。

采用定额耗用量比例法分配，过程如下。

油料实际费用总额=1 000.00×8.64=8 640.00（元）

$$费用分配率=\frac{8\,640.00}{500\times 0.8+800\times 0.7}=9.00\ （元/升）$$

NH120 应分配的材料费用=500×0.80×9.00=3 600.00（元）

NH121 应分配的材料费用=800.00×0.7×9.00=5 040.00（元）

燃油费用分配表如表 2-17 所示。

表 2-17 **燃料费用分配表**

2017 年 1 月

产品名称	产量/件	单位消耗定额/升	定额消耗量/升	分配率/（元/升）	金额/元
NH120	500	0.80	400		3 600.00
NH121	800	0.70	560		5 040.00
合计			960	9	8 640.00

根据上述燃料费用分配表，应编制下列会计分录。

借：生产成本——基本生产成本——NH120（燃料及动力）　　3 600.00
　　　　　　——基本生产成本——NH121（燃料及动力）　　5 040.00
　　生产成本——辅助生产成本——锅炉车间（燃料费）　　120 000.00
　　贷：原材料——油料　　8 640.00
　　　　　　　——焦煤　　120 000.00

动脑筋

如果企业的电力是自己的火电厂提供的，那么电力的成本应如何计算？

任务实施

（1）编制外购动力费用分配表，如表 2-18 所示。

表 2-18 **外购动力费用分配表**

2017 年 1 月

受益部门		成本/费用项目	生产工时/小时	分配率/（元/小时）	分配电费/元	直接计入/元
生产车间	NH120	燃料及动力	20 000	8	160 000.00	—
	NH121	燃料及动力	14 000		112 000.00	—
	小计		34 000	—	272 000.00	—
维修车间		水电费	—	—	—	1 200.00
锅炉车间		水电费	—	—	—	9 600.00

续表

受益部门	成本/费用项目	生产工时/小时	分配率/（元/小时）	分配电费/元	直接计入/元
厂办	水电费	—	—	—	1 600.00
销售部	水电费	—	—	—	1 600.00
财务部	水电费	—	—	—	2 400.00
合计		—	—	—	288 400.00

（2）根据上述外购动力费用分配表，应编制下列会计分录。

借：生产成本——基本生产成本——NH120（燃料及动力）　160 000.00
　　　　　　——基本生产成本——NH120（燃料及动力）　112 000.00
　　生产成本——辅助生产成本——维修（水电费）　1 200.00
　　　　　　——辅助生产成本——锅炉（水电费）　9 600.00
　　销售费用——水电费　1 600.00
　　管理费用——水电费　4 000.00
　　贷：应付账款　288 400.00

（3）登记生产成本明细账

沿用任务二，根据上述资料，自行完成宇辰机械有限责任公司表 2-13 和表 2-14 两个明细账的填写。

小提示

燃料与动力费用的分配原理和材料费用的分配原理是相同的。

相关链接

正确划分生产费用和期间费用的界限

对于企业所发生的生产经营管理费用，并不是全部计入产品成本，而只是生产费用才计入产品成本，其余的经营管理费用则计入期间费用。所以，如欲计算出企业某一会计期间的产品成本，还应该正确划分应计入产品成本的费用和应计入期间费用的费用之间的界限。在企业日常所发生的生产经营管理费用中，那些用于产品生产的原材料费用、因制造产品而发生的生产工人的人工费用和产品制造过程中发生的制造费用，都应该计入生产费用，并最后计算出产品成本；而那些为组织和管理企业生产经营管理活动、为推销企业产品和为筹集企业生产经营所需资金而发生的有关费用，即管理费用、营业费用和财务费用 3 种费用，则作为期间费用于会计期末直接计入当期损益，一次性从当期所取得的收入中予以全额扣除。正确划分应计入产品成本的费用和应计入期间费用的费用之间的界限，有助于防止企业混淆产品成本和期间费用之间的界限，避免将两者任意进行相互调节而发生调节当期产品成本和当期损益的现象。

闯关考验

一、单选题

1. 基本生产车间耗电量很大，本期应负担照明电费 1 500 元，应记入（　　）账户。

A. “基本生产成本”（燃料动力）　　B. “制造费用”（水电费）
C. “辅助生产成本”（水电费）　　D. “管理费用”（水电费）

2. 分配的燃料和动力费用，不应记入（　　）账户。

A. “基本生产成本”（燃料动力）　　B. “制造费用”（水电费）

C. “辅助生产成本”（水电费）　　D. “财务费用”（水电费）

二、判断题

（　　）1. 不设“燃料和动力”成本项目的企业，其生产消耗的燃料可计入“直接材料”成本项目。

（　　）2. 正确划分应计入产品成本的费用和应计入期间费用的费用之间的界限，有助于防止企业混淆产品成本和期间费用之间的界限。

全真实训

实训一　动力费用的核算

蓝天笔业有限公司 2017 年 1 月外购电力数据和费用如表训 2-7 所示。维修车间和恒温车间不设制造费用明细账，生产费用全部计入辅助生产成本明细账。

要求：（1）按生产工时分配电费，电费未付。自动钢笔 2 000 工时、墨碳笔 4 000 工时。填制表训 2-8。分配率保留 4 位小数，分配金额保留 2 位小数。

（2）编制会计分录，登记表训 2-3、表训 2-4、辅助生产成本明细账表训 2-13、表训 2-14 和制造费用明细账表训 2-16。

表训 2-7　　外购动力费用表

2017 年 1 月　　单位：元

车间名称	照明用电费用	生产用电费用	合计
基本生产车间	200.00	2 500.00	2 700.00
维修车间	—	500.00	500.00
恒温车间	—	1 200.00	1 200.00
管理部门	500.00	—	500.00
销售部门	500.00	—	500.00
合计	1 700.00	3 700.00	5 400.00

表训 2-8　　外购动力费用分配表

2017 年 1 月

<table>
<tr><th colspan="2">受益部门</th><th>成本/费用项目</th><th>生产工时/小时</th><th>分配率/(元/小时）</th><th>分配电费/元</th><th>直接计入/元</th></tr>
<tr><td rowspan="3">生产车间</td><td>自动钢笔</td><td>燃料及动力</td><td></td><td rowspan="2"></td><td></td><td>—</td></tr>
<tr><td>墨碳笔</td><td>燃料及动力</td><td></td><td></td><td>—</td></tr>
<tr><td colspan="2">小计</td><td></td><td>—</td><td></td><td>—</td></tr>
<tr><td colspan="2">制造费用</td><td>电费</td><td>—</td><td>—</td><td>—</td><td>—</td></tr>
<tr><td colspan="2">维修车间</td><td>水电费</td><td>—</td><td>—</td><td>—</td><td>—</td></tr>
<tr><td colspan="2">恒温车间</td><td>水电费</td><td>—</td><td>—</td><td>—</td><td>—</td></tr>
<tr><td colspan="2">管理部门</td><td>水电费</td><td>—</td><td>—</td><td>—</td><td>—</td></tr>
<tr><td colspan="2">销售部</td><td>水电费</td><td>—</td><td>—</td><td>—</td><td>—</td></tr>
<tr><td colspan="3">合计</td><td>—</td><td>—</td><td></td><td></td></tr>
</table>

实训二　动力费用的核算

2017 年 3 月，黑药生物制品有限公司生产经营共耗电 36 000 千瓦·时，其中企业基本生产车间耗电 26 000 千瓦·时，车间照明用电 70 00 千瓦·时，企业行政管理部门耗用 3 000 千瓦·时。每千瓦·时电费的单价为 0.60 元，应付电力费用 21 600 元未付。企业基本生产车间生产 A、B 两种产品，A 产品生产工时 3 600 小时，B 产品生产工时 2 400 小时。

要求：按所耗电度数分配电力费用，A、B 产品按生产工时分配电费，编制分配电力费用的会计分录。

任务四　完成职工薪酬费用的归集与分配

任务描述

宇辰机械有限责任公司 2017 年 1 月基本生产车间生产总工时 24 100 小时，产品 NH120 耗用 16 000 小时，产品 NH121 耗用 8 100 小时。

任务下达

1. 根据表 2-21 和【案例 2-6】中的数据计算产品 NH120 和 NH121 生产成本中直接人工应分配的数额。
2. 编制职工薪酬分配表，如表 2-19 所示。

表 2-19　　职工薪酬分配表

2017 年 1 月

借方科目	明细科目	累计生产工时/小时	分配率/（元/小时）	应分配职工薪酬/元
生产成本——基本生产成本	NH120			
	NH121			
	小计		—	
生产成本——辅助生产成本	维修车间	—	—	
	锅炉车间	—	—	
制造费用	基本生产车间	—	—	
管理费用	职工薪酬	—	—	
销售费用	职工薪酬	—	—	

3. 根据表 2-19、表 2-21 和表 2-22 编制职工薪酬的相关会计分录。
4. 登记生产成本明细账

知识准备

一、职工薪酬

职工薪酬是指企业为获得职工提供的服务或解除劳动关系而给予的各种形式的报酬或补偿。职工薪酬包括短期薪酬、离职后福利、辞退福利和其他长期职工福利。企业提供给职工配偶、子女、受赡养人、已故员工遗属及其他受益人等的福利，也属于职工薪酬。

1．职工薪酬的具体内容

（1）短期薪酬。短期薪酬是指企业在职工提供相关服务的年度报告间结束后 12 个月内需要全部予以支付的职工薪酬，因解除与职工的劳动关系给予的补偿除外。短期薪酬具体包括职工工资、奖金、津贴和补贴，职工福利费，医疗保险费、工伤保险费和生育保险费等社会保险费，住房公积金，工会经费和职工教育经费，短期带薪缺勤，短期利润分享计划，非货币性福利以及其他短期薪酬。

（2）带薪缺勤。带薪缺勤是指企业支付工资或提供补偿的职工缺勤，包括年休假、病假、短期伤残、婚假、产假、丧假、探亲假等。

（3）离职后福利。离职后福利是指企业为获得职工提供的服务而在职工退休或与企业解除劳动关系后，提供的各种形式的报酬和福利，属于短期薪酬和辞退福利的除外。企业应当将离职后福利计划分类为设定提存计划和设定受益计划。离职后福利计划是指企业与职工就离职后福利达成的协议，或者企业为向职工提供离职后福利制定的规章或办法等。其中，设定提存计划是指向独立的基金缴存固定费用后，企业不再承担进一步支付义务的离职后福利计划，如养老保险；设定受益计划是指除设定提存计划以外的离职后福利计划。

（4）辞退福利。辞退福利是指企业在职工劳动合同到期之前解除与职工的劳动关系，或者为鼓励职工自愿接受裁减而给予职工的补偿。

（5）其他长期职工福利。其他长期职工福利是指除短期薪酬、离职后福利、辞退福利之外所有的职工薪酬，包括长期带薪缺勤、长期残疾福利、长期利润分享计划等。

企业应当在职工为其提供服务的会计期间，将应付的职工薪酬确认为负债，除因解除与职工的劳动关系给予的补偿外，应当根据职工提供服务的受益对象，分下列情况进行处理。

① 应由生产产品、提供劳务负担的职工薪酬，计入产品成本或劳务成本。但非正常消耗的直接生产人员和直接提供劳务人员的职工薪酬，应当在发生时确认为当期损益。

② 应由在建工程、无形资产负担的职工薪酬，计入固定资产或无形资产成本。

③ 除上述人员以外的职工，包括公司总部管理人员、董事会成员、监事会成员等人员相关的职工薪酬，因难以确定直接对应的受益对象，均应当在发生时计入当期损益。

2．职工薪酬的归集流程

一般情况下，企业在月末进行职工薪酬的归集，下月初或中旬发放工资，具体步骤如下。

（1）企业财务部门或人力资源部按照职工的考勤记录、工时记录、产量记录、工资等级标准、代扣各项款项等，编制职工薪酬结算单，如表 2-20 所示，计算应付给职工的工资。

（2）企业财务部门或人力资源部门应将“职工薪酬结算单”进行汇总，编制职工薪酬汇总表，如表 2-21 所示。

（3）按照企业财务制度的规定，计提由企业承担的职工福利费用、有关保险、住房公积金、职工教育经费和工会经费。

（4）进行职工薪酬的分配，编制会计分录并登记入账。

3．职工薪酬的计算

（1）编制职工薪酬结算单。由于不同企业管理模式和职工薪酬的发放标准和项目不同，因此，不同企业的职工薪酬结算单的结构也不相同，基本样式如表 2-20 所示。

表 2-20　　　　　　　　　　职工薪酬结算单　　　　　　　　　　单位：元

姓名	应付工资				应扣工资		代扣款项			实发金额
	基本工资	岗位工资	……	合计	电费	……	保险	个人所得税	合计	
张三										
李四										
……										

（2）编制职工薪酬汇总表。根据各部门职工薪酬结算单编制职工薪酬汇总表。职工薪酬汇总表的格式与职工薪酬结算单基本相同，区别是各部门人员的职工薪酬按部门进行了汇总。基本样式如表 2-21 所示。

宇辰机械有限责任公司 2017 年 1 月职工薪酬汇总表如表 2-21 所示，部分数据略。

表 2-21　　　　　　　　　　职工薪酬汇总表　　　　　　　　　　单位：元

部门	人员类别	应付工资				应扣工资		代扣款项			实发金额
		基本工资	……	……	合计	略		保险	个人所得税	合计	
生产车间	生产人员	略			300 000.00	略		21 000.00	8 900.00	29 900.00	270 100.00
	管理人员				40 000.00			2 800.00	1 200.00	4 000.00	36 000.00
锅炉车间	生产人员				70 000.00			4 900.00	2 600.00	7 500.00	62 500.00
	管理人员				20 000.00			1 400.00	0.00	1 400.00	18 600.00
维修车间	生产人员				60 000.00			4 200.00	2 500.00	6 700.00	53 300.00
	管理人员				20 000.00			1 400.00	0.00	1 400.00	18 600.00
财务部	管理人员				60 000.00			4 200.00	1 800.00	6 000.00	54 000.00
销售部	销售人员				100 000.00			7 000.00	3 100.00	10 100.00	89 900.00
厂办	管理人员				70 000.00			4 900.00	2 000.00	6 900.00	63 100.00
合计					740 000.00			51 800.00	22 100.00	73 900.00	666 100.00

（3）计提有关费用。在汇总出各部门工资总额后，按应付工资总额和国家、企业规定的比例，计提由企业承担的有关保险、住房公积金、职工教育经费和工会经费。应付工资合计与计提各项费用总额构成企业职工薪酬总额。

【案例 2-6】宇辰机械有限责任公司所在地区法律规定，在职职工每月需要按照职工工资总额的 13%缴纳养老保险，其中职工本人负担 5%，由公司代扣代缴，公司负担 8%；应按职工工资总额的 10%缴纳职工医疗保险，其中职工本人负担 2%，由公司代扣代缴，公司负担 8%；按照 2%提取工会经费，按照 2.5%提取职工教育经费。

宇辰机械有限责任公司 2017 年 1 月按照规定提取的有关费用如表 2-22 所示。

表 2-22　　　　　　　　　　各项费用提取明细表　　　　　　　　　　金额单位：元

部门	人员类别	计提基数	养老保险		医疗保险		工会经费		职工教育经费		合计
			计提比例	金额	计提比例	金额	计提比例	金额	计提比例	金额	
生产车间	生产人员	300 000	8%	24 000.00	8%	24 000.00	2%	6 000.00	2.5%	7 500.00	61 500.00

续表

部门	人员类别	计提基数	养老保险		医疗保险		工会经费		职工教育经费		合计
			计提比例	金额	计提比例	金额	计提比例	金额	计提比例	金额	
生产车间	管理人员	40 000	8%	3 200.00	8%	3 200.00	2%	800.00	2.5%	1 000.00	8 200.00
锅炉车间	生产人员	70 000	8%	5 600.00	8%	5 600.00	2%	1 400.00	2.5%	1 750.00	14 350.00
	管理人员	20 000	8%	1 600.00	8%	1 600.00	2%	400.00	2.5%	500.00	4 100.00
维修车间	生产人员	60 000	8%	4 800.00	8%	4 800.00	2%	1 200.00	2.5%	1 500.00	12 300.00
	管理人员	20 000	8%	1 600.00	8%	1 600.00	2%	400.00	2.5%	500.00	4 100.00
财务部	管理人员	60 000	8%	4 800.00	8%	4 800.00	2%	1 200.00	2.5%	1 500.00	12 300.00
销售部	销售人员	100 000	8%	8 000.00	8%	8 000.00	2%	2 000.00	2.5%	2 500.00	20 500.00
厂办	管理人员	70 000	8%	5 600.00	8%	5 600.00	2%	1 400.00	2.5%	1 750.00	14 350.00
		740 000	8%	59 200.00	8%	59 200.00	2%	14 800.00	2.5%	18 500.00	151 700.00

注意 本题计提各项费用的基数是应发工资。实际工作中计提各项费用的基数按企业所在地的社保政策执行，一般以上年度社会平均工资的倍数为计提基数并上缴社会保险。

动脑筋 该公司为职工缴纳了上述保险费用，是否违反了国家有关法律？为什么？

由于宇辰机械有限责任公司生产车间生产两种产品，因此生产车间生产人员工资需要在两种产品之间分配后，才能编制会计分录，登记生产成本明细账。

二、计时工资的计算方法

企业给生产工人的工资按照报酬取得方式可以分为计件工资和计时工资。对于生产工人的计时工资，如果只生产一种产品，则计时工资就是该种产品的直接人工成本。如果同时生产两种或两种以上的产品，此时生产工人的工资一般无法与生产的产品直接对应，需要将生产工人的计时工资在不同产品之间进行分配。在分配时，一般是按产品的生产工人工时、机器工时、定额工时比例等分配标准进行分配，计入生产成本明细账的“直接人工”成本项目。

计算过程如下。

（1）以生产工人工时、机器工时、定额工时比例等分配标准，计算职工薪酬每小时分配率。

$$\text{每小时分配率}=\frac{\text{某车间生产工人职工薪酬总额}}{\text{某车间各产品生产工时（机器工时、定额工时）数之和}}$$

（2）某产品应负担的职工薪酬数=某产品生产工人工时（机器工时、定额工时）×每小时分配率。

【案例 2-7】某企业 2017 年 9 月工资结算汇总表中应付工资总额为 166 000 元，其中，生产工人工资 120 000 元，按产品的实际生产工时比例在甲、乙两种产品之间进行分配。甲、乙产品实际生产工时分别为 40 000 小时和 20 000 小时。车间一般管理人员的工资 3 000 元，机修车间工人的工资 6 000 元，动力车间工人的工资 4 000 元，销售人员的工资 12 000 元，行政管理部门人员的工资 16 000 元，福利部门人员的工资 5 000 元。

要求：编制职工薪酬分配表，并做出有关的会计分录。

该企业的账务处理如下。

$$每小时分配率=\frac{120\ 000}{60\ 000}=2.00（元/小时）$$

甲产品应分配的数额=40 000×2.00=80 000.00（元）

乙产品应分配的数额=120 000−80 000=40 000.00（元）

职工薪酬分配表如表 2-23 所示。

表 2-23 职工薪酬分配表

2017 年 9 月

应借科目	直接计入的工资费用/元	分配计入的工资费用		工资费用合计/元
		分配标准/元	分配额（率）/（元/小时）	
生产成本——基本生产成本（甲产品）		40 000		80 000
生产成本——基本生产成本（乙产品）		20 000		40 000
合计		60 000	2	120 000
生产成本——辅助生产成本（机修车间）	6 000			6 000
生产成本——辅助生产成本（动力车间）	4 000			4 000
制造费用	3 000			3 000
销售费用	12 000			12 000
管理费用	21 000			21 000
合计				166 000

根据表 2-23，编制会计分录如下。

借：生产成本——基本生产成本（甲产品）　　80 000
　　　　　　——基本生产成本（乙产品）　　40 000
　　生产成本——辅助生产成本（机修车间）　　6 000
　　生产成本——辅助生产成本（动力车间）　　4 000
　　制造费用　　3 000
　　管理费用　　21 000
　　销售费用　　12 000
　　贷：应付职工薪酬　　166 000

三、计件工资的计算与分配方法

计件工资是按照生产完成的数量和单位工资额计算的。由于计件工资与产品直接对应，因此不需要进行分配，直接计入相应产品的生产成本明细账中的“直接人工”成本项目即可。

动脑筋　在本任务中，你除了学习到了职工薪酬费用的归集与分配，还掌握了哪些企业工作中与职工薪酬有关的知识？

任务实施

（1）产品 NH120 和 NH121 耗用生产工人工资分配过程如下。

生产工人待分配的人工费用总额=300 000.00+61 500.00=361 500.00（元）

每小时分配率$=\frac{361\,500}{24\,100}=15.00$（元/小时）

产品 NH120 应分配的数额=16 000×15.00=240 000.00（元）

产品 NH121 应分配的数额=361 500−240 000=121 500.00（元）

维修车间辅助生产成本= 60 000.00+20 000.00+12 300.00+4 100.00=96 400.00（元）

锅炉车间辅助生产成本=70 000.00+20 000.00+14 350.00+4 100.00=108 450.00（元）

制造费用=40 000.00+8 200.00=48 200.00（元）

管理费用=60 000.00+70 000.00+12 300.00+14 350.00=156 650.00（元）

销售费用=100 000.00+20 500.00=120 500.00（元）

（2）编制职工薪酬分配表，如表 2-24 所示。

表 2-24 职工薪酬分配表

2017 年 1 月

借方科目	明细科目	累计生产工时/小时	分配率/（元/小时）	应分配职工薪酬/元
生产成本——基本生产成本	NH120	16 000	15.00	240 000.00
	NH121	8 100		121 500.00
	小计	24 100	—	361 500.00
生产成本——辅助生产成本	维修车间	—	—	96 400.00
	锅炉车间	—	—	108 450.00
制造费用	基本生产车间	—	—	48 200.00
管理费用	职工薪酬	—	—	156 650.00
销售费用	职工薪酬	—	—	120 500.00

（3）编制会计分录如下。

借：生产成本——基本生产成本——直接人工（NH120） 240 000.00
　　　　　　——基本生产成本——直接人工（NH121） 121 500.00
　　制造费用——职工薪酬 48 200.00
　　生产成本——辅助生产成本——锅炉车间（职工薪酬） 108 450.00
　　　　　　——辅助生产成本——维修车间（职工薪酬） 96 400.00
　　管理费用——职工薪酬 156 650.00
　　销售费用——职工薪酬 120 500.00
　　贷：应付职工薪酬——工资、奖金、津贴和补贴（工资） 740 000.00
　　　　　　　　　——设定提存计划（养老保险费） 59 200.00
　　　　　　　　　——社会保险费（医疗保险费） 59 200.00
　　　　　　　　　——工会经费和职工教育经费（工会经费） 14 800.00
　　　　　　　　　——工会经费和职工教育经费（职工教育经费） 18 500.00

根据表 2-20 和【案例 2-6】中的数据，计算职工个人承担的养老保险和医疗保险，从应付职工薪酬中扣除。

职工个人承担的养老保险=740 000×2%=14 800（元）

职工个人承担的医疗保险=740 000×5%=37 000（元）

职工扣款部分的会计分录如下。

借：应付职工薪酬——工资、奖金、津贴和补贴（工资）　　73 900.00
　　贷：其他应付款——××地税局　　14 800.00
　　　　　　　　——××医保局　　37 000.00
　　　　应交税费——应交个人所得税　　22 100.00

（4）登记生产成本明细账。

根据上述资料，自行完成宇辰机械有限责任公司表 2-12 和表 2-13 两个明细账的填写。

小提示 职工薪酬的计算是企业人力资源部门的工作，财务部门根据其计算的结果进行分配，计入相关成本费用账户。

相关链接

划分收益性支出和资本性支出

凡支出所取得的效益仅与本会计年度相关的，属于收益性支出，收益性支出中与产品生产存在明显因果关系的计入产品成本，无明显因果关系可循的计入期间费用。凡支出所取得的效益与几个会计年度相关的，应该作为资本性支出，资本性支出不能计入当期产品成本，应形成固定资产、无形资产的价值，按资产受益期进行摊销或计入受益期的产品成本，或作为期间费用。例如，在建工程人员的职工薪酬即属于资本性支出。如果企业将资本性支出列为收益性支出，就会减少资产而增加成本、费用支出，少计当年利润；反之，如果企业将收益性支出列为资本性支出，就会虚增资产、少计成本费用，从而多计当年利润。因此，正确划分收益性支出与资本性支出的界限，对于正确反映成本、费用和经营成果关系重大。

闯关考验

一、单选题

1. 职工薪酬是指企业为获得职工提供的服务或解除劳动关系而给予的各种形式的报酬或补偿，不包括（　　）。

A. 短期薪酬　　B. 离职后福利　　C. 辞退福利　　D. 退休人员的退休金

2. 下列各项中，不应通过“应付职工薪酬”科目核算的是（　　）。

A. 支付给生产工人的津贴　　B. 支付给管理人员的奖金
C. 支付给退休人员的退休费　　D. 支付给职工的困难补助

3. 下列应计人产品成本的工资费用的是（　　）。

A. 基本生产车间管理人员的工资　　B. 行政管理部门人员的工资
C. 在建工程人员的工资　　D. 专设销售机构人员的工资

4. 企业代扣职工房租时应借记（　　）科目。

A. 应付工资　　B. 应付职工薪酬　　C. 其他应收款　　D. 其他应付款

5. 企业从应付职工薪酬中扣还的个人所得税，贷记的会计科目是（　　）。

A. 应付职工薪酬　　B. 应交税费——应交个人所得税
C. 银行存款　　D. 其他应收款

二、多选题

1. 下列关于职工薪酬的核算说法正确的是（　　）。

A. 应由生产产品、提供劳务负担的职工薪酬，计入产品成本或劳务成本

B. 非正常消耗的直接生产人员和直接提供劳务人员的职工薪酬，应当在发生时确认为当期损益

C. 应由在建工程、无形资产负担的职工薪酬，计入固定资产或无形资产成本

D. 难以确定直接对应的受益对象，应当在发生时计入当期损益

2. 下列职工薪酬中，应根据职工提供服务的受益对象计入成本费用的有（　　）。

A. 因解除与职工的劳动关系给予的补偿

B. 工会经费和职工教育经费

C. 构成工资总额的各组成部分

D. 医疗保险费、养老保险费、失业保险费、工伤保险费和生育保险费等社会保险费

3. 下列职工薪酬中，可以计入产品成本的有（　　）。

A. 住房公积金　　B. 非货币性福利　　C. 工会经费　　D. 职工教育经费

4. 企业分配发生的职工薪酬，借记的账户可以是（　　）。

A. 生产成本　　B. 制造费用　　C. 管理费用　　D. 研发支出

5. 不能作为职工薪酬分配标准的指标有（　　）。

A. 计划工时　　B. 管理人员工资　　C. 产品产量　　D. 定额工时

6. 工资计算的原始凭证主要有（　　）。

A. 产量记录　　B. 废品通知单　　C. 领料单　　D. 考勤记录

三、判断题

（　　）1. 职工薪酬是指企业为获得职工提供的服务而给予的各种形式的报酬以及其他相关支出。

（　　）2. 企业以其自产产品或外购商品作为非货币性福利发放给职工的，应当根据受益对象，按照该产品或商品的成本和相关税费，计入相关资产成本或当期费用，同时确认应付职工薪酬。

（　　）3. 企业为职工缴纳的基本养老保险金、补充养老保险费，以及为职工购买的商业养老保险，均属于企业提供的职工薪酬。

全真实训

实训一　练习职工薪酬费用的核算

大地公司根据 1 月工资结算凭证汇总的工资费用为：基本生产车间生产甲、乙两种产品，其计时工资共计 960 000.00 元，其中车间管理人员工资 36 000.00 元。甲产品完工 10 000 件，乙产品完工 8 000 件。单件产品工时定额：甲产品 32 小时，乙产品 30 小时。

要求：按定额工时比例分配甲、乙产品生产工人工资，编制工资分配的会计分录。

实训二　练习职工薪酬费用的核算

海洋集团生产 A、B、C 3 种产品，实际工时为：A 产品 2 400 小时，B 产品 3 000 小时，C 产品 4 000 小时。根据工资结算凭证汇总的工资费用为：基本生产车间生产产品的生产工人的工资 25 000.00 元，车间管理人员的工资 5 000.00 元，企业行政管理部门人员的工资 2 000.00 元，专设销售机构人员的工资 2 000.00 元。

要求：编制分配工资费用的会计分录，A、B、C 3 种产品的生产工人的工资按实际工时分配。

实训三　练习职工薪酬费用的核算

蓝天笔业有限公司 2017 年 1 月职工薪酬如表训 2-9 和表训 2-10 所示。自动钢笔的累计生产

工时为 2 000 小时，墨碳笔的累计生产工时为 4 000 小时。公司按应付工资的 14%发放福利费。假设公司所在地区法律规定，在职职工每月需要按照职工工资总额的 13%缴纳养老保险，其中职工本人负担 5%，由公司代扣代缴，公司负担 8%；应按职工工资总额的 10%缴纳职工医疗保险。其中，职工本人负担 2%，由公司代扣代缴，公司负担 8%；按照 2%提取工会经费，按照 2.5%提取职工教育经费。

表训 2-9　　职工薪酬汇总表　　单位：元

部门	人员类别	应付工资合计	代扣款项			实发金额
			保险	个人所得税	合计	
生产车间	生产人员	50 000.00	3 500.00	300.00	3 800.00	46 200.00
	管理人员	7 000.00	490.00	50.00	540.00	6 460.00
恒温车间	生产人员	9 000.00	630.00	50.00	680.00	8 320.00
	管理人员	6 000.00	420.00	0.00	420.00	5 580.00
维修车间	生产人员	10 000.00	700.00	50.00	750.00	9 250.00
	管理人员	5 000.00	350.00	0.00	350.00	4 650.00
管理部门	管理人员	16 000.00	1 120.00	100.00	1 220.00	14 780.00
销售部	销售人员	10 000.00	700.00	10.00	710.00	9 290.00
合计		113 000.00	7 910.00	560.00	8 470.00	104 530.00

表训 2-10　　各项费用提取明细表　　单位：元

部门	人员类别	计提基数	职工福利费		养老保险		医疗保险		工会经费		职工教育经费		合计
			计提比例	金额	计提比例	金额	计提比例	金额	计提比例	金额	计提比例	金额	
生产车间	生产人员	50 000	14%	7 000	8%	4 000	8%	4 000	2%	1 000	2.50%	1 250	17 250
	管理人员	7 000	14%	980	8%	560	8%	560	2%	140	2.50%	175	2 415
恒温车间	生产人员	9 000	14%	1 260	8%	720	8%	720	2%	180	2.50%	225	3 105
	管理人员	6 000	14%	840	8%	480	8%	480	2%	120	2.50%	150	2 070
维修车间	生产人员	10 000	14%	1 400	8%	800	8%	800	2%	200	2.50%	250	3 450
	管理人员	5 000	14%	700	8%	400	8%	400	2%	100	2.50%	125	1 725
管理部门	管理人员	16 000	14%	2 240	8%	1 280	8%	1 280	2%	320	2.50%	400	5 520
销售部	销售人员	10 000	14%	1 400	8%	800	8%	800	2%	200	2.50%	250	3 450
合计		113 000	14%	15 820	8%	9 040	8%	9 040	2%	2 260	2.50%	2 825	38 985

要求：（1）按生产工时分配职工薪酬，填制表训 2-11。

（2）编制有关会计分录，登记表训 2-3、表训 2-4、辅助生产明细账表训 2-13、表训 2-14 和制造费用明细账表训 2-16。

表训 2-11　　　　　　　　　　　　职工薪酬分配表

2017 年 1 月

借方科目	明细科目	累计生产工时/小时	分配率/（元/小时）	应分配职工薪酬/元	直接计入/元
基本生产成本	自动钢笔	2 000			—
	墨碳笔	4 000			—
	小计	6 000	—		—
辅助生产成本	维修车间	—	—	—	
	恒温车间	—	—	—	
	小计	—	—	—	
制造费用	基本生产车间	—	—	—	
管理费用	职工薪酬	—	—	—	
销售费用	职工薪酬	—	—	—	
合计		—	—		

任务五　完成辅助生产部门费用的归集与分配

任务描述

宇辰机械有限责任公司 2017 年 1 月锅炉车间和维修车间分别发生办公费用为 600 元和 800 元，水费 4 666 元和 200 元。2017 年 1 月锅炉车间和维修车间费用总额和提供劳务量如表 2-25 所示。该公司采用直接分配法分配辅助生产费用，计算结果保留 2 位小数。

表 2-25　　　　　　　　　　　　劳务供应统计表

2017 年 1 月

受益部门	待分配费用/元	修理工时/小时	供汽数量/吨
维修车间	111 447.00		20
锅炉车间	261 600.00	150	
生产车间		1 000	2 300
厂办		200	20
销售部		150	45
财务部		100	35
合计		1 600	2 420

任务下达

1. 根据任务二中的表 2-10、任务三中的表 2-18、任务四中的表 2-24 完成辅助生产成本明细账的登记，如表 2-27 和表 2-28 所示。

2. 计算维修车间和锅炉车间的费用分配率。
3. 填制辅助生产费用分配表，如表 2-26 所示。
4. 根据表 2-26 的填制结果，编制会计分录。
5. 根据编制的会计分录，登记辅助生产成本明细账，如表 2-27 和表 2-28 所示。

表 2-26　　辅助生产费用分配表（直接分配法）

辅助生产车间		维修车间	锅炉车间	合计
待分配成本/元				
辅助车间以外部门受益劳务量				—
分配率（单位成本）/（元/小时或元/吨）				—
生产车间	受益数量/小时或吨			—
	分配金额/元			
厂办	受益数量/小时或吨			—
	分配金额/元			
销售部	受益数量/小时或吨			—
	分配金额/元			
财务部	受益数量/小时或吨			—
	分配金额/元			

表 2-27　　辅助生产成本明细账（维修车间）

辅助生产成本 明细账

车间名称：维修车间

年		字号	摘要	借方金额						
				材料费	人工费	办公费	水电费			
月	日			千百十万千百十元角分	千百十万千百十元角分	千百十万千百十元角分	千百十万千百十元角分	千百十万千百十元角分	千百十万千百十元角分	千百十万千百十元角分

表 2-28　　辅助生产成本明细账（锅炉车间）

辅助生产成本 明细账

车间名称：锅炉车间

年		字号	摘要	借方金额						
				材料费	人工费	办公费	水电费			
月	日			千百十万千百十元角分	千百十万千百十元角分	千百十万千百十元角分	千百十万千百十元角分	千百十万千百十元角分	千百十万千百十元角分	千百十万千百十元角分

知识准备

工业企业的辅助生产车间，是指为基本生产和经营管理服务而进行的产品生产和劳务供应的部门。其中，有的只生产一种产品或提供一种劳务称为单品种辅助生产，如供电、供水、供气、供风、运输等；有的则生产多种产品或提供多种劳务称为多品种辅助生产，如从事模具、工具、修理用备件的制造，以及机器设备的修理等。辅助生产提供的产品和劳务，有时也对外销售，但这不是辅助生产的主要任务。

辅助生产产品和劳务所耗费的各种生产费用之和，构成这些产品和劳务的成本。但是，对于耗用这些产品或劳务的基本生产产品和各车间、部门来说，这些辅助生产产品和劳务的成本又是基本生产产品成本和经营管理费用中的一种费用。

辅助生产产品和劳务成本的高低，对于主要产品成本和经营管理费用的水平有着很大的影响。同时，只有辅助生产产品和劳务成本确定以后，才能计算主要产品的成本和经营管理费用。因此，正确、及时地组织辅助生产费用的归集和分配，是正确、及时地计算企业的产品成本和经营管理费用的关键，对于节约费用、降低成本具有重要的意义。

一、辅助生产车间的费用归集

辅助生产车间费用的归集和分配，是通过“辅助生产成本”账户进行的。该科目同“基本生产成本”账户一样，一般应按车间和产品，以及劳务设立明细账，账中按照成本项目设立专栏或专行进行明细核算。辅助生产发生的各项费用，应记入该科目的借方进行归集。

2-1　辅助生产费用分配

不同类型的辅助生产车间，生产成本在归集程序和分配方法上不尽相同。

1．单品种辅助生产车间的费用归集

如果辅助生产车间只生产一种产品或提供一种劳务则称为单品种辅助生产，如供电、供水、供气、供风、运输等。

在辅助生产车间只生产一种产品或提供一种劳务的情况下，为了简化核算工作，辅助生产车间的各项费用直接记入“辅助生产成本”账户，计入相应辅助生产产品或劳务的成本。即在计算辅助生产成本时，直接在辅助生产成本明细账中设立专栏或专行，归集费用、计算成本。发生的辅助生产费用均单独地直接记入或分配记入“辅助生产成本”账户和所属有关的明细账的借方。宇辰机械有限责任公司就是采用这种简化的方法，将辅助生产发生的制造费用直接记入“辅助生产成本”科目。其流程如图 2-2 所示。

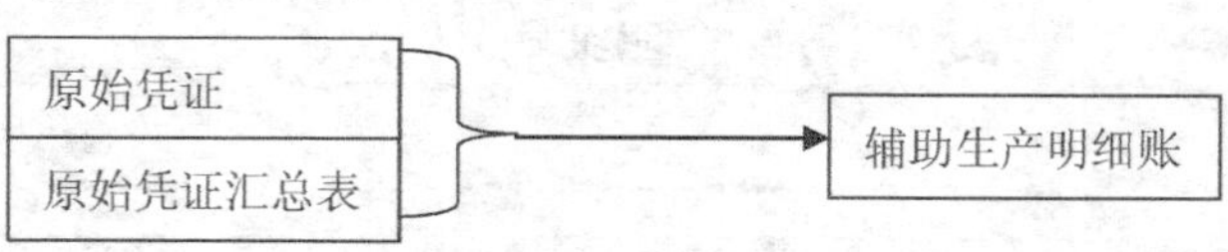

图 2-2　单品种辅助生产车间的费用归集流程

2．多品种辅助生产车间的费用归集

如果辅助生产车间同时生产多种产品或提供多种劳务则称为多品种辅助生产，如从事模具、工具、修理用备件的制造，以及机器设备的修理等。

如果辅助生产车间同时生产多种产品或提供多种劳务，辅助生产发生的制造费用应该与基本生产的制造费用一样，先通过“制造费用”账户进行单独归集，然后转入“辅助生产成本”账户，计入辅助生产产品或劳务的成本。即发生辅助生产费用时，与产品对应的直接费用，应单独地直

接记入“辅助生产成本”账户的成本项目专栏的借方；与产品不直接对应的间接费用，先计入辅助生产车间的“制造费用”明细账，然后在期末再分配记入各产品的“辅助生产成本”账户下的“制造费用”专栏的借方。其流程如图 2-3 所示。

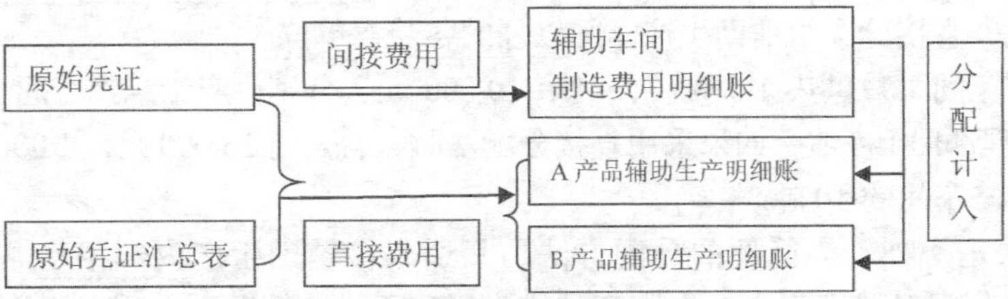

图 2-3　多品种辅助生产车间的费用归集流程

不论采用哪一种程序归集辅助生产费用，辅助生产完工的产品或劳务成本，均应从“辅助生产成本”账户和所属明细账的贷方转出，分配转入基本生产车间的“制造费用”账户和有关受益部门的账户。该账户在期末一般无余额。其流程如图 2-4 所示，①、②、③表示分配过程和去向。

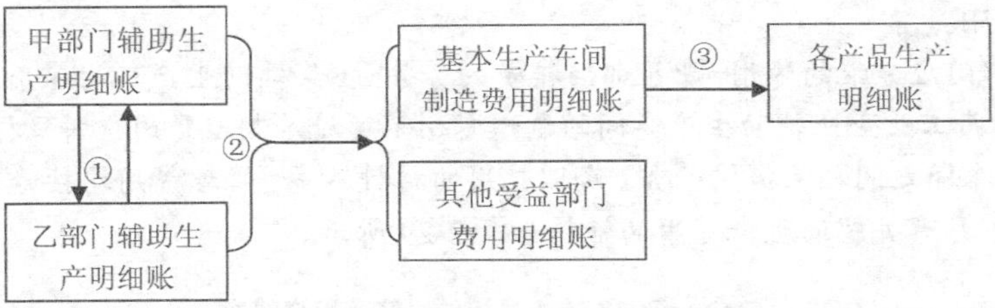

图 2-4　辅助生产车间明细账费用分配流程

说明如下。

① 如果辅助生产车间之间互相提供劳务较多，则辅助生产车间之间需要先进行交互分配。即计算甲部门应分配给乙部门多少费用，乙部门应分配给甲部门多少费用。

② 辅助生产车间之间互相分配费用后（交互分配法），再将各辅助生产车间的费用分配给各受益部门，分配给基本生产车间时是转入基本生产车间的“制造费用”明细账、分配给在建工程时是转入“在建工程”明细账，分配给管理部门时是转入“管理费用”明细账等。

③ 月末或产品完工时，基本生产车间制造费用明细账中的生产费用转入各产品生产明细账。制造费用的分配方法将在任务六中学习。

小提示　辅助生产车间生产多种产品时，其产品成本的计算过程就是品种法原理的应用过程。

二、辅助生产车间的费用分配

辅助生产车间费用的分配，就是将辅助生产车间的辅助生产成本各明细账上所归集的费用，采用一定的方法按各受益对象耗用的数量计入各产品基本生产成本或期间费用的过程。

制造企业辅助生产部门为生产部门提供劳务和产品而发生的费用，参照生产成本项目归集后，应按照合理的分配标准分配计入各成本核算对象的生产成本。辅助生产部门之间互相提供的劳务、作业成本，应当采用合理的方法，进行交互分配。互相提供劳务、作业不多的，可以不进行交互分配，直接分配给辅助生产部门以外的受益单位。

通常采用的分配方法有直接分配法、交互分配法、计划成本分配法、顺序分配法、代数分配法。

1. 直接分配法

直接分配法是将辅助生产成本明细账中的成本总额，不考虑各辅助生产车间之间相互提供产品或劳务的情况，直接分配给辅助生产车间以外的各受益单位。

例如，锅炉车间某月供热 1 010 吨，费用 10 000 元，分别供应给维修车间 10 吨，生产车间 900 吨，其他管理部门 100 吨，如果采用直接分配法时，就是将 10 000 元在 1 000 吨中进行分配，不考虑供应给维修车间的 10 吨。

直接分配法是一种较为简便的分配方法，只适合在辅助生产内部相互提供产品或劳务不多，不进行交互分配对辅助生产成本和产品成本影响不大的情况下采用，否则会影响成本计算的准确性。

直接分配法的分配流程如下。

（1）计算费用分配率。

$$\boxed{\text{某辅助生产车间费用分配率}}=\frac{\text{该部门辅助生产费用总额}}{\text{该生产服务部门提供劳务总量}-\text{对其他生产服务部门提供劳务量}}$$

（2）分配费用。

受益部门应分配的费用=受益部门接受的劳务量×某辅助生产车间费用分配率

【案例 2-8】某工业企业辅助生产车间的制造费用不通过“制造费用”科目核算。该企业机修和运输两个辅助车间之间相互提供劳务。修理耗用的材料不多，修理费用均按修理工时比例分配。该企业 2017 年 1 月有关辅助生产费用的资料如表 2-29 所示。

表 2-29　该企业 2017 年 1 月辅助生产费用资料表

辅助车间名称		运输车间	机修车间
待分配费用/元		4 800	9 400
供应劳务数量		16 000 千米	18 800 小时
耗用劳务数量	运输车间		800 小时
	机修车间	1 000 千米	
	基本 A 车间	6 000 千米	9 200 小时
	基本 B 车间	5 000 千米	6 800 小时
	企业管理部门	4 000 千米	2 000 小时

计算过程如下。

（1）计算两个车间对外供应劳务数量。

运输车间=16 000−1 000=15 000（千米）

机修车间=18 800−800=18 000（小时）

（2）计算分配率。

运输车间分配率=4 800 /15 000=0.32（元/千米）

机修车间分配率=9 400 /18 000=0.522 2（元/小时）

（3）根据各部门的受益劳务量乘以分配率，计算各受益部门应承担的费用，如表 2-30 所示。

表 2-30　　　　　　　　　　　　　辅助生产费用分配表

辅助车间名称			运输车间	机修车间	合计
待分配费用			4 800 元	9 400 元	14 200 元
对外供应劳务数量			15 000 千米	18 000 小时	
单位成本（分配率）			0.32 元/千米	0.522 2 元/小时	
基本车间	A 车间	耗用数量	6 000 千米	9 200 小时	
		分配金额	1 920 元	4 804.24 元	6 724.24 元
	B 车间	耗用数量	5 000 千米	6 800 小时	
		分配金额	1 600 元	3 550.96 元	5 150.96 元
	金额小计		3 520 元	8 355.2 元	11 875.2 元
企业管理部门		耗用数量	4 000 千米	2 000 小时	
		分配金额	1 280 元	1 044.8 元	2 324.8 元
金额合计			4 800 元	9 400 元	14 200 元

编制会计分录如下。

借：制造费用——A 车间（维修费）　　4 804.24
　　　　　　——A 车间（运输费）　　1 920.00
　　　　　　——B 车间（维修费）　　3 550.96
　　　　　　——B 车间（运输费）　　1 600.00
　　管理费用——维修费用　　1 044.80
　　　　　　——运输费　　1 280.00
　贷：生产成本——辅助生产成本（运输车间）　　4 800.00
　　　　　　　——辅助生产成本（维修车间）　　9 400.00

小提示 在理解表 2-30 时，要分别对运输和机修车间从纵向进行分析。切忌两个车间一起阅读理解。

2．交互分配法

交互分配法又称一次交互分配法，是辅助生产车间先进行一次交互分配，然后再将各辅助生产车间交互分配后的生产成本在辅助生产车间以外的各受益单位之间进行分配的方法。

一次交互分配法的分配结果比较合理，符合实际情况，且比直接分配准确一些，但核算工作量稍大。

交互分配法的分配流程图如图 2-5 所示。

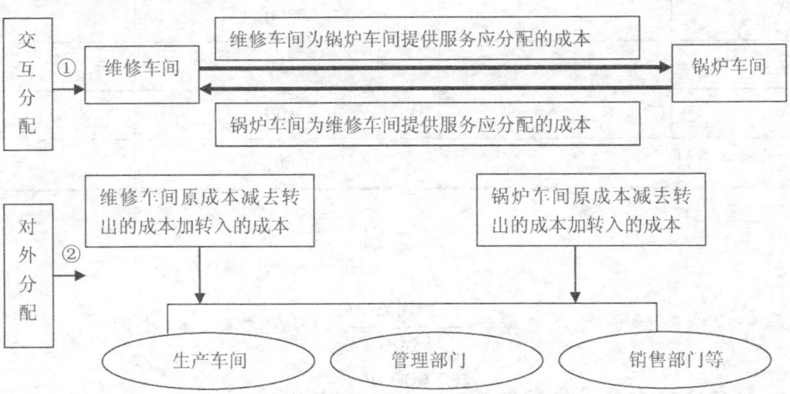

图 2-5　交互分配法分配流程图

交互分配法的分配流程详解如下。

（1）各辅助生产车间之间进行第一次费用分配。据各辅助生产车间之间相互提供的产品或劳务的数量和单位成本，进行一次交互分配，一般称为对内分配，费用分配公式如下。

$$第一次分配的费用分配率=\frac{某辅助生产车间辅助生产费用总额}{该辅助生产车间提供劳务总量}$$

$$\boxed{\begin{array}{c}某辅助生产车间\\应分配的费用\end{array}}=\boxed{\begin{array}{c}某生产车间耗用\\另一辅助车间劳务量\end{array}}\times\boxed{\begin{array}{c}另一辅助生产车间\\第一次分配的费用分配率\end{array}}$$

以宇辰机械有限责任公司维修车间和锅炉车间为例，分别计算两个车间各自第一次分配的费用分配率后，维修车间应分配锅炉车间的费用等于维修车间使用的蒸汽的数量乘以锅炉车间的费用分配率；锅炉车间应分配维修车间的费用等于锅炉车间使用的维修工时的数量乘以维修车间的费用分配率。

（2）各辅助车间之间进行第二次费用分配。经过第一次交互分配后，各辅助生产车间应分配的辅助生产成本等于该辅助生产车间原费用加上交互分配转入的费用，减去交互分配转出的费用。第二次分配费用是对辅助生产车间以外的受益部门进行分配，一般称为对外分配。有关公式如下。

$$\boxed{\begin{array}{c}某辅助生产车间\\第二次待分配的费用\end{array}}=\boxed{\begin{array}{c}某辅助生产车间\\第一次分配前的费用\end{array}}-\boxed{\begin{array}{c}第一次分配\\出的费用\end{array}}+\boxed{\begin{array}{c}第一次分配\\来的费用\end{array}}$$

$$\boxed{\begin{array}{c}第二次分配的\\费用分配率\end{array}}=\frac{某辅助生产车间第二次待分配的费用}{该辅助生产车间提供劳务总量-对其他辅助生产车间提供劳务量}$$

$$受益部门应分配的费用=受益部门接受的劳务量\times第二次分配的费用分配率$$

【案例 2-9】宇辰机械有限责任公司 2017 年 1 月锅炉车间和维修车间费用总额和提供劳务量如表 2-31 所示。采用交互分配法分配费用，分配率保留 4 位小数，分配金额保留 2 位小数，尾数差计入管理费用。

表 2-31　　劳务供应统计表

2017 年 1 月

受益部门	待分配费用/元	修理工时/小时	供汽数量/吨
维修车间	111 447.00		20
锅炉车间	261 600.00	150	
生产车间		1 000	2 300
厂办		200	20
销售部		150	45
财务部		100	35
合计		1 600	2 420

计算过程如下。

第一次分配：

$$维修车间第一次分配的费用分配率=\frac{111\,447.00}{1\,600}=69.654\,4（元/小时）$$

$$锅炉车间第一次分配的费用分配率=\frac{261\,600.00}{2\,420}=108.099\,2（元/吨）$$

维修车间应分配来的费用=108.099 2×20=2 161.98（元）

锅炉车间应分配来的费用=69.654 4×150=10 448.16（元）

为了理解方便，将交互分配法下的费用分配表分解成两部分，第一次分配费用的分配表如表2-32所示。

表 2-32　辅助生产费用分配表（交互分配法——第一次分配）

<table>
<tr><th colspan="4">项目</th><th colspan="3">交互分配</th></tr>
<tr><td colspan="4">辅助生产车间名称</td><td>维修</td><td>锅炉</td><td>合计</td></tr>
<tr><td colspan="4">待分配的费用/元</td><td>111 447</td><td>261 600</td><td>373 047</td></tr>
<tr><td colspan="4">劳务供应数量/小时</td><td>1 600</td><td>2 420</td><td>—</td></tr>
<tr><td colspan="4">费用分配率</td><td>69.654 4 元/小时</td><td>108.099 2 元/小时</td><td>—</td></tr>
<tr><td rowspan="5">应借账户</td><td rowspan="5">辅助生产成本</td><td rowspan="2">维修车间</td><td>数量/小时</td><td>—</td><td>20</td><td>—</td></tr>
<tr><td>金额/元</td><td>—</td><td>2 161.98</td><td>—</td></tr>
<tr><td rowspan="2">锅炉车间</td><td>数量/小时</td><td>150</td><td>—</td><td>—</td></tr>
<tr><td>金额/元</td><td>10 448.16</td><td>—</td><td>—</td></tr>
<tr><td colspan="2">合计/元</td><td>10 448.16</td><td>2 161.98</td><td>—</td></tr>
</table>

编制会计分录如下。

借：生产成本——辅助生产成本（维修车间）　　2 161.98

　贷：生产成本——辅助生产成本（锅炉车间）　　2 161.98

借：生产成本——辅助生产成本（锅炉车间）　　10 448.16

　贷：生产成本——辅助生产成本（维修车间）　　10 448.16

第一次分配费用，登记账簿的方法是在辅助生产成本明细账成本项目中单设一列“其他”，用于登记分配转入的费用，如果账簿中未列出借、贷方，则分配转出的费用用红字登记。

第二次分配费用如下。

维修车间第二次待分配的费用=111 447.00−10 448.16+2 161.98=103 160.82（元）

锅炉车间第二次待分配的费用=261 600.00−2 161.98+10 448.16=269 886.18（元）

维修车间第二次分配的费用分配率$=\dfrac{103\,160.82}{1\,600-150}=71.1454$（元/小时）

锅炉车间第二次分配的费用分配率$=\dfrac{269\,886.18}{2\,420-20}=112.452\,6$（元/吨）

各受益部门应分配的费用如表2-33所示。

表 2-33　辅助生产费用分配表（交互分配法——第二次分配）

<table>
<tr><th colspan="3">项目</th><th colspan="3">对外分配</th></tr>
<tr><td colspan="3">辅助生产车间名称</td><td>维修</td><td>锅炉</td><td>合计</td></tr>
<tr><td colspan="3">待分配的费用/元</td><td>103 160.82</td><td>269 886.18</td><td>373 047.00</td></tr>
<tr><td colspan="3">劳务供应数量/小时</td><td>1 450</td><td>2 400</td><td>—</td></tr>
<tr><td colspan="3">费用分配率</td><td>71.145 4 元/小时</td><td>112.452 6 元/吨</td><td>—</td></tr>
<tr><td rowspan="2">应借账户</td><td rowspan="2">管理费用</td><td>数量/小时</td><td>300（200+100）</td><td>55（35+20）</td><td>—</td></tr>
<tr><td>金额/元</td><td>21 343.61</td><td>6 184.83</td><td>27 528.44</td></tr>
</table>

续表

项目			对外分配		
应借账户	销售费用	数量/小时	150	45	—
		金额/元	10 671.81	5 060.37	15 732.18
	制造费用	数量/小时	1 000	2 300	—
		金额/元	71 145.4	258 640.98	329 786.38
合计/元			103 160.82	269 886.18	373 047.00

编制会计分录如下。

借：制造费用——维修费用　　71 145.40

　　　　　　——汽费　　258 640.98

　　管理费用——维修费用　　21 343.61

　　　　　　——取暖费　　6 184.83

　　销售费用——维修费用　　10 671.81

　　　　　　——取暖费　　5 060.37

　贷：生产成本——辅助生产成本（维修车间）　　103 160.82

　　　　　　——辅助生产成本（锅炉车间）　　269 886.18

实际工作中，表 2-32 和表 2-33 是合并在一起的，交互分配法下的费用分配表如表 2-34 所示。

表 2-34　　辅助生产费用分配表（交互分配法）　　单位：元

项目				交互分配			对外分配		
辅助生产车间名称				维修	锅炉	合计	维修	锅炉	合计
待分配的费用/元				111 447.00	261 600.00	373 047.00	103 160.82	269 886.18	373 047.00
劳务供应数量/小时				1 600	2 420	—	1 450	2 400	—
费用分配率				69.654 4 元/小时	108.099 2 元/吨	—	71.145 4	112.452 6	—
应借账户	辅助生产成本	维修车间	数量/小时	—	20	—	—	—	—
			金额/元	—	2 161.98	—	—	—	—
		锅炉车间	数量/小时	150	—	—	—	—	—
			金额/元	10 448.16	—	—	—	—	—
		合计/元		10 448.16	2 161.98	—	—	—	—
	管理费用		数量/小时	—	—	—	300（200+100）	55（35+20）	—
			金额/元	—	—	—	21 343.61	6 184.83	27 528.44
	销售费用		数量/小时	—	—	—	150	45	—
			金额/元	—	—	—	10 671.81	5 060.37	15 732.18
	制造费用		数量/小时	—	—	—	1 000	2 300	—
			金额/元	—	—	—	71 145.4	258 640.98	329 786.38
	对外分配费用合计/元			—	—	—	103 160.82	269 886.18	373 047.00

动脑筋

直接分配法和交互分配法的主要区别在哪里？

小提示

交互分配就是先把费用在辅助部门之间进行分配，然后根据分配后的结果再在辅助部门以外的受益部门进行分配。

3．顺序分配法

顺序分配法是针对辅助生产车间之间的交互服务量的多少存在一定次序的情况所使用的一种方法。这种分配方法的做法是，首先将辅助生产车间按受益多少的顺序排列，受益少的排列在前，受益多的排列在后；在分配时，排列在前的辅助生产车间将费用按受益情况分配给排列在后的辅助生产车间，而排列在后的辅助生产车间不向排列在前的辅助生产车间分配其费用。排列在后面的辅助生产车间的可供分配费用等于它本身发生的直接费用加上排在它前面的辅助生产车间分配转入的费用。

采用顺序分配法分配辅助生产费用，有重点地反映了辅助生产车间之间交互服务的关系，并且分配方法比较简便；但由于它只是前者分配给后者的费用，所以其分配结果不够准确。而且由于各辅助生产车间之间的顺序较难确定，所以这种分配方法带有较大的人为假定性，它只适用于辅助生产交互服务的费用有明显顺序的企业。

【案例 2-10】沿用表 2-31，宇辰机械有限责任公司 2017 年 1 月对锅炉车间和维修车间的费用采用顺序分配法分配费用，分配率保留 4 位小数，分配金额保留 2 位小数，尾数差计入管理费用。

根据表中数据可知，维修车间耗用汽的数量较少，锅炉车间耗用的工时较多，因此维修车间排在前，锅炉车间排在后。计算过程如表 2-35 所示。

表 2-35　　辅助生产费用分配表（顺序分配法）　　金额单位：元

服务部门 项目	维修车间			锅炉车间			分配额合计
	工时/小时	分配率/（元/小时）	分配额	供汽/吨	分配率/（元/吨）	分配额	
待分配数	1 600	—	111 447.00	2 420	—	261 600.00	373 047.00
维修车间分配率	—	69.654 4	—	—	—	—	—
锅炉车间耗用工时	150	—	—	—	—	—	—
锅炉车间应分配转入金额	—	—	10 448.16	—	—	—	—
顺序分配后成本	—	—	100 998.84	—	—	272 048.16	—
锅炉车间待分配数	—	—	—	2 400	—		—
顺序分配单位分配率	—	69.654 4	—	—	113.353 4	—	—
辅助生产成本——锅炉	150	—	10 448.16	—	—	—	—
制造费用——辅助生产成本	1 000	—	69 654.40	2 300	—	260 712.82	330 367.22
管理费用	300	—	20 896.28	55	—	6 234.44	27 130.72
销售费用	150	—	10 448.16	45	—	5 100.90	15 549.06

维修车间分配率=111 447.00÷1 600=69.654 4（元/小时）

锅炉车间应分配转入金额=150×69.654 4=10 448.16（元）

锅炉车间顺序分配后的成本=261 600.00+10 448.16=272 048.16（元）

锅炉车间顺序分配单位分配率=272 048.16÷（2 420−20）=113.353 4（元/小时）

编制会计分录如下。

（1）维修车间给锅炉车间分配费用。

借：生产成本——辅助生产成本（锅炉车间）　　10 448.16

　　贷：生产成本——辅助生产成本（维修车间）　　10 448.16

（2）维修车间、锅炉车间对外分配费用。

借：制造费用——维修费用　　69 654.40

　　　　　　——汽费　　260 712.82

　　管理费用——维修费用　　20 896.28

　　　　　　——取暖费　　6 234.44

　　销售费用——维修费用　　10 448.16

　　　　　　——取暖费　　5 100.90

　　贷：生产成本——辅助生产成本（维修车间）　　100 998.84

　　　　　　　　——辅助生产成本（锅炉车间）　　272 048.16

4．计划成本分配法

计划成本分配法是为了简化辅助生产费用的分配手续，便于开展成本分析，在生产费用计划管理做得比较好的企业经常采用的一种方法。

计划成本分配法是将辅助生产车间为各受益单位提供的劳务或作业，一律按劳务或作业的计划单位成本进行费用分配，然后对辅助生产车间实际发生的费用与按计划成本分配转出的费用之间的差额再进行调整分配。其计算过程也需要进行两次分配，第一次是分配计划成本，第二次是分配成本差异。成本差异的处理有两种方式：一是将成本差异按受益对象进行分配；二是将全部成本差额计入“管理费用”账户。由于第二种方法简便易行，因而在实际工作中广泛采用。

具体计算过程如下。

（1）先按计划成本分配。

$$某受益对象应分配的费用=受益劳务量\times计划单位成本$$

（2）再按成本差异分配。

$$成本差异分配率=\frac{某辅助生产车间成本差异}{该辅助生产车间劳务总量-对其他辅助生产车间提供劳务量}$$

$$辅助生产车间以外受益部门应分配的成本差异=受益部门受益劳务量\times成本差异率$$

【案例 2-11】沿用表 2-30，宇辰机械有限责任公司 2017 年 1 月对锅炉车间和维修车间的费用采用计划成本法分配费用，维修车间计划成本 70 元/小时，锅炉车间计划成本 110 元/吨。成本差异全部计入管理费用。

计划成本分配法下的成本费用分配表如表 2-36 所示。

表 2-36　　辅助生产费用分配表（计划成本分配法）

辅助生产车间名称				维修	锅炉	合计/元
待分配的费用/元				111 447.00	261 600.00	373 047.00
劳务供应数量/小时				1 600	2 420	—
计划单位成本/元				70.00	110.00	—
应借账户	生产成本——辅助生产成本	维修车间	数量/小时	—	20	—
			金额/元	—	2 200.00	2 200.00

续表

<table>
<tr><th colspan="4">辅助生产车间名称</th><th>维修</th><th>锅炉</th><th>合计/元</th></tr>
<tr><td rowspan="8">应借账户</td><td rowspan="2">生产成本——辅助生产成本</td><td rowspan="2">锅炉车间</td><td>数量/小时</td><td>150</td><td>—</td><td>—</td></tr>
<tr><td>金额/元</td><td>10 500.00</td><td>—</td><td>10 500.00</td></tr>
<tr><td colspan="2" rowspan="2">管理费用</td><td>数量/小时</td><td>300</td><td>55</td><td>—</td></tr>
<tr><td>金额/元</td><td>21 000.00</td><td>6 050.00</td><td>27 050.00</td></tr>
<tr><td colspan="2" rowspan="2">销售费用</td><td>数量/小时</td><td>150</td><td>45</td><td>—</td></tr>
<tr><td>金额/元</td><td>10 500.00</td><td>4 950.00</td><td>15 450.00</td></tr>
<tr><td colspan="2" rowspan="2">制造费用</td><td>数量/小时</td><td>1 000</td><td>2 300</td><td>—</td></tr>
<tr><td>金额/元</td><td>70 000.00</td><td>253 000.00</td><td>323 000.00</td></tr>
<tr><td colspan="4">①按计划成本分配金额合计/元</td><td>112 000.00</td><td>266 200.00</td><td>—</td></tr>
<tr><td colspan="4">②辅助生产车间实际发生成本/元</td><td>111 447.00</td><td>261 600.00</td><td>373 047.00</td></tr>
<tr><td colspan="4">③按计划成本分配转入的成本/元</td><td>2 200.00</td><td>10 500.00</td><td>—</td></tr>
<tr><td colspan="4">成本差异=②+③-①/元</td><td>1 647.00</td><td>5 900.00</td><td>7 547.00</td></tr>
</table>

维修车间成本差异=111 447.00+2 200.00−112 000.00=1 647.00（元）

锅炉车间成本差异=261 600.00+10 500.00−266 200.00=5 900.00（元）

编制会计分录如下。

（1）按计划成本分配时。

借：生产成本——辅助生产成本（锅炉车间） 10 500.00
　　制造费用——维修费用 70 000.00
　　管理费用——维修费用 21 000.00
　　销售费用——维修费用 10 500.00
　　贷：生产成本——辅助生产成本（维修车间） 112 000.00

借：生产成本——辅助生产成本（维修车间） 2 200.00
　　制造费用——汽费 253 000.00
　　管理费用——取暖费用 6 050.00
　　销售费用——取暖费用 4 950.00
　　贷：生产成本——辅助生产成本（锅炉车间） 266 200.00

（2）结转成本差异时。

借：管理费用——成本差异 7 547.00
　　贷：生产成本——辅助生产成本——锅炉（其他） 5 900.00
　　　　　　　　——辅助生产成本——维修（其他） 1 647.00

由于各辅助生产车间只需掌握耗用其他辅助生产车间提供的劳务、作业的数量和计划单位成本，就能计算出其实际费用，所以计划成本分配法使成本计算较简便且及时；同时，通过计划成本和实际成本之间的比较分析，可及时了解各辅助生产车间费用超支和节约的原因，有利于考核辅助生产车间的经济效益。所以，辅助生产各种劳务、作业的计划成本必须比较符合实际，否则会造成过大的成本差异，影响成本计算的正确性。

5．代数分配法

代数分配法是运用解多元一次方程组来分配辅助生产费用的一种方法。

采用这种方法首先将各种劳务或作业的单位成本设置成几个未知数，并根据各辅助生产车间之间交互服务的关系建立方程组，然后通过解方程组求出各种劳务的单位成本；最后将各种劳务的单位成本乘以各受益单位的耗用量，就可算出各受益单位分配的辅助生产费用。

【案例 2-12】沿用表 2-31，宇辰机械有限责任公司 2017 年 1 月对锅炉车间和维修车间的费用采用代数分配法分配费用。分配金额保留 2 位小数，尾数差计入管理费用。

（1）将辅助生产车间产品或劳务的单位成本设为未知数。

设：维修车间每工时的单位成本为 X 元/小时，锅炉车间每吨汽的单位成本为 Y 元/吨。

（2）建立联立方程。

维修车间和锅炉车间的生产成本在月末时要全部分配给受益部门，即维修车间和锅炉车间各自辅助生产成本账户的借方发生额与贷方发生额要相等，因此，根据这种关系，可以建立联立方程如下。

$$\begin{cases}\text{维修车间成本}+\text{维修车间耗用锅炉车间蒸汽数量}\times Y=\text{维修车间提供总工时}\times X\\ 111\,447.00+20\times Y=1\,600\times X\\ \text{锅炉车间成本}+\text{锅炉车间耗用维修车间工时}\times X=\text{锅炉车间供汽总吨数}\times Y\\ 261\,600.00+150\times X=2\,420\times Y\end{cases}$$

解之得：

X=71.0606 720 1（元/小时）

Y=112.503 760 7（元/吨）

（3）分配费用，如表 2-37 所示。

表 2-37　　辅助生产费用分配表（代数分配法）

<table>
<tr><th colspan="4">辅助生产车间名称</th><th>维修</th><th>锅炉</th><th>合计</th></tr>
<tr><td colspan="4">待分配的费用/元</td><td>111 447.00</td><td>261 600.00</td><td>373 047.00</td></tr>
<tr><td colspan="4">劳务供应数量</td><td>1 600 小时</td><td>2 420 吨</td><td>—</td></tr>
<tr><td colspan="4">用代数法计算的单位成本</td><td>71.060 672 01 元/小时</td><td>112.503 760 7 元/吨</td><td>—</td></tr>
<tr><td rowspan="10">应借账户</td><td rowspan="4">生产成本——辅助生产成本</td><td rowspan="2">维修车间</td><td>数量/吨</td><td>—</td><td>20</td><td>—</td></tr>
<tr><td>金额/元</td><td>—</td><td>2 250.08</td><td>—</td></tr>
<tr><td rowspan="2">锅炉车间</td><td>数量/小时</td><td>150</td><td>—</td><td>—</td></tr>
<tr><td>金额/元</td><td>10 659.10</td><td>—</td><td>—</td></tr>
<tr><td colspan="2" rowspan="2">管理费用</td><td>数量</td><td>300 小时</td><td>55 吨</td><td>—</td></tr>
<tr><td>金额/元</td><td>21 318.20</td><td>6 187.71</td><td>27 505.91</td></tr>
<tr><td colspan="2" rowspan="2">销售费用</td><td>数量</td><td>150 小时</td><td>45 吨</td><td>—</td></tr>
<tr><td>金额/元</td><td>10 659.10</td><td>5 062.67</td><td>15 721.77</td></tr>
<tr><td colspan="2" rowspan="2">制造费用</td><td>数量</td><td>1 000 小时</td><td>2 300 吨</td><td>—</td></tr>
<tr><td>金额/元</td><td>71 060.67</td><td>258 758.65</td><td>329 819.32</td></tr>
<tr><td colspan="4">对外分配费用合计/元</td><td>103 037.97</td><td>270 009.03</td><td>373 047.00</td></tr>
</table>

维修车间实际需要对外分配的费用=111 447.00+2 250.08−10 659.10=103 037.97（元）

锅炉车间实际需要对外分配的费用=261 600.00+10 659.10−2 250.08=270 009.03（元）

编制会计分录如下。

① 辅助车间之间分配。

借：生产成本——辅助生产成本（维修车间） 2 250.08
　　贷：生产成本——辅助生产成本（锅炉车间） 2 250.08
借：生产成本——辅助生产成本（锅炉车间） 10 659.10
　　贷：生产成本——辅助生产成本（维修车间） 10 659.10

② 辅助车间对外分配

借：制造费用——维修费用 71 060.67
　　　　　　——汽费 258 758.65
　　管理费用——维修费用 21 318.20
　　　　　　——取暖费 6 187.71
　　销售费用——维修费用 10 659.10
　　　　　　——取暖费 5 062.67
　　贷：生产成本——辅助生产成本（维修车间） 103 037.97
　　　　　　　　——辅助生产成本（锅炉车间） 270 009.03

运用代数分配法分配辅助生产费用，分配结果最准确，这是其他方法无可比拟的，但在辅助生产车间较多的情况下，费用分配计算比较复杂，要利用高等数学中的矩阵方法求解。

任务实施

（1）自行完成表2-27和表2-28的填制。

（2）计算费用分配率。

$$维修车间费用分配率=\frac{111\,447.00}{1\,600-150}=76.86（元/小时）$$

$$锅炉车间费用分配率=\frac{261\,600.00}{2\,420-20}=109（元/吨）$$

（3）编制费用分配表，如表2-38所示。

表2-38　辅助生产费用分配表（直接分配法）

辅助生产车间		维修车间	锅炉车间	合计
待分配成本/元		111 447.00	261 600.00	373 047.00
辅助车间以外部门受益劳务量		1 450=1 600−150 小时	2 400=2 420−20 吨	—
分配率（单位成本）		76.86 元/小时	109 元/吨	—
生产车间	受益数量	1 000 小时	2 300 吨	—
	分配金额/元	76 860.00	250 700.00	327 560.00
厂办	受益数量	200 小时	20 吨	—
	分配金额/元	15 372.00	2 180.00	17 552.00
销售部	受益数量	150 小时	45 吨	—
	分配金额/元	11 529.00	4 905.00	16 434.00
财务部	受益数量	100 小时	35 吨	—
	分配金额/元	7 686.00	3 815.00	11 501.00

（4）编制会计分录如下。

借：制造费用——维修费用　　76 860.00
　　　　　　——汽费　　250 700.00
　　管理费用——维修费用　　23 058.00（15 372.00+7 686.00）
　　　　　　——取暖费　　5 995.00（2 180.00+3 815.00）
　　销售费用——维修费用　　11 529.00
　　　　　　——取暖费　　4 905.00
　　贷：生产成本——辅助生产成本（维修车间）　　111 447.00
　　　　　　　　——辅助生产成本（锅炉车间）　　261 600.00

（5）根据上述分录自行完成辅助生产明细账的登记，如表 2-26 和表 2-27 所示。

相关链接

正确划分各个月份的费用界限

为了按月分析和考核产品成本和期间费用，正确计算各月损益，还应将应计入产品成本的生产费用和期间费用，在各个月份之间进行划分。为此，当月发生的成本、费用都应在本月入账，不得将其一部分延到下期入账，也不应在月末以前提前结账，将本月成本、费用的一部分作为下月成本、费用处理。同时，根据权责发生制的核算原则，企业不得任意预提和摊销费用。凡应由本期负担而尚未实际支出的费用，应预先提取计入本期成本、费用；凡已经支付但应由本期和以后各期负担的成本、费用，应分期摊入成本、费用。防止利用费用待摊和预提的办法人为调节各个月份的产品成本和期间费用，人为调节各月损益的做法。

动脑筋　在辅助生产车间费用分配中共涉及了 5 种方法，请说出你觉得最简单与最合理的分配方法有哪些，并说明理由。

闯关考验

一、单选题

1. 下列方法中，属于辅助生产费用分配方法的是（　　）。
　A. 定额比例法　　B. 顺序分配法
　C. 生产工时比例分配法　　D. 生产工人工资比例法

2. 直接分配法适用于（　　）。
　A. 辅助生产车间相互提供劳务较少
　B. 交互分配的辅助生产车间受益程度有明显顺序
　C. 交互分配费用相差不大
　D. 计划成本基础较好

3. 采用直接分配法分配辅助生产费用时，各辅助生产车间费用分配率计算公式中的分母数应是（　　）。
　A. 该辅助生产车间向基本生产车间提供的劳务总量
　B. 该辅助生产车间向行政管理部门提供的劳务总量
　C. 该辅助生产车间提供的劳务总量
　D. 该辅助生产车间向基本生产车间和行政管理部门提供的劳务总量

4. 采用交互分配法分配辅助生产费用时，第二次交互分配是在（　　）之间进行的。

A. 各受益的辅助生产车间　　B. 辅助生产车间以外的受益单位

C. 各受益的基本生产车间　　D. 所有受益的部门

5. 采用一次交互分配法分配辅助生产费用时，计算第二阶段直接分配率的分子数应是（　　）。

A. 该辅助生产车间直接发生的费用

B. 该辅助生产车间直接发生的费用加上分配转入的费用

C. 该辅助生产车间直接发生的费用加上分配转入减去分配转出的费用

D. 该辅助生产车间直接发生的费用减去分配转出的费用。

6. 辅助生产车间完工入库的工具模具应借记（　　）科目，贷记“辅助生产成本”科目。

A. “低值易耗品”　B. “修理用配件”　C. “原材料”　D. “自制半成品”

7. 各辅助生产费用分配法中，以（　　）为最准确。”

A. 计划成本分配法　B. 一次交互分配法　C. 代数分配法　D. 直接分配法

二、多选题

1. 企业最常用的辅助生产费用分配方法是（　　）。

A. 直接分配法　B. 交互分配法　C. 定额成本法　D. 生产工时比例法

2. 直接分配法适用于（　　）。

A. 辅助生产车间相互提供劳务较少

B. 交互分配的辅助生产车间受益程度有明显顺序

C. 交互分配费用相差不大

D. 计划成本基础较好

3. 分配辅助生产费用的各种方法中，有交互分配性质的是（　　）。

A. 交互分配法　B. 代数分配法　C. 计划成本分配法　D. 直接分配法

4. 采用代数分配法分配辅助生产费用时，分配结转辅助生产费用的会计分录中对应的借方科目主要有（　　）等。

A. 生产成本——辅助生产成本　　B. 生产成本——基本生产成本

C. 制造费用　　D. 管理费用

5. 采用一次交互分配法分配辅助生产费用时，计算第二阶段的直接分配率公式的分子数字应是（　　）。

A. 该辅助生产车间直接发生的费用　　B. 加上分配转入的费用

C. 减去分配转出的费用　　D. 减去分配转入的费用

三、判断题

（　　）1. 辅助生产费用的分配是将辅助生产费用直接分配计入基本生产成本明细账。

（　　）2. 辅助生产车间可以设置制造费用明细账进行费用明细核算，或不设此账户，将所有费用直接计入辅助生产成本明细账。

（　　）3. 辅助生产费用分配方法中直接分配法是最准确、最简单的分配方法。

（　　）4. 辅助生产车间提供的产品劳务，都是为基本生产车间和行政管理部门服务的。

（　　）5. 采用交互分配法，交互分配后的各辅助生产单位的待分配费用，应分配给全部受益对象。

全真实训

实训一　练习辅助生产费用的核算

龙王公司下设机修和供水两个辅助生产车间，3 月机修车间发生生产费用 20 000.00 元，提供劳务数量 1 000 小时，其中，供水车间 300 小时；基本生产车间 600 小时；企业行政管理部门 100 小时。供水车间发生生产费用 4 000.00 元，提供劳务数量 2 000 吨水，其中，机修车间 800 吨；基本生产车间 1 000 吨；企业行政管理部门 200 吨（辅助生产车间不设置制造费用账户）。

要求：（1）采用直接分配法分配辅助生产费用，并编制相应的会计分录。

（2）采用交互分配法分配辅助生产费用，并编制相应的会计分录。

（3）采用代数分配法分配辅助生产费用，并编制相应的会计分录。

（4）机修车间计划单位成本 22 元/小时；供水车间计划单位成本 1.5 元/吨；采用计划成本分配法分配辅助生产费用，并编制相应的会计分录。

实训二　练习辅助生产费用的核算

蓝天笔业有限公司 2017 年 1 月辅助生产车间提供劳务量如表训 2-12 所示。

表训 2-12　　辅助生产车间当月劳务量汇总表

受益对象	修理工时/小时	受益空间/平方米
维修车间		200
恒温车间	50	
基本生产车间	780	4 100
销售部门	60	300
管理部门	30	200
合计	920	4 800

简化辅助生产车间明细账部分数据如表训 2-13 和表训 2-14 所示。

要求：（1）根据本项目中任务三实训一和任务四实训三将明细账表训 2-13 和表训 2-14 填写齐全。

（2）采用交互分配法分配辅助生产车间费用，填写表训 2-15。

（3）编制会计分录，登记辅助生产明细账（表训 2-13 和表训 2-14）和制造费用明细账（表训 2-16）。

表训 2-13　　辅助生产成本明细账

车间名称：恒温车间　　单位：元

2017 年		凭证字号	摘要	余额	成本项目				
月	日				外购动力	职工薪酬	低值易耗品摊销	折旧费	其他
1	31	略	电费						
	31	略	职工薪酬						
	31	略	低值易耗品摊销				450.00		
	31	略	设备折旧					500.00	
	31	略	转入维修费						
	31	略	分配给维修车间						
	31	略	分配转出						

表训 2-14　　　　辅助生产成本明细账

车间名称：维修车间　　　　单位：元

2017 年		凭证字号	摘要	余额	成本项目				
月	日				外购动力	职工薪酬	机物料消耗	折旧费	其他
1	31	略	电费						
	31	略	职工薪酬						
	31	略	机物料消耗				400.00		
	31	略	折旧					600.00	
	31	略	转入热费						
	31	略	分配给恒温车间						
	31	略	分配转出						

表训 2-15　　　　辅助生产费用分配表（交互分配法）

项目				交互分配			对外分配		
辅助生产车间名称				维修	恒温	合计	维修	恒温	合计
待分配的费用/元									
劳务供应数量						—			—
费用分配率						—			—
应借账户	辅助生产成本	维修车间	数量	—		—	—	—	—
			金额/元	—		—	—	—	—
		恒温车间	数量		—	—	—	—	—
			金额/元		—	—	—	—	—
		合计/元				—	—	—	—
	制造费用		数量	—	—	—			—
			金额/元	—	—	—			
	销售费用		数量	—	—	—			—
			金额/元	—	—	—			
	管理费用		数量	—	—	—			—
			金额/元	—	—	—			
	对外分配费用合计/元			—	—	—			

任务六 完成制造费用的归集与分配

任务描述

宇辰机械有限责任公司 2017 年 1 月基本生产车间机器设备和厂房折旧费用共计 250 000.00 元，办公费用 1 200.00 元。产品 NH120 耗用生产工人 16 000 工时，产品 NH121 耗用生产工人 8 100 工时。

任务下达

1. 根据上述数据和任务二中的表 2-10、任务三中的表 2-18、任务四中的表 2-23、任务五中的表 2-37 完成制造费用明细账的登记，如表 2-39 所示。

表 2-39　　　　制造费用明细账

制造费用　明细账

车间名称：

<table>
<tr><td colspan="2">年</td><td rowspan="2">字号</td><td rowspan="3">摘要</td><td colspan="60">借方金额</td></tr>
<tr><td rowspan="2">月</td><td rowspan="2">日</td><td colspan="10">材料费</td><td colspan="10">人工费</td><td colspan="10">办公费</td><td colspan="10">折旧费</td><td colspan="10"></td><td colspan="10"></td></tr>
<tr><td></td><td>千</td><td>百</td><td>十</td><td>万</td><td>千</td><td>百</td><td>十</td><td>元</td><td>角</td><td>分</td><td>千</td><td>百</td><td>十</td><td>万</td><td>千</td><td>百</td><td>十</td><td>元</td><td>角</td><td>分</td><td>千</td><td>百</td><td>十</td><td>万</td><td>千</td><td>百</td><td>十</td><td>元</td><td>角</td><td>分</td><td>千</td><td>百</td><td>十</td><td>万</td><td>千</td><td>百</td><td>十</td><td>元</td><td>角</td><td>分</td><td>千</td><td>百</td><td>十</td><td>万</td><td>千</td><td>百</td><td>十</td><td>元</td><td>角</td><td>分</td><td>千</td><td>百</td><td>十</td><td>万</td><td>千</td><td>百</td><td>十</td><td>元</td><td>角</td><td>分</td></tr>
</table>

2. 根据表 2-39 中的制造费用计算制造费用分配率（计算结果保留 4 位小数），分配制造费用（计算结果保留 2 位小数）。

3. 填制制造费用分配表，如表 2-40 所示。

表 2-40　　　　制造费用分配表

2017 年 1 月

产品名称	生产工时/小时	分配率/（元/小时）	分配金额/元
NH120			
NH121			
合计			

4. 根据表 2-40 的填制结果，编制会计分录。

5. 根据编制的会计分录，登记制造费用明细账。

知识准备

制造费用是指制造企业生产车间为生产产品或提供劳务而发生的，应计入产品成本的各项间接费用。

2-2　制造费用的归集与分配

一、制造费用的归集

制造费用的归集是通过设置“制造费用”账户进行的，该账户按不同的生产车间设立明细账户，账户内再按费用项目设置专栏，分别反映各车间各项制造费用的发生情况，应根据有关的付款凭证、转账凭证和前述各种费用分配表进行登记。基本格式如表 2-39 所示。

制造费用的内容比较复杂，为了减少费用项目，简化核算工作，制造费用的费用项目不按直接用于产品生产、间接用于产品生产以及用于组织、管理生产来划分，而将这些方面性质相同的费用合并设立相应的费用项目，如将这些方面固定资产的折旧费合并设立一个“折旧费”项目，将生产工具和管理用具的摊销合并设立“低值易耗品摊销”项目等。因此，制造费用的费用项目一般应该包括机物料消耗、职工薪酬、折旧费、租赁（不包括融资租赁）费、保险费、低值易耗品摊销、水电费、取暖费、运输费、劳动保护费、设计制图费、试验检验费、差旅费、办公费和季节性以及大修理期间停工损失等。

工业企业可以根据费用比重大小和管理上的要求，对上列某些费用项目进行合并或进一步细分，也可以另行设立制造费用项目。但是，为了使各期成本、费用资料可比，制造费用项目一经确定，不应任意变更。

基本生产车间发生的费用，应借记“制造费用”账户，并记入有关车间的制造费用明细账相应的费用项目。辅助生产车间发生的费用，如果辅助生产的制造费用是通过“制造费用”账户核算的，应比照基本生产车间发生的费用核算；如果辅助生产的制造费用不通过“制造费用”账户核算，则应全部借记“辅助生产成本”账户，并记入有关的辅助生产成本明细账中相应的项目。

月末，在“制造费用”账户和所属明细账的借方归集了制造费用以后，应该据以分析和考核制造费用计划的执行情况，并将制造费用分配计入各种产品的成本。

动脑筋

制造费用和期间费用有何区别？

二、制造费用的分配

在每月月末或产品完工时，制造费用账户内归集的制造费用要按照一定的方法分配到各产品的基本生产成本账户的“制造费用”成本项目下。由于各车间的制造费用水平不同，所以制造费用的分配应该按照车间分别进行。在生产一种产品的车间中，制造费用是直接费用，应直接计入该种产品的成本。在生产多种产品的车间，制造费用属于间接费用，应采用适当的分配方法分配计入各种产品的成本。

制造企业发生的制造费用，应当按照合理的分配标准分配计入各成本核算对象的生产成本。企业可以采取的分配标准包括机器工时、人工工时、计划分配率等。

季节性生产企业在停工期间发生的制造费用，应当在开工期间进行合理分摊，连同开工期间发生的制造费用，一并计入产品的生产成本。

制造企业可以根据自身的经营管理特点和条件，利用现代信息技术，采用作业成本法对不能直接归属于成本核算对象的成本进行归集和分配。

1. 工时比例分配法和生产工人工资比例法

工时比例分配法是按照各种产品所用实际工时的比例分配费用的方法，包括生产工时比例法和机器工时比例法。其计算公式如下。

制造费用分配率=制造费用总额÷各产品生产工人工时（机器工时）总数

某产品应分配的制造费用=某产品生产工人（机器）工时×制造费用分配率

生产工人工资比例分配法，就是按照计入各种产品成本的生产工人实际工资的比例分配制造费用的方法，其分配原理与工时比例法相同。由于职工薪酬费用分配表中有现成的生产工人工资的资料，因而采用这一分配方法，核算工作很简便。但是采用这一方法，各种产品生产的机械化程度应该相差不大，否则机械化程度高的产品，由于工资费用少，分配负担的制造费用也少，影响费用分配的合理性。

按照生产工人工时比例分配制造费用，能将生产效率与产品负担的费用水平联系起来，使分配结果比较合理。如果生产效率高，单位产品生产工时就少，所负担的制造费用就低。这种分配方法在实际工作中用得较多。

在机械化生产程度较高的生产部门，运用机器工时比例法分配的结果比较准确。因为机械化生产程度高的企业，产品制造费用中设备的折旧费用比人工费用比重大，再按生产工人工时或生产工人工资比例分配其结果就不合理。

【案例 2-13】大发有限责任公司 2017 年 1 月制造费用总额 100 000 元。A 产品耗用生产工人 15 000 工时，B 产品耗用生产工人 25 000 工时。

要求：计算 A 产品和 B 产品应分配的制造费用。

计算过程如下。

（1）分配费用。

制造费用分配率=100 000.00÷（15 000+25 000）=2.5（元/小时）

NH120 应分配的制造费用=15 000×2.5=37 500.00（元）

NH121 应分配的制造费用=25 000×2.5=62 500.00（元）

在实际工作中，制造费用分配一般是通过编制制造费用分配表进行的，其格式如表 2-41 所示。

表 2-41 制造费用分配表

2017 年 1 月

产品名称	生产工时/小时	分配率/（元/小时）	分配金额/元
A	15 000	2.5	37 500.00
B	25 000		62 500.00
合计	40 000		100 000.00

（2）编制会计分录。

借：基本生产成本——制造费用（A） 37 500.00

——制造费用（B） 62 500.00

贷：制造费用 100 000.00

2．按年度计划分配率进行分配

按年度计划分配率分配，就是按照年初确定的全年适用的计划分配率分配费用的方法。相应的计算公式如下。

年度计划分配率=年度制造费用计划总额÷年度各种产品计划产量的定额工时总数

某种产品应分配的制造费用=该种产品实际产量的定额工时数×年度计划分配率

某种产品实际产量的定额工时数=该种产品实际产量×单位定额工时

采用这种分配方法，不管各月实际发生的制造费用是多少，每月各种产品中的制造费用都按年度计划分配率分配。因此，采用这种分配方法时，制造费用明细账和与之相联系的制造费用总账账户，不仅可能有月末余额，而且既可能有借方余额，也可能有贷方余额。

“制造费用”账户如果有年末余额，就是全年制造费用的实际发生额与计划分配额的差额，一般应在年末调整计入12月份的产品成本，借记“基本生产成本”账户，贷记“制造费用”账户；如果实际发生额大于计划分配额，用蓝字补加；否则用红字冲减。

如果年度内发现全年制造费用实际数和实际产量与计划分配率计算的计划分配额发生较大差额时，应及时调整计划分配率。

这种分配方法的核算工作很简便，特别适用于季节性生产企业。因为在这种生产企业中，每月发生的制造费用相差不多，但生产淡月和旺月的产量却相差悬殊，如果按照实际费用分配，各月单位产品成本中的制造费用将随之忽高忽低，而这不是由于车间工作本身引起的，因而不便于成本分析工作的进行。此外，这种分配方法还可按旬或按日提供产品成本预测所需要的产品应分配的制造费用资料，有利于产品成本的日常控制。

小提示

上述分配方法中，除了采用年度计划分配率分配法的企业外，“制造费用”总账账户和明细账户都没有月末余额。

【案例 2-14】假定某工业企业基本生产车间全年制造费用计划为488 000元，全年各种产品的计划产量：甲产品22 000件，乙产品12 000件，丙产品15 500件，单件产品工时定额：甲产品5小时，乙产品6小时，丙产品4小时。本月实际产量：甲产品1 900件，乙产品1 100件，丙产品1 350件。本月实际发生的制造费用为45 000元。

采用年度计划分配率分配法分配制造费用：

制造费用年度计划分配率=488 000.00÷（22 000×5+12 000×6+15 500×4）=2（元/小时）

甲产品该月应负担的制造费用=1 900×5×2=19 000（元）

乙产品该月应负担的制造费用=1 100×6×2=13 200（元）

丙产品该月应负担的制造费用=1 350×4×2=10 800（元）

实际费用45 000元与分配的费用43 000元（19 000+13 200+10 800）形成的差异在年末时分配计入产品成本。

动脑筋

季节性生产的企业有哪些？

任务实施

（1）自行完成制造费用明细账的登记。

（2）计算制造费用分配率，分配制造费用。

制造费用分配率=645 416.00÷（16 000+8 100）=26.780 7（元/小时）

NH120应分配的制造费用=16 000×26.780 7=428 491.20（元）

NH121应分配的制造费用=645 416.00−428 491.2.00=216 924.80（元）

（3）编制制造费用分配表，如表2-42所示。

表2-42 制造费用分配表

2017年1月

产品名称	生产工时/小时	分配率/（元/小时）	分配金额/元
NH120	16 000	26.780 7	428 491.20
NH121	8 100		216 924.80
合计	24 100		645 416.00

（4）编制会计分录。

借：基本生产成本——制造费用——NH120　　428 491.20

　　　　　　　——制造费用——NH121　　216 924.80

　　贷：制造费用　　645 416.00

（5）自行登记账簿，根据上述分录填写表 2-39、表 2-13 和表 2-14。

至此，宇辰机械有限责任公司应计入本月产品成本的生产费用（除核算废品损失和停工损失，详见任务八），都已归集在“基本生产成本”账户的借方，并已在所属产品成本明细账的本月发生额中按照成本项目分别反映。

如果你登记的生产成本明细账中 NH120 等于____________，NH121 等于____________。

相关链接

正确划分各种产品的费用界限

为了考核分析各种产品成本的升降情况，必须划清各种产品成本费用的界限。生产费用发生时，凡能划清某种产品负担的费用，应直接计入该种产品成本；凡由几种产品共同负担的费用，必须采用适当的办法，在各种产品之间进行分配，分配计入各种产品的成本，不得人为地在不同产品之间转移费用，不得以盈补亏，弄虚作假。应特别指出，在划分各种产品成本的费用界限时，应注意划清可比产品与不可比产品之间、盈利产品与亏损产品之间费用的界限。应该防止在盈利产品与亏损产品之间，以及可比产品与不可比产品之间任意增减生产费用的错误做法。只有客观、正确地反映各种产品的成本，才能正确地考核成本开支水平。

闯关考验

一、单选题

1. 生产车间领用的一般耗用的物资，应借记的账户为（　　）。
   A. 辅助生产成本　B. 制造费用　C. 基本生产成本　D. 原材料
2. 以下属于用于分配制造费用的方法是（　　）。
   A. 直接分配法　B. 约当产量法　C. 交互分配法　D. 年度计划分配率分配法
3. 制造费用分配时，应转入的账户是（　　）。
   A. 生产成本　B. 辅助生产成本　C. 管理费用　D. 销售费用

二、多选题

1. 下列各项中，应当计入制造费用的有（　　）。
   A. 生产车间设备租赁费　B. 生产工人劳动保护费
   C. 生产车间财产保险费　D. 生产车间耗用直接材料
2. 以下属于用于分配制造费用的方法是（　　）。
   A. 生产工人工时比例法　B. 机器工时比例法
   C. 交互分配法　D. 年度计划分配率分配法

三、判断题

（　　）1. 生产车间设备一般修理费用应计入制造费用。

（　　）2. 制造费用的各种分配方法都使“制造费用”科目期末无余额。

（　　）3. 按年度计划分配率分配法主要适用于季节性生产企业。

全真实训

实训一　练习制造费用的核算

大天公司基本生产车间生产 A、B 两种产品，2017 年 2 月该车间实际发生制造费用 24 000.00 元。生产工人计件工资分别为：A 产品 20 000.00 元，B 产品 10 000.00 元。A、B 产品计时工资共计 8 400.00 元，A、B 产品生产工时分别为 7 000 小时、5 000 小时；机器工时分别为 6 000 小时、4 000 小时。

要求：（1）采用生产工时比例分配法分配制造费用。

（2）采用生产工人工资比例分配法分配制造费用。

（3）采用机器工时分配法分配制造费用。

实训二　练习制造费用的核算

大地公司基本生产车间全年制造费用计划为 55 000.00 元；全年各种产品的计划产量为甲产品 2 250 件，乙产品 2 600 件，单件产品的工时定额为：甲产品 4 小时，乙产品 5 小时。该车间 4 月的实际产量为甲产品 150 件，乙产品 240 件。该月实际制造费用为 4 900.00 元。

要求：采用年度计划分配率分配法分配制造费用，并做相关会计分录。

实训三　练习制造费用的核算

蓝天笔业有限公司 2017 年 1 月基本生产车间简化制造费用明细账部分数据如表训 2-16 所示。

要求：（1）根据任务三的实训一和任务四的实训三将明细账表训 2-16 填写齐全。

（2）采用生产工时比例法分配制造费用，填写制造费用分配，如表训 2-17 所示。

（3）编制会计分录，登记生产成本明细账，如表训 2-3 和表训 2-4 所示。

表训 2-16　　制造费用明细账

车间名称：基本生产车间　　单位：元

2017 年		凭证字号	摘要	成本项目					合计
月	日			电费	职工薪酬	折旧费	办公费	辅助生产成本	
1	30	略	电费						
1	30	略	管理人员工资						
1	30	略	折旧费用			9 800.00			
1	30	略	办公费用				500.00		
1	30	略	维修费用						
1	30	略	热费						
1	31	略	本月合计						
1	31	略	分配转出						

表训 2-17　　制造费用分配表

2017 年 1 月

产品名称	生产工时/小时	分配率/（元/小时）	分配金额/元
自动钢笔	2 000		
墨碳笔	4 000		
合计	6 000	—	

尾数差计入墨碳笔。

任务七 完成损失性费用的归集与分配

任务描述

宇辰机械有限责任公司 2017 年 1 月基本生产车间生产 NH120 产品 550 件，经检验，合格品入库 498 件，不可修复废品为 2 件，在产品 50 件。NH120 不可修复废品残料价值 1 000.00 元，残料入库。原材料系开始生产时一次投入，原材料费用按实际数量在合格品和废品之间进行分配；其他费用按工时比例在合格品和废品之间进行分配。分配率保留 4 位小数，分配金额保留 2 位小数。

该公司的成本会计根据任务二和任务六的有关数据计算的有关 NH120 成本费用、废品和工时数据如表 2-43 和表 2-44 所示。

表 2-43 废品损失核算数据统计表

产品名称	合格品数量/件	在产品数量/件	废品数量/件	总工时/小时	在产品工时/小时
NH120	498	50	2	20 000	1 250

表 2-44 成本数据统计表 单位：元

产品名称	直接材料	燃料及动力	直接人工	制造费用	合计
NH120	611 311.20	168 400.00	218 646.00	392 256.00	1 339 713.20

任务下达

1. 汇算表 2-44 中该公司的会计计算的 NH120 产品成本数据是否正确？在之后的成本计算中，该成本会计都是以该数据为基础进行计算的，如果该数据不正确，您觉得应该如何进行更正？根据您自己登记的账簿数据，对 NH120 分配的废品损失进行更正。

2. 根据表中 NH120 的成本数据分别计算废品应分配的材料费用、燃料及动力费用、直接人工费用和制造费用，并填制废品成本计算表，如表 2-45 所示。

表 2-45 不可修复废品成本计算表

2017 年 1 月 31 日 产品名称：NH120

项目	产量/件	直接材料/元	生产工时/小时	燃料及动力/元	直接人工/元	制造费用/元	合计/元
费用总额	550	611 311.20	20 000	168 400.00	218 646.00	392 256.00	1 390 613.20
分配率							
废品成本	2						
残料价值							

3. 编制转出废品损失、残料入库和将废品损失转回生产成本明细账的会计分录。

4. 在 NH120 生产成本明细账中增设废品损失专栏，根据上述有关分录登记生产成本明细账，如表 2-13 所示。

知识准备

损失性费用是指企业在生产过程中发生的废品损失和停工损失。

在企业的生产过程中难免会出现一些残次品，会计核算上称为废品。废品是指不符合规定的技术标准、不能按原定用途使用，或者需要加工修理才能使用的在产品、半成品或产成品。不论是在生产过程中发现的废品，还是在入库后发现的废品，都包括在内。但产品入库后，由于保管不善、运输不当或其他原因而发生的损坏变质，应做产成品毁损处理；质量虽不符合规定标准，但经验定，可以不需要返修即行降级出售或使用的产品，应做次品处理。

废品按能否修复可分为可修复废品和不可修复废品。可修复废品，是指经过修复可以使用，而且所花费的修复费用在经济上合算的废品（具备两个条件）；不可修复废品，则是指不能修复，或者所花费的修复费用在经济上不合算的废品（具备一个条件）。

2-3 废品损失的核算

一、废品损失的归集与分配

1．废品损失的归集

废品损失是指由于生产原因造成的废品的报废损失和修复费用。

报废损失是指不可修复废品的生产成本扣除废品残料价值和过失人赔偿款后的净损失。

修复费用是指可修复废品在返修过程中所发生的材料、人工费用和制造费用等扣除过失人赔款后的净支出。

为了归集和分配废品损失，单独核算废品损失，应增设“废品损失”账户，在生产成本明细账的成本项目中应增设“废品损失”项目。该账户应在车间按产品品种设立明细账，并按成本项目分设专栏或者专行，进行明细核算。

质检人员发现废品后，由质检人员填制废品通知单交由财务人员处理，单内填明废品的名称、数量、废品损失部分、发生废品的原因和过失人及处理办法等。废品通知单无固定格式，各单位根据自己的情况来制单，表 2-46 所示为企业的废品通知单样式。

表 2-46 废品通知单

<table>
<tr><td colspan="3">产品名称</td><td colspan="3"></td><td colspan="3">批次数量/件</td><td colspan="2"></td><td>来料批次</td><td></td></tr>
<tr><td colspan="3">产品图号</td><td colspan="3"></td><td colspan="3">废品数量/件</td><td colspan="2"></td><td>废品单号</td><td>略</td></tr>
<tr><td colspan="4">质量特性值</td><td colspan="3">实测值</td><td colspan="3">差值</td><td colspan="3">说明</td></tr>
<tr><td colspan="4"></td><td colspan="3"></td><td colspan="3"></td><td colspan="3"></td></tr>
<tr><td>产生废品原因</td><td>操作工粗心大意</td><td>图纸工艺不合理</td><td>原材料不合格</td><td>设备故障</td><td>版本更新</td><td>调试报废</td><td></td><td></td><td>其他</td><td colspan="3">责任评定：
责任者签字：</td></tr>
<tr><td></td><td></td><td></td><td></td><td></td><td></td><td></td><td></td><td></td><td></td><td colspan="3"></td></tr>
</table>

注：一式三联：质检部一联　　车间主任一联　　仓库一联

检验员：　　质检部：　　厂部：

（1）不可修复废品损失的归集。

在单独核算废品损失的企业中，在编制各种费用分配表时，应该为修复废品而发生的费用增加登记“废品损失”的行次。

不可修复废品的生产成本和可修复废品的修复费用，都应在“废品损失”账户的借方进行归集。其中，不可修复废品的生产成本，应根据不可修复废品损失计算表，借记“废品损失”账户，贷记“基本生产成本”账户；可修复废品的修复费用，应根据计算的各项成本费用分配金额，借记“废品损失”账户，贷记“原材料”“应付职工薪酬”和“制造费用”等账户。废品残料的回收价值和应收的赔款，应从“废品损失”科目的贷方转出，借记“原材料”和“其他应收款”等账户，贷记“废品损失”账户。

计算的“废品损失”账户内归集的金额最终应再转回产品生产成本账户，借记“基本生产成本”账户，贷记“废品损失”账户。单独核算废品损失是为了加强成本管理和质量管理，及时发现生产管理问题，及时改进，提高利润。

（2）可修复废品损失的归集。

可修复废品损失的计算原理和程序与合格品发生的费用一样，是通过各种费用分配表或直接有关凭证计算而得的。

可修复废品在返修过程中发生的各种费用，应根据各种费用分配表记入“废品损失”账户的借方。其回收的残料价值和应收的赔款，应从“废品损失”账户的贷方转入“原材料”和“其他应收款”账户的借方。废品修复费用减去残值和应收赔款后的废品净损失，从“废品损失”账户的贷方转入“基本生产成本”账户的借方，记入“废品损失”成本项目。

在不单独核算废品损失的企业中，不设立“废品损失”会计科目和成本项目，只在回收废品残料时，借记“原材料”账户，贷记“基本生产成本”账户，并从所属有关产品成本明细账的“原材料”成本项目中扣除残料价值。“基本生产成本”账户和所属有关产品成本明细账归集的完工产品总成本，除以扣除废品数量以后的合格品数量，就是合格品的单位成本。这样核算很简便，但由于合格产品的各成本项目中都包括不可修复废品的生产成本和可修复废品的修复费用，没有对废品损失进行单独反映，因而会对废品损失的分析和控制产生不利的影响。

以上所述废品损失均指基本生产的废品损失。辅助生产的规模一般不大，为了简化核算工作，都不单独核算废品损失。

2．废品损失的分配

废品损失核算的关键是将废品的成本从合格产品的成本中分离。因可修复废品损失和不可修复废品损失的含义不同，其计算时间、方法及总分类核算亦不相同。

（1）不可修复废品损失的分配。

不可修复废品的损失核算的关键是确定废品净损失，即先应计算废品报废时已经发生的生产成本，然后扣除残值和应收赔款。

不可修复废品的生产成本可按废品所耗实际费用计算，也可按废品所耗定额费用计算。

① 按产品所耗实际费用计算和分配废品损失。

在采用按废品所耗实际费用计算废品损失时，由于废品报废以前发生的各项费用是与合格产品一起计算的，因而要将废品报废以前与合格产品计算在一起的各项费用，采用适当的分配方法，在合格产品与废品之间进行分配，计算出废品的实际成本，从“基本生产成本”账户的贷方转入“废品损失”账户的借方。在分配时是按照直接材料、直接人工和制造费用 3 个成本项目分别按相应的比例进行分配。相应的公式如下。

a. 直接材料费用的分配。

如果材料在生产开始时一次投入：

$$废品负担的直接材料费用=\frac{某产品直接材料总额}{合格品数量+废品数量}\times 废品数量$$

如果材料在生产过程中陆续投入：

$$废品负担的直接材料费用=\frac{某产品直接材料总额}{合格品数量+废品约当产量}\times 废品约当数量$$

b. 直接人工费用的分配。

$$废品负担的直接人工费用=\frac{某产品直接人中总额}{合格品工时+废品工时}\times 废品工时$$

c. 制造费用的分配。

$$废品负担的制造费用=\frac{某产品制造费用总额}{合格品工时+废品工时}\times 废品工时$$

如果产品在月末有未完工产品，则上述公式中的分母还应包括在产品的数量（约当产量）或工时。如果废品是在生产的某个阶段发现的，废品应折成约当产量计算。约当产量的具体内容参见任务八。

单独核算废品损失可以反映成本的构成情况，分析由于废品的影响造成成本上升多少，可以寻求降低成本的途径。按照废品的实际费用计算和分配废品损失，符合实际情况，但核算工作量较大。

【案例 2-15】某工业企业某车间生产甲产品 50 件，生产过程中发现 1 件为不可修复废品。甲产品成本明细账归集的生产费用为：直接材料 62 500 元，直接人工 4 875 元，制造费用 24 375 元，合计 91 750 元。原材料于生产开始时一次投入。生产工时为：合格品 1 505 小时，废品 120 小时，合计 1 625 小时。废品回收的残料计价 200 元。废品损失的核算程序如下。

计算转出不可修复废品的生产成本。

直接材料费用的分配：

$$废品负担的直接材料费用=\frac{62\,500.00}{50}\times 1=1\,250.00（元）$$

直接人工费用的分配：

$$废品负担的直接人工费用=\frac{4\,875.00}{1\,625}\times 120=360.00（元）$$

制造费用的分配：

$$废品负担的制造费用=\frac{24\,375.00}{1\,625}\times 120=1\,800.00（元）$$

编制不可修复废品成本计算表，如表 2-47 所示。

表 2-47　不可修复废品成本计算表

项目	数量/件	直接材料/元	工时/小时	直接人工/元	制造费用/元	合计/元
生产费用	50	62 500	1 625	4 875	24 375	91 750
费用分配率		1 250		3	15	
废品生产成本	1	1 250	120	360	1 800	3 410
残料价值		200				
废品净损失	1	1 050		360	1 800	3 210

编制废品损失归集与结转的会计分录。

借：废品损失——甲产品　　3 210

　　贷：基本生产成本——甲产品　　3 210

回收废品残料价值。

借：原材料　　200

　　贷：废品损失——甲产品　　200

登记废品损失明细账，如表 2-48 所示。

表 2-48　　废品损失明细账　　单位：元

摘要	直接材料	直接人工	制造费用	合计
转入不可修复废品生产成本	1 250	360	1 800	3 410
结转废品残料价值	-200			3 210
废品净损失	1 050	360	1 850	3 210
转出废品净损失	−1 050	−360	−1 850	−3 210

登记甲产品成本明细账，如表 2-49 所示。

表 2-49　　基本生产明细账　　单位：元

摘要	直接材料	直接人工	制造费用	废品损失	合计
耗用材料费用	62 500				62 500
耗用工资费用		4 875			67 375
耗用制造费用			24 375		91 750
减：不可修复废品成本	−1 050	−360	−1 850		-3 210
转入废品损失				3 210	88 540
合格品总成本	61 250	4 575	22 575	3 400	91 750

② 按废品所耗定额费用计算和分配废品损失。

按废品所耗定额费用计算不可修复废品的成本时，废品的生产成本按废品的数量和各项费用定额计算，而不考虑废品实际发生的生产费用是多少。

按废品的定额费用计算废品的定额成本，由于费用定额事先规定，所以不仅计算工作比较简便，而且还可以使计入产品成本的废品损失数额不受实际费用水平高低的影响，废品损失大小只受废品数量的影响，从而有利于废品损失和产品成本的分析和考核。

【案例 2-16】某工业企业基本生产车间在生产 B 产品的过程中，产生不可修复废品 3 件，按其所耗定额费用计算废品的生产成本。其原材料费用定额为 200 元，已完成的定额工时共计 45 小时，每小时的职工薪酬 30 元，每小时制造费用 40 元，回收废品残料计价 400 元，应由过失人赔款 1 000 元。

根据上述资料，应编制不可修复废品成本计算表，如表 2-50 所示。

表 2-50　　不可修复废品成本计算表（B 产品）

车间：基本生产车间　　2017 年 1 月 31 日　　数量：3 件　　单位：元

项目	直接材料	定额工时	职工薪酬	制造费用	合计
每件或每小时费用定额	200.00		30.00	40.00	
废品定额成本	600.00	45	1 350.00	1 800.00	3 750.00
减：残料价值	400.00				400.00
减：责任人赔偿					1 000.00
净损失					2 350.00

根据上述的计算，应编制会计分录如下。

结转不可修复废品定额成本：

借：废品损失——B 产品　　3 750.00

　　贷：基本生产成本——B 产品——直接材料　　600.00

　　　　　　　　　　　　　　　——直接人工　　1 350.00

　　　　　　　　　　　　　　　——制造费用　　1 800.00

残料入库：

借：原材料　　400.00

　　贷：废品损失——B 产品　　400.00

应收赔款：

借：其他应收款——×××　　1 000.00

　　贷：废品损失——B 产品　　1 000.00

废品净损失转账：

借：基本生产成本——B 产品——废品损失　　2 350.00

　　贷：废品损失——B 产品　　2 350.00

登记废品损失明细账和生产成本明细账（略）。

（2）可修复废品损失的分配。

可修复废品损失是指在产品修复时发生的材料费用、人工费用和制造费用。如果有废品回收残值或责任人赔偿，则冲减废品损失。可修复废品损失从产品成本中分离的方法与不可修复废品损失分离原理相同。

在废品修复过程中发生的材料费用、人工费用和制造费用等在发生时计入“废品损失”借方有关成本项目内，在可修复废品修复成合格品时，将“废品损失”账户内的成本费用扣除回收残值或责任人赔偿后的净值，转入基本生产成本账户。

【案例 2-17】某企业在生产过程中发现 3 件甲产品为可修复废品。发生修复费用如下：原材料 600 元，人员工资 400 元，计提的福利费 56 元，应由过失人赔偿 100 元。计算可修复废品的废品损失并编制有关的会计分录。

可修复废品的修复费用=600+400+56=1 056（元）

可修复废品的净损失=1 056−100=956（元）

借：废品损失——甲产品　　1 056

　　贷：原材料　　600

　　　　应付职工薪酬　　456

借：其他应收款　　100
　　贷：废品损失——甲产品　　100
借：基本生产成本——甲产品（废品损失）　　956
　　贷：废品损失——甲产品　　956

二、停工损失的核算

停工损失是指企业生产部门在停工期间发生的各项费用，包括停工期间发生的燃料及动力费用、职工薪酬和制造费用等。应由过失单位或保险公司负担的赔款应从停工损失中扣除。为了简化核算工作，停工不满一个工作日的，一般不计算停工损失。

企业在生产过程中发生停工的原因很多，如电力中断、原材料不足、机器设备发生故障或进行大修理、发生非常灾害以及计划减产等，都可能引起停工。在停工时，车间应该填列停工报告单，并在考勤记录中进行登记。成本会计人员应对停工报告单所列停工范围、时数及其原因和过失单位等事项进行审核，并作为停工损失核算的原始凭证。

为了单独核算停工损失，在会计科目中应增设“停工损失”科目；在成本项目中应增设“停工损失”项目。该账户应按车间设立明细账，账内按成本项目分设专栏或专行，进行明细核算。停工期间发生的各项费用计入“停工损失”的相应成本项目，在该账户的借方归集。对各种费用在归集时，借记“停工损失”账户，贷记有关账户。由于已经在生产成本账户中加列“停工损失”成本项目，因此在制造费用的费用项目中不再设立“季节性和修理期间停工损失”费用项目。

由于自然灾害等引起的非常停工损失，应计入营业外支出；其余停工损失，如季节性和固定资产修理期间的停工损失，应计入产品成本。在“停工损失”账户借方归集的停工损失中，应取得赔偿的损失和应计入营业外支出的损失，应从该账户的贷方分别转入“其他应收款”以及“营业外支出”账户的借方；应计入产品成本的损失，则应从该账户的贷方转入“基本生产成本”账户的借方。

对于应计入产品成本的停工损失，如果停工的车间只生产一种产品，应直接记入该产品成本明细账的“停工损失”成本项目；如果停工的车间生产多种产品，则应采用适当的分配方法（一般采用分配制造费用的方法），分配记入该车间各种产品成本明细账的“停工损失”成本项目。通过上述归集和分配，“停工损失”账户月末无余额。

在不单独核算停工损失的企业中，不设立“停工损失”会计科目和成本项目，停工期间发生的属于停工损失的各种费用，直接记入“制造费用”和“营业外支出”等账户分别反映。这样核算很简便，但对于停工损失的分析和控制会产生一定的不利影响。

小提示　以上所述停工损失均指基本生产的停工损失。辅助生产由于规模一般不大，为了简化核算工作，所以都不单独核算停工损失。

至此，在单独核算废品损失和停工损失的企业中，也已将应计入本月产品成本的生产费用全部归集在“基本生产成本”账户的借方，并在各产品成本明细账的本月发生额中按“直接材料”“燃料及动力”“直接人工”“制造费用”“废品损失”和“停工损失”等成本项目分别反映。

动脑筋　描述废品损失和停工损失如何进行成本核算，请思考一下，除此之外，生产过程中，还有没有其他损失呢？

任务实施

（1）该公司会计计算的 NH120 产品成本数据不正确，将正确的数据填入表 2-51 中。

表 2-51　　成本数据统计表　　单位：元

产品名称	直接材料	燃料及动力	直接人工	制造费用	合计
NH120					

由于该数据已经编制了会计凭证，并登记了账簿，所以应采用红字冲销法编制相反的会计分录进行冲销，再编制正确的记账凭证进行登记。

（2）计算废品应分配的材料费用、燃料及动力费用、直接人工费用和制造费用。

计算过程如下。

① 直接材料费用的分配。

废品负担的直接材料费用=$\frac{611\ 311.20}{498+50+2}\times 2=2\ 222.95$（元）

② 燃料及动力费用的分配。

废品工时=（20 000−1 250）÷500×2=75（小时）

废品负担的燃料及动力费用=$\frac{168\ 400.00}{20\ 000}\times 75=631.50$（元）

③ 直接人工费用的分配。

废品负担的直接人工费用=$\frac{218\ 646.00}{20\ 000}\times 75=819.92$（元）

④ 制造费用的分配。

废品负担的制造费用=$\frac{392\ 256.00}{20\ 000}\times 75=1\ 470.96$（元）

（3）编制不可修复废品成本计算表，如表 2-52 所示。

表 2-52　　不可修复废品成本计算表

2017 年 1 月 31 日　　产品名称：NH120

总产量：550 件　　总工时：20 000 小时　　废品工时：75 小时

项目	直接材料/元	燃料及动力/小时	直接人工/元	制造费用/元	合计/元
费用总额	611 311.20	168 400.00	218 646.00	392 256.00	1 390 613.20
分配率/（元/件）	1 111.474 9	—	—	—	—
分配率/（元/小时）	—	8.42	10.932 3	19.612 8	—
废品成本	2 222.95	631.50	819.92	1 470.96	5 145.33
残料价值	1 000.00				1 000.00
废品净损失	1 222.95	631.50	819.92	1 470.96	4 145.33

（4）编制转出废品损失、残料入库和将废品损失转回生产成本明细账的会计分录。

① 将废品损失从生产成本明细账中转入废品损失成本明细账。

借：废品损失——直接材料　　2 222.95
　　　　　　——燃料及动力　　631.50
　　　　　　——直接人工　　819.92
　　　　　　——制造费用　　1 470.96
　贷：基本生产成本——直接材料　　2 222.95
　　　　　　　　　——燃料及动力　　631.50
　　　　　　　　　——直接人工　　819.92
　　　　　　　　　——制造费用　　1 470.96

② 结转残料价值，入库。

借：原材料　　1 000.00
　贷：废品损失　　1 000.00

③ 将废品损失转入生产成本明细账。

借：基本生产成本——废品损失　　4 145.33
　贷：废品损失——直接材料　　1 222.95
　　　　　　　——燃料及动力　　631.50
　　　　　　　——直接人工　　819.92
　　　　　　　——制造费用　　1 470.96

（5）在 NH120 生产成本明细账中增设“废品损失”专栏，根据上述有关分录自行登记生产成本明细账，如表 2-12 所示。

闯关考验

一、单选题

1. 制造费用的费用项目中不设立“季节性和修理期间停工损失”，因季节性生产和固定资产修理而引起的停工期间发生的一切费用，应计入（　　）账户。

A. “基本生产成本”　　B. “辅助生产成本”
C. “制造费用”　　D. “停工损失”

2. 废品损失不包括（　　）。

A. 修复废品领用的材料　　B. 不可修复废品的报废损失
C. 修复废品中发生的人工费　　D. 入库后保管不当发生的损失

3. “废品损失”账户月末（　　）。

A. 一般是贷方余额　　B. 一般是借方余额
C. 一般无余额　　D. 余额既可能在借方也可能在贷方

4. 下列各项中，不属于废品损失的是（　　）。

A. 可以降价出售的不合格产品的降价损失
B. 可修复废品的修复费用
C. 不可修复废品的生产成本扣除回收残料价值以后的损失
D. 生产过程中发现的和入库后发现的不可修复废品的生产成本

二、多选题

1. 下列损失中，不属于企业废品损失的是（　　）。
   A. 可修复废品的修复费用　　B. 不可修复废品的净损失
   C. 产品销售后发生的产品“三包”费用　　D. 产品运输过程中的意外损失
2. 下列各项中，可用以计算不可修复废品的生产成本的有（　　）。
   A. 按所耗实际费用计算　　B. 按所耗定额费用计算
   C. 按所耗实际费用扣除残值计算　　D. 按所耗定额费用扣除残值计算
3. 对停工损失的处理，其可能对应的借方科目有（　　）。
   A. 其他应收款　　B. 营业外支出　　C. 制造费用　　D. 基本生产成本
4. 计算不可修复废品净损失应考虑的因素有（　　）。
   A. 不可修复废品的生产成本　　B. 废品回收材料和废料价值
   C. 应由造成废品的过失人负担的赔偿　　D. 应由企业负担的销售退回废品的运输费用

三、判断题

（　　）1. 报废损失是指不可修复废品的生产成本扣除废品残料价值和过失人赔偿款后的净损失。

（　　）2. 在不单独核算废品损失的企业中，不设立“废品损失”会计科目和成本项目。

（　　）3. 由于自然灾害等引起的非常停工损失，应计管理费用；其余停工损失，如季节性和固定资产修理期间的停工损失，应计入产品成本。

全真实训

实训一　练习废品损失的核算

瑞丽有限责任公司生产乙产品，本月投产 1 000 件，完工 1 000 件，入库后发现 10 件为不可修复废品（定额内）。该产品成本明细账所记合格产品和废品共同发生的费用为：原材料 30 000.00 元，直接人工 10 600.00 元，制造费用 15 900.00 元。原材料在生产开始时一次投入。合格品的生产工时为 9 900 小时，废品为 100 小时。废品回收的残料计价 100.00 元。

要求：按废品所耗实际费用计算不可修复废品的报废成本及净损失，编制如表训 2-18 所示的不可修复废品损失计算表及相关会计分录。

表训 2-18　　不可修复废品损失计算表

项目	数量/件	原材料	生产工时	职工薪酬	制造费用	合计
费用总计/元						
分配率	—		—			—
废品成本/元						
减：残料价值/元	—		—	—	—	
废品损失/元	—		—			

实训二　练习废品损失的核算

石王有限责任公司在生产甲产品的过程中发现不可修复废品 10 件，按所耗定额费用计算废品的生产成本。单件原材料费用定额为 400 元，已完成的定额工时共计 800 小时，每小时的费用定额为：直接人工 5 元，制造费用 10 元。不可修复废品的残料作价 200 元以原材料入库。

要求：按废品所耗定额费用计算不可修复废品的生产成本及净损失。

实训三　练习废品损失的核算

恒利达机械厂基本生产车间生产丙产品，本月发生可修复废品 2 件，在修复过程中，共领用材料 150 元（计划成本），原材料成本差异率为-2%，修复工时 250 小时，每小时工资费用 35 元。应收过失人赔款 200 元。

要求：计算可修复废品的废品损失并编制有关的会计分录。

任务八　计算完工产品成本

任务描述

宇辰机械有限责任公司成本会计计算 2017 年 1 月 NH120 产品成本费用数据如表 2-53 所示。原材料在生产开工时一次投入。

表 2-53　　NH120 成本数据　　单位：元

直接材料	燃料及动力	直接人工	制造费用	废品损失
608 151.45	167 768.50	245 180.08	439 620.24	2 072.66

宇辰机械有限责任公司 2017 年 1 月基本生产车间生产 NH120 产品 550 件，经检验，合格品入库 498 件，废品 2 件，在产品 50 件。单位工时定额为 40 小时，经过 3 道工序制成。第 1 道工序工时定额为 20 小时，第 2 道工序工时定额为 10 小时，第 3 道工序工时定额为 10 小时。第 1、2、3 道工序上分布的在产品数量分别为 10 件、20 件、20 件，各道工序内各件在产品加工程度均按 50%计算。

任务下达

1. 验证该公司成本会计计算的 NH120 的成本数据与你计算的是否一致？如果他计算错了，请帮他更正。

2. 计算 NH120 在产品的约当产量，并填写表 2-54。

表 2-54　　约当产量计算表

产品名称：NH120　　2017 年 1 月

在产品所在工序	工时定额/小时	完工程度	在产品数量		完工产品数量/件	产量合计/件
			结存量/件	约当产量/件		
1					—	
2					—	
3					—	
合计						

3. 采用约当产量法计算完工产品成本和在产品成本。分配率保留 4 位小数，产品成本保留 2 位小数，尾数差计入完工产品。

4. 编制产品成本计算单，填写表 2-55。

表 2-55　　产品成本计算单

完工产量：498 件

产品名称：NH120　　2017 年 1 月　　月末在产品产量：50 件　　单位：元

成本项目	月初在产品成本	本月生产费用	生产成本合计	月末在产品成本	完工产品成本	
					总成本	单位成本
直接材料						
燃料及动力						
直接人工						
制造费用						
废品损失	—			—		
合计						

5. 编制完工产品入库的会计分录，并登记 NH120 生产成本明细账，如表 2-13 所示。

知识准备

工业企业在生产过程中发生的各项生产费用，通过前述任务二至任务七，应计入本月各种产品成本的费用都已集中反映在"基本生产成本"所属各种产品成本明细账中，并且按照成本项目进行了分类汇集。如果企业当月没有完工产品，应计入该种产品的全部生产费用就是月末在产品成本；如果企业当月既有完工产品又有月末在产品，则应对计入该种产品的全部生产费用采用适当的方法，在本月完工产品和月末在产品之间进行分配，以计算确定该月完工产品成本和月末在产品成本。

显然，月初在产品费用、本月发生的费用、本月完工产品成本和月末在产品成本之间，存在着一定的关系，用公式表达如下。

月初在产品成本+本月发生的费用=本月完工产品成本+月末在产品成本

公式中的前两项是已知数，月末工作的关键点是确定本月完工产品成本和月末在产品成本，即应计入产品成本的生产费用如何在完工产品和月末在产品之间进行分配，理论上有两种处理办法：一是将前两项之和按一定的分配方法在后两项之间进行分配，从而同时求得完工产品成本和月末在产品成本；二是先确定月末在产品成本，然后从前两项之和中扣除在产品成本，倒算出完工产品成本。但是，无论采取哪一种处理办法，都必须首先取得在产品数量的核算资料，在此基础上才能进行成本计算。

在产品数量确定之后，下一步的工作就是将生产费用在完工产品与在产品之间进行分配。生产费用在完工产品和月末在产品之间分配时，企业应根据生产的特点，考虑以下 4 个方面的因素选择合理、简便的分配方法。

① 月末在产品数量的多少。

② 各月月末在产品数量变化的大小。

③ 各成本项目所占费用比重的大小。

④ 企业定额管理水平的高低等方面的情况。

制造企业应当根据产品的生产特点和管理要求，按成本计算期结转成本。制造企业可以选择原材料消耗量、约当产量法、定额比例法、原材料扣除法、完工百分比法等方法，恰当地确定完工产品和在产品的实际成本，并将完工入库产品的产品成本结转至库存产品科目；在产品数量、金额不重要或在产品期初期末数量变动不大的，可以不计算在产品成本。

制造企业产成品和在产品的成本核算，除季节性生产企业等以外，应当以月为成本计算期。

通常采用的分配方法有不计算在产品成本法、在产品成本按年初固定数计算法、在产品按所耗材料费计算法、约当产量法、在产品按定额成本计算法和定额比例法。

一、不计算在产品成本法

不计算在产品成本法是指将本月生产费用全部分配给完工产品的计算方法，也就是对月末在产品成本忽略不计的一种方法，适用于月末在产品数量很少的产品。采用这种方法是因为月初与月末在产品费用很小，月初在产品费用与月末在产品费用的差额更小，算不算在产品成本中对于完工产品成本的影响不大。因此，可以不计算在产品成本中，其结果就是本月发生的全部生产费用，就是本月完工产品的总成本除以本月完工产品产量，即可求得单位产品成本。例如，采掘企业等生产的产品可采用此方法。

二、在产品成本按年初固定数计算法

按年初固定数计算法是指各月月末在产品成本均固定地按年初数计算在产品成本的一种方法。这种方法适用于各月月末在产品数量较少，或者在产品数量虽多但各月之间变化不大的产品。在这类产品中，月初、月末在产品成本的差额小，从而对完工产品成本的影响不大。为了简化核算，各月在产品成本均按年初数计算。这样，各月月末在产品成本不变，月初与月末在产品成本相等，那么，每月各产品发生的生产费用即为本月该完工产品的成本。

采用在产品按年初固定数计算法，企业必须在年终根据实际盘存的在产品数量，重新计算调整确定在产品成本，以保证各月在产品成本尽量符合实际，从而保证完工产品成本计算的正确性和企业存货资产的真实。一般来说，炼铁企业和化工企业的产品，由于高炉和化学反应装置的容积固定，所以其产品成本就可以采用这种方法来计算。

三、在产品成本按所耗材料费用计算法

在产品成本按所耗材料费用计算法是指月末在产品只按该产品耗用的原材料费用计价，其他生产费用全部计入当期完工产品成本的一种方法。

计算方法是：某产品本月所耗用的原材料费用按产量比例或材料定额消耗量等分配标准在月末在产品和完工产品之间进行分配，以月末在产品应分配的原材料费用作为月末在产品成本，该产品的全部生产费用，扣除计算的在产品成本后的余额，即为完工产品的总成本。

该方法适用于月末在产品数量较大，月末在产品数量变化也较大，原材料在生产开工时一次投入，且原材料费用在本月费用总额中所占比重较大的产品。在这类产品的生产中，加工费用少，按加工程度计算到月末在产品成本中负担的加工费用就更少了，为了简化核算，将加工费用全部由完工产品成本负担，月末在产品成本只计算原材料费用。纺织、造纸和酿酒等工业的产品，原材料费用比重较大，都可以采用这种分配方法。

【案例 2-18】某企业生产 A 产品，本月完工产品 400 件，月末在产品 100 件，原材料在开工时一次投入。月初在产品原材料费用为 5 000.00 元，本月发生生产费用 61 000.00 元，其中，原材料费用 55 000.00 元，动力费 1 000.00 元，人工费 4 000.00 元，制造费用为 1 000.00 元。该产品因原材料费用所占比重大，在产品成本只计算原材料费用，并按产量比例在完工产品和月末在产品之间进行分配。

分配计算如下。

$$原材料费用分配率=\frac{5\,000.00+55\,000.00}{400+100}=120.00（元）$$

月末在产品原材料费用=100×120=12 000.00（元）

完工产品原材料费用=400×120=48 000.00（元）

根据以上资料和计算结果，可编制A产品成本计算单，如表2-56所示。

表2-56 产品成本计算单

2017年1月31日

完工产品：400件

月末在产品：100件

产品名称：A产品　　单位：元

成本项目	月初在产品费用	本月生产费用	合计	月末在产品成本	完工产品成本	
					总成本	单位成本
直接材料	5 000.00	55 000.00	60 000.00	12 000.00	48 000.00	120.00
燃料及动力		1 000.00	1 000.00		1 000.00	2.50
直接人工		4 000.00	4 000.00		4 000.00	10.00
制造费用		1 000.00	1 000.00		1 000.00	2.50
合计	5 000.00	61 000.00	66 000.00	12 000.00	54 000.00	135.00

根据产品成本计算单编制完工产品入库分录如下。

借：库存商品——A产品　　54 000.00

　　贷：基本生产成本——直接材料　　48 000.00

　　　　　　　　　——燃料及动力　　1 000.00

　　　　　　　　　——直接人工　　4 000.00

　　　　　　　　　——制造费用　　1 000.00

四、约当产量法

约当产量法是指将月末在产品实际数量按其完工程度（完工率）折合为相当于完工产品的数量（即约当产量），并按照完工产品数量和在产品约当产量的比例，在完工产品和月末在产品之间分配生产费用的一种方法。这种方法适用于月末在产品数量较大，各月月末在产品数量变动也较大，并且产品成本中各项费用比重相差不多的产品。

其计算公式如下。

$$费用分配率=\frac{待分配费用金额}{完工产品产量+在产品约当产量}$$

月末在产品成本=在产品约当产量×费用分配率

完工产品成本=完工产品数量×费用分配率

或　　=生产费用总额-月末在产品成本

在产品约当产量=在产品数量×完工程度（或投料程度）

一般情况下，分配材料费用时用投料程度，分配燃料及动力、直接人工和制造费用时用加工程度。废品损失通常由本月完工产品成本负担，不分配给在产品，目的是将本月的废品损失反映在完工产品账上，以引起管理者的重视，加强产品质量管理。

2-4　约当产量比例法

采用约当产量比例法，首先必须正确地计算在产品的约当产量。而计算在产品约当产量的关键是月末在产品完工程度（或投料程度）的测定。由于产品生产过程中材料费用、人工费用和制造费用的发生情况不同，可以在产品完工程度和投料程度的确认方法也不一样，下面按产品成本项目分别进行介绍。

1．在产品投料程度和约当产量的计算

月末在产品所耗用的原材料费用要根据原材料的投入情况确定。

（1）如果原材料是在生产开工时一次投入的，月末单位在产品消耗的原材料费用与完工单位产品消耗的原材料费用是相等的，而与在产品的完工程度没有联系。这时在产品材料费用的投料程度是100%，原材料费用应平均分配给月末在产品和完工产品。

（2）如果原材料是在生产过程中按生产进度陆续投入的，且原材料投入的程度与加工进度完全一致或基本一致（即原材料投入程度与生产工时投入程度一致），则在产品的投料程度按在产品的完工程度计算，即材料费用的投料程度与人工费用和制造费用的完工程度相同。具体计算方法见“在产品完工程度和约当产量的计算”。

（3）如果生产产品时原材料不是在生产开工时一次投入，也不是随着加工进度陆续投入（即原材料投入程度与加工进度或生产工时投入程度不一致），则在分配原材料费用时的投料程度应按每个工序的原材料消耗定额计算。计算公式如下。

$$在产品约当产量=\sum 某工序在产品数量\times该工序投料程度$$

$$某工序投料程度=\frac{上道工序累计投料定额+本工序投料定额\times50\%}{完工产品应投材料定额}\times100\%$$

在原材料不是在生产开工时一次投入的情况下，为了简化投料程度的测算工作，每个工序内在产品的投料程度一律按平均完工率的50%计算。

如果原材料是在每道工序生产开工时一次投入的，则不用乘以50%。

【案例2-19】某企业生产的B产品由两道工序组成。原材料不是在生产开工时一次投入，而是分次投入，其投入程度与加工进度或生产工时投入程度不一致。其各道工序原材料消耗定额为：第1道工序320千克，在产品数量100件；第2道工序180千克，在产品数量50件，完工产品共应投料500千克。其投料程度和约当产量的计算如下。

第1道工序投料程度$=\dfrac{320\times50\%}{320+180}\times100\%=32\%$

第1道工序在产品约当产量=100×32%=32（件）

第2道工序投料程度$=\dfrac{320+180\times50\%}{320+180}\times100\%=82\%$

第2道工序在产品约当产量=50×82%=41（件）

原材料费用分配标准的在产品约当产量=32+41=73（件）

【案例2-20】某企业生产的C产品由两道工序组成。原材料分两次在每道工序开始时一次投入。其各道工序原材料消耗定额为：第1道工序250千克，在产品400件；第2道工序150千克，在产品180件；完工产品690件；月初在产品原材料费用11 250.00元；本月发生的原材料费用30 015.00元。分配率保留4位小数，分配金额保留2位小数。其原材料费用分配计算如下。

第1道工序投料程度$=\dfrac{250}{250+150}\times100\%=62.5\%$

第1道工序在产品约当产量=400×62.5%=250（件）

第2道工序投料程度$=\dfrac{250+150}{250+150}\times100\%=100\%$

第2道工序在产品约当产量=180×100%=180（件）

原材料费用分配标准的在产品约当产量=250+180=430（件）

$$费用分配率=\frac{11\,250.00+30\,015.00}{690+430}=36.843\,8（元）$$

完工产品原材料费用=690×36.843 8=25 422.22（元）

月末在产品原材料费用=41 265−25 422.22=15 842.78（元）

2．在产品完工程度和约当产量的计算

在完工产品与在产品之间分配燃料及动力、职工薪酬和制造费用成本项目时，在产品约当产量使用的指标是完工程度（即完工率）。

一般而言，月末在产品耗用的燃料及动力、职工薪酬和制造费用与其完工程度是成正比例关系的，但如果生产过程是不均衡的，则完工程度和约当产量的确定稍显复杂一些，要考虑月末在产品在各个工序（或生产阶段）的分布状态及其在该工序上的加工量。

（1）当生产是连续均衡进行，月末在产品在各个工序上的数量分布均匀，并且在各个工序上的加工量相差不大时，由于后面各工序上在产品多加工的程度可以抵补前面各工序在产品少加工的程度，所以为了简化计算，全部在产品均可按 50%的完工程度计算在产品约当产量。

（2）当生产是非均衡的，月末在产品在各工序的数量分布不均匀时，就需要采取一定的技术方法来测定各个工序上的在产品完工程度，并计算确定月末在产品的约当产量。在实际工作中，通常可采用定额工时法来测定。计算公式如下。

$$某工序完工程度=\frac{上道工序累计工时定额+本工序工时定额\times 50\%}{完工产品工时定额}\times 100\%$$

$$在产品约当产量=\sum 某工序在产品数量\times 该工序完工程度$$

为了简化完工程度的测算工作，每一道工序内在产品的完工程度一律按平均完工率 50%计算。而在产品从上一道工序转入下一道工序时，因上一道工序已完工，所以前面各道工序的工时定额应按 100%计算。根据该工序上的在产品数量与完工程度计算该工序的在产品约当产量，再将各工序上的在产品的约当产量加总，就是全部月末在产品的约当产量。

【案例 2-21】大发有限责任公司 2017 年 1 月基本生产车间生产 A 产品 498 件，在产品 50 件。单位工时定额为 400 小时，经过 3 道工序制成。第 1 道工序工时定额为 200 小时，第 2 道工序工时定额为 100 小时，第 3 道工序工时定额为 100 小时。第 1、2、3 道工序上分布的在产品数量分别为 10 件、20 件、20 件，各道工序内各件在产品加工程度均按 50%计算。

计算在产品约当产量的过程如下。

$$第1道工序完工程度=\frac{200\times 50\%}{400}\times 100\%=25\%$$

第 1 道工序在产品约当产量=10×25%=2.5（件）

$$第2道工序完工程度=\frac{200+100\times 50\%}{400}\times 100\%=62.5\%$$

第 2 道工序在产品约当产量=20×62.5%=12.5（件）

$$第3道工序完工程度=\frac{200+100+100\times 50\%}{400}\times 100\%=87.5\%$$

第 3 道工序在产品约当产量=20×87.5%=17.5（件）

全部在产品约当产量=2.5+12.5+17.5=32.5（件）

实际工作中，上述计算过程是通过编制“约当产量计算表”进行的，并作为原始凭证。约当产量计算表如表 2-57 所示。

表 2-57　　约当产量计算表

产品名称：A 产品　　2017 年 1 月

在产品所在工序	工时定额/小时	完工程度	在产品数量/件		完工产品数量/件	产量合计/件
			结存量	约当产量		
1	200	25%	10	2.5	—	2.5
2	100	62.5%	20	12.5	—	12.5
3	100	87.5%	20	17.5	—	17.5
合计	400	100%	50	32.5	498	530.5

当约当产量确定后，再按照完工产品产量和月末在产品的约当产量的比例，分配本月发生的全部生产费用，以确定完工产品和月末在产品成本。

【案例 2-22】承【案例 2-21】资料，大发有限责任公司 2017 年 1 月 A 产品成本费用数据如表 2-58 所示。原材料在生产开工时一次投入。计算完工产品成本和在产品成本。分配率保留 4 位小数，产品成本保留 2 位小数，尾数差计入完工产品。

表 2-58　　A 产品成本数据　　单位：元

项目	直接材料	燃料及动力	直接人工	制造费用	合计
期初在产品成本	36 000	4 800	6 000	12 600	59 400
本月生产费用	512 000	48 250	100 100	199 600	859 950
合计	548 000	53 050	106 100	212 200	919 350

根据以上资料，计算分配如下。

（1）计算各成本项目的费用分配率。

材料费用分配率$=\frac{548\ 000}{498+50}=1\ 000.00$（元/件）

燃料及动力分配率$=\frac{53\ 050}{498+32.5}=100.00$（元/件）

（2）计算月末在产品成本和完工产品成本。

月末在产品成本：

直接人工分配率$=\frac{106\ 100}{498+32.5}=200.00$（元/件）

制造费用分配率$=\frac{212\ 200}{498+32.5}=400.00$（元/件）

直接材料费用=50×1 000.00=50 000.00（元）

燃料及动力费用=32.5×100.00=3 250.00（元）

直接人工费用=32.5×200.00=6 500.00（元）

制造费用=32.5×400.00=13 000.00（元）

本期完工产品成本：

直接材料费用=548 000.00−50 000.00=498 000.00（元）

燃料动力费用=53 050.00−3 250.00=49 800.00（元）

直接人工费用=106 100.00−6 500.00=99 600.00（元）

制造费用=212 200−13 000=199 200（元）

根据上述资料及计算结果，编制产品成本计算单，如表 2-59 所示。

表 2-59　　产品成本计算单

完工产量：498 件

产品名称：A 产品　　2017 年 1 月　　月末在产品产量：50 件　　单位：元

成本项目	月初在产品成本	本月生产费用	生产成本合计	月末在产品成本	完工产品成本	
					总成本	单位成本
直接材料	36 000	512 000	548 000	50 000	498 000	1 000
燃料及动力	4 800	48 250	53 050	3 250	49 800	100
直接人工	6 000	100 100	106 100	6 500	99 600	200
制造费用	12 600	199 600	212 200	13 000	199 200	400
合计	59 400	859 950	919 350	72 750	846 600	1 700

（3）编制会计分录，完工产品入库。

借：库存商品——A 产品　　846 600.00

　　贷：基本生产成本——A 产品（直接材料）　　498 000.00

　　　　　　　　　　——A 产品（燃料及动力）　　49 800.00

　　　　　　　　　　——A 产品（直接人工）　　99 600.00

　　　　　　　　　　——A 产品（制造费用）　　199 200.00

（4）登记生产成本明细账（略）。

动脑筋　分配材料费用和制造费用时的约当产量法的原理是什么？

五、在产品按定额成本计算法

在产品按定额成本计算法是指按照预先制定的在产品定额成本计算月末在产品成本，将本期应计入产品成本的全部费用扣除月末在产品的定额成本后的余额作为完工产品成本的一种方法。

小提示　这里所说的定额成本可以理解成生产工艺配方所确定的单位计划成本，即生产一件产品按照工艺设计配方需要材料多少、工时多少等。

其计算公式如下。

月末在产品成本=月末在产品数量×在产品单位定额成本

或　　=在产品约当产量×在产品单位定额成本

完工产品成本=月初在产品成本+本期生产费用−月末在产品成本

这种方法适用于定额管理基础较好，各种产品有健全、准确的消耗定额或费用定额指标，而且月末在产品数量变动不大的企业采用。实际费用脱离定额的差异完全由完工产品负担。只要各月在产品数量变动不大，月初月末在产品成本差异基本上可以相互抵销。采用该方法计算产品成本，既简单又合理。

从上述公式可以看出，这种方法的关键是确定月末在产品的定额成本。在计算在产品的定额成本时是按成本项目分别计算的。实际工作中，此项成本的计算就是按生产工艺配方所确定的材料耗用量、工时耗用量和有关材料单价、小时工资率等分别计算的，比较容易。

1．在产品定额材料成本的计算

根据生产工艺，可以确定单件产品的材料耗用量，乘以材料计划单价，就可以确定单位产品的定额成本。这时要考虑投料方式。

（1）生产开始时一次投入，此时在产品与完工产品耗用的材料数量相同，在产品定额材料成本计算公式如下。

月末在产品定额材料成本=月末在产品数量×单位产品材料定额耗用量×材料计划单价

（2）原材料在每道工序生产开始时一次投入，在产品定额材料成本计算公式如下。

$$\text{某工序在产品定额材料成本}=\left(\text{前道工序转入本工序在产的在产品累计定额材料数量}+\text{本工序在产品定额材料数量}\right)\times\text{材料计划单价}$$

在产品定额材料成本=∑各工序在产品定额材料成本

【案例 2-23】某产品生产经过 3 道工序，材料在每道工序生产开始时投入，第 1 道工序定额用量 30 千克，第 2 道工序定额用量 20 千克，第 3 道工序定额用量 10 千克，各道工序在产品数量分别为 25 件、15 件和 10 件，材料计划单价 10 元/千克。

在产品定额材料成本计算如下。

第 1 道工序在产品定额材料成本=25×30×10=7 500（元）

第 2 道工序在产品定额材料成本=（15×30+15×20）×10=7 500（元）

我们在计算过程中要注意，第 2 道工序在产品材料数量用量与第 1 道工序的 25 件是没有关系的，第 1 道工序在产品 25 件是处于该工序正在生产未完工的在产品，尚不能转入第 2 道工序，计算第 2 道工序在产品定额材料用量时与之无关，至于第 1 道工序刚开始转入了第 2 道工序多少件在产品我们不用考虑，仅考虑第 2 道工序现在的在产品是多少即可。换言之，虽然 3 道工序在产品总量是 40 件，但不是每道工序都在同时生产 40 件，而是仅生产本工序在产品的数量，在计算每道工序在产品的定额材料用量时，不是 40 件在产品的累加，仅是本工序在产品所用定额材料数量的累加。第 2 道工序的在产品 15 件是从第 1 道工序转入的，其材料用量包括所耗用的第 1 道工序定额用量（15×30）和本道工序用量（15×20），下列例题原理相同。

第 3 道工序在产品定额材料成本=（10×30+10×20+10×10）×10=6 000（元）

在产品定额材料成本=7 500+7 500+6 000=21 000（元）

（3）原材料随生产进度陆续投入，在产品定额材料成本计算公式如下。

$$\text{某工序在产品定额材料成本}=\left(\text{前道工序转入本工序在产的在产品累计定额材料数量}+\text{本工序定额材料数量}\times 50\%\right)\times\text{材料计划单价}$$

在产品定额材料成本=∑各工序在产品定额材料成本

【案例 2-24】某产品生产经过 3 道工序，材料在每道工序陆续投入，第 1 道工序定额用量 30 千克，第 2 道工序定额用量 20 千克，第 3 道工序定额用量 10 千克，各道工序在产品数量分别为 25 件、15 件和 10 件，材料计划单价 10 元/千克。

在产品定额材料成本计算如下。

第 1 道工序在产品定额材料成本=25×30×50%×10=3 750（元）

第 2 道工序在产品定额材料成本=（15×30+15×20×50%）×10=6 000（元）

第 3 道工序在产品定额材料成本=（10×30+10×20+10×10×50%）×10=5 500（元）

在产品定额材料成本=3 750+6 000+5 500=15 250（元）

2．在产品定额加工成本的计算

在产品定额加工成本等于在产品定额工时乘以单位定额费率，相应的计算公式如下。

在产品燃料及动力定额成本=在产品定额工时×每小时定额费用率

在产品直接人工定额成本=在产品定额工时×每小时工资率

在产品制造费用定额成本=在产品定额工时×每小时制造费用率

在产品定额工时=∑（某工序累计工时定额×该工序在产品数量）

某工序累计工时定额=前道工序累计工时定额+本工序工时定额×50%

【案例 2-25】某企业基本生产车间生产 F 产品，2017 年 1 月完工产品 250 件，月末在产品 40 件。产品经两道工序生产完成，第 1 道工序在产品 20 件，工时定额 40 小时；第 2 道工序在产品 20 件，工时定额 20 小时。

原材料在生产开工时一次投入，单位产品材料费用定额 425 元/件，动力费用定额 2 元/小时，直接人工费用定额 20 元/小时，制造费用定额 5 元/小时。

月初在产品定额成本 53 100.00 元，其中，材料费用定额费用 18 000.00 元，动力定额费用 2 600.00 元，工资定额费用 26 000.00 元，制造费用定额费用 6 500.00 元。

本月 F 产品发生生产的费用总额 347 900.00 元，其中，材料费用 111 500.00 元，动力费用 16 400.00 元，直接人工费用 156 000.00 元，制造费用 64 000.00 元。按定额成本法计算。

根据以上资料，计算过程如下。

（1）计算在产品定额成本。

在产品定额材料成本=40×425=17 000.00（元）

第 1 道工序在产品定额工时=40×50%×20=400（小时）

第 2 道工序在产品定额工时=（40+20×50%）×20=1 000（小时）

全部在产品定额工时=400+1 000=1 400（小时）

在产品燃料及动力定额成本=1 400×2=2 800.00（元）

在产品直接人工定额成本=1 400×20=28 000.00（元）

在产品制造费用定额成本=1 400×5=7 000.00（元）

在产品定额总成本=17 000.00+2 800.00+28 000.00+7 000.00=54 800.00（元）

（2）计算完工产品成本。

完工产品直接材料成本=18 000.00+111 500.00−17 000.00=112 500.00（元）

完工产品燃料及动力成本=2 600.00+16 400.00−2 800.00=16 200.00（元）

完工产品直接人工成本=26 000.00+156 000.00−28 000.00=154 000.00（元）

完工产品制造费用成本=6 500.00+64 000.00−7 000.00=63 500.00（元）

完工产品成本=112 500.00+16 200.00+154 000.00+63 500.00=346 200.00（元）

（3）编制在产品定额成本计算表。在产品定额成本计算表如表 2-60 所示。

表 2-60　　在产品定额成本计算表

产品名称：F 产品　　2017 年 1 月

所在工序	在产品数量/件	本工序定额工时/小时	本工序在产品定额工时/小时	在产品燃料及动力定额成本	在产品直接人工定额成本	在产品制造费用定额成本	在产品定额材料成本	合计
1	20	40	400	2 元/小时	20 元/小时	5 元/小时	425 元/件	—
2	20	20	1 000					
合计	40	60	1 400	2 800.00 元	28 000.00 元	7 000.00 元	17 000.00 元	54 800.00 元

（4）编制产品成本计算单。产品成本计算单如表 2-61 所示。

表 2-61　　产品成本计算单

完工产品：250 件

产品名称：F 产品　　2017 年 1 月　　月末在产品：40 件　　单位：元

成本项目	月初在产品定额成本	本期实际费用	合计	月末在产品定额成本	完工产品成本	
					总成本	单位成本
直接材料	18 000.00	111 500.00	129 500.00	17 000.00	112 500.00	450.00
燃料及动力	2 600.00	16 400.00	19 000.00	2 800.00	16 200.00	64.80
直接人工	26 000.00	156 000.00	182 000.00	28 000.00	154 000.00	616.00
制造费用	6 500.00	64 000.00	70 500.00	7 000.00	63 500.00	254.00
合计	53 100.00	347 900.00	401 000.00	54 800.00	346 200.00	1 384.80

（5）编制会计分录。

借：库存商品——F　　346 200.00

　　贷：基本生产成本——F（直接材料）　　112 500.00

　　　　　　　　　　——F（燃料及动力）　　16 200.00

　　　　　　　　　　——F（直接人工）　　154 000.00

　　　　　　　　　　——F（制造费用）　　63 500.00

（6）登记账簿（略）。

六、定额比例法

定额比例法是产品的生产费用按完工产品和月末在产品的定额消耗量或定额费用的比例，分配计算完工产品和月末在产品成本的方法。其中，原材料费用按照原材料定额消耗量或原材料定额费用的比例分配；职工薪酬、制造费用等各项加工费用可以按定额工时的比例分配，也可以按定额费用的比例分配。

这种方法适于在定额管理水平较高、基础较好，各项消耗定额或费用定额比较准确、稳定，各月月末在产品数量变动较大的产品。

1．按定额消耗量比例分配

按定额消耗量比例分配是指原材料费用按原材料的定额消耗量比例分配，加工费用按定额工时比例分配。

（1）直接材料费用的分配。

$$材料费用分配率=\frac{月初在产品原材料成本+本月发生原材料成本}{月末在产品原材料定额用量+完工产品原材料定额用量}$$

在产品应分配的材料费用=月末在产品原材料定额用量×材料费用分配率

完工产品应分配的材料费用=完工产品原材料定额用量×材料费用分配率

（2）加工成本的分配。

$$燃料及动力费用分配率=\frac{月初在产品燃料及动力费用+本月发生燃料及动力费用}{月末在产品定额工时+完工产品定额工时}$$

$$直接人工费用分配率=\frac{月初在产品直接人工成本+本月发生直接人工成本}{月末在产品定额工时+完工产品定额工时}$$

在产品应分开的加工成本=月末在产品定额工时×相应费用分配率

$$制造费用分配率=\frac{月初在产品制造费用+本月发生制造费用}{月末在产品定额工时+完工产品定额工时}$$

完工产品应分配的加工成本=完工产品定额工时×相应费用分配率

（3）分配完工产品和在产品实际耗用材料的数量与工时。

为了更好地进行成本分析和考核，还要将实际耗用的材料数量和工时在完工产品和在产品之间进行分配。计算公式如下。

$$材料消耗量分配率=\frac{月初在产品材料用量+本月投入材料数量}{月末在产品材料定额用量+完工产品材料定额用量}$$

$$工时分配率=\frac{月初在产品工时+本月投入工时}{月末在产品定额工时+完工产品定额工时}$$

在产品应分配的材料实际用量=在产品材料定额用量×材料消耗量分配率

在产品应分配的实际工时=在产品定额工时×工时分配率

材料实际用量减在产品应分配的材料实际用量即是完工产品的材料实际用量。

生产总工时减在产品应分配的实际工时即是完工产品的实际工时。

小提示

上述公式分母中的定额用量和定额工时是指实际产量下的定额总用量和定额总工时。

【案例 2-26】某企业 2017 年 1 月生产的 S 产品，本月完工 50 件，单件原材料定额消耗量 50 千克，工时定额 50 小时；月末在产品 30 件，原材料在生产开工时一次投入，其定额同完工产品，月末在产品单位工时定额为 25 小时。其他数据如表 2-62 所示。分配率保留 4 位小数，分配金额保留 2 位小数。

表 2-62　　成本费用数据汇总表

完工产品数量：50 件

在产品数量：30 件

明细项目		直接材料	直接人工	制造费用	合计
月初在产品	定额消耗量	1 000 千克	500 小时	500 小时	—
	实际消耗量	1 100 千克	675 小时	675 小时	—
	实际费用	31 000.00 元	14 000.00 元	7 800.00 元	52 800.00 元
本月生产费用	定额消耗量	2 500 千克	3 000 小时	3 000 小时	—
	实际消耗量	2 600 千克	2 900 小时	2 900 小时	—
	实际费用	52 000.00 元	58 000.00 元	29 500.00 元	139 500.00 元
待分配费用合计		83 000.00 元	72 000.00 元	37 300.00 元	192 300.00 元

根据上述资料，计算过程如下。

（1）计算月末在产品和完工产品定额用量。

月末在产品原材料定额用量=30×50=1 500（千克）

月末在产品定额工时=30×25=750（小时）

完工产品原材料定额用量=50×50=2 500（千克）

完工产品定额工时=50×50=2 500（小时）

（2）分配费用。

① 直接材料费用的分配。

$$材料费用分配率=\frac{31\,000.00+52\,000.00}{1\,500+2\,000}=23.714\,3（元/千克）$$

在产品应分配的材料费用=1 500×23.714 3=35 571.45（元）

完工产品应分配的材料费用=83 000−35 571.45=47 428.55（元）

② 加工成本的分配。

$$直接人工费用分配率=\frac{14\,000.00+58\,000.00}{750+2\,000}=26.181\,8（元/小时）$$

在产品应分配的直接人工费用=750×26.181 8=19 636.35（元）

完工产品应分配的直接人工费用=72 000.00−19 636.35=52 363.65（元）

$$制造费用分配率=\frac{7\,800.00+29\,500.00}{750+2\,000}=13.563\,6（元/小时）$$

在产品应分配的直接人工费用=750×13.563 6=10 172.70（元）

完工产品应分配的直接人工费用=37 300.00−10 172.70=27 127.30（元）

（3）分配完工产品和在产品实际耗用材料的数量和工时。

$$材料消耗量分配率=\frac{1100+2\,600}{1\,500+2\,000}=1.057\,1$$

$$工时分配率=\frac{675+2\,900}{750+2\,000}=1.3$$

在产品应分配的材料实际用量=1 500×1.057 1=1 585.65（千克）

在产品应分配的实际工时=750×1.3=975（小时）

完工产品的材料实际用量=3 700−1 585.65=2 114.35（千克）

完工产品的实际工时=3 575−975=2 600（小时）

（4）编制产品成本计算单。产品成本计算单如表2-63所示。

表2-63　　产品成本计算单（定额消耗量比例法）

产品名称：S产品　　2017年1月

项目		行次	直接材料	直接人工	制造费用	合计
月初在产品数据	定额消耗量	1	1 000千克	500小时	500小时	—
	实际消耗量	2	1 100千克	675小时	675小时	—
	实际费用	3	31 000.00元	14 000.00元	7 800.00元	52 800.00元
本月生产数据	定额消耗量	4	2 500千克	3 000小时	3 000小时	—
	实际消耗量	5	2 600千克	2 900小时	2 900小时	—
	实际费用	6	52 000.00元	58 000.00元	29 500.00元	139 500.00元
合计	定额消耗量	7	4 000千克	3 500小时	3 500小时	—
	实际消耗量	8	3 700千克	3 575小时	3 575小时	—
	实际费用	9	83 000.00元	72 000.00元	37 300.00元	192 300.00元
完工产品定额消耗量		10	50千克/件	50小时/件	50小时/件	—
在产品定额消耗量		11	50千克/件	25小时/件	25小时/件	—
消耗量分配率		12=（15+18）÷（14+17）	1.057 1	1.3	1.3	—

续表

项目		行次	直接材料	直接人工	制造费用	合计
费用分配率		13=9÷7	23. 714 3	26. 181 8	13. 563 6	—
月末在产品(30件)	定额消耗量	14=30件×11	1 500千克	750小时	750小时	—
	实际消耗量	15=12×14	1 585.65千克	975小时	975小时	—
	实际费用	16=13×14	35 571.45元	19 636.35元	10 172.70元	65 380.50元
完工产品（40件）	定额消耗量	17=40件×10	2 000千克	2 000小时	2 000小时	—
	实际消耗量	18=8-15	2 114.35千克	2 600小时	2 600小时	—
	实际费用	19=9-16	47 428.55元	52 363.65元	27 127.30元	126 919.50元
单位成本		20=19÷40件	1 185.71元	1 309.09元	678.18元	3 172.99元

（5）编制产品入库分录。

借：库存商品——S　　126 919.50

　贷：基本生产成本——S（直接材料）　　47 428.55

　　　　　　　　——S（直接人工）　　52 363.65

　　　　　　　　——S（制造费用）　　27 127.30

（6）登记账簿（略）。

按照定额消耗量比例进行分配，既可以提供完工产品和在产品的实际费用资料，又可以提供它们的实际消耗量资料，便于企业分析和考核定额的执行情况，但核算工作量较大，特别是当消耗原材料种类较多的情况下更是如此。为了简化核算工作，可以直接按完工产品和在产品的定额费用计算分配率。

2．按定额费用比例分配

按定额费用比例分配的有关计算公式如下。

（1）直接材料费用的分配。

$$材料费用分配率=\frac{月初在产品原材料成本+本月发生原材料成本}{月末在产品原材料定额费用+完工产品原材料定额费用}$$

在产品应分配的材料费用=月末在产品原材料定额费用×材料费用分配率

完工产品应分配的材料费用=完工产品原材料定额费用×材料费用分配率

（2）加工成本的分配。

$$燃料及动力费用分配率=\frac{月初在产品燃料及动力费用+本月发生燃料及动力费用}{月末在产品定额费用+完工产品定额费用}$$

$$直接人工费用分配率=\frac{月初在产品直接人工成本+本月发生直接人工成本}{月末在产品定额费用+完工产品定额费用}$$

$$制造费用分配率=\frac{月初在产品制造费用+本月发生制造费用}{月末在产品定额费用+完工产品定额费用}$$

在产品应分开的加工成本=月末在产品定额费用×相应费用分配率

完工产品应分配的加工成本=完工产品定额费用×相应费用分配率

按照定额比例法进行分配，必须具备在产品的定额消耗量或定额费用数据，如果在产品的种类和生产工序较多，计算工作就很繁重。因此，有的企业月末在产品定额资料不是根据在产品的数量具体计算，而是采用简化的倒挤方法计算。以定额消耗量为例，其计算公式如下。

月末在产品定额消耗量=月初在产品定额消耗量+本月投入的定额消耗量-本月完工产品定额消耗量

即：

月末在产品定额消耗量+本月完工产品定额消耗量=月初在产品定额消耗量+本月投入的定额消耗量

这样，在采用定额消耗量比例法或定额费用比例法分配时的分母就可以变换成（月初在产品定额消耗量+本月投入的定额消耗量），用公式表示如下。

$$费用分配率=\frac{月初在产品费用+本月发生费用}{月初在产品定额消耗量（定额费用）+本月投入的定额消耗量（定额费用）}$$

上述公式中，本月完工产品定额消耗量用完工产品数量乘以原材料消耗定额和工时消耗定额计算得到；月初在产品定额消耗量可根据上月产品成本明细账取得，本月投入的定额消耗量可以根据本月投入的产品数量以及定额消耗量和工时定额消耗量计算得到。

采用这种方法，虽然简化了计算工作，但在发生在产品盘盈盘亏的情况下，据以计算求得的成本资料就不能如实反映在产品的成本水平。为避免在产品账实不符，必须每隔一定时期就要对在产品进行一次盘点，根据在产品的实际数计算一次定额消耗量。具备了月初、月末在产品定额消耗量或定额费用、本月投入的定额消耗量或定额费用，以及本月完工产品定额消耗量或定额费用资料的情况下，就可以采用定额比例法在完工产品和在产品之间分配费用了。

采用定额比例法分配完工产品和月末在产品的费用，不仅分配结果比较合理，而且还可以将实际消耗量与定额消耗量、实际费用和定额费用进行比较，便于考核定额的执行情况。

但是，采用定额比例法也应该注意：在月初消耗定额降低时，如果在产品定额费用月末是采用倒挤的简化方法求得的，月初在产品的定额费用就应按新的定额重新计算，否则，由于本月定额费用和本月完工产品定额费用已按降低后的定额计算，所以月初在产品应降低而未降低的定额费用，全部挤入月末在产品定额费用中，使月末在产品定额费用虚增，造成月末在产品所分配的实际费用虚增，影响成本计算的准确性。

如果月末在产品的定额费用是按照在产品数量和降低后的消耗定额、费用定额具体计算的，在计算费用分配率时，月初在产品定额费用也应该按新的定额重新计算，否则，月初在产品应降低而未降低的定额费用，会使公式中的分母虚增，使费用分配率偏低，实际费用分配不完。在月初定额提高时，则会发生相反的情况。所以，采用定额比例法，消耗定额或费用定额不仅要比较准确，而且要比较稳定。

综上所述，生产费用在完工产品与期末在产品之间的分配，可根据在产品数量的多少及其稳定程度、费用结构等因素，相应地采用既合理、又简便的方法，以计算确定月末在产品和完工产品的实际成本。各种方法的适用范围及特点大致可归纳为表2-64。

表2-64　　生产费用分配方法的适用范围及特点

项目＼方法	不计算在产品成本法	在产品成本按年初固定数计算法	在产品按所耗原材料费用计算法	约当产量比例法	在产品按定额成本计算法	定额比例法
月末在产品数量	很少	较多	较多	较多	较多	较多
月末数量变化	不大	不大	较大	较大	不大	较大
材料费用比重	—	—	较大	—	—	—
各项费用比重差别	—	—	—	较大	较大	较大
完工程度	—	—	—	—	—	—

工业企业生产产品发生的各项生产费用，在各种产品之间进行了分配，在此基础上，又按以上方法在同种产品的完工产品和月末在产品之间进行了分配，计算确定了月末在产品成本和本月完工产品成本。其中，月末在产品成本直接在“基本生产成本”账户中转入下期；完工产品成本则要视其内容，将其从“基本生产成本”账户的贷方转出，计入有关账户的借方。

工业企业的完工产品包括验收入库的产成品、自制半成品、自制材料、工具模具以及工业性劳务（如装卸运输、修理加工等）。月末，企业应根据产品成本明细账和各种完工产品的入库凭证以及工业性劳务完成情况，结转完工产品成本。对于完工入库产成品的成本，应转入“库存商品”账户的借方；对于完工入库自制半成品的成本，应转入“自制半成品”账户的借方；对于完工入库的自制材料、工具器具等的成本，应转入“原材料”“低值易耗品”等账户的借方；对于完成的工业性劳务成本，应转入“其他业务支出”或“劳务成本”账户的借方。

任务实施

（1）该公司成本会计计算的 NH120 的成本数据不正确，正确的数据如表 2-65 所示。

表 2-65 NH120 产品成本数据 单位：元

项目	直接材料	燃料及动力	直接人工	制造费用	合计
期初在产品成本	36 000	4 800	6 000	12 600	59 400
本月生产费用					
合计					

（2）计算 NH120 在产品的约当产量，如表 2-66 所示。

表 2-66 约当产量计算表

产品名称：NH120 2017 年 1 月

在产品所在工序	工时定额/小时	完工程度	在产品数量/件		完工产品数量/件	产量合计/件
			结存量	约当产量		
1	20	25%	10	2.5	—	2.5
2	10	62.5%	20	12.5	—	12.5
3	10	87.5%	20	17.5	—	17.5
合计	40	100%	50	32.5	498	530.5

计算过程如下。

第 1 道工序完工程度=$\dfrac{20\times50\%}{40}\times100\%=25\%$

第 1 道工序在产品约当产量=10×25%=2.5（件）

第 2 道工序完工程度=$\dfrac{20+10\times50\%}{40}\times100\%=62.5\%$

第 2 道工序在产品约当产量=20×62.5%=12.5（件）

第 3 道工序完工程度=$\dfrac{20+10+10\times50\%}{40}\times100\%=87.5\%$

第 3 道工序在产品约当产量=20×87.5%=17.5（件）

全部在产品约当产量=2.5+12.5+17.5=32.5（件）

（3）采用约当产量法计算完工产品成本和在产品成本。

① 计算各成本项目的费用分配率。

材料费用分配率=$\frac{608\,151.45}{498+50}=1109.765\,4$（元/件）

燃料及动力分配率=$\frac{167\,768.5}{498+32.5}=316.246\,0$（元/件）

直接人工分配率=$\frac{245\,180.08}{498+32.5}=462.167\,9$（元/件）

制造费用分配率=$\frac{439\,620.24}{498+32.5}=828.690\,4$（元/件）

② 计算月末在产品成本和完工产品成本。

月末在产品成本：

直接材料费用=50×1 109.765 4=55 488.27（元）

燃料及动力费用=32.5×316.246 0=10 278.00（元）

直接人工费用=32.5×462.167 9=15 020.46（元）

制造费用=32.5×828.690 4=26 932.44（元）

本期完工产品成本：

直接材料费用=608 151.45−55 488.27=552 663.18（元）

燃料动力费用=167 768.50−10 278.00=157 490.50（元）

直接人工费用=245 180.08−15 020.46=230 159.62（元）

制造费用=439 620.24−26 932.44=412 687.80（元）

（4）编制产品成本计算单，如表 2-67 所示。

表 2-67 产品成本计算单

完工产量：498 件

产品名称：NH120 2017 年 1 月 月末在产品产量：50 件 单位：元

成本项目	月初在产品成本	本月生产费用	生产成本合计	月末在产品成本	完工产品成本	
					总成本	单位成本
直接材料	36 000.00	572 151.45	608 151.45	55 488.27	552 663.18	1 109.765 4
燃料及动力	4 800.00	162 968.50	167 768.50	10 278.00	157 490.50	316.246 0
直接人工	6 000.00	239 180.08	245 180.08	15 020.46	230 159.62	462.167 9
制造费用	12 600.00	427 020.24	439 620.24	26 932.44	412 687.80	828.690 4
废品损失	—	2 072.66	2 072.66	—	2 072.66	4.162 0
合计	59 400.00	1 403 392.93	1 462 792.93	107 719.17	1 355 073.76	2 721.031 7

（5）编制完工产品入库的会计分录，自行登记 NH120 生产成本明细账，填表 2-12。

借：库存商品——NH120　　1 355 073.76

　　贷：基本生产成本——NH120（直接材料）　　552 663.18

　　　　——NH120（燃料及动力）　　157 490.50

　　　　——NH120（直接人工）　　230 159.62

　　　　——NH120（制造费用）　　412 687.80

　　　　——NH120（废品损失）　　2 072.66

动脑筋

在成本计算过程中，哪些情况可以忽略在产品成本的计算？

相关链接

正确划分完工产品和在产品的费用界限

在成本计算过程中，企业要正确划分完工产品与在产品的费用界限。由于产品的加工程度不一，有的已经生产完工验收入库，有的正在加工中，所以不能均等负担费用。因此，月末应将生产费用在完工产品与在产品之间进行划分，计算完工产品成本与月末在产品的费用。这就要求在产品的数量比较准确，并按规定的方法确定在产品费用，同时，不得任意提高或降低在产品费用，人为调节本期完工产品成本。

闯关考验

一、单选题

1. 不计算在产品成本法的适用范围是（　　）。

A. 在产品数量较大，且各月数量大体稳定 B. 在产品数量较小，且各月数量变动不大
C. 材料费用占产品成本的比重较大 D. 在产品已接近完工

2. 区分各种成本计算基本方法的主要标志是（　　）。

A. 成本计算对象 B. 成本计算日期
C. 间接费用的分配方法 D. 完工产品与在产品之间分配费用的方法

3. 采用在产品成本按年初固定成本计价法，将生产费用在完工产品与期末在产品之间进行分配，适用于（　　）的情况。

A. 各月在产品数量很大
B. 各月月末在产品数量虽大，但各月之间变化不大
C. 各月月末在产品数量变化较大
D. 各月成本水平相差不大

4. 对于企业月末在产品数量较大且数量变化也较大，而原材料费用在成本中所占比重较大的产品，通常应按（　　）将生产费用在完工产品和月末在产品之间进行分配。

A. 定额比例法 B. 在产品按所耗原材料费用计价法
C. 约当产量法 D. 在产品按定额成本计价法

5. 原材料若是在生产开始时一次投入的，则原材料费用可以按完工产品与月末在产品的（　　）比例分配。

A. 数量 B. 约当产量 C. 定额费用 D. 定额工时

6. 分配加工费用时所采用的在产品的完工率是指产品（　　）与完工产品工时定额的比率。

A. 所在工序的工时定额
B. 前面各工序的工时定额与所在工序工时定额之半的合计数
C. 所在工序的累计工时定额
D. 所在工序的工时定额之半

7. 如果某种产品的月末在产品数量较大，各月在产品数量变化也较大，产品成本中各项费用

的比重相差不大，生产费用在完工产品与月末在产品之间分配，应采用的方法是（　　）。

A. 不计在产品成本法　　B. 约当产量比例法

C. 在产品按完工产品计算的方法　　D. 定额比例法

8. 某种产品经过两道工序加工完成，其原材料分两道工序在每道工序开始时一次投入：第1道工序原材料消耗定额30千克，第2道工序原材料消耗定额20千克。据此计算出的第2道工序在产品的完工率为（　　）。

A. 20%　　B. 40%　　C. 80%　　D. 100%

9. 某产品经过3道工序，加工完成。各工序工时定额分别为2小时、4小时和4小时。各工序在产品在本工序的加工程度按工时定额的50%计算。则第3道工序的完工率为（　　）。

A. 100%　　B. 80%　　C. 50%　　D. 40%

10. 企业某种产品的各项定额准确、稳定，且各月月末在产品数量变化不大，为了简化成本计算工作，其生产费用在完工产品与在产品之间分配应采用（　　）。

A. 定额比例法　　B. 在产品按完工产品计价法

C. 约当产量法　　D. 在产品按定额成本计价法

11. 某种产品经两道工序加工而成。单位产品的工时定额为40小时，其中，第1道工序为10小时，第2道工序为30小时，各道工序在产品在本道工序的加工程度按工时定额的50%计算。第1道工序在产品数量80件，第2道工序在产品数量40件，则期末在产品的约当产量为（　　）件。

A. 120　　B. 35　　C. 25　　D. 60

12. 某产品经过两道工序加工完成。第1道工序月末在产品数量为100件，完工程度为20%；第2道工序的月末在产品数量为200件，完工程度为70%。据此计算的月末在产品约当产量为（　　）。

A. 20件　　B. 135件　　C. 140件　　D. 160件

13. 假设某企业某种产品本月完工250件，月末在产品160件，在产品完工程度为40%，月初和本月发生的原材料费用共56 520元，原材料随着加工进度陆续投入，则完工产品和月末在产品的原材料费用分别为（　　）。

A. 45 000元和11 250元　　B. 40 000元和16 250元

C. 45 000元和11 520元　　D. 34 298元和21 952元

14. 采用约当产量法计算完工产品和在产品成本时，若原材料不是在开始生产时一次投入的，而是随生产进度陆续投入，但在每道工序是一次投入的，原材料消耗定额第1道工序为30千克，第2道工序为60千克，则第2道工序在产品的完工率为（　　）。

A. 67%　　B. 22%　　C. 100%　　D. 97%

15. 某企业生产产品经过两道工序，各工序的工时定额分别为30小时和40小时，则第2道工序在产品的完工率约为（　　）。

A. 68%　　B. 69%　　C. 70%　　D. 71%

16. 当企业月末在产品数量较大且数量变化也较大，而原材料费用和工资等加工费用在成本中所占比重相当，应选用的费用分配方法是（　　）。

A. 定额比例法　　B. 在产品按原材料费用计价法

C. 约当产量法　　D. 在产品按定额成本计价法

17. 假设企业生产的产品的各项定额准确、稳定，其各月月末在产品数量变动不大，其生产费用在完工产品与在产品之间进行分配宜采用（　　）。

A. 定额比例法　　B. 约当产量比例法

C. 在产品按定额成本计价法　　D. 在产品按完工产品计算法

18. 通过对在产品成本的计算，从而计算出完工产品的生产成本，然后将其转入（　　）。

A. “库存商品”账户　　B. “原材料”账户

C. “生产成本”账户　　D. “主营业务成本”账户

二、多选题

1. 企业的广义在产品包括（　　）。

A. 正在车间加工中的在制品

B. 已完成某个或几个加工步骤需进一步加工的半成品

C. 返修中的废品

D. 未经检验入库的产品

2. 本月发生的生产费用与月初、月末在产品及本月完工产品成本之间的关系是（　　）。

A. 月初在产品成本+本月发生的生产费用=本月完工产品成本+月末在产品成本

B. 月初在产品成本+本月完工产品成本=本月发生的生产费用+月末在产品成本

C. 本月完工产品成本=月初在产品成本+本月发生的生产费用-月末在产品成本

D. 本月完工产品成本=月末在产品成本+本月发生的生产费用-月初在产品成本

3. 生产费用在完工产品与在产品之间进行分配，需要考虑的因素有（　　）。

A. 月末在产品数量的多少　　B. 月末在产品数量变化的大小

C. 各项成本费用的比重　　D. 生产的自动化程度

4. 某种产品有月末在产品，其当月发生的生产费用之和就是该种完工产品的成本。则该种产品的生产费用在完工产品之间进行分配的方法可能是（　　）。

A. 按定额成本计算在产品成本法　　B. 不计在产品成本法

C. 按定额比例计算在产品成本法　　D. 固定计算在产品成本法

5. 在下列完工产品与在产品费用的分配方法中，月末在产品数量较多且变动较大时应采用的是（　　）。

A. 在产品按固定成本计价法　　B. 约当产量比例法

C. 在产品按定额成本计价法　　D. 定额比例法

6. 采用在产品按原材料费用计价法分配生产费用时，应具备的条件有（　　）。

A. 原材料费用在产品成本中占的比重大　B. 各月月末在产品数量较大

C. 各月月末在产品数量变化较大　　D. 各月在产品数量比较稳定

7. 采用定额比例法在完工产品和月末在产品之间分配生产费用，应考虑的条件是（　　）。

A. 各月月末在产品数量变化不大　　B. 消耗定额比较稳定

C. 各月月末在产品数量变化较大　　D. 消耗定额比较准确

8. 约当产量比例法下，在产品完工程度应（　　）测定。

A. 分工序　　B. 分完工数量　　C. 分成本项目　　D. 分生产周期

9. 采用约当产量比例法分配完工产品和月末在产品费用，适用于（　　）的产品。

A. 月末在产品数量不大　　B. 月末在产品数量较大

C. 产品成本中各项费用所占比重相差不多　D. 各月在产品数量变动较大

10. 采用约当产量比例法，必须正确计算在产品的约当产量，而在产品约当产量的计算正确与否取决于产品完工程度的测定，测定在产品完工程度的方法有（　　）。

A. 按 50%平均计算各工序完工率　　B. 分工序分别计算完工率

C. 按定额比例法计算　　D. 按定额工时计算

11. 分配计算完工产品和月末在产品的费用时，采用在产品按定额成本计价法所具备的条件是（　　）。

A. 各月月末在产品数量　　B. 产品的消耗定额比较稳定

C. 各月月末在产品数量变化比较小　　D. 产品的消耗定额比较准确

12. 完工产品和月末在产品成本的计算模式主要有（　　）。

A. 先计算完工产品成本，再计算在产品成本

B. 先计算在产品成本，再计算完工产品成本

C. 先计算月初在产品成本，再计算月末在产品成本

D. 将费用在完工产品和在产品之间按一定比例分配

13. 采用定额比例法计算在产品成本时，所使用的定额主要有（　　）。

A. 材料定额消耗量 B. 材料定额费用　　C. 工时定额消耗量 D. 材料计划单位成本

14. 完工产品与月末在产品之间分配费用的方法有（　　）。

A. 交互分配法　　B. 不计算在产品成本法

C. 约当产量比例法　　D. 在产品按定额成本计价法

15. 不属于生产费用在完工产品与在产品之间分配方法的是（　　）。

A. 直接分配法　　B. 顺序分配法　　C. 约当产量法　　D. 生产工时比例法

三、判断题

（　　）1. 狭义的在产品包括车间或生产步骤完工的半成品在内。

（　　）2. 广义的在产品包括正在加工中的产品和本步骤加工后留存在半成品库和以后各步骤的半成品。

（　　）3. 采用在产品按固定成本计价法和不计算在产品成本法，其每月发生的生产费用之和就是该月该种完工产品成本。

（　　）4. 不计算在产品成本法适用于月末在产品数量较少且变动不大的情况。

（　　）5. 采用按年初数固定计算在产品成本法时，某种产品本月发生的生产费用就是本月完工产品的成本。

（　　）6. 如果原材料在生产开始时一次投入，不管在产品完工程度如何，原材料费用的投料程度均为100%。

（　　）7. 约当产量比例法适用于月末在产品数量较大、各月月末在产品数量变化也较大、产品成本中原材料费用和工资等加工费用比重相差较大的产品。

（　　）8. 原材料费用的投料率与加工费用的完工率一定相等。

（　　）9. 车间领用但月末尚未投入使用的原材料应作为期末在产品成本。

（　　）10. 不论投料方式如何，原材料费用的投料率都等于100%。

（　　）11. 当企业完工产品入库时，会计分录是借记“库存商品”科目，贷记“生产成本”科目。

（　　）12. 采用约当产量法计算在产品成本时，如果原材料不是在开始生产时一次投入，而是随着加工进度陆续投入的，其投料程度与其加工进度完全一致，则计算材料费用的约当产量与计算加工费用的约当产量应是一致的。

（　　）13. 完工产品与在产品之间分配费用的约当产量比例法只适用于工资和其他加工费用的分配，不适用于原材料费用的分配。

（　　）14. 当企业的各项消耗定额或费用定额比较准确、稳定，而且各月月末在产品数量变化不大时，可采用定额比例法计算在产品的成本。

（　　）15. 交互分配法属于完工产品与月末在产品之间分配费用的方法。

全真实训

实训一　练习按所耗原材料费用计价法

宇辰公司生产甲产品，原材料于生产开始时一次投入，产品成本中原材料所占比重很大。月初在产品原材料费用为 26 000.00 元；本月发生的生产费用为：原材料 54 000.00 元，燃料及动力 1 100.00 元，职工薪酬 1 500.00 元，制造费用 1 600.00 元。本月完工产品 78 台，月末在产品 50 台。

要求：采用在产品按所耗原材料费用计价法，计算甲完工产品成本和月末在产品成本。

实训二　练习约当产量法

蓝天笔业有限公司 2017 年 1 月基本生产车间简化生产成本明细账部分数据如表训 2-3 和表训 2-4 所示。自动钢笔全部生产完工。墨碳笔完工产品工时定额为 2 小时，其中第一道工序工时定额为 0.5 小时，第二道工序工时定额为 1.5 小时。月初在产品和本月发生的生产费用如表训 2-3 和表训 2-4 所示。墨碳笔本月完工 1 990 盒，月末在产品为：第一道工序 20 盒，第二道工序 25 盒。

要求：(1) 根据任务二到任务六的有关资料将明细账表训 2-3 和表训 2-4 填写齐全。

(2) 计算墨碳笔各工序在产品的完工率和月末在产品的约当产量，填写表训 2-19。

(3) 采用约当产量比例法，分配计算墨碳笔的完工产品成本和月末在产品成本，填制如表训 2-20 所示的墨碳笔产品成本计算单，编制完工产品入库分录，登记生产成本明细账，如表训 2-3 和表训 2-4 所示。

表训 2-19　　约当产量计算表

产品名称：墨碳笔　　2017 年 1 月

在产品所在工序	工时定额/小时	完工程度	在产品数量/支		完工产品数量/支	产量合计/支
			结存量	约当产量		
1					—	
2					—	
合计						

表训 2-20　　产品成本计算单

完工产量：1 990 盒

产品名称：墨碳笔　　2017 年 1 月　　月末在产品产量：45 件　　单位：元

成本项目	月初在产品成本	本月生产费用	生产成本合计	月末在产品成本	完工产品成本	
					总成本	单位成本
直接材料						
燃料及动力						
直接人工						
制造费用						
合计						

实训三　练习约当产量法

白帆机械有限公司生产 S 型机床经过 3 道工序加工制成，原材料在生产开始后陆续投入，其投入程度与生产工时投入进度不一致。该产品月初及本月发生的生产费用如表训 2-21 所示。

表训 2-21　　生产费用统计表　　单位：元

项目	原材料	燃料及动力	职工薪酬	制造费用	合计
月初在产品成本	38 890.00	4 306.00	7 863.00	10 485.00	61 544.00
本月生产费用	90 746.00	6 458.00	11 793.00	15 723.00	124 720.00

各工序材料消耗定额和工时定额，以及在产品数量如表训 2-22 所示。

表训 2-22　　在产品数量及工时统计表

工序	本工序原材料消耗定额/千克	本工序工时定额/小时	月末在产品数量/件
1	20	10	200
2	16	6	200
3	14	4	100
合计	50	20	500

本月 S 型机床完工 230 件。

要求：（1）分别计算各工序在产品完工率。

（2）分别计算月末在产品的约当产量（包括分配原材料费用和各加工费用的约当产量）。

（3）采用约当产量法，分配计算完工产品和月末在产品应负担的各项生产费用。

实训四　练习约当产量法

绿涛机械有限公司生产 S 型机床经过 3 道工序加工制成。假设原材料是随加工进度在每道工序开始时一次投入本工序，各工序原材料消耗定额、在产品数量见实训三中表训 2-21 的部分资料。该产品月初及本月发生的原材料费用见实训二中表训 2-20 的部分资料。本月完工产品 230 件。

要求：（1）计算各工序原材料的投入程度（即在产品完工率）。

（2）计算分配原材料费用的月末在产品约当产量。

（3）分配计算完工产品和月末在产品应负担的原材料费用。

实训五　练习定额法

飞天制品有限公司生产 A 工艺品，原材料在生产开始时一次投入。该产品各项消耗定额比较准确、稳定，各月月末在产品的数量变化不大，月末在产品按定额成本计价。A 工艺品本月完工 500 件，原材料费用定额为 180 元/件，工时定额为 80 小时；月初在产品及本月实际生产费用共计为：原材料 124 000.00 元，职工薪酬 68 000.00 元，制造费用 84 000.00 元；月初在产品及本月投入的原材料定额费用共为 120 000.00 元，定额工时共为 60 000 小时；月末在产品的小时费用定额为：职工薪酬 1.5 元，制造费用 1.2 元。

要求：（1）计算月末在产品的定额原材料费用。

（2）计算月末在产品的定额工时和定额职工薪酬、定额制造费用。

（3）计算月末在产品的定额成本。

（4）计算完工产品的成本。

实训六　练习定额比例法

亮天制造厂生产 A 型设备，2017 年 2 月产品成本明细账部分资料如表训 2-23 所示。

表训 2-23 成本计算单 单位：元

项目		直接材料	燃料及动力	职工薪酬	制造费用	合计
月初在产品成本	实际	63 600.00	3 360.00	5 040.00	6 720.00	78 720.00
	定额	53 000.00	—	460 小时	—	—
本月生产费用	实际	80 400.00	5 040.00	6 160.00	10 080.00	101 680.00
	定额	67 000.00	—	940 小时	—	—
合计	实际					
	定额		—		—	—
分配率						
在产品成本	实际					
	定额		—		—	—
完工产品成本	实际					
	定额		—		—	—

该产品采用定额比例法分配生产费用：其中，原材料费用按照定额费用比例分配，其他费用按照定额工时比例分配。本月份完工产品 400 件，原材料费用定额为 240 元，工时定额为 2.5 小时。

要求：采用定额比例法，计算完工产品和月末在产品成本。

项目小结

产品成本计算的品种法就是以产品品种为成本计算对象，归集生产费用，计算产品成本的一种方法。该方法适用于大量大批单步骤产品生产、管理上不要求按照生产步骤计算产品成本的大量大批多步骤产品生产和辅助生产车间产品成本的计算。品种法的成本计算对象是产品品种，成本计算期一般为一个月。如果月末在产品数量较多，占用费用较大，生产费用要在完工产品和在产品之间进行分配。

由某种产品耗用的直接材料费用直接计入该成本计算对象的“直接材料”项目，共同耗用的间接材料费用分配计入各产品成本计算对象的“直接材料”项目。材料费用的分配是通过编制材料费用分配表的方式进行的。常用的材料费用的分配标准有产品的产量、体积、重量、消耗定额、定额费用等。分配方法有定额消耗量比例分配法、定额费用比例分配法、产品重量比例分配法和产品产量比例分配法。

职工薪酬是指企业为获得职工提供的服务或解除劳动关系而给予的各种形式的报酬或补偿。职工薪酬包括短期薪酬、离职后福利、辞退福利和其他长期职工福利。企业提供给职工配偶、子女、受赡养人、已故员工遗属及其他受益人等的福利，也属于职工薪酬。

职工薪酬的归集是按照职工的考勤记录、工时记录、产量记录、工资等级标准、代扣各项款项等，编制职工薪酬结算单计算应付给职工的工资，编制职工薪酬结算汇总表进行职工薪酬的分配，编制会计分录并登记入账。在分配时，一般是按产品的生产工人工时、机器工时、定额工时比例等分配标准进行分配计入生产成本明细账的“直接人工”成本项目。

外购燃料费用的分配方法与材料费用的分配原理相同。外购动力费用一般以电表记录作为本月可分配的费用，按用电度数进行分配；在没有仪表记录的情况下，可按各种产品生产工时的比例、机器功率时数（机器功率×机器工作时数）的比例，或定额消耗量的比例进行分配。

辅助生产车间费用的归集和分配，是通过“辅助生产成本”账户进行的。一般应按车间和产品，以及劳务设立明细账，账中按照成本项目设立专栏或专行进行明细核算。辅助生产车间费用的分配方法有直接分配法、交互分配法、计划成本分配法、顺序分配法、代数分配法。

制造费用的归集是通过设置“制造费用”账户进行的，该账户按不同的生产车间设立明细账户，账户内再按费用项目设置专栏，分别反映各车间各项制造费用的发生情况。在会计期末或产品完工时，制造费用账户内归集的制造费用要按照一定的方法分配到各产品的基本生产成本账户的“制造费用”成本项目下。分配制造费用的方法有工时比例分配法（生产工时比例法、机器工时比例法）、生产工人工资比例法和年度计划分配率分配法等。

损失性费用指企业在生产过程中发生的废品损失和停工损失。废品按能否修复可分为可修复废品和不可修复废品。停工损失是指企业生产部门在停工期间发生的各项费用，包括停工期间发生的燃料及动力费用、职工薪酬和制造费用等。

如果企业当月既有完工产品又有月末在产品，则应对计入该种产品的全部生产费用采用适当的方法，在本月完工产品和月末在产品之间进行分配，以计算确定该月完工产品成本和月末在产品成本。

生产费用在完工产品和月末在产品之间分配时要考虑月末在产品数量的多少；各月月末在产品数量变化的大小；各成本项目所占费用比重的大小；企业定额管理水平的高低等方面的情况。通常采用的分配方法有不计算在产品成本法、在产品成本按年初固定数计算法、在产品按所耗原材料费用计算法、约当产量比例法、在产品按完工产品成本计算法、在产品按定额成本计算法和定额比例法。

动脑筋

看图说话。

项目三 产品成本核算——分批法及其他方法

知识目标

1. 了解分批法的特点和适用条件；熟悉分批法核算的基本原理；掌握一般分批法和简化分批法的成本核算流程和账务处理方法。
2. 了解分步法的特点和适用条件；熟悉逐步结转分步法和平行结转分步法的基本原理；熟悉成本还原的方法；掌握逐步结转分步法和平行结转分步法的成本核算流程和账务处理方法。
3. 了解联产品、副产品、等级产品的内涵；掌握联产品、副产品、等级产品的成本计算方法。
4. 了解分类法的特点和适用条件；熟悉分类法的基本原理；掌握分类法下同类产品成本分配方法和账务处理方法。
5. 了解定额法的特点和适用条件；熟悉定额成本的制定原理；掌握定额法的成本核算流程和账务处理方法。

能力目标

1. 会按订单或批别设置成本明细账；能够运用一般分批法和简化分批法的原理计算产品成本和进行账务处理。
2. 会设置分步法下的成本明细账；能够运用逐步综合结转分步法、逐步分项结转分步法和平行结转分步法计算产品成本和账务处理；会进行成本还原。
3. 会计算联产品、副产品、等级产品的成本。
4. 能够运用分类法的基本原理计算同类产品成本；能够进行分类法成本计算的账务处理。
5. 会计算定额成本；能够运用定额法的原理计算产品成本；能够运用定额法进行账务处理。

情景写实

宇辰集团是一家涵盖制造业、服务业、商业的大型企业集团。其制造业务包括一家中型钢铁生产企业，一家饮料生产企业、一家高档服装生产企业、一家制鞋厂、一家酿酒企业。

服装厂生产的产品主要包括高档帽子、高档西裤、高档西装3类。

该厂设置了3个基本生产车间，分别组织3种产品的生产。企业接受各种小批量订单，并严格按照订货单位要求的花色品种、规格样式和批量分批进行生产。由于各批产品批量相对较小，企业采用分批法组织成本的核算。

钢铁企业生产各种钢材，下设3个基本生产车间和2个辅助生产车间，基本生产车间之间存在连贯性，第1车间生产的半成品转给第2车间继续加工，加工后的半成品转给第3车间加工成产成品。该企业属于大量大批多步骤生产，管理上也要求计算各步骤的半成品成本。因此，采用逐步结转分步法计算产品成本。该钢铁企业定额管理较好，因此，辅助定额法计算管理成本。

制鞋厂生产各种男式、女式鞋类，包括成人鞋和儿童鞋。该厂采用品种法辅助分类法计算产品成本。

酿酒企业生产的酒液原浆可以调配成不同度数的白酒，酿酒过程中产品的酒糟直接销售给养殖企业。酒厂采用品种法计算成本。项目四要学习的即是该集团各企业为什么采用不同的成本计算方法及其原理。

学习建议 本项目中各个任务涉及表格、明细账填写的案例和实训，在学习中，学生用Excel进行动态分析，动手制作Excel表，绘制成本明细账和成本计算单，用设计公式进行计算分析，培养Excel操作技能。

任务一 掌握产品成本核算的分批法

任务描述

宇辰集团下属的宇辰机械有限责任公司的二分厂产品成本的计算采用分批法。3月有关成本资料如下。

（1）月初在产品成本如表3-1所示。

表3-1 月初在产品成本 单位：元

产品批号及名称	月份	摘要	直接材料	直接人工	制造费用
#101A产品	2	期初在产品	50 000	11 000	8 000
#201B产品	2	期初在产品	9 300	1 060	1 100

（2）本月耗用原材料及生产工时如表3-2所示。

表 3-2　　本月耗用原材料及生产工时

产品批号	产品名称	直接材料/元	生产工时/小时
#101	A产品	20 000	1 240
#201	B产品	15 000	1 660
#301	C产品	9 800	500

（3）本月发生的直接人工 18 700 元，制造费用 20 400 元。

（4）3 月同时生产 3 批产品，批号#101A 产品，2 月投产，产量 20 台，本月完工 20 台；批号#201B 产品，2 月投产，产量 30 台，本月完工 30 台；批号#301C 产品，本月投产，产量 45 台，本月尚未完工。

任务下达

1. 运用品种法所学原理，编制费用分配表，按生产工时比例分配直接人工和制造费用，并编制会计分录。

2. 编制产品成本计算单，计算各种完工产品的总成本和单位成本。

3. 编制完工产品入库的会计分录。

知识准备

分批法是指以产品批号或订单作为成本计算对象，归集生产费用，计算产品成本的一种方法。在小批、单件生产的情况下，企业通常是按照订货单位的订单签发生产通知单组织生产的，即产品的品种和每批产品的批量往往是根据客户的订单确定的，因此按照产品批号计算产品成本，往往也就是按照订单计算产品成本。所以，分批法也叫订单法。

小提示　我们在品种法中所学的各种费用的分配原理在项目三中都是通用的。品种法的基本原理是所有成本计算方法都能使用的原理。

一、分批法的特点

1．以产品的批别作为成本计算对象

分批法的成本计算对象就是产品的批别（单件生产的为件别）。分批法按生产批号或订单设置基本生产成本明细账，归集生产费用。对于能分清产品批次的直接费用，直接计入各批产品的基本生产成本明细账；对于各批产品共同耗用的间接费用，需要采用适当的方法在各批产品之间进行分配，然后再计入对应的产品成本明细账。

在单件小批生产类型的企业中，生产一般是根据购货单位的订单组织的。但严格来说，按批别组织生产，并不一定就是按订单组织生产，还要结合企业自身的生产负荷能力，来合理组织安排产品生产的批量与批次。在实际工作中，产品的订单与产品生产组织批别之间存在以下4种情况。

（1）如果一张订单中要求生产多种产品，为了便于考核分析各种产品的成本计划执行情况，加强生产管理，就要将该订单按照产品的品种划分成几个批别组织生产。

（2）如果一张订单中只要求生产一种产品，但数量极大，超过企业的生产负荷能力，或者购

货单位要求分批交货的，也可将该订单分为几个批别组织生产。

（3）如果一张订单中只要求生产一种产品，但该产品属于价值高、生产周期长的大型复杂产品（如万吨轮），也可将该订单按产品的组成部分（如零部件）分为几个批别组织生产。

（4）如果在同一时期接到的几张订单要求生产的都是同一种产品，为了更经济合理地组织生产，也可将这几张订单合为一批组织生产。

2．以产品的生产周期作为成本计算期

采用分批法计算产品成本的企业，虽然各批产品的成本计算单仍按月归集生产费用，但是只有在该批产品全部完工时才能计算其实际成本。由于各批产品的生产复杂程度不同、质量数量要求也不同，所以生产周期就各不相同，有的批次当月投产，当月完工；有的批次要经过数月甚至数年才能完工。所以，完工产品的成本计算因各批次的生产周期而异，是不定期的。因此，分批法的成本计算期与产品的生产周期一致，与会计报告期不一致，通常是不固定的。

3．生产费用一般不需要在完工产品与在产品之间分配

在单件或小批生产，购货单位要求一次交货的情况下，每批产品要求同时完工。这样，该批产品完工前的成本明细账上所归集的生产费用，即为在产品成本；完工后的成本明细账上所归集的生产费用，即为完工产品成本。因此在通常情况下，生产费用不需要在完工产品和在产品之间分配。

但是，如果产品批量较大、购货单位要求分次交货时，就会出现批内产品跨月陆续完工的情况。这时应采用适当的方法将生产费用在完工产品和月末在产品之间进行分配，以便计算月末完工产品与在产品的成本。采用的分配方法视批内产品跨月陆续完工的数量占批量的比重大小的多少而定。

二、分批法的适用范围

分批法主要适用于单件、小批生产产品的企业，如重型机械、船舶、精密仪器、专用设备、专用工具、印刷、服装等的生产制造。在大量大批生产类型的企业中，主要产品生产之外的新产品试制、来料加工、自制设备等的成本计算也可以采用分批法。

适用于分批法的企业通常有下列几种。

（1）按照产品批号组织生产的企业，如根据购买者订单生产的企业、需要不断更新产品种类的时装等制造企业等。

（2）提供机器设备修理等劳动的企业或生产单位。

（3）从事新产品的试制以及辅助生产的工具、器具、模具的制造等生产任务的生产单位。

三、分批法的核算程序

分批法通常按以下流程进行核算。

（1）根据生产计划下达的生产任务通知单，为每个订单或批别开设基本生产成本明细账，并按生产车间和成本项目设置专栏，用以归集各订单、各批别产品的生产耗费。

（2）根据"直接费用，直接登记，间接费用，分配登记"的原则，分别归集本月生产耗费。其中，制造费用的分配可采用当月分配法（即在耗费发生的当月在各批产品之间进行分配），也可以采用累计分配法（即先将制造费用在基本生产二级账中集中登记，产品完工时，根据累计生产工时计算制造费用分配率，再根据各批产品工时比例分配给各批完工产品）。

（3）月末根据完工批别产品的完工通知单，将已完工的该批产品的成本明细账所归集的生产费用，按成本项目加以汇总，计算出该批完工产品的总成本和单位成本。

（4）对各批内跨月陆续完工并已销售或提货的产品，应采用适当的方法将生产费用在完工产品和月末在产品之间分配，计算出各批已完工产品的总成本和单位成本。其以后发生的耗费继续归集，至产品全部完工时，将整批产品的累计成本汇总，计算该批产品的实际总成本和单位成本。

（5）将已完工产品的生产成本结转为产成品价值。

分批法的核算程序如图 3-1 所示。

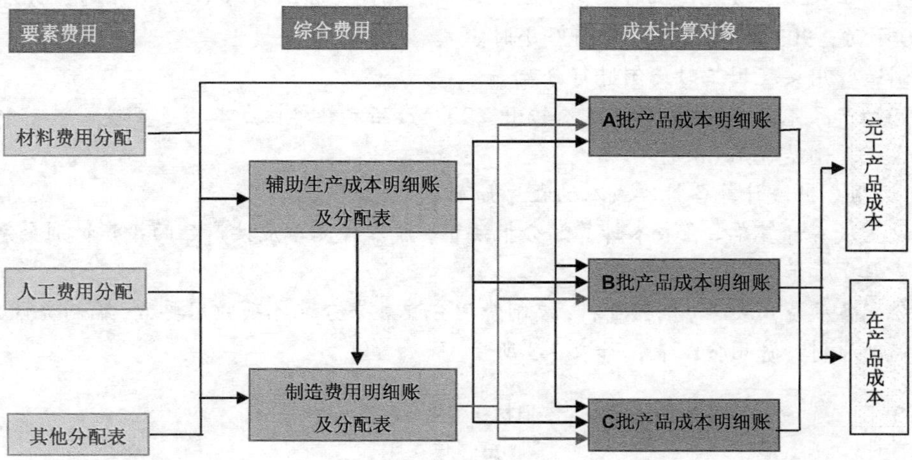

图 3-1　分批法核算程序图

四、分批法的种类与原理

分批法因其间接费用的分配方法不同，分成一般分批法和简化分批法。

1．一般分批法（间接费用当月分配法）

一般分批法是指将间接费用在月内直接分配计入各批产品成本的方法。

一般分批法下，应按各批次产品设置产品成本明细账和制造费用明细账，各批次产品成本明细账中记录该批次产品所发生的直接费用和月末分配计入的间接费用。月末，某批次产品如有完工产品，一般是按该产品计划成本或定额成本计算完工产品的成本，从生产成本账中转出；如果该批次产品的完工产品数量较多，则需要按一定方法在完工产品和期末在产品之间进行费用分配，计算出该批次产品的完工产品成本和期末在产品成本。

在投产批数不多，或投产批数较多但在期末大部分批次都能完工的情况下，适合采用一般分批法。

【案例 3-1】海西集团下属的东南公司设有一个基本生产车间，按生产任务通知单（工作令号）分批组织生产，属于小批生产组织类型的企业。根据其自身的生产特点和管理要求，采用一般分批法计算投产各批产品的生产成本。

海西集团下属的东南公司 2017 年 9 月 1 日投产甲产品 100 件，批号为 901#，在 9 月全部完工；9 月 10 日投产乙产品 150 件，批号为 902#，当月完工 40 件；9 月 15 日投产丙产品 200 件，批号为 903#，尚未完工。

（1）本月发生的各项费用如下。

① 901#产品耗用原材料 125 000 元；902#产品耗用原材料 167 000 元；903#产品耗用原材料 226 000 元；生产车间一般耗用原材料 8 600 元。

② 生产工人工资 22 344 元；车间管理人员工资 2 394 元。

③ 车间耗用外购的水电费 2 400 元，以银行存款付讫。

④ 计提车间负担的固定资产折旧费 3 800 元。

⑤ 车间负担的其他费用 250 元，以银行存款付讫。

（2）其他有关资料如下。

① 原材料采用计划成本计价，差异率为+4%。

② 生产工人工资按耗用工时比例分配，其中，901#产品工时为 18 000 小时；902#产品工时为 20 000 小时；903#产品工时为 11 000 小时。

③ 制造费用按耗用工时比例进行分配。

④ 902#产品完工 40 件按定额成本转出，902#产品定额单位成本为：直接材料 1 100 元，直接人工 75 元，制造费用 60 元。

（3）运用分批法计算各批次成本的程序如下。

① 设置成本计算单。在成本计算的分批法下，成本计算单应按产品的投产批别分别设置，如表 3-7～表 3-9 所示。

② 分配各项费用要素。根据资料，编制费用分配表来分配各项费用要素，编制会计分录如下。

- 编制原材料费用分配表，如表 3-3 所示。

表 3-3　原材料费用分配表

2017 年 9 月　　单位：元

应借账户		成本或费用项目	计划成本	材料差异额	材料实际成本
基本生产成本	901#产品	直接材料	125 000	5 000	130 000
	902#产品	直接材料	167 000	6 680	173 680
	903#产品	直接材料	226 000	9 040	235 040
小计			518 000	20 720	538 720
制造费用	机物料消耗	材料费	8 600	344	8 944
合计			526 600	21 064	547 664

根据原材料分配表，编制会计分录。

借：基本生产成本——901 产品　　125 000
　　　　　　　　——902 产品　　167 000
　　　　　　　　——903 产品　　226 000
　　制造费用——基本生产车间　　8 600
　　贷：原材料　　526 600

借：基本生产成本——901 产品　　5 000
　　　　　　　　——902 产品　　6 680
　　　　　　　　——903 产品　　9 040
　　制造费用——基本生产车间　　344
　　贷：材料成本差异　　21 064

- 编制职工薪酬分配表，如表 3-4 所示。

职工薪酬分配率=22 344/49 000=0.456（元/小时）

表 3-4 职工薪酬分配表

2017 年 9 月

应借账户		工时/小时	分配金额/元 （分配率：0.456）
基本生产成本	901#产品	18 000	8 208
	902#产品	20 000	9 120
	903#产品	11 000	5 016
	小计	49 000	22 344
制造费用			2 394
合计			24 738

根据工资分配表，编制会计分录。

借：基本生产成本——901 产品　　8 208
　　　　　　　　——902 产品　　9 120
　　　　　　　　——903 产品　　5 016
　　制造费用——基本生产车间　　2 394
　　贷：应付职工薪酬——工资　　24 738

- 折旧费、水电费及其他费用的核算。

a. 支付本月的水电费

借：制造费用——基本生产车间　　2 400
　　贷：银行存款　　2 400

b. 提取固定资产折旧费

借：制造费用——基本生产车间　　3 800
　　贷：累计折旧　　3 800

c. 本月发生的其他费用

借：制造费用——基本生产车间　　250
　　贷：银行存款　　250

③ 归集和分配基本生产车间的制造费用，如表 3-5 和表 3-6 所示。

表 3-5 制造费用明细账 单位：元

20×7 年		摘要	材料费	工资	福利费	水电费	折旧费	其他	合计
月	日								
9	30	消耗材料	8 600						8 600
	30	结转成本差异	344						344
	30	结算工资		2 100					2 100
	30	计提福利费			294				294
	30	支付水电费				2 400			2 400
	30	计提折旧					3 800		3 800
	30	其他费用						250	250
	30	本月合计	8 944	2 100	294	2 400	3 800	250	17 788
	30	分配转出	8 944	2 100	294	2 400	3 800	250	17 788

表 3-6　　　　制造费用分配表

2017 年 9 月

应借账户		成本项目	实际工时/小时	分配率	应分配金额/元
基本生产成本	901#产品	制造费用	18 000		6 534
	902#产品	制造费用	20 000		7 260
	903#产品	制造费用	11 000		3 994
合计			49 000	0.363	17 788

根据制造费用分配表，编制会计分录。

借：基本生产成本——901 产品　　6 534

——902 产品　　7 260

——903 产品　　3 994

贷：制造费用——基本生产车间　　17 788

④ 计算并结转完工产品成本，如表 3-7～表 3-9 所示。

表 3-7　　　　基本生产成本明细账

批号：901#　　开工日期：9 月 1 日

产品名称：甲产品　　批量：100 件　　完工：100 件　　完工日期：9 月 30 日

单位：元

20×6 年		凭证		摘要	直接材料	直接人工	制造费用	合计
月	日	种类	号数					
9	30			材料分配表	130 000			130 000
	30			工资福利分配表		8 208		8 208
	30		略	制造费用分配表			6 534	6 534
	30			合计	130 000	8 208	6 534	144 742
	30			结转完工产品成本	130 000	8 208	6 534	144 742
	30			单位成本	1 300	82.08	65.34	1 447.42

表 3-8　　　　基本生产成本明细账

批号：902#　　开工日期：9 月 10 日

产品名称：乙产品　　批量：150 件　　完工：40 件　　完工日期：

单位：元

20×6 年		凭证		摘要	直接材料	直接人工	制造费用	合计
月	日	种类	号数					
9	30			材料分配表	173 680			173 680
	30			工资福利分配表		9 120		9 120
	30		略	制造费用分配表			7 260	7 260
	30			合计	173 680	9 120	7 260	190 060
	30			结转完工产品成本	44 000	3 000	2 400	49 400
	30			月末在产品成本	129 680	6 120	4 860	140 660

备注：902#完工产品成本采用定额成本法计算，其中，

直接材料=40×1 100=44 000（元）；

直接人工=40×75=3 000（元）；

制造费用=40×60=2 400（元）。

表 3-9　　基本生产成本明细账

批号：903#　　开工日期：9 月 15 日

产品名称：丙产品　　批量：200 件　　完工：　　完工日期：

单位：元

20×6 年		凭证		摘要	直接材料	直接人工	制造费用	合计
月	日	种类	号数					
9	30			材料分配表	235 040			235 040
	30			工资福利分配表		5 016		5 016
	30			制造费用分配表			3 994	3 994
	30			合计	235 040	5 016	3 994	244 050

根据成本计算单编制结转 901#、902#完工产品成本的会计分录。

借：库存商品——901#　　144 742

　　　　　——902#　　49 400

　贷：生产成本——901#　　144 742

　　　　　——902#　　49 400

动脑筋

一般分批法的成本计算与品种法的主要区别是什么？

2．简化分批法（累计间接费用分配法）

在生产周期较长的单件小批生产的企业或车间中（如机械厂和修理厂），往往投产的批别多，当月末完工产品的批数也很多，如果仍然按月将间接成本在各批产品之间进行分配，不仅计算工作量大，而且成本计算单登记工作量也大。因此，如果企业每月月末都有较多批别的产品没有完工，可以采用简化分批法计算产品成本。

简化分批法又称累计间接费用分批法，是指对除直接材料费用外的各项间接费用，不是按月在各批产品之间进行分配，而是先将这些费用按成本项目分别累计起来，在基本生产成本二级账中反映，等到有产品完工时，再将其在各批完工产品之间进行分配的方法。这种方法对于减少工作量，提高工作效率有较大的作用，故称之为简化分批法或不分批计算在产品成本的分批法。

（1）简化分批法的适用条件。简化分批法适用于同一月份投产的产品批数很多，且月末未完工批数也较多的企业。如果月末完工的批数较多，则不宜采用。因为在这种情况下，大多数批次的产品仍然需要分配登记间接耗费，因此达不到简化核算的目的。

（2）简化分批法的成本计算程序。

① 按照产品批别设置产品生产成本明细账（或成本计算单）和基本生产成本二级账。

按产品批别设置产品生产成本明细账，并分别按成本项目设置专栏或专行，平时账内仅登记直接费用和生产工时；另外，还要按全部产品设立一个基本生产成本二级账，归集投产的所有批

次产品在生产过程中所发生的各项费用和累计生产工时。

② 归集和分配生产费用及生产工时。

a. 根据某月初在产品成本及生产工时资料记入各批产品生产成本明细账和产品基本生产成本二级账。

b. 根据本月原材料费用分配表及生产工时记录，将各批产品耗用的直接材料费用和耗用的生产工时分别记入各批产品生产成本明细账和产品基本生产成本二级账。

c. 根据工资及其他费用（即间接计入费用）的分配表或汇总表将本月发生的工资及其他费用，不分批别地记入产品基本生产成本二级账。

d. 根据月初在产品成本、生产工时记录与本月生产费用、生产工时记录确定本月月末各项费用与生产工时累计数。

③ 计算产品成本。月末，如果本月各批产品均未完工，则各项费用与生产工时累计数转至下月继续登记。如果本月有完工产品或某批全部完工或部分完工，或有几批完工，对完工产品应负担的直接材料费用，可根据产品生产成本明细账中的累计生产费用，采用适当的分配方法在完工产品和在产品之间进行分配；对完工产品应负担的间接费用（除直接材料以外的费用），则需要根据基本生产成本二级账的累计间接费用数与累计工时，计算全部产品各项累计间接费用分配率，据以分配费用，计算完工产品成本。其计算公式如下。

$$\text{全部产品某项累计间接耗费分配率}=\frac{\text{全部产品该项累计间接耗费}}{\text{全部产品累计生产工时}}$$

某批完工产品应负担的某项间接耗费=该批完工产品累计生产工时×该项累计间接耗费分配率

【案例 3-2】天毅公司小批生产多种产品，产品批次多且生产周期较长，为了简化产品成本的计算工作，采用简化的分批法计算成本。该公司 2017 年 5 月各批产品的生产情况如表 3-10 所示。

表 3-10　天毅公司产品批次明细表

2017 年 5 月

批次	产品名称	投产日期	批量/件	完工日期	完工产品数量/元	在产品数量/件	本月实际生产工时/小时
0701	A 产品	3 月 19 日	10	5 月 21 日	10	0	20 000
0704	B 产品	4 月 6 日	10	5 月 26 日	8	2	15 000
0706	C 产品	4 月 11 日	15		0	15	25 000
0709	D 产品	5 月 14 日	8		0	8	10 000

（1）设置基本生产成本二级账和产品生产成本明细账。天毅公司设置的基本生产成本二级账如表 3-11 所示，按产品批次设置的产品生产成本明细账如表 3-12～表 3-15 所示。

表 3-11　天毅公司基本生产成本二级账

生产单位：基本生产车间　2017 年 5 月　金额单位：元

月	日	摘要	直接材料	生产工时/小时	直接人工	制造费用	合计
5	1	月初在产品成本	400 000	80 000	120 000	180 000	700 000
	31	本月发生生产耗费	120 000	70 000	180 000	180 000	480 000
	31	累计生产耗费	520 000	150 000	300 000	360 000	1 180 000

续表

月	日	摘要	直接材料	生产工时/小时	直接人工	制造费用	合计
	31	累计间接计入耗费分配率/（元/小时）			2	2.4	
	31	本月完工转出	（380 400）	（93 000）	（186 000）	（226 000）	（792 400）
	31	月末在产品成本	139 600	57 000	114 000	134 000	387 600

（2）登记月初在产品成本和本月发生生产耗费。表 3-11 显示，天毅公司基本生产成本二级账中，月初在产品的生产工时和成本由 4 月基本生产成本二级账的生产工时和生产成本资料结转而来；表 3-12～表 3-15 各批次产品生产成本明细账中，月初在产品及生产工时和直接材料成本也由 4 月份各批次产品生产成本明细账的生产工时和生产成本资料结转而来。

天毅公司本月发生的直接材料耗费和生产工时，根据本月直接材料耗费分配表和生产工时记录，基本生产成本二级账和各批次产品生产成本明细账应进行平行登记；本月发生的各项间接计入耗费，根据各项耗费分配表登记在基本生产成本二级账中，不计入各批次产品生产成本明细账。

（3）根据基本生产成本二级账资料，计算本月产品全部累计间接耗费分配率。

直接人工累计间接耗费分配率=300 000÷150 000=2（元/小时）

制造费用累计间接耗费分配率=360 000÷150 000=2.4（元/小时）

（4）根据本月完工产品生产工时和累计间接耗费分配率，计算本月完工产品应负担的间接耗费。

天毅公司本月完工 A 产品应负担的间接耗费如下。

直接人工：65 000×2=130 000（元）

制造费用：65 000×2.4=156 000（元）

天毅公司 B 产品本月投产 10 件，累计完成生产工时为 30 000 小时，本月完工 8 件，单位产品定额工时为 3 500 小时，本月完工产品生产工时为 28 000 小时，月末生产品生产工时为 2 000 小时。本月完工 8 件 B 产品应负担的间接耗费如下。

直接人工：28 000×2=56 000（元）

制造费用：28 000×2.4=67 200（元）

天毅公司本月完工产品应负担的间接耗费合计如下。

直接人工：130 000+56 000=186 000（元）

制造费用：156 000+67 200=223 200（元）

（5）计算完工产品的生产成本，并依据完工产品成本的计算结果，登记基本生产成本二级账和各批产品生产成本明细账，如表 3-12～表 3-15 所示。

表 3-12　　天毅公司产品生产成本明细账

产品批号：0701　　购货单位：翔飞公司　　投产日期：3 月 19 日

产品名称：A 产品　　批量：10 件　　完工日期：5 月 21 日

金额单位：元

月	日	摘要	直接材料	生产工时/小时	直接人工	制造费用	合计
3	31	本月发生生产耗费	130 000	30 000			
4	30	本月发生生产耗费	70 000	15 000			

续表

月	日	摘要	直接材料	生产工时/小时	直接人工	制造费用	合计
	30	累计生产耗费	200 000	45 000			
5	31	本月发生生产耗费	50 000	20 000			
	31	累计生产耗费	250 000	65 000			
	31	累计间接计入耗费分配率/(元/小时)			2	2.4	
	31	本月转出完工产品成本	(250 000)	(65 000)	(130 000)	(156 000)	(536 000)
	31	本月完工产品单位成本	25 000		13 000	15 600	53 600

表 3-13　　天毅公司产品生产成本明细账

产品批号：0704　　购货单位：爱宇公司　　投产日期：4 月 6 日

产品名称：B 产品　　批量：10 件（本月完工 8 件）　　完工日期：5 月 26 日

单位：元

月	日	摘要	直接材料	生产工时/小时	直接人工	制造费用	合计
4	30	本月发生生产耗费	150 000	15 000			
5	31	本月发生生产耗费	13 000	15 000			
	31	累计生产耗费	163 000	30 000			
	31	累计间接计入耗费分配率/(元/小时)			2	2.4	
	31	本月转出完工产品成本	(130 400)	(28 000)	(56 000)	(67 200)	(253 600)
	31	本月完工产品单位成本	16 300		7 000	8 400	31 700
	31	月末在产品成本	32 600	2 000			

表 3-14　　天毅公司产品生产成本明细账

产品批号：0706　　购货单位：天域公司　　投产日期：4 月 11 日

产品名称：C 产品　　批量：15 件　　完工日期：

月	日	摘要	直接材料/元	生产工时/小时	直接人工/元	制造费用/元	合计/元
4	30	本月发生生产耗费	50 000	20 000			
5	31	本月发生生产耗费	18 000	25 000			
	31	累计生产耗费	68 000	45 000			

表 3-15　　天毅公司产品生产成本明细账

产品批号：0709　　购货单位：乐达公司　　投产日期：5 月 14 日

产品名称：D 产品　　批量：8 件　　完工日期：

月	日	摘要	直接材料/元	生产工时/小时	直接人工/元	制造费用/元	合计/元
5	31	本月发生生产耗费	40 000	10 000			
	31	累计生产耗费	40 000	10 000			

动脑筋　简化分批法和一般分批法的主要区别是什么？

任务实施

（1）编制费用分配表，如表 3-16 和表 3-17 所示。

表 3-16　制造费用分配表

产品名称	分配标准/元	分配率	分配额/元
#101	1 240	6	7 440
#201	1 660	6	9 960
#301	500	6	3 000
合计	3 400	6	20 400

借：生产成本——#101　　7 440
　　　　　　——#201　　9 960
　　　　　　——#301　　3 000
　贷：制造费用　　20 400

表 3-17　人工费用分配表

产品名称	分配标准/元	分配率	分配额/元
#101	1 240	5.5	6 820
#201	1 660	5.5	9 130
#301	500	5.5	2 750
合计	3 400	5.5	18 700

借：生产成本——#101　　6 820
　　　　　　——#201　　9 130
　　　　　　——#301　　2 750
　贷：应付职工薪酬　　18 700

（2）编制成本计算单，如表 3-18 和表 3-19 所示。

表 3-18　产品成本计算单

产品批次：#101　　2017 年 3 月　　单位：元
完工产品数量：20　　在产品数量：0

项目	直接材料	直接人工	制造费用	合计
月初在产品成本	50 000	11 000	8 000	69 000
本月发生费用	20 000	6 820	7 440	34 260
生产费用合计	70 000	17 820	15 440	103 260
完工产品总成本	70 000	17 820	15 440	103 260
单位成本/（元/件）	3 500	891	772	5 163
月末在产品成本	0	0	0	0

表 3-19　　产品成本计算单

产品批次：#201　　2017 年 3 月　　单位：元

完工产品数量：30　　在产品数量：0

项目	直接材料	直接人工	制造费用	合计
月初在产品成本	9 300	1 060	1 100	11 460
本月发生费用	15 000	9 130	9 960	34 090
生产费用合计	24 300	10 190	11 060	45 550
完工产品总成本	24 300	10 190	11 060	45 550
单位成本/（元/件）	810	339.67	368.67	1 518.33
月末在产品成本	0	0	0	0

（3）编制完工入库的会计分录。

借：库存商品——A 产品　　103 260

　　　　　　——B 产品　　45 550

　贷：基本生产成本——A 产品　　103 260

　　　　　　　　　——B 产品　　45 550

相关链接

分批零件法

分批零件法是分批法延伸或派生出的一种成本计算方法，同属于分批法类型。它是以投产的每批零件、部件和成品作为成本计算对象，分别归集生产费用，依次计算零件、部件和成品成本的一种成本计算方法。

1. 分批零件法的适用范围

分批零件法适用于零部件种类较少的装配式成批生产的企业，如仪器、仪表、机器制造企业。

企业从单件小批生产向成批、大批生产组织类型过渡转换，一般是企业自己制订生产计划，规定所生产的产品品种、规格和数量，分批组织生产，而不再是根据用户的订单组织生产。随着批量的加大，产品中的标准件、通用件越来越多。零件可以装配成部件，部件可以装配成成品，零部件也可以单独出售。因此，要求企业有必要的零部件库存储备，要计算零件、部件和成品成本。正是基于生产特点的这种转变，分批零件法应运而生。

2. 分批零件法的特点

（1）成本计算对象：以投产的主要零件、部件和产成品的批别作为成本计算对象。

（2）成本计算期：成本计算期是不定期的。

（3）成本计算顺序：企业生产是按照零件生产、部件生产和成品组装的顺序进行的，因此其成本计算的顺序也是先从计算零件成本开始，依次计算部件成本，到最后计算产成品成本。

（4）在产品成本计算：零件、部件、成品明细账中的在产品指的是狭义在产品；按照零件、部件和成品归集的生产费用，期末必须在本期完工的零件、部件、成品与期末尚未制造完工的零件、部件、成品之间进行分配，确定零件、部件、成品生产的总成本和单位成本。

（5）与典型分批法的异同：分批零件法与典型分批法虽然同属一种成本计算方法，其成本计算期都是不定期的，但两者之间在成本计算对象、成本计算内容、成本计算顺序、“在产品”

的含义以及适用范围等方面存在着许多不同之处。

3. 分批零件法的计算程序

（1）按投产的零件、部件和产成品的批别分别设置成本计算单，按必要的成本项目设置专栏，归集生产费用。

（2）根据各项费用发生的原始凭证，按其发生的地点（如零件车间、部件车间、装配车间及辅助生产车间）和费用的用途，编制要素费用分配表，据以登记有关明细账。

发生的直接费用直接计入基本生产车间及辅助生产车间成本明细账和对应的成本计算单，间接费用按地点归集到制造费用明细账中。

（3）归集和分配辅助生产费用，方法与典型分批法相同。

（4）归集和分配基本生产车间的制造费用。分别将零件车间、部件车间和装配车间的制造费用汇总，并按各车间生产的零件、部件和产成品的实际工时，在各批次间进行分配，据以登记成本明细账。

（5）计算并结转零件成本。月末，将某批完工零件的成本计算单中归集的费用汇总，即可求得该批零件的完工总成本；除以零件完工数量，即可求得该批零件的实际单位成本。零件经检验合格后，应办理入库手续，交自制半成品库。待其他车间生产零用或对外出售时，再从自制半成品库转出。

（6）计算并结转部件成本。部件是由各种零件组装而成的，生产部件需领用自制半成品库的库存零件。自制半成品核算可采用实际成本和计划成本两种计价方法。部件车间领用零件以及装配车间领用部件都同样会涉及此问题。

月终，将某批完工部件的生产费用汇总，采用与零件成本相同的计算方法，计算并结转完工部件的成本，借记“自制半成品（部件）”科目，贷记“生产成本”科目。

（7）计算并结转产成品成本。产成品是由各种部件组装而成的，因此，应采用组装部件而领用零件时的成本确定方法，确定其领用部件的成本，据以登记产品成本计算单。如果某批产品完工了，其成本计算单中归集的费用即为完工批次产品的总成本，除以产品数量，即为完工批次产品的单位成本。

4. 分批零件法与分批法的比较

分批零件法与分批法相比较，有以下异同点。

（1）分批零件法和分批法都是以批别为成本计算对象，按照批别来计算成本。分批零件法以零件、部件和产品的批别为成本计算对象；而分批法则以订单的产品批别或内部订单产品的批别为成本计算对象。

（2）分批零件法要分别计算零件、部件的成本和产品的成本，一般先计算完工零件的成本，再算完工部件的成本，最后计算完工产品的成本；而分批法只算整个订单产品的成本，不单独计算零件、部件的成本。

（3）分批零件法与分期法的成本计算期都是非定期的，与生产周期一致。他们都是在一批产品或零件、部件完工后才计算成本。

（4）分批零件法下，在产品是狭义的，它仅指车间内没有完工的零件、部件，不包括完工交库的零件、部件；而分批法下，在产品是广义的，它不仅包括正在车间加工的零件、部件，还包括已交自制半成品库，但还未最后完工的那部分在产品。

（5）分批零件法适用于零件、部件数量不多的成批、大批生产，如仪器、仪表生产企业等；分批法则适用于单件、小批生产企业，如船舶制造业等。

闯关考验

一、单选题

1. 产品成本计算分批法的成本计算对象是（　　）。

A. 产品的批别　　B. 产品的类型　　C. 产品的生产步骤 D. 产品的品种

2. 产品成本计算的简化分批法，与其他方法相比不同点是（　　）。

A. 核算方法不同　　B. 设置制造费用明细账

C. 设置基本生产成本二级账　　D. 不进行费用分配

3. 采用简化的分批法计算产品成本，基本生产成本二级账与产品成本计算单无法核对的项目是（　　）。

A. 月末在产品生产工时项目余额　　B. 月末在产品直接材料项目余额

C. 完工产品成本合计数　　D. 月末在产品间接计入费用项目余额

4. 采用分批法计算产品成本时，如果批内跨月完工产品的数量较多，且月末批内完工产品数量占全部批量的比重较大，则完工产品成本可按（　　）计算。

A. 计划单位成本　　B. 约当产量比例分配

C. 近期同种产品的实际单位成本　　D. 定额单位成本

5. 采用简化的分批法，间接费用分配时点是（　　）。

A. 月末　　B. 产品完工时　　C. 月初　　D. 年末

6. 产品成本计算的分批法，成本计算对象是（　　）。

A. 产品品种　　B. 产品步骤　　C. 最终完工产品　　D. 产品批别

7. 对大量大批生产的产品，应当以（　　）作为产品成本计算对象。

A. 产品的品种　　B. 产品的批次　　C. 产品的生产步骤 D. 产品的类别

8. 简化分批法与分批成本法的主要区别是（　　）。

A. 不分配间接费用　　B. 分批计算直接材料成本

C. 不分批计算在产品成本　　D. 不分批计算完工产品成本

9. 采用简化分批法，累计间接计入费用分配率（　　）。

A. 只是各批产品之间分配间接计入费用的依据

B. 只是各批在产品之间分配间接计入费用的依据

C. 既是各批产品之间又是完工产品与月末在产品之间分配间接计入费用的依据

D. 是完工产品与月末在产品之间分配间接计入费用的依据

10. 采用简化分批法，各批产品、完工产品与在产品之间分配间接计入费用，都是利用（　　）。

A. 累计间接计入费用分配率　　B. 累计生产工时

C. 累计原材料费用分配率　　D. 间接计入费用分配率

二、多选题

1. 以下企业适用分批法计算产品成本的是（　　）。

A. 服装厂　　B. 面粉厂　　C. 造船厂　　D. 钢铁厂

2. 以下不属于分批法特点的是（　　）。

A. 以产品品种作为成本计算对象　　B. 产品成本计算期固定

C. 以品种或步骤设置生产成本明细账　　D. 一般不需要进行完工产品和在产品成本分配

3. 一般分批法与简化分批法的明细账相比（　　）。

A. 设置的明细账是相同的　　B. 设置的明细账是不同的

C. 简化分批法的明细账复杂　　D. 一般分批法的明细账复杂

4. 一般分批法与品种法相比（　　）。

A. 月末存在完工和在产品时，也需要将生产费用在完工产品和在产品之间进行分配

B. 成本计算对象不同

C. 成本计算期不同

D. 可以计算先完工的产品成本

5. 采用分批法计算产品成本时，制造费用的分配方法有（　　）。

A. 生产工时比例法　　B. 生产工人工资比例法

C. 累计分配法　　D. 定额成本法

6. 采用分批法计算产品成本时，如果批内产品跨月陆续完工的情况不多，完工产品数量占全部批量的比重很小，先完工的产品可以按（　　）从产品成本明细账转出。

A. 计划单位成本计价　　B. 定额单位成本计价

C. 随意估计成本　　D. 实际单位成本计价

7. 采用简化分批法计算产品成本时，（　　）。

A. 必须设置基本生产成本二级账

B. 一般是在有产品完工时才分配间接费用

C. 不需要分配间接费用

D. 生产费用也需要在完工产品与在产品之间分配

8. 采用分批法计算产品成本时，成本计算对象可以按（　　）。

A. 一张订单中的不同品种产品分别确定

B. 一张订单中的同种产品分批确定

C. 一张订单中单件产品的组成部分分别确定

D. 多张订单中的同种产品确定

9. 采用简化分批法设立的基本生产成本二级账，其作用在于（　　）。

A. 按月提供企业或车间全部产品的累计生产费用

B. 按月提供企业或车间全部产品的累计生产工时

C. 计算登记完工产品总成本

D. 计算登记月末在产品总成本

10. 简化分批法下，累计间接计入费用分配率是（　　）。

A. 各批产品之间分配间接计入费用的依据

B. 在各批完工产品之间分配该费用的依据

C. 在完工批别和月末在产品批别之间分配间接计入费用的依据

D. 在某批完工产品和月末在产品之间分配间接计入费用的依据

三、判断题

（　　）1. 只要产品批次多，就应该采用简化分批法计算产品成本。

（　　）2. 如果一张订单规定有几种产品，也要合为一批组织生产。

（　　）3. 采用简化分批法，在间接费用水平相差悬殊的情况下，会影响产品成本计算的正确性。

（　　）4. 分批法一般不需要在完工产品和在产品之间分配生产费用，但一批产品跨月陆续

完工时，则需要在完工产品和在产品之间分配生产费用。

(　　) 5. 简化分批法就是不分配间接费用的分批法，目的是简化成本核算工作。

(　　) 6. 分批法与品种法的主要区别是成本计算对象不同。

(　　) 7. 一般分批法和简化分批法所设置的账户不同，简化分批法需要设置基本生产成本二级账。

(　　) 8. 采用简化分批法，间接费用是在某批次产品完工时进行分配，不是必须在月末分配。

(　　) 9. 如果一个订单的批量较大，可以把它分为几批组织生产。

(　　) 10. 采用分批法计算产品成本，只有在该批产品全部完工时才计算完工产品成本。

全真实训

实训一　练习一般分批法的核算

龙江有限责任公司生产甲、乙两种产品，生产组织属于小批生产，采用分批法计算成本。

（1）5 月的产品批号有 9414 批号，甲产品 100 台，4 月投产，本月完工 60 台；9415 批号，乙产品 100 台，本月投产，本月完工 20 台。

（2）月初在产品成本资料如表训 3-1 所示。

表训 3-1　　月初在产品成本　　单位：元

产品名称	批号	直接材料费用	直接人工费用	制造费用
甲产品	9414	640	450	640

（3）5 月各批号生产费用资料如表训 3-2 所示。

表训 3-2　　本月生产费用　　单位：元

产品名称	批号	直接材料费用	直接人工费用	制造费用
甲产品	9414	3 360	2 350	2 800
乙产品	9415	4 600	3 050	1 980

9414 批号甲产品完工数量较大，原材料在生产开始时一次投入，其他费用在完工产品与在产品之间采用约当产量比例法分配，在产品完工程度为 50%。

9415 批号乙产品完工数量较少，完工产品按计划成本结转。每台产品单位计划成本：直接材料费用 46 元，直接人工费用 35 元，制造费用 24 元。

要求：（1）根据上述资料，采用分批法，登记产品基本生产成本明细账，如表训 3-3 和表训 3-4 所示，计算各批产品的完工成本和月末在产品成本。

（2）根据产品基本生产明细账，编制完工产品成本汇总表，如表训 3-5 所示，并进行账务处理。

表训 3-3　　基本生产成本明细账

批号：9414　　完工：60 台

产品名称：甲产品　　批量：100 台　　单位：元

摘要	直接材料	直接人工	制造费用	合计
月初在产品成本				
本月生产费用				

续表

摘要	直接材料	直接人工	制造费用	合计
生产费用合计				
约当总产量				
分配率				
完工产品成本				
单位成本				
月末在产品成本				

表训 3-4　　基本生产成本明细账

批号：9415　　完工：20 台

产品名称：乙产品　　批量：100 台　　单位：元

摘要	直接材料	直接人工	制造费用	合计
本月生产费用				
计划单位成本				
完工产品成本				
月末在产品成本				

表训 3-5　　完工产品成本汇总表　　单位：元

成本项目	甲产品 60 台		乙产品 20 台	
	总成本	单位成本	总成本	单位成本
直接材料				
直接人工				
制造费用				
合计				

实训二　练习简化分批法的核算

龙达有限责任公司生产组织属于小批生产，产品批数多，而且月末经常有大量未完工的产品批。为简化核算，采用简化分批法计算产品成本。该企业 2017 年 9 月的有关成本资料如下。

（1）9 月生产情况。

9420 批号：甲产品 15 件，8 月投产，9 月 20 日全部完工。

9421 批号：乙产品 10 件，8 月投产，9 月完工 6 件。

9422 批号：丙产品 5 件，8 月末投产，尚未完工。

9423 批号：丁产品 6 件，9 月初投产，尚未完工。

（2）月初在产品成本。

直接计入费用（直接材料）：9420 批号甲产品 1 800 元，9421 批号乙产品 2 400 元，9422 批号丙产品 1 580 元。

间接计入费用：直接人工 3 640 元、制造费用 7 500 元。

（3）工时资料。月初在产品累计耗用工时 3 720 小时，其中 9420 批号甲产品 2 600 小时，9421 批号乙产品 620 小时，9422 批号丙产品 500 小时。

本月累计耗用工时 3 200 小时，其中 9420 批号甲产品 600 小时，9421 批号乙产品 800 小时，

9422 批号丙产品 1 250 小时，9423 批号丁产品 550 小时。

（4）本月生产费用。

直接计入费用（直接材料）：9423 批号丁产品 1 108 元。

间接计入费用：直接人工 24 040 元、制造费用 27 100 元。

（5）各批号产品的原材料都在生产开始时一次投入，完工产品和在产品的分配采用约当产量法，假设 6 台完工乙产品的生产工时为 1 000 小时。

要求：根据上列资料，登记基本生产成本二级账和各批产品成本明细账，如表训 3-6～表训 3-10 所示。

表训 3-6 基本生产成本二级账

2017 年 9 月

摘要	直接材料/元	生产工时/小时	直接人工/元	制造费用/元	合计/元
月初在产品成本					
本月生产费用					
生产费用合计					
累计间接费用分配率					
结转完工产品成本					
月末在产品成本					

表训 3-7 基本生产成本明细账

2017 年 9 月

批号： 完工：

产品名称： 批量：

摘要	直接材料/元	生产工时/小时	直接人工/元	制造费用/元	合计/元
月初在产品成本					
本月生产费用					
累计工时和分配率					
工资和制造费用					
结转完工产品成本					
月末在产品成本					

表训 3-8 基本生产成本明细账

2017 年 9 月

批号： 完工：

产品名称： 批量：

摘要	直接材料/元	生产工时/小时	直接人工/元	制造费用/元	合计/元
月初在产品成本					
本月生产费用					
累计工时和分配率					
工资和制造费用					
结转完工产品成本					
月末在产品成本					

表训 3-9 基本生产成本明细账

2017 年 9 月

批号： 完工：

产品名称： 批量：

摘要	直接材料/元	生产工时/小时	直接人工/元	制造费用/元	合计/元
月初在产品成本					
本月生产费用					

表训 3-10 基本生产成本明细账

2017 年 9 月

批号： 完工：

产品名称： 批量：

摘要	直接材料/元	生产工时/小时	直接人工/元	制造费用/元	合计/元
本月生产费用					

任务二 掌握产品成本核算的分步法

任务描述

宇辰集团下属的宇辰机械有限责任公司的一分厂设有 3 个基本生产车间，大量生产甲产品。甲产品顺序经过 3 个车间进行生产。第 1 车间生产 A 半成品，完工后全部交给第 2 车间继续加工；第 2 车间生产 B 半成品，完工后全部交给半成品仓库；第 3 车间从半成品仓库领出 B 半成品继续加工，完工后即为甲产品，全部交产成品仓库。

该厂以生产的甲产品及其所经过生产步骤的半成品（A、B 两种半成品）为成本核算对象。生产成本明细账按成本核算对象开设，即分为甲产品（第 3 车间）、B 半成品（第 2 车间）和 A 半成品（第 1 车间）3 个，并按直接材料、直接人工和制造费用 3 个成本项目设专栏组织核算。该厂设置“自制半成品”账户，下设明细账核算 B 半成品的收入、发出和结存情况。没有经过半成品仓库收发的 A 半成品，不通过“自制半成品”账户核算。该厂各生产步骤所产半成品，按实际成本综合结转。半成品仓库发出的 B 半成品采用加权平均法计算其实际成本。

该厂各生产步骤（车间）完工产品和月末在产品之间的费用分配，均采用约当产量法。甲产品原材料在第 1 车间生产开始时一次投入；第 2 车间、第 3 车间领用的半成品，也在各生产步骤生产开始时投入。各步骤在产品完工率分别为 30%、50%和 60%。

该厂 2017 年 6 月生产的有关记录如下。

（1）有关产量资料如表 3-20 所示。

表 3-20 生产数量记录

产品：甲产品 单位：件

	1 车间	2 车间	3 车间
月初在产品	70	90	30

续表

	1 车间	2 车间	3 车间
本月投入或上步转入	180	150	200
本月完工转入下步或入库	150	200	180
月末在产品	100	40	50

（2）有关费用资料如表 3-21 所示。

表 3-21　　生产费用记录

产品：甲产品　　单位：元

项目		直接材料	半成品	直接人工	制造费用	合计
月初在产品成本	1 车间	3 500		1 400	600	5 500
	2 车间		6 600	1 800	1 600	10 000
	3 车间		7 100	1 200	500	8 800
本月生产费用	1 车间	9 000		4 000	3 000	16 000
	2 车间			7 000	5 000	12 000
	3 车间			3 000	1 600	4 600

（3）6 月初，半成品库结存 B 半成品 30 件，实际总成本为 4 800 元。

任务下达

（1）将第 1 车间生产费用在车间内完工产品和在产品之间分配，并登记第 1 车间半成品成本明细账，如表 3-22 所示。

表 3-22　　第 1 车间半成品成本明细账　　单位：元

项目	直接材料	直接人工	制造费用	合计
月初在产品成本/元				
本月生产费用/元				
合计/元				
本月完工产品数量/件				×
月末在产品约当产量/件				×
约当总产量/件				×
单位完工产品成本/（元/件）				
完工产品总成本/元				
月末在产品成本/元				

（2）将第 2 车间生产费用在车间内完工产品和在产品之间分配，并登记第 2 车间半成品成本明细账，如表 3-23 所示。

表 3-23　　第 2 车间半成品成本明细账　　单位：元

项目	半成品	直接人工	制造费用	合计
月初在产品成本/元				

续表

项目	半成品	直接人工	制造费用	合计
本月生产费用/元				
合计/元				
本月完工产品数量/件				×
月末在产品约当产量/件				×
约当总产量/件				×
单位完工产品成本/（元/件）				
完工产品总成本/元				
月末在产品成本/元				

（3）将第 3 车间生产费用在车间内完工产品和在产品之间分配，并登记第 3 车间半成品成本明细账，如表 3-24 所示。

表 3-24　　第 3 车间产品成本明细账

项目	半成品	直接人工	制造费用	合计
月初在产品成本/元				
本月生产费用/元				
合计/元				
本月完工产品数量/件				×
月末在产品约当产量/件				×
约当总产量/件				×
单位完工产品成本/（元/件）				
完工产品总成本/元				
月末在产品成本/元				

（4）对甲产品成本进行成本还原。

知识准备

分步法是以产品的生产步骤和产品品种作为成本计算对象，归集生产费用，计算产品成本的一种方法。分步法包括逐步结转分步法和平行结转分步法，而逐步结转分步法又可以划分为综合逐步结转分步法和分项逐步结转分步法。

一、分步法的适用范围

分步法主要适用于大量、大批的多步骤生产，并且管理上要求分步骤计算产品成本的企业，如冶金、纺织及大量大批生产的机械制造等。在这些企业中，生产过程由若干个可以间断的生产步骤组成，如冶金企业的生产可以分为炼铁、炼钢、轧钢等步骤；纺织企业的生产可以分为纺纱、织布、印染等步骤；机械制造企业的生产可以分为铸造、加工、装配等步骤。每个生产步骤除了生产出半成品（最后一个步骤是产成品）外，还有一些加工中的在产品。这些半成品，可能用于下一步骤继续进行加工或装配，也可能销售给外单位。为了适应这一生产特点，不仅要按照产品品种，而且还要求按生产步骤计算产品成本，以满足企业计算损益和实行成本分级管理的需要。

二、分步法的特点

成本计算的分步法的特点主要表现在以下 4 个方面。

1．成本计算对象

多步骤生产每经过一个加工步骤，便会产出不同的半成品，它们是后面有关步骤的加工对象，也可装配不同的产成品。因此，采用分步法计算成本时，成本计算对象是各个加工步骤的各种或各类产品，按每个加工步骤的各种或各类产品设置产品成本明细账。如果企业只生产一种产品，成本计算对象就是该种产品及其所经过的各生产步骤，产品成本明细账应按照产品的生产步骤开立。如果企业生产多种产品，成本计算对象则应是各种产成品及其所经过的各生产步骤，按每种产品的各个步骤开设产品成本明细账。

需要注意的是，成本计算划分的步骤与实际的生产步骤不一定完全一致，它根据实际加工步骤结合管理要求加以确定。为简化核算，只对管理上有必要分步计算成本的生产步骤单独开设产品成本明细账，单独计算成本；管理上不要求单独计算成本的生产步骤，则可与其他生产步骤合并设立产品成本明细账，合并计算成本。

小提示　每一个步骤的成本计算过程就是品种法原理的应用过程。

2．成本计算期

分步法以会计报告期为成本计算期。在大量大批多步骤生产的企业里，原材料连续不断地投入，各生产步骤的半成品连续不断地向下一生产步骤移交，直至产成品完工验收入库。完工产品在各个报告期间内会源源不断地产出，在月末也通常存在一定数量的期末在产品。为了保证成本核算的及时性，企业不能在产品全部完工时计算成本，因此，分步法也需要在月末计算完工产品成本，与品种法相同。也就是说，其产品成本计算期与产品的生产周期不相一致，而与会计报告期一致。

3．费用在完工产品和月末在产品之间的分配

由于大量、大批多步骤生产的产品往往都是跨月陆续完工，月末各步骤一般都存在未完工的在产品。因此，在计算成本时，还需要采用适当的分配方法，将汇集在各种产品、各生产步骤产品成本明细账的生产费用，在完工产品与在产品之间进行分配，计算各生产步骤的完工产品成本和在产品成本。

4．各生产步骤之间的成本结转

由于产品生产是分步进行的，上一步骤生产的半成品是下一步骤的加工对象。因此，为了计算各种产品的产成品成本，还需要按照产品品种结转各步骤成本。也就是说，与其他成本计算方法不同，在采用分步法计算产品成本时，还需要将成本在各步骤之间进行结转，这是分步法的一个重要特点。

由于企业生产工艺过程的特点和成本管理对各步骤成本资料的要求（是否需要计算半成品成本）不同，以及对简化成本计算工作的考虑，各生产步骤成本的计算和结转采用两种不同的方法：逐步结转和平行结转。因而，产品成本计算分步法也就相应地分为逐步结转分步法和平行结转分

步法两种。

三、逐步结转分步法的实践应用

逐步结转分步法是按照各个生产步骤逐步计算并结转半成品成本，直到最后生产步骤计算出完工产品成本的方法。计算各生产步骤的半成品成本是这种方法的显著特征。因此，逐步结转分步法也称为计算半成品成本的分步法。逐步结转分步法是在管理上要求提供各生产步骤半成品成本资料的情况下采用的。前一生产步骤完工的半成品转入下一生产步骤继续加工时，半成品成本同时转入下一生产步骤成本明细账，直至最后生产步骤生产出完工产品，并最终计算出完工产品成本。

逐步结转分步法主要适用于大量大批多步骤生产，且在管理上要求提供半成品成本资料的企业，尤其是各步骤所产半成品可以作为商品对外销售的企业。例如，纺织企业生产的棉纱，既可以为企业所自用，继续加工成各种棉布，也可以作为商品直接对外出售。

1．逐步结转分步法的特点及核算程序

逐步结转分步法的核算对象是产品生产过程中各个步骤的半成品成本。各步骤所生产的半成品可以作为下一步骤继续加工的对象，也可以直接对外销售。

由于采用逐步法计算各步骤产品成本时，上一步骤所产半成品的成本，要随着半成品实物转移，从上一个步骤的成本计算单转入下一个步骤相同产品的成本计算单中，因而其计算程序要受半成品实物流转程序的制约。半成品实物的流转程序有两种，即不通过仓库收发和通过仓库收发。

（1）半成品不经过仓库。在这种情况下，逐步结转分步法的产品成本计算程序是：首先计算第一步骤半成品成本，然后随半成品实物转移，将其成本转入第二步骤产品成本明细账，再加上第二步骤所发生的费用，计算第二步骤半成品成本，依次逐步累积结转，直到最后步骤计算出产成品成本为止。具体程序如图 3-2 所示。

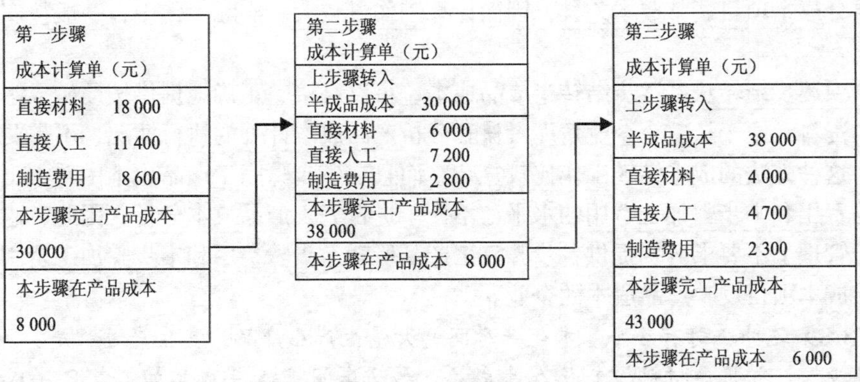

图 3-2　逐步结转法成本计算程序图（不经过仓库）

（2）半成品经过仓库。在这种情况下，成本核算的基本步骤与上述半成品不经过仓库基本相同，唯一的差别是：在各步骤设立“自制半成品明细账”核算各步骤半成品的收、发、存情况。具体程序如图 3-3 所示。

从以上所述的成本结转计算程序可以看出，逐步结转分步法实际上就是品种法的多次连续应用。即采用品种法计算上一步骤的半成品成本以后，按照下一步的耗用上一步骤半成品数量转入下一步骤成本；下一步骤再一次采用品种法归集所耗半成品的费用和本步骤其他费用，计算其半成品成本；如此逐步结转，直至最后一个步骤算出产成品成本。

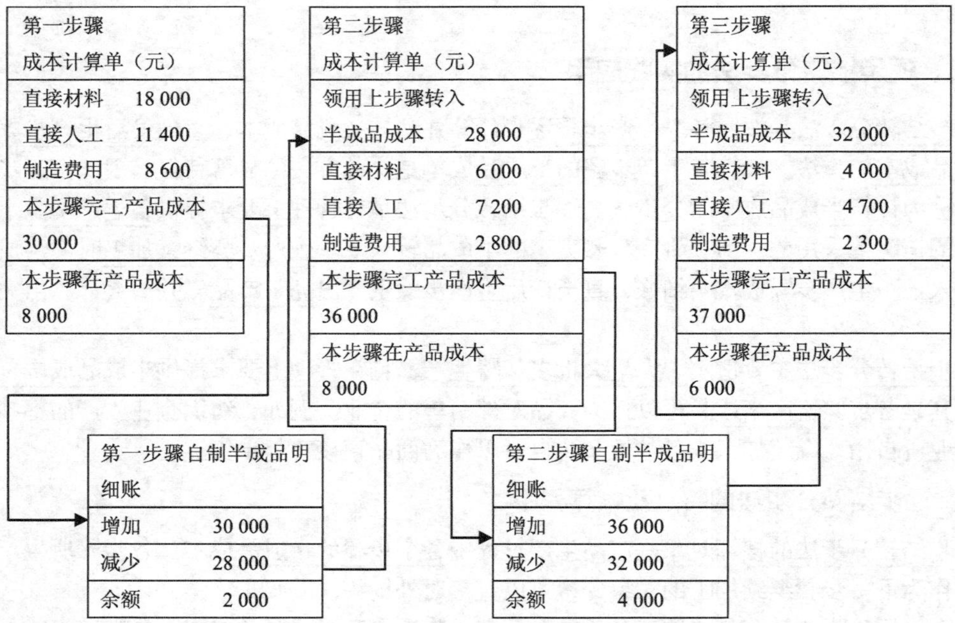

图 3-3　逐步结转法成本计算程序图（经过仓库）

2．分项逐步结转分步法的应用

分项逐步结转法是将各生产步骤所耗上一步骤半成品的费用，按照成本项目分项转入各该步骤产品成本明细账中相应的成本项目。如果半成品通过仓库收发，那么在自制半成品明细账中登记半成品成本时，也要按照成本项目分别登记。

分项逐步结转既可以按半成品实际单位成本结转，也可以按其计划成本结转。在按计划成本结转时，要分成本项目调整成本差异，因而计算工作量较大。实际工作中，一般按实际成本分项结转。

采用分项逐步结转法，逐步结转半成品成本，可以直接、正确地提供按原始成本项目反映的产成品成本资料，便于从整个企业角度考核和分析产品成本计划的执行情况，不需要进行成本还原。但是，这种方法的成本结转工作比较复杂，而且在各步骤完工产品成本中看不出所耗上一步骤半成品的费用和本步骤加工费用的水平，不便于进行完工产品成本分析。因此，这种结转方法一般适用于管理上不要求分别提供各步骤完工产品所耗上步骤费用和本步骤加工费用的资料，但要求按原始成本项目反映产品成本的企业。

【案例 3-3】乾坤公司有 3 个基本生产车间，大量生产乙产品，其生产过程是：原材料在第 1 车间一次性投入，并将原材料加工成 A 半成品；第 2 车间将 A 半成品加工成 B 半成品；第 3 车间将 B 半成品加工成乙产品。月末在产品成本按约当产量法计算。

2017 年 10 月有关的产量、成本计算资料分别如表 3-25 和表 3-26 所示。

（1）产量记录。

表 3-25　各步骤产量记录　单位：千克

项目	第 1 车间	第 2 车间	第 3 车间
月初在产品	100	200	160
本月投产（或上月转入）	900	860	980

续表

项目	第 1 车间	第 2 车间	第 3 车间
本月产成品	860	980	1 100
月末在产品	140	80	40
在产品完工程度/%	50	50	50

（2）费用资料。

表 3-26　　各步骤费用资料　　单位：元

成本项目	第 1 车间		第 2 车间		第 3 车间	
	期初在产品成本	本月费用	期初在产品成本	本月费用	期初在产品成本	本月费用
直接材料	32 000	324 500	52 600	—	51 400	—
直接人工	3 120	26 780	21 800	43 200	19 200	96 800
制造费用	840	9 560	4 800	11 200	5 120	12 780
合计	35 960	360 840	79 200	54 400	75 720	109 580

（3）乾坤公司 10 月发生的生产费用已经归集在各车间基本生产成本明细账上，各车间成本计算单如表 3-27～表 3-30 所示。

各车间成本计算过程如下。

表 3-27　　产品成本计算单

2017 年 10 月

生产车间：第 1 车间

产品名称：A 半成品　　完工产量：860 千克

金额单位：元

成本项目	月初在产品成本	本月费用	合计	半成品成本		在产品成本	
				总成本	单位成本	约当产量/千克	成本
直接材料	32 000	324 500	356 500	306 590	356.5	140	49 910
直接人工	3 120	26 780	29 900	27 649.5	32.15	70	2 250.5
制造费用	840	9 560	10 400	9 617.4	11.18	70	782.6
合计	35 960	360 840	396 800	343 856.9	399.83		52 943.1

有关计算过程如下。

$$直接材料费用项目分配率=\frac{356\,500}{860+140\times100\%}=356.5$$

$$直接人工费用项目分配率=\frac{29\,900}{860+140\times50\%}=32.15$$

$$制造费用项目分配率=\frac{10\,400}{860+140\times50\%}=11.18$$

表 3-28 产品成本计算单

2017 年 10 月

生产步骤：第 2 步骤

产品名称：B 半成品 完工产量：980 千克

金额单位：元

成本项目	月初在产品成本	本月费用	领用上车间半成品	合计	半成品成本		在产品成本	
					总成本	单位成本	约当产量/千克	成本
直接材料	52 600		306 590	359 190	332 081.2	338.86	80	27 108.8
直接人工	21 800	43 200	27 649.5	92 649.5	89 016.3	90.83	40	3 633.2
制造费用	4 800	11 200	9 617.4	25 617.4	24 612.6	25.12	40	1 004.8
合计	79 200	54 400	343 856.9	477 456.9	445 710.1	454.81		31 746.8

有关计算过程如下。

$$直接材料费用项目分配率=\frac{359\,190}{980+80\times100\%}=338.86$$

$$直接人工费用项目分配率=\frac{92\,649.5}{980+80\times50\%}=90.83$$

$$制造费用项目分配率=\frac{25\,617.4}{980+80\times50\%}=25.12$$

表 3-29 产品成本计算单

2017 年 10 月

生产步骤：第 3 步骤

产品名称：乙产品 完工产量：1 100 千克

金额单位：元

成本项目	月初在产品成本	本月费用	领用上车间半成品	合计	产成品成本		在产品成本	
					总成本	单位成本	约当产量/千克	成本
直接材料	51 400	—	332 081.2	383 481.2	370 025.6	336.39	40	13 455.6
直接人工	19 200	96 800	89 016.3	205 016.3	201 355.3	183.05	20	3 661
制造费用	5 120	12 780	24 612.6	42 512.6	41 753.4	37.96	20	759.2
合计	75 720	109 580	445 710.1	631 010.1	613 134.3	557.4		17 875.8

有关计算过程如下。

$$直接材料费用项目分配率=\frac{383\,481.2}{1100+40\times100\%}=336.39$$

$$直接人工费用项目分配率=\frac{205\,016.3}{1100+40\times50\%}=183.05$$

$$制造费用项目分配率=\frac{42\,512.6}{1100+40\times50\%}=37.96$$

表 3-30　　产成品成本计算单

2017 年 10 月

产品名称：乙产品　　完工产量：1 100 千克

单位：元

成本项目	总成本	单位成本
直接材料	370 025.6	336.39
直接人工	201 355.3	183.05
制造费用	41 753.4	37.96
合计	613 134.3	557.4

从以上各表可以看出，采用分项结转分步法，能够直接、准确地按原始成本项目反映企业的产品成本构成。但采用这种方法，成本结转工作比较复杂，而且在各步骤完工产品成本中看不出所耗上一步骤半成品成本以及本步骤发生的加工费用。

小提示　分项结转顾名思义就是将上一步的生产成本明细账中的直接材料、直接人工、制造费用等成本项目分别转入下一步骤的生产成本明细账中。

3．综合逐步结转分步法的应用

综合逐步结转分步法是指将各步骤耗用上一步骤的半成品成本，以一个合计的金额计入各该步骤产品成本明细账中的“直接材料”或专设的“半成品”项目。半成品成本的综合结转可以按实际成本结转，也可以按计划成本结转。

（1）综合逐步结转分步法的特点

综合逐步结转分步法的特点主要有以下 3 个方面。

① 成本计算对象是各个步骤的半成品和最后步骤的产成品。在最后步骤前的每一步骤都会有半成品入库或直接结转下一步骤作为加工对象，到最后生产步骤生产出的就是经过全部生产步骤的最终产品。因此，最后步骤要按最终产品的名称设置生产成本明细账，其前面的各步骤则按半成品设置生产成本明细账。

② 半成品成本随实物转移同步转移。半成品的实物转移方式有两种：一种是上一步骤完工的半成品，直接转入下一步骤继续加工，这时，半成品成本就在各步骤的产品成本明细账之间直接结转；另一种是半成品完工后，不为下一步直接领用，而是要通过半成品仓库收发。

③ 各步骤产品成本明细账中的期末余额是狭义的在产品成本。综合逐步结转分步法主要适用于大量大批连续式多步骤生产，且在管理上要求分步计算成本。例如，棉纺织企业就是这种类型的多步骤生产。它在生产过程中，先将棉花经过洗棉、梳棉、并条、粗纺等步骤制成半成品棉纱，然后对棉纱经过络筒、整经、装纱、穿经和织造等步骤最后织成棉布。

（2）综合逐步结转分步法实例

半成品成本可以按实际成本随其实物结转，也可以按计划成本或定额成本结转。

【案例 3-4】万铭公司 2017 年 10 月生产甲产品，经过 3 个加工步骤顺序加工：第 1 个步骤投入原材料后加工成 A 半成品，完工 A 半成品验收入库；第 2 个步骤从仓库领取 A 半成品，并将其加工成 B 半成品，完工 B 半成品验收入库；第 3 个步骤从仓库领取 B 半成品，并将其加工成甲产成品。原材料在第 1 个步骤开始生产时一次投入，各步骤的加工程度逐步发生，各步骤月末在产品的完工程度均为 50%，万铭公司采用综合逐步结转分步法计算产品成本，发出自制半成品的计价采用加权平均法。

① 产量资料如表 3-31 所示。

表 3-31　　各步骤产量资料　　单位：元

项目	月初在产品	本月投入	本月完工	月末在产品
第 1 个步骤	50	300	240	110
第 2 个步骤	30	250	200	80
第 3 个步骤	80	190	250	20

② 期初在产品成本资料如表 3-32 所示。

表 3-32　　期初在产品成本资料　　单位：元

项目	直接材料	自制半成品	直接人工	制造费用	合计
第 1 个步骤	3 500		690	1 400	5 590
第 2 个步骤		4 190	430	1 380	6 000
第 3 个步骤		18 250	7 100	3 950	29 300
合计	3 500	22 440	8 220	6 730	40 890

③ 期初库存：A 半成品月初库存 60 件，实际成本 8 700 元，B 半成品月初无库存。

④ 本月生产费用如表 3-33 所示。

表 3-33　　本月生产费用　　单位：元

项目	直接材料	直接人工	制造费用	合计
第 1 个步骤	28 000	5 800	9 810	43 610
第 2 个步骤		10 850	10 620	21 470
第 3 个步骤		21 500	19 450	40 950
合计	28 000	38 150	39 880	106 030

采用综合逐步结转分步法计算产品成本的过程如下。

① 第 1 个步骤成本的计算如表 3-34 所示。

表 3-34　　第 1 个步骤基本生产成本明细账

车间名称：第 1 个步骤　　完工产量：240 件

产品名称：A 半成品　　2017 年 10 月　　单位：元

项目	直接材料	直接人工	制造费用	合计
月初在产品成本	3 500	690	1 400	5 590
本月生产费用	28 000	5 800	9 810	43 610
合计	31 500	6 490	11 210	49 200
单位产品成本	90	22	38	150
完工半成品成本	21 600	5 280	9 120	36 000
月末在产品成本	9 900	1 210	2 090	13 200

表中单位成本的计算如下。

直接材料费用=31 500÷（240+110）=90（元）
直接人工费用=6 490÷（240+110×50%）=22（元）
制造费用=11 210÷（240+110×50%）=38（元）
根据完工入库半成品成本做如下会计分录。

借：自制半成品——A 半成品　　36 000
　　贷：生产成本——基本生产成本（A 半成品）　　36 000

② 登记第 1 个步骤完工半成品入库如表 3-35 所示。

表 3-35　　半成品明细分类账

名称：A 半成品　　金额单位：元

摘要	收入			发出			结存		
	数量/件	单价	金额	数量/件	单价	金额	数量/件	单价	金额
期初余额							60	145	8 700
第 1 个步骤交库	240	150	36 000						
第 2 个步骤领用				250	149	37 250	50	149	7 450

③ 第 2 个步骤成本的计算如表 3-36 所示。

表 3-36　　第 2 个步骤基本生产成本明细账

车间名称：第 2 个步骤　　完工产量：200 件
产品名称：B 半成品　　2017 年 10 月　　单位：元

项目	自制半成品	直接人工	制造费用	合计
月初在产品成本	4 190	430	1 380	6 000
本月生产费用	37 250	10 850	10 620	58 720
合计	41 440	11 280	12 000	64 720
单位产品成本	148	47	50	245
完工半成品成本	29 600	9 400	10 000	49 000
月末在产品成本	11 840	1 880	2 000	15 720

表中单位成本的计算如下。
直接材料费用=41 440÷（200+80）=148（元）
直接人工费用=11 280÷（200+80×50%）=47（元）
制造费用=12 000÷（200+80×50%）=50（元）
根据完工入库半成品成本做如下会计分录。

借：自制半成品——B 半成品　　49 000
　　贷：生产成本——基本生产成本（B 半成品）　　49 000

④ 登记第 1 个步骤完工半成品入库如表 3-37 所示。

表 3-37　　半成品明细分类账

名称：B 半成品　　金额单位：元

摘要	收入			发出			结存		
	数量/件	单价	金额	数量/件	单价	金额	数量/件	单价	金额
期初余额									

续表

摘要	收入			发出			结存		
	数量/件	单价	金额	数量/件	单价	金额	数量/件	单价	金额
第 2 个步骤交库	200	245	49 000						
第 3 个步骤领用				190	245	46 550	10	245	2 450

⑤ 第 3 个步骤成本的计算如表 3-38 所示。

表 3-38　　第 3 个步骤基本生产成本明细账

产品名称：甲产成品　　2017 年 10 月　　单位：元

项目	自制半成品	直接人工	制造费用	合计
月初在产品成本	18 250	7 100	3 950	29 300
本月生产费用	46 550	21 500	19 450	87 500
合计	64 800	28 600	23 400	116 800
单位产品成本	240	110	90	440
完工半成品成本	60 000	27 500	22 500	110 000
月末在产品成本	4 800	1 100	900	6 800

表中单位成本的计算如下。

直接材料费用=64 800÷（250+20）=240（元）

直接人工费用=28 600÷（250+20×50%）=110（元）

制造费用=23 400÷（250+20×50%）=90（元）

根据完工入库产成品成本做如下会计分录。

借：库存商品——甲产品　　110 000

　　贷：生产成本——基本生产成本（B 半成品）　　110 000

如果企业采用计划成本核算存货，在成本计算时，也可按计划成本综合结转。采用这种结转方法，半成品日常收、发的均按计划单位成本计价；在计算出半成品实际成本后，再计算半成品成本差异额和差异率，调整半成品成本差异。具体说，上一步骤生产的半成品入半成品库时，在自制半成品明细账中既反映其计划成本，也反映其实际成本；下一步骤领用半成品继续加工时，按计划成本计入下一步骤的基本生产成本明细账，同时在基本生产明细账中还要反映实际成本和成本差异。

半成品按计划成本综合结转所用账表的特点如下。

① 自制半成品明细账不仅要反映半成品收发和结存的数量和实际成本，而且要反映其计划成本，以及成本差异额和成本差异率。

以【案例 3-4】资料列示在采用半成品按计划成本综合结转方法中，自制半成品明细账的格式如表 3-39 所示。

② 在产品成本明细账中，对于所耗用半成品的成本，可以直接按照调整成本差异后的实际成本登记；也可以按照计划成本和成本差异分别登记，以便于分析上一步骤半成品成本差异对本步骤成本的影响。如采用后一种做法，产品成本明细账中的“半成品”项目，应分设“计划成本”“成本差异”“实际成本”3 栏。“产品成本明细账”格式如表 3-40 所示。

表 3-39　　自制半成品明细账

半成品名称：A　　计划单位成本：146 元

金额单位：元

月份	月初余额			本月增加			合计					本月减少		
	数量/件	计划成本	实际成本	数量/件	计划成本	实际成本	数量/件	计划成本	实际成本	成本差异	差异率	数量/件	计划成本	实际成本
	（1）	（2）	（3）	（4）	（5）	（6）	（7）	（8）	（9）	（10）=（9）-（8）	（11）=（10）/（8）	（12）	（13）	（14）=（13）×[1+（11）]
6	60	8 760	8 700	240	35 040	36 000	300	43 800	44 700	900	2.1%	250	36 500	36 576.65

表 3-40　　产品成本明细账

第 2 个步骤：A 半成品　　单位：元

项目	产量	半成品			直接人工	制造费用	合计
		计划成本	成本差异	实际成本			
	240	35 040	960	36 000	5 280	9 120	50 400

与按实际成本综合结转半成品成本的方法相比较，按计划成本综合结转半成品成本具有以下优点。

第一，可以简化和加速半成品核算和产品成本的计算工作。按计划成本结转半成品成本，可以简化和加速半成品收发的凭证计价和记账工作；半成品成本差异率如果不是按半成品品种，而是按类计算，更可以省去大量的计算工作；如果月初半成品存量较大，本月耗用的半成品大部分甚至全部是以前月份生产的，本月所耗半成品成本差异调整也可以根据上月半成品成本差异率计算。这样，不仅简化了计算工作，各步骤的成本计算也可以同时进行，从而加速了产品成本的计算工作。

第二，便于各步骤进行成本的考核和分析。按计划成本结转半成品成本，在各步骤的产品成本明细账中，可以分别反映所耗半成品的计划成本、成本差异和实际成本，因而在分析各步骤产品成本时，可以剔除上一步骤半成品成本变动对本步骤产品成本的影响，有利于分清经济责任，考核各步骤的经济效益。如果各步骤所耗半成品的成本差异，不调整计入各步骤的产品成本，而是直接调整计入最后的产成品成本，不仅可以进一步简化和加速各步骤的成本计算工作，而且由于各步骤产品成本中不包括上一步骤半成品成本变动的影响，因而更便于分清各步骤的经济责任，更便于各步骤产品成本的考核和分析。

小提示　综合结转顾名思义就是将上一步骤半成品成本直接转入下一步骤的生产成本明细账中。

4．综合逐步结转分步法的成本还原

从【案例 3-4】的第 3 个步骤产品成本明细账中可以看出，采用综合结转法的结果，表现在产成品成本中的绝大部分费用是所耗第 2 个步骤半成品的费用，而直接人工、制造费用只是第 3 个步骤发生的费用，在产品成本中所占比重很小。显然，这不符合产品成本构成的实际情况，因

而不能据以从整个企业角度分析和考核产品成本的构成和水平，因此，在管理上要求从整个企业角度考核和分析产品成本的构成和水平时，还应将综合结转算出的产成品成本进行成本还原。所谓成本还原，就是从最后一个步骤起，把本月产成品成本中所耗上一步骤半成品的综合成本还原成直接材料、直接人工、制造费用等原始成本项目，从而计算出按原始成本项目反映的产成品成本资料。其计算公式如下。

还原分配率=本期产成品耗用上一步骤半成品成本合计/上一步骤本期生产该种半成品成本合计

还原后各成本项目金额=上一步骤本期生产该种半成品成本中各成本项目金额×还原分配率

【案例 3-5】以【案例 3-4】产品数据，甲产品成本还原的过程如下。

（1）第一次还原。

还原分配率=60 000/49 000=1.224 5

甲产品所耗 B 半成品费用中的直接材料费用=29 600×1.224 5=36 245.2（元）

甲产品所耗 B 半成品费用中的直接人工费用=9 400×1.224 5=11 510.3（元）

甲产品所耗 B 半成品费用中的制造费用=60 000−（36 245.2+11 510.3）=12 244.5（元）

（2）第二次还原。

还原分配率=36 245.2÷36 000=1.006 8

甲产品所耗 A 半成品费用中的直接材料费用=21 600×1.006 8=21 746.88（元）

甲产品所耗 A 半成品费用中的直接人工费用=5 280×1.006 8=5 315.90（元）

甲产品所耗 B 半成品费用中的制造费用=36 245.2−（21 746.88+5 315.9）=9 182.42（元）

成本还原一般是通过成本还原计算表进行的，甲产品成本还原过程如表 3-41 所示。

表 3-41　　产成品成本还原计算表　　产量单位：件　金额单位：元

行次	项目	产量/件	还原分配率	半成品	直接材料	直接人工	制造费用	合计
1	还原前产成品成本	250		60 000		27 500	22 500	110 000
2	第 2 个步骤半成品成本			29 600		9 400	10 000	49 000
3	第 1 次成本还原		1.224 5	36 245.2		11 510.3	12 244.5	60 000
4	第 1 个步骤半成品成本				21 600	5 280	9 120	36 000
5	第 2 次成本还原		1.006 8		21 746.88	5 315.9	9 182.42	36 245.2
6	还原后产成品总成本				21 746.88	44 326.2	43 926.92	110 000
7	还原后产成品单位成本	250			86.99	177.3	175.71	440

按照上述方法进行成本还原比较简单，但由于未考虑以前月份所产半成品成本的影响，所以在各月所产半成品的成本结构变化较大的情况下，采用这种方法进行成本还原会产生误差。如果企业有半成品的定额成本或计划成本并较准确，可以按半成品的定额成本或计划成本的成本结构进行还原。

除了上述成本还原的方法之外，现实中还有另外一种成本还原方法，就是按照半成品各成本项目占全部成本的比重进行还原。其还原公式如下。

还原分配率=上一步骤完工半成品各成本项目的金额/上一步骤完工半成品成本合计

还原后各成本项目金额=半成品成本项目金额×还原分配率

采用综合结转分步法逐步结转半成本，便于分析和考核各步骤所耗半成品费用水平，以利于加强内部成本的控制，努力降低成本，但还原工作量较大。因此，该方法一般适用于管理上既要求单独计算各步骤所耗半成品费用又不要求成本还原的情况。

动脑筋　为什么要进行成本还原？成本还原需要还原几步？请描述成本还原的流程。

四、平行结转分步法的实践应用

平行结转分步法是指各加工步骤不计算各步骤半成品成本，也不计算各步骤所耗上一步骤半成品成本，只计算本步骤发生的直接材料、直接人工、制造费用，以及这些费用中应计入产成品成本中的“份额”，并将各步骤半成品应计入产成品成本的“份额”平行汇总，从而计算出该产成品成本的方法。该方法也称为不计算半成品成本的分步法。

1．平行结转分步法的适用范围

平行结转分步法主要适用于成本管理上不要求计算半成品成本的企业，特别是半成品不对外销售的大量大批装配式多步骤生产企业。例如，机械制造企业的车间一般按生产工艺过程设置，设有铸工、锻工、加工、装配等车间。铸工车间利用生铁、钢、铜等各种原料熔铸各种铸件；锻工车间利用各种外购钢材锻造各种锻件，铸件和锻件都是用来进一步加工的毛坯。加工车间对各种铸件、锻件、外购半成品和外购材料进行加工，制造各种产品的零件和部件，然后转入装配车间进行装配，生产各种机械产品。在这些企业中，从原材料投入生产到产成品制成，都是先由各生产步骤对各种原材料平行地加工成各种零件和部件（半成品），然后再由组装车间（最后步骤）装配成各种完工产品。如果这些企业各生产步骤半成品的种类比较多，半成品对外销售的情况很少，采用平行结转分步法，可以简化和加速成本计算工作。在某些连续式多步骤生产企业中，如果各生产步骤所产半成品仅供本企业下一步骤继续加工，不准备对外出售，也可以采用平行结转分步法。

2．平行结转分步法的特点及核算程序

（1）平行结转分步法的特点

采用平行结转分步法计算产品成本，各步骤不计算半成品成本，只计算本步骤所发生的生产费用；各步骤之间不结转半成品成本，只在企业的产成品入库时才将各步骤费用中的应计入产成品的“份额”从各步骤产品明细账中转出，不通过“自制半成品”账户进行核算，即半成品成本不随半成品实物转移而结转；每一步骤的生产费用需采用适当的方法，在其完工产品与月末广义在产品之间分配。

这里的“完工产品”是指最终完工的产成。“在产品”是指就整个企业而言的未完工产品，即广义的在产品，具体包括：①本步骤正在加工的在产品（亦称狭义的在产品）；②本步骤完工转入以后各步骤尚未完成最终加工的在产品；③本步骤完工转入半成品库的半成品。要计算完工产品成本，必须将各步骤所归集的生产费用分成计入完工产品成本的“份额”和广义在产品成本两部分。

（2）平行结转分步法的核算程序

平行结转分步法按下述程序进行核算。

按产品生产步骤和产品品种开设生产成本明细账，各步骤成本明细账按成本项目归集本步骤发生的生产费用（不包括耗用上一步骤半成品的成本）。月终，将各步骤归集的生产费用在产成品与广义在产品之间进行分配，计算各步骤应计入产成品成本的费用份额，将各步骤生产费用总额

减去本步骤应计入产成品成本的费用份额，即为本步骤期末在产品成本，计算公式如下。

某步骤月末在产品成本 = 该步骤月初在产品费用 + 该步骤本月生产费用 − 该步骤应计入的产成品成本份额

将各步骤应计入产成品成本的费用份额平行相加汇总后，就得到产成品总成本，除以完工产品数量，即为单位成本。其核算程序如图 3-4 所示。

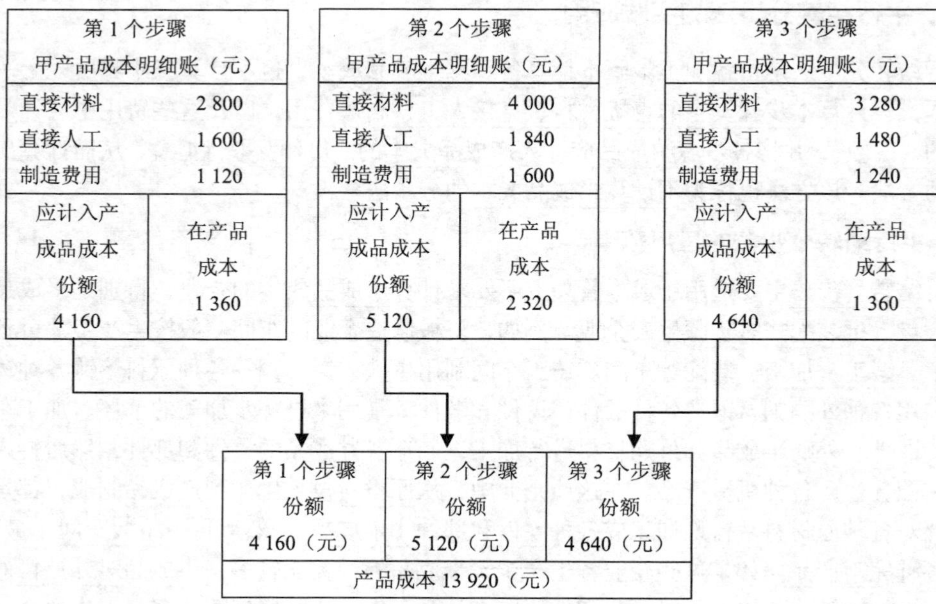

图 3-4　平行结转分步法的成本计算程序图

3．平行逐步结转分步法的应用

在平行逐步结转分步法下，合理确定各步骤应计入完工产品成本中的“份额”是这种方法的关键。各步骤应计入产成品的“份额”，一般按下列公式计算。

某步骤计入产品成本的份额=产成品数量×单位产成品耗用该步骤半成品数量×该步骤半成品单位成本

分配各步骤生产费用可采用定额比例法、约当产量法等方法求出各步骤应计入产成品的“份额”。

（1）按定额比例法确定各步骤应计入产品成本的“份额”。

采用定额比例分配法计算应计入产成品成本的份额，就是将各步骤生产耗费按照完工产成品与月末广义在产品定额成本或定额消耗量的比例进行分配，以确定各步骤耗费中应计入产成品成本的份额。其中，直接材料耗费按原材料的定额成本的比例分配，直接人工和制造费用等加工成本一般根据定额工时比例分配。

材料费用分配率=（期初结存材料费用+本期发生材料费用）/（完工产品定额材料成本+广义在产品定额材料成本）

应计入完工产品成本的材料费用“份额”=完工产品定额材料成本×材料费用分配率

广义在产品应负担的材料费用=广义在产品定额材料成本×材料费用分配率

其他费用分配率=（期初结存其他费用+本期发生其他费用）/（完工产品定额工时+广义在产品定额工时）

应计入完工产品成本的其他费用“份额”=完工产品定额工时×其他费用分配率

广义在产品应负担的其他费用=广义在产品定额工时×其他费用分配率

【案例 3-6】招才公司生产乙产品，生产费用在完工产品与在产品之间的分配采用定额比例法，其中原材料费用按定额原材料费用比例分配；其他各项费用均按定额工时比例分配。

① 乙产品定额资料如表 3-42 所示。

表 3-42　　乙产品定额资料

车间份额	月初在产品		本月投入		本月产成品				
	定额原材料费用/元	定额工时/小时	定额原材料费用/元	定额工时/小时	单件定额		产量/件	定额原材料费用/元	定额工时/小时
					原材料费用/元	工时/小时			
第 1 车间份额	10 750	5 080	6 600	3 000	60	40	200	12 000	8 000
第 2 车间份额		2 800		8 000		50	200		10 000
合计	10 750		6 600		60	90	200	12 000	18 000

② 登记生产成本明细账。根据乙产品的定额资料、各种生产费用分配表和产成品交库单，登记第 1 车间、第 2 车间的生产成本明细账，如表 3-43 和表 3-44 所示。

生产成本明细账中有关资料的登记方法如下。

a. 定额原材料费用和定额工时根据前列乙产品定额资料计算登记。月末在产品定额资料是根据月初在产品定额资料、本月投入产品定额资料和产成品定额资料，采用倒挤方法计算求得的。计算公式如下。

月末在产品定额原材料费用和定额工时 = 月初在产品定额原材料费用和定额工时 + 本月投入产品的定额原材料费用和定额工时 - 本月完工产品的定额原材料费用和定额工时

以第 1 车间定额原材料费用和定额工时计算为例：

月末在产品定额原材料费用=10 750+6 600−12 000=5 350（元）

月末在产品定额工时=5 080+3 000−8 000=80（小时）

b. 本月生产费用即本月各步骤为生产乙产品所发生的各项生产费用，应根据各种生产费用分配表登记。由于原材料是在生产开始时一次投入，采用平行结转分步法在各生产步骤间不结转半成品成本，因而，只有第 1 车间有原材料费用（定额和实际），第 2 车间则没有本月耗用的半成品费用。

c. 费用分配率的计算。采用定额比例法在完工产品和在产品之间分配费用，应首先计算费用分配率，其中原材料费用按定额原材料费用比例分配；其他各项费用均按定额工时比例分配。

表 3-43　　生产成本明细账

第 1 车间：乙产品　　　　金额单位：元

摘要	产成品产量/件	直接材料		定额工时/小时	直接人工	制造费用	合计
		定额	实际				
月初在产品成本		10 750	11 410	5 080	6 108	7 801	25 319
本月生产费用		6 600	9 410	3 000	4 396	3 511	17 317
合计		17 350	20 820	8 080	10 504	11 312	42 636

续表

摘要	产成品产量/件	直接材料		定额工时/小时	直接人工	制造费用	合计
		定额	实际				
费用分配率			1.2		1.3	1.4	
转入产成品份额	200	12 000	14 400	8 000	10 400	11 200	36 000
月末在产品		5 350	6 420	80	104	112	6 636

③ 计算各车间应计入产品成本的份额。

第 1 车间应计入产品成本的份额：

原材料费用分配率=（11 410+9 410）÷（12 000+5 350）=1.2

第一车间应计入产品成本的原材料费用=12 000×1.2=14 400（元）

月末在产品中原材料费=5 350×1.2=6420（元）

或=11 410+9 410−14 400=6 420（元）

直接人工费用分配率=（6 108+4 396）÷（8 000+80）=1.3

第 1 车间应计入产品成本的直接人工费用=8 000×1.3=10 400（元）

月末在产品中直接人工费用=80×1.3=104（元）

或=6 108+4 396−10 400=104（元）

制造费用分配率=（7 801+3 511）÷（8 000+80）=1.4

第 1 车间应计入产品成本的制造费用=8 000×1.4=11 200（元）

月末在产品制造费用=80×1.4=112（元）

或=7 801+3 511−11 200=112（元）

表 3-44　　生产成本明细账

第 2 车间：乙产品　　金额单位：元

摘要	产成品产量/件	直接材料		定额工时/小时	直接人工	制造费用	合计
		定额	实际				
月初在产品成本				2 800	4 332	4 100	8 432
本月生产费用				8 000	9 708	12 100	21 808
合计				10 800	14 040	16 200	30 240
费用分配率					1.3	1.5	
转入产成品份额	200			10 000	13 000	15 000	28 000
月末在产品				800	1 040	1 200	2 240

第 2 车间应计入产品成本的份额：

直接人工费用分配率=（43 32+9 708）÷（10 000+800）=1.3

第 1 车间应计入产品成本的直接人工费用=10 000×1.3=13 000（元）

月末在产品中直接人工费用=800×1.3=1040（元）

或=4 332+9 708−13 000=1 040（元）

制造费用分配率=（4 100+12 100）÷（10 000+800）=1.5

第一车间应计入产品成本的制造费用=10 000×1.5=15 000（元）

月末在产品制造费用=800×1.5=1 200（元）

或=4 100+12 100−15 000=1 200（元）

④ 编制产品成本汇总表。将第1、2车间产品成本明细账中应计入产品成本的份额，平行结转、汇总计入产品成本汇总表，如表3-45所示。

表3-45 乙产品成本汇总表

2017年6月

金额单位：元

车间份额	产量/件	直接材料	直接人工	制造费用	合计
第1车间	200	14 400	10 400	11 200	36 000
第2车间	200		13 000	15 000	28 000
合计	200	14 400	23 400	26 200	64 000
单位成本	200	72	117	131	320

（2）按约当产量法确定各步骤应计入产成品成本的“份额”

在连续式多步骤生产的条件下，如果采用平行结转分步法计算完工产品成本，则等于各步骤应计入完工产品成本中的“份额”之和。某步骤应计入产成品成本中的“份额”按下式计算。

某步骤应计入产成品成本的份额=产成品产量×单位产成品所耗本步骤半成品数量×该步骤半成品单位成本

该步骤半成品单位成本=（该步骤月初在产品成本+该步骤本月发生费用）/该步骤产品的约当总产量

某步骤产品约当总产量=本月最终产成品数量+该步骤广义在产品约当产量

某步骤广义在产品约当产量=本步骤在产品约当产量+经本步骤加工转入后面各步骤的半成品数量及入库的半成品数量

【案例3-7】迎贤公司生产的丁产品经过3个车间连续加工制成，第1车间生产D半成品，直接转入第2车间加工制成H半成品，H半成品直接转入第3车间加工成丁产成品。其中，1件丁产品耗用1件H半成品，1件H半成品耗用1件D半成品。原材料于第1车间生产开始时一次投入，第2车间和第3车间不再投入材料。各车间月末在产品完工率均为50%。各车间生产费用在完工产品和在产品之间的分配采用约当产量法。2017年10月有关资料如下。

① 本月产品产量资料如表3-46所示。

表3-46 产量记录

单位：件

项目	第1步	第2步	第3步
月初在产品数量	500	100	300
本月投产数量	400	600	400
本月完工产品数量	600	400	500
月末在产品数量	300	300	200
在产品完工程度	50%	50%	50%

② 产品费用资料如表3-47所示。

表 3-47　　月初在产品成本和本月生产费用发生额　　单位：元

项目	月初在产品				本月发生费用			
	第 1 生产步骤	第 2 生产步骤	第 3 生产步骤	合计	第 1 生产步骤	第 2 生产步骤	第 3 生产步骤	合计
直接材料	29 000			29 000	36 000			36 000
直接人工	868	1 150	300	2 318	1 032	2 650	1 200	4 882
制造费用	2 546	1 654	875	5 075	3 054	3 546	1 625	8 225
合计	32 414	2 804	1 175	36 393	40 086	6 196	2 825	49 107

根据上述资料，按平行结转分步法计算丁产品成本。

平行结转分步法中的约当产量的计算方法如表 3-48 所示。

表 3-48　　约当产量计算表　　单位：件

项目	第 1 生产步骤		第 2 生产步骤		第 3 生产步骤	
	材料约当产量	加工约当产量	材料约当产量	加工约当产量	材料约当产量	加工约当产量
最终产成品数量	500	500	—	500	—	500
广义在产品数量	300+300+200=800	150+300+200=650	—	150+200=350	—	100
合计	1 300	1 150	—	850	—	600

平行结转分步法下各项费用的分配如表 3-49 所示。

表 3-49　　平行结转分步法下的费用分配表　　单位：元

成本项目	第 1 生产步骤		第 2 生产步骤		第 3 生产步骤	
	计入产成品成本	月末在产品成本	计入产成品成本	月末在产品成本	计入产成品成本	月末在产品成本
直接材料	65 000−40 000 =25 000	$\frac{65\ 000}{500+800}\times800$ =40 000				
直接人工	1 900−1 073.91 =826.09	$\frac{1\ 900}{500+650}\times650$ =1 073.91	3 800−1 564.71 =2 235.29	$\frac{3\ 800}{500+350}\times350$ =1 564.71	1 500−250 =1 250	$\frac{1\ 500}{500+100}\times100$ =250
制造费用	5 600−3 165.22 =2 434.78	$\frac{5\ 600}{500+650}\times650$ =3 165.22	5 200−2 141.18 =3 058.82	$\frac{5\ 200}{500+350}\times350$ =2 141.18	2 500−416.67 =2 083.33	$\frac{2\ 500}{500+100}\times100$ =416.67
合计	8 260.87	44 239.13	5 294.11	3 705.89	3 333.33	666.67

根据上述计算结果，填制各步骤和丁产品的成本计算单，如表 3-50～表 3-53 所示。

表 3-50　　第 1 生产步骤产品成本计算单

D 半成品　　2017 年 10 月　　单位：元

成本项目	直接材料	直接人工	制造费用	合计
月初在产品成本	29 000	868	2 546	32 414
本月发生费用	36 000	1 032	3 054	40 086

续表

成本项目	直接材料	直接人工	制造费用	合计
合计	65 000	1 900	5 600	72 500
应计入产成品成本份额	25 000	826.09	2 434.78	28 260.87
月末在产品成本	40 000	1 073.91	3 165.22	44 239.13

表 3-51　　　　第 2 生产步骤产品成本计算单

H 半成品　　　　2017 年 10 月　　　　单位：元

成本项目	直接材料	直接人工	制造费用	合计
月初在产品成本		1 150	1 654	2 804
本月发生费用		2 650	3 546	6 196
合计		3 800	5 200	9 000
应计入产成品成本份额		2 235.29	3 058.82	5 294.11
月末在产品成本		1 564.71	2 141.18	3 705.89

表 3-52　　　　第 3 生产步骤产品成本计算单

丁产品　　　　2017 年 10 月　　　　单位：元

成本项目	直接材料	直接人工	制造费用	合计
月初在产品成本		300	875	1 175
本月发生费用		1 200	1 625	2 825
合计		1 500	2 500	4 000
应计入产成品成本份额		1 250	2 083.33	3 333.33
月末在产品成本		250	416.67	666.67

表 3-53　　　　丁产品成本计算单

2017 年 10 月　　　　单位：元

成本项目	直接材料	直接人工	制造费用	合计
第 1 生产步骤转入份额	25 000	826.09	2 434.78	28 260.87
第 2 生产步骤转入份额		2 235.29	3 058.82	5 294.11
第 3 生产步骤转入份额		1 250	2 083.33	3 333.33
总成本	25 000	4 311.38	7 576.93	36 888.31
单位成本	50	8.62	15.15	73.77

小提示　我们在品种法中所学的生产费用在完工产品和在产品之间的费用分配方法在平行结转分步法中应用是比较广泛的。

总结以上所述，平行结转分步法具有以下优点。

（1）采用这一方法，各步骤可以同时计算产品成本，然后将应计入完工产品成本的份额平行结转、汇总计入产成品成本，不必逐步结转半成品成本，从而可以简化和加速成本计算工作。

（2）采用这一方法，一般是按成本项目平行结转、汇总各步骤成本中应计入产成品成本的份额，因而能够直接提供按原始成本项目反映的产成品成本资料，不必进行成本还原，省去了大量繁琐的计算工作。

但是，由于采用这一方法各步骤不计算、也不结转半成品成本，因而存在以下缺点。

（1）不能提供各步骤半成品成本资料及各步骤所耗上一步骤半成品费用资料，因而不能全面地反映各步骤生产耗费的水平，不利于各步骤的成本管理。

（2）由于各步骤间不结转半成品成本，使半成品实物转移与费用结转脱节，因而不能为各步骤在产品的实物管理和资金管理提供资料。

从以上对比分析中可以看出，平行结转分步法的优缺点正好与逐步结转分步法的优缺点相反。因此，平行结转分步法只宜在半成品种类较多、逐步结转半成品成本工作量较大、管理上又不要求提供各步骤半成品成本资料的情况下采用；并在采用时加强各步骤在产品收发结存的数量核算，以便为在产品的实物管理和资金管理提供资料，弥补这一方法的不足。

动脑筋

分步法中逐步结转分步法、平行结转分步法二者的区别都有哪些？你认为哪种方法在实践中应用得会更广，理由是什么？

任务实施

（1）将第1车间生产费用在车间内完工产品和在产品之间分配，计算第1车间A半成品成本。将生产费用在A半成品和月末在产品之间进行分配。

单位半成品直接材料成本$=\dfrac{3\,500+9\,000}{150+100}=50$（元/件）

完工A半成品直接材料成本=150×50=7 500（元）

月末在产品直接材料成本=100×50=5 000（元）

单位半成品直接人工成本$=\dfrac{1\,400+4\,000}{150+100\times30\%}=30$（元/件）

完工A半成品直接人工成本=150×30=4 500（元）

月末在产品直接人工成本=100×30%×30=900（元）

单位半成品制造费用$=\dfrac{600+3\,000}{150+100\times30\%}=20$（元/件）

完工A半成品制造费用=150×20=3 000（元）

月末在产品制造费用=100×30%×20=600（元）

根据以上计算结果登记第1车间产品成本明细账，如表3-54所示。

表3-54　第1车间半成品成本明细账　金额单位：元

项目	直接材料	直接人工	制造费用	合计
月初在产品成本	3 500	1 400	600	5 500
本月生产费用	9 000	4 000	3 000	16 000
合计	12 500	5 400	3 600	21 500
本月完工产品数量/件	150	150	150	—
月末在产品约当产量/件	100	30	30	—
约当总产量/件	250	180	180	—
单位完工产品成本/（元/件）	50	30	20	100
完工产品总成本/元	7 500	4 500	3 000	15 000
月末在产品成本/元	5 000	900	600	6 500

（2）将第 2 车间生产费用在车间内完工产品和在产品之间分配，计算第 2 车间 B 半成品成本。将生产费用在 B 半成品和月末在产品之间进行分配。

单位 B 半成品负担的 A 半成品成本=$\frac{6\,600+15\,000}{200+40}=90$（元/件）

完工 B 半成品负担的 A 半成品成本=200×90=18 000（元）

月末在产品负担的 A 半成品成本=40×90=3 600（元）

单位 B 半成品直接人工成本=$\frac{1\,800+7\,000}{200+40\times 50\%}=40$（元/件）

完工 B 半成品直接人工成本=200×40=8 000（元）

月末在产品直接人工成本=40×50%×40=800（元）

单位 B 半成品制造费用=$\frac{1\,600+5\,000}{200+40\times 50\%}=30$（元/件）

完工 B 半成品制造费用=200×30=6 000（元）

月末在产品制造费用=40×50%×30=600（元）

根据以上计算结果登记第 2 车间产品成本明细账，如表 3-55 所示。

表 3-55　　第 2 车间半成品成本明细账　　金额单位：元

项目	半成品	直接人工	制造费用	合计
月初在产品成本	6 600	1 800	1 600	10 000
本月生产费用	15 000	7 000	5 000	27 000
合计	21 600	8 800	6 600	37 000
本月完工产品数量/件	200	200	200	—
月末在产品约当产量/件	40	20	20	—
约当总产量/件	240	220	220	—
单位完工产品成本/（元/件）	90	40	30	160
完工产品总成本/元	18 000	8 000	6 000	32 000
月末在产品成本/元	3 600	800	600	5 000

（3）将第 3 车间生产费用在车间内完工产品和在产品之间分配，计算第 3 车间甲产品成本。

B 半成品的加权平均单位成本=$\frac{4\,800+32\,000}{30+200}=160$（元/件）

产成品车间领用 B 半成品 200 件的总成本=200×160=32 000（元）

将生产费用在产成品和月末在产品之间进行分配。

单位产成品负担的 B 半成品成本=$\frac{32\,000+7\,100}{180+50}=170$（元/件）

完工产成品负担的 B 半成品成本=180×170=30 600（元）

月末在产品负担的 B 半成品成本=50×170=8 500（元）

单位产成品直接人工成本=$\frac{1\,200+3\,000}{180+50\times 60\%}=20$（元/件）

完工产成品直接人工成本=180×20=3 600（元）

月末在产品直接人工成本=50×60%×20=600（元）

单位产成品制造费用$=\dfrac{1\,600+500}{180+50\times60\%}=10$（元/件）

完工产成品制造费用=180×10=1 800（元）

月末在产品制造费用=50×60%×10=300（元）

根据以上计算结果登记第 3 车间产品成本明细账，如表 3-56 所示。

表 3-56　　第 3 车间产品成本明细账　　金额单位：元

项目	半成品	直接人工	制造费用	合计
月初在产品成本	7 100	1 200	500	8 800
本月生产费用	32 000	3 000	1 600	36 600
合计	39 100	4 200	2 100	45 400
本月完工产品数量/件	180	180	180	—
月末在产品约当产量/件	50	30	30	—
约当总产量/件	230	210	210	—
单位完工产品成本/（元/件）	170	20	10	200
完工产品总成本/元	30 600	3 600	1 800	36 000
月末在产品成本/元	8 500	600	300	9 400

（4）对甲产品成本进行成本还原。

方法 1：各步骤半成品综合成本按上步骤所产半成品中各成本项目的比重还原。

① 对产成品所耗第 2 车间 B 半成品成本（30 600 元）进行还原。

a. 计算第 2 车间半成品各成本项目比重。

半成品成本比重$=\dfrac{18\,000}{32\,000}=0.562\,5$

直接人工成本比重$=\dfrac{8\,000}{32\,000}=0.25$

制造费用比重$=\dfrac{6\,000}{32\,000}=0.187\,5$

b. 还原。

还原为第 1 车间 A 半成品成本=30 600×0.562 5=17 212.5（元）

还原为直接人工成本=30 600×0.25=7 650（元）

还原为制造费用=30 600×0.187 5=5 737.5（元）

② 对产成品所耗第 1 车间 A 半成品成本（17 212.5 元）进行还原。

a. 计算第 1 车间半成品各成本项目比重

直接材料成本比重$=\dfrac{7\,500}{15\,000}=0.5$

直接人工成本比重$=\dfrac{4\,500}{15\,000}=0.3$

制造费用比重$=\dfrac{3\,000}{15\,000}=0.2$

b. 还原。

还原为直接材料成本=17 212.5×0.5=8 606.25（元）

还原为直接人工成本=17 212.5×0.3=5 163.75（元）

还原为制造费用=17 212.5×0.2=3 442.5（元）

上述计算过程和结果可通过成本还原表进行，如表 3-57 所示。

表 3-57 产成品成本还原计算表（方法 1） 单位：元

摘要	第 2 车间 B 半成品	第 1 车间 A 半成品	直接材料	直接人工	制造费用	合计
还原前产成品成本	30 600			3 600	1 800	36 000
第 2 车间半成品各成本项目比重	$\frac{18\ 000}{32\ 000}$=0.562 5			$\frac{8\ 000}{32\ 000}$=0.25	$\frac{6\ 000}{32\ 000}$=0.187 5	1.00
第 2 车间半成品成本（30 600 元）还原	−30 600	17 212.5		7 650	5 737.5	0
第 1 车间半成品各成本项目比重		$\frac{7\ 500}{15\ 000}$=0.5		$\frac{4\ 500}{15\ 000}$=0.3	$\frac{3\ 000}{15\ 000}$=0.2	1.00
第 1 车间半成品成本（17 212.5 元）还原		−17 212.5	8 606.25	5 163.75	3 442.5	0
还原后产成品成本			8 606.25	16 413.75	10 980	36 000

方法 2：按所耗产品占上步骤该半成品成本的比重还原。

① 对产成品所耗第 2 车间 B 半成品成本（30 600 元）进行还原。

还原分配率=$\frac{30\ 600}{32\ 000}$=0.956 25

还原为第 1 车间 A 半成品成本=18 000×0.956 25=17 212.5（元）

还原为直接人工成本=8 000×0.956 25=7 650（元）

还原为制造费用=6 000×0.956 25=5 737.5（元）

② 对产成品所耗第 1 车间 A 半成品成本（17 212.5 元）进行还原。

还原分配率=$\frac{17\ 212.5}{15\ 000}$=1.147 5

还原为直接材料成本=7 500×1.147 5=8 606.25（元）

还原为直接人工成本=4 500×1.147 5=5 163.75（元）

还原为制造费用=3 000×1.147 5=3 442.5（元）

上述计算过程和结果可通过成本还原表进行，如表 3-58 所示。

表 3-58 产成品成本还原计算表（方法 2） 单位：元

摘要	还原分配率	第 2 车间 B 半成品	第 1 车间 A 半成品	直接材料	直接人工	制造费用	合计
还原前产成品成本		30 600			3 600	1 800	36 000
第 2 车间 B 半成品成本				18 000	8 000	6 000	32 000
第 2 车间半成品成本（30 600 元）还原	0.956 25	−30 600	17 212.5		7 650	5 737.5	0
第 1 车间 A 半成品成本				7 500	4 500	3 000	15 000
第 1 车间半成品成本（17 212.5 元）还原			−17 212.5	8 606.25	5 163.75	3 442.5	0
还原后产成品成本				8 606.25	16 413.75	10 980	36 000

闯关考验

一、单选题

1. 以下企业适用分步法计算产品成本的是（　　）。

A. 钢铁厂　B. 服装厂　C. 造船厂　D. 面粉厂

2. 分步法与其他方法的主要区别是（　　）。

A. 成本计算期　B. 生产周转期　C. 成本核算对象　D. 间接费用分配方法

3. 综合结转分步法与其他分步法相比主要特点是（　　）。

A. 需要进行成本还原的是逐步结转分步法

B. 成本计算对象不同

C. 成本计算期不同

D. 不能计算各步骤产品成本

4. 下列方法中，属于不计算半成品成本的分步法是（　　）。

A. 逐步结转分步法 B. 平行结转分步法 C. 综合结转分步法 D. 分项结转分步法

5. 成本还原的目的是（　　）。

A. 分析完工产品和在产品成本结构　B. 分析上月产品成本构成

C. 分析本月完工产品成本结构　D. 分析上一步骤月末在产品成本的结构

6. 某产品由 4 个生产步骤组成，采用逐步结转分步法计算产品成本，需要进行成本还原的次数是（　　）。

A. 5 次　B. 4 次　C. 3 次　D. 2 次

7. 将各步骤所耗用半成品费用，直接转入下一步骤产品成本明细账的直接材料成本项目的分步法是（　　）。

A. 综合结转分步　B. 分项结转分步法　C. 平行结转分步法 D. 逐步结转分步法

8. 下列各种分步法中，半成品成本不随实物转移而结转的方法是（　　）。

A. 按计划成本综合结转分步法　B. 按实际成本综合结转分步法

C. 分项结转分步法　D. 平行结转分步法

9. 在平行结转分步法下，完工产品与月末在产品之间的费用分配是指（　　）。

A. 各步骤完工半成品与狭义在产品之间分配

B. 产成品与广义在产品之间分配

C. 各步骤完工半成品与广义在产品之间分配

D. 产成品与狭义在产品之间分配

10. 采用平行结转分步法，第 2 生产步骤的广义在产品不包括（　　）。

A. 第 1 生产步骤正在加工的在产品　B. 第 2 生产步骤正在加工的在产品

C. 第 2 生产步骤完工入库的半成品　D. 第 3 生产步骤正在加工的在产品

二、多选题

1. 分步法与品种法相比（　　）。

A. 成本计算对象为产品的生产步骤

B. 月末需要在完工产品和在产品之间分配费用

C. 适用于管理上要求分步骤计算成本的多步骤生产企业

D. 成本计算期相同

2. 逐步结转分步法与分项结转分步法相比（　　）。

A. 半成品成本随着实物的转移而结转　　B. 可以计算出每个步骤半成品的成本

C. 期末在产品是指狭义在产品　　D. 便于进行成本核算和实物管理

3. 下列不需要进行成本还原的成本计算方法是（　　）。

A. 逐步综合结转分步法　　B. 逐步分项结转分步法

C. 平行结转分步法　　D. 分批法

4. 在综合结转分步法下，半成品成本的结转可以按照（　　）结转。

A. 实际成本　　B. 定额成本　　C. 计划成本　　D. 原材料费用

5. 逐步结转分步法中，综合结转方式的特征有（　　）。

A. 能反映所耗上一步骤半成品的成本水平

B. 能反映所耗上一步骤半成品的成本构成

C. 能反映本步骤加工费用水平

D. 需要进行成本还原

6. 在下列情况下要求进行成本还原，（　　）。

A. 各步骤半成品成本结转采用综合结转法

B. 各步骤半成品按实际成本结转

C. 各步骤半成品按计划成本结转

D. 管理上要求从整个企业角度考核和分析产品成本的构成和水平

7. 逐步分项结转分步法适用于（　　）的企业

A. 管理上不要求计算各步骤完工产品所耗半成品费用

B. 管理上要求计算各步骤完工产品所耗半成品费用

C. 要求按原始成本项目反映产品成本

D. 半成品具有独立的国民经济核算意义

8. 采用分项结转法结转半成品成本的优点是（　　）。

A. 不需要进行成本还原

B. 成本核算手续简便

C. 能够真实地反映产品成本结构

D. 便于从整个企业的角度考核和分析产品成本计划的执行情况

9. 平行结转分步法的特点是（　　）。

A. 各步骤半成品成本要随着半成品实物的转移而转移

B. 各步骤半成品成本不随着半成品实物的转移而转移

C. 成本计算对象是完工产品成本份额

D. 需要计算转出完工半成品成本

10. 采用平行结转分步法，各生产步骤的期末在产品包括（　　）。

A. 本步骤正在加工的在制品　　B. 上步骤正在加工的在制品

C. 已转入下一步骤的自制半成品　　D. 已转入下一步骤的尚未完工的自制半成品

11. 采用平行结转分步法（　　）。

A. 各步骤可以同时计算产品成本　　B. 能提供各步骤半成品成本

C. 不必进行成本还原　　D. 不便于各步骤加强实物与资金管理

12. 在平行结转分步法下，完工产品与在产品的费用分配，是指下列两者之间的费用分配（　　）。

A. 产成品与广义的在产品
B. 产成品与狭义的在产品
C. 各步骤完工半成品与月末加工中的在产品
D. 前面步骤的产成品与广义在产品，最后步骤的产成品与狭义在产品

13. 与逐步结转分步法相比，平行结转分步法的缺点是（　　）。
A. 各步骤不能同时计算产品成本　　B. 不便于各生产步骤完工产品的成本分析
C. 不能为实物管理和资金管理提供资料　D. 不能提供各步骤的半成品成本资料

三、判断题

（　　）1. 逐步结转分步法是为了计算半成本成本而采用的一种分步法，因而这种方法亦可称为计算半成品成本分步法。
（　　）2. 分步法适用于单步骤生产企业和多步骤生产企业。
（　　）3. 分步法下，产品成本计算的分步与产品实际生产步骤完全一致。
（　　）4. 分步法的成本计算期与生产周期不一致，但与会计报告期一致。
（　　）5. 采用逐步结转分步法，各生产步骤半成品成本的结转与其实物的结转不一致。
（　　）6. 综合结转是将上一步骤转入下一步骤的半成品成本，不分成本项目，全部记入下一步骤产品成本计算单中的“直接材料”项目或“自制半成品”项目。
（　　）7. 不论是逐步结转还是平行结转分步法下，随着上一步骤半成品转到下一步骤继续加工，半成品实物与成本都将转入到下一步骤。
（　　）8. 逐步结转分步法下的在产品一般是指广义的在产品。
（　　）9. 成本还原的对象是还原前完工产品成本中的半成品的综合成本。
（　　）10. 产品成本计算的分步法均应逐步结转半成品成本，最后计算出完工产品成本。
（　　）11. 成本还原的对象是还原前的产成品成本。
（　　）12. 分项结转分步法的特点是半成品成本随着半成品实物的转移而结转。
（　　）13. 采用分项结转分步法时，不需要进行成本还原。
（　　）14. 采用平行结转分步法，各步骤可以同时计算产品成本，但各步骤间不结转半成品成本。
（　　）15. 采用平行结转分步法，在产品是指广义的在产品，半成品实物转移，但成本不结转。
（　　）16. 在平行结转分步法下，只能采用定额比例法进行产成品和在产品之间的费用分配。

全真实训

实训一　练习综合逐步结转分步法的应用

大地公司生产甲产品，生产过程分为 3 个车间，上一车间完工的半成品不通过半成品库收发，直接转给下一车间继续进行加工；各车间的在产品采用约当产量法按实际成本计算，直接材料在第 1 车间生产开始时一次投入，各车间在产品的完工程度均为 50%。该企业 2017 年 3 月有关产量记录和成本资料如表训 3-11 和表训 3-12 所示。

表训 3-11　　产量记录　　单位：件

项目	第 1 车间	第 2 车间	第 3 车间
月初在产品数量	8	12	10
本月投产（或上步交来）数量	76	72	76

续表

项目	第 1 车间	第 2 车间	第 3 车间
本月完工数量	72	76	80
月末在产品数量	12	8	6

表训 3-12　　成本资料　　单位：元

成本项目	月初在产品成本				本月生产费用			
	第 1 车间	第 2 车间	第 3 车间	合计	第 1 车间	第 2 车间	第 3 车间	合计
直接材料或半成品	64	180	200	444	608			
直接人工	8	18	40	66	148	222	292	662
制造费用	90	25	50	165	300	135	157.5	592.5
合计	162	223	290	675	1 056			

要求：采用逐步结转（综合结转）分步法，计算甲产品的生产成本，编制相关会计分录并将结果登入相应明细账，如表训 3-13～表训 3-15 所示。

表训 3-13　　第 1 车间产品成本明细账

产品名称：A 半成品　　2017 年 3 月　　金额单位：元

项目	直接材料	直接人工	制造费用	合计
月初在产品成本				
本月发生费用				
生产费用合计				
完工产品数量/件				
在产品约当产量/件				
总约当产量/件				
单位成本/（元/件）				
转出 A 半成品成本				
月末在产品成本				

表训 3-14　　第 2 车间产品成本明细账

产品名称：B 半成品　　2017 年 3 月　　金额单位：元

项目	半成品	直接人工	制造费用	合计
月初在产品成本				
本月发生费用				
生产费用合计				
完工半成品数量/件				
在产品约当产量/件				
总约当产量/件				
单位成本/（元/件）				
转出完工 B 半成品成本				
月末在产品成本				

表训 3-15　　第 3 车间产品成本明细账

产品名称：甲产品　　2017 年 3 月　　金额单位：元

项目	半成品	直接人工	制造费用	合计
月初在产品成本				
本月发生费用				
生产费用合计				
完工产品数量/件				
在产品约当产量/件				
总约当产量/件				
单位成本/（元/件）				
转出甲产成品成本				
月末在产品成本				

实训二　练习分项结转分步法的应用

大成公司有 3 个基本生产车间，大量生产乙产品，其生产过程是：原材料在第 1 车间一次性投入，并将原材料加工成 A 半成品；第 2 车间将 A 半成品加工成 B 半成品；第 3 车间将 B 半成品加工成乙产品。2017 年 6 月各车间的产量记录和成本资料如表训 3-16 和表训 3-17 所示。

表训 3-16　　产量记录

项目	计量单位	第 1 车间	第 2 车间	第 3 车间
月初在产品	件	60	160	140
本月投产	件	1 040	980	1 020
本月完工	件	980	1 020	1 060
月末在产品	件	120	120	100
完工程度		60%	50%	40%

表训 3-17　　成本资料　　单位：元

成本项目		直接材料	直接人工	制造费用	合计
第 1 车间	月初在产品成本	11 160	1 440	1 700	14 300
	本月发生费用	148 340	23 520	24 300	196 160
第 2 车间	月初在产品成本	15 080	7 400	9 760	32 240
	本月发生费用		46 600	85 280	131 880
第 3 车间	月初在产品成本	12 040	5 600	7 000	24 640
	本月发生费用		24 100	24 900	49 000

要求：采用分项结转分步法计算产品成本，编制相关会计分录并将结果登入相应明细账，如表训 3-18～表训 3-20 所示。

表训 3-18　　第 1 车间基本生产成本明细账

车间名称：第 1 车间　　完工产量：980 件

产品名称：A 半成品　　2017 年 6 月　　单位：元

项目	直接材料	直接人工	制造费用	合计
月初在产品成本				
本月发生费用				

续表

项目	直接材料	直接人工	制造费用	合计
合计				
单位产品成本				
完工半成品成本				
月末在产品成本				

表训 3-19　　第 2 车间基本生产成本明细账

车间名称：第 2 车间　　完工产量：1 020 件

产品名称：B 半成品　　2017 年 6 月　　单位：元

项目	直接材料	直接人工	制造费用	合计
月初在产品成本				
上步骤转入费用				
本月生产费用				
合计				
单位产品成本				
完工半成品成本				
月末在产品成本				

表训 3-20　　第 3 车间基本生产成本明细账

车间名称：第 3 车间　　完工产量：1 060 件

产品名称：乙产品　　2017 年 6 月　　单位：元

项目	直接材料	直接人工	制造费用	合计
月初在产品成本				
上步骤转入费用				
本月生产费用				
合计				
单位产品成本				
完工产成品成本				
月末在产品成本				

实训三　练习平行结转分步法的应用

安彩公司生产丙产品，分两个生产步骤连续加工，直接材料在第 1 步骤开始时一次投入，成本计算采用平行结转分步法。两个步骤的完工产品“份额”和广义在产品之间的费用分配均采用定额比例法。第 1 步骤直接材料成本按直接材料定额费用比例分配，第 1 步骤和第 2 步骤的工资及制造费用都按定额工时比例分配。本月完工丙 B 产品 500 吨。2017 年 3 月有关资料如表训 3-21～表训 3-23 所示。

表训 3-21　　第 1 个步骤和第 2 个步骤的定额资料

项目	第 1 个步骤		第 2 个步骤	
	完工产品	在产品	完工产品	在产品
直接材料定额费用/元	30 000	6 000		
定额工时/小时	22 000	8 000	4 500	1 200

表训 3-22　　　　　　　　　　　　　月初在产品成本

单位：元

生产步骤	直接材料	直接人工	制造费用	合计
第 1 个步骤	5 200	3 100	3 400	11 700
第 2 个步骤		504	480	984

表训 3-23　　　　　　　　　　　　　本月发生的生产费用

单位：元

生产步骤	直接材料	直接人工	制造费用	合计
第 1 个步骤	29 000	9 500	10 400	48 900
第 2 个步骤		3 600	3 339	6 939

要求：采用平行结转分步法计算 B 产品的生产成本，编制相关会计分录并将结果登入相应明细账，如表训 3-24～表训 3-26 所示。

表训 3-24　　　　　　　　　　　　　产品成本明细账

丙产品：第 1 个步骤　　　　　　　　2017 年 3 月　　　　　　　　单位：元

项目		直接材料	直接人工	制造费用	合计
月初在产品成本					
本月生产费用					
生产费用合计					
分配率					—
应计入产成品成本“份额”	定额				—
	实际				
月末在产品成本	定额				—
	实际				

表训 3-25　　　　　　　　　　　　　产品成本明细账

丙产品：第 2 个步骤　　　　　　　　2017 年 3 月　　　　　　　　单位：元

项目		直接材料	直接人工	制造费用	合计
月初在产品成本					
本月生产费用					
生产费用合计					
分配率					—
应计入产成品成本“份额”	定额				—
	实际				
月末在产品成本	定额				—
	实际				

表训 3-26　　　　　　　　　　　　　产品成本汇总表

丙产品　　　　　　　　　2017 年 3 月　　产量：500 吨　　　　　　单位：元

成本项目	第 1 个步骤“份额”	第 2 个步骤“份额”	总成本	单位成本
直接材料				

续表

成本项目	第 1 个步骤“份额”	第 2 个步骤“份额”	总成本	单位成本
直接人工				
制造费用				
合计				

任务三 掌握联产品、副产品、等级产品的成本核算方法

任务描述

宇辰集团下属的宇辰酒业有限责任公司，2017 年 6 月耗用相同原材料同时生产出甲、乙、丙 3 种白酒，各完工产品和在产品之间的费用均按标准产品产量系数进行分配，原材料在生产开始时一次投入。

月初在产品成本和本月生产费用如表 3-59 所示。

表 3-59　月初在产品成本和本月生产费用　单位：元

项目	直接材料	直接人工	制造费用	合计
月初在产品成本	23 000	2 318	3 064	28 382
本月生产费用	100 000	52 000	52 900	204 900

标准产品系数如表 3-60 所示。完工产品和在产品数量如表 3-61 所示。

表 3-60　标准产品系数表

产品名称	系数
甲	0.9
乙	1
丙	1.1

表 3-61　完工产品和在产品数量

产品名称	完工产量/千克	在产品	
		数量/千克	完工率
甲	2 000	1 000	70%
乙	3 000	1 500	40%
丙	1 600	800	50%

任务下达

1. 编制标准产品产量计算表和产品成本计算单，计算完工产品成本和月末在产品成本。

2. 编制产品成本计算表，计算甲、乙、丙完工产品成本。

知识准备

一、联产品及联合成本的含义

3-1 联产品成本计算

联产品是指使用同样的原材料，经过一道或一系列工序的加工同时生产出几种地位相同但用途不同的主要产品。例如，煤油厂以原油为原料，经过一定的生产工艺过程，加工成汽油、煤油、柴油等各种燃料油；奶制品企业加工牛奶时可同时生产出奶粉、奶油、液态奶、奶酪、可可脂等联产品。联产品与同类产品不同，同类产品是指在产品品种、规格繁多的企业或车间，按一定的标准归类的产品，其目的是便于采用分类法简化产品成本的计算工作。联产品的生产是联合生产，其特点是同一资源在同一生产过程中投入，分离出两种或两种以上的主要产品，其中个别产品必然伴随联产品同时产出。

联产品成本的计算程序如下。

（1）以联产品作为成本计算对象，设置联产品生产成本明细账。在产品生产过程中，在联产品未分离前设置联产品生产成本明细账，归集所发生的各项直接费用，间接费用计入制造费用明细账等。在分离点之前，联产品中某一产品的生产，必然同时产出其他产品。因此，不可能每种产品都归集生产费用直接计算其产品成本，只能把分离点前联合生产过程中发生的费用归集在一起，计算联产品分离前的联合成本。

（2）对各种要素费用在各联产品之间进行分配，计算各联产品的成本。在分离点，采用一定的分配方法，在各联产品之间分配联合成本，计算出各联产品的成本。

（3）计算联产品分离后的加工成本。有些联产品分离后继续加工发生的费用，可按分离后各联产品品种分别归集，计算出分离后成本。用分离后成本加上由联合成本分配来的成本，构成该种产品整个生产过程成本。

（4）编制成本计算单，编制会计分录，登记生产成本明细账。

二、联合成本的分配方法

联合成本是指在联合生产过程中生产联产品所发生的总成本。联产品成本的计算同一般产品的成本计算有所不同，要分 3 个部分进行，即联产品分离点前成本计算、分离点的联合成本分配和分离点后加工成本的计算。分离点前联产品联合成本的计算和分离点后需继续加工的加工成本的计算，都应根据生产类型和管理要求，选用产品成本计算的基本方法计算。而分离点联产品之间联合成本的分配则要采用专门的方法进行。常用的分配方法有系数分配法、实物量分配法和相对销售收入分配法等。

1. 系数分配法

系数分配法是将各种联产品的实际产量乘以事先制定的各该联产品的系数，把实际产量换算成相对产量，然后，按各联产品的相对生产量比例来分配联产品的联合成本。系数分配法的关键是系数的确定要合理。实践中系数的确定标准有的是用各联产品的技术特征（如重量、体积、质量性能、含量和加工难易程度等），有的是采用联产品的经济指标（如定额成本、售价等）。

【案例 3-8】甲、乙产品是同一生产过程生产出的不同产品，在分配生产成本时以售价为系数计算标准，甲产品售价 100 元/件，乙产品售价 150 元/件，甲产品产量 1 000 件，乙产品产量 800 件。分离点前的总费用共 220 000.00 元。

可将甲产品的系数定为 1，乙产品的系数等于 150÷100=1.5。

乙产品相当于甲产品的数量=800×1.5=1 200（件）

费用分配率=220 000.00÷（1 000+1 200）=100.00（元/件）

甲产品应分配的费用=1 000×100.00=100 000.00（元）

乙产品应分配的费用=1 200×100.00=120 000.00（元）

2．实物量分配法

实物量分配法是按分离点上各种联产品的重量、容积或其他实物量度的比例来分配联合成本。采用这种方法计算出的各产品单位成本是一致的，且是平均单位成本，因此简便易行。但由于并非所有的成本发生都与实物量直接相关，容易造成成本计算与实际相脱节的情况，所以此法一般适用于成本的发生与产量关系密切，而且各联产品销售价格较为均衡的联合成本的分配。

3．相对销售收入分配法

相对销售收入分配法是指用各种联产品的销售收入比例来分配联合成本。这种分配法强调经济比值，认为既然联合生产过程的联产品是同时产出的，并不是只产出其中一种，因此，从销售中所获得的收益，理应在各种联产品之间按比例进行分配。也就是说，售价较高的联产品应该成比例地负担较高份额的联合成本，售价较低的联产品应该负担较低份额的联合成本，其结果是各种联产品的毛利率相同。这种方法克服了实物量分配法的不足，但其本身也存在着缺陷，表现在：一方面，并非所有的成本都与售价有关，价格较高的产品不一定要负担较高的成本；另一方面，并非所有的联产品都具有同样的获利能力。这种方法一般适用于分离后不再加工，而且价格波动不大的联产品的成本计算。

【案例 3-9】鸿韵生物制品有限公司用某种原材料经过同一生产过程同时生产出甲、乙两种联产品，2015 年 3 月共生产甲产品 4 000 千克、乙产品 2 000 千克，无期初、期末在产品。该月生产发生的联合成本分别为：原材料为 60 000 元，直接人工成本为 21 600 元，制造费用为 38 400 元。甲产品每千克的售价为 500 元，乙产品每千克的售价为 600 元，设全部产品均已售出。根据资料分别用系数分配法、实物量分配法、相对销售收入分配法计算甲、乙产品的成本，如表 3-62～表 3-64 所示。

表 3-62　　联产品成本计算表（系数分配法）　　金额单位：元

产品名称	产量/千克	系数	标准产量	分配比例	应负担的成本			
					直接材料	直接人工	制造费用	合计
甲	4 000	1	4 000	62.5%	37 500	13 500	24 000	75 000
乙	2 000	1.2	2 400	37.5%	22 500	8 100	14 400	45 000
合计	6 000		6 400	100%	60 000	21 600	38 400	120 000

注：系数以售价为标准确定系数，选择甲产品为标准产品，其系数为 1，乙产品系数为 600/500=1.2。

根据表 3-62 和产品入库单编制入库产品的会计分录。

借：库存商品——甲产品　　75 000

　　库存商品——乙产品　　45 000

　　贷：生产成本　　120 000

表 3-63　　　　联产品成本计算表（实物量分配法）　　　　金额单位：元

产品名称	产量/千克	联合成本				分配率	应负担的成本			
		直接材料	直接人工	制造费用	合计		直接材料	直接人工	制造费用	合计
甲	4 000						40 000	14 400	25 600	80 000
乙	2 000						20 000	7 200	12 800	40 000
合计	6 000	60 000	21 600	38 400	120 000	20	60 000	21 600	38 400	120 000

注：① 综合分配率=120 000/6 000=20；② 直接材料费用分配率=60 000/6 000=10；③ 直接人工费用分配率=21 000/6 000=3.6；④ 制造费用分配率=38 400/6 000=6.4。

根据表 3-63 和产品入库单编制入库产品的会计分录。

借：库存商品——甲产品　　80 000

　　库存商品——乙产品　　40 000

　　贷：生产成本　　120 000

表 3-64　　　　联产品成本计算表（相对销售收入分配法）　　　　金额单位：元

产品名称	产量/千克	销售单价	销售价值	分配比例	应负担的成本			
					直接材料	直接人工	制造费用	合计
甲	4 000	500	2 000 000	62.5	37 500	13 500	24 000	75 000
乙	2 000	600	1 200 000	37.5	22 500	8 100	14 400	45 000
合计	6 000		3 200 000	100	60 000	21 600	38 400	120 000

根据表 3-64 和产品入库单编制入库产品的会计分录。

借：库存商品——甲产品　　75 000

　　库存商品——乙产品　　45 000

　　贷：基本生产成本　　120 000

小提示 联产品成本计算方法不是孤立的方法，其仅是品种法、分批法或分步法应用过程中计算联产品成本采用的特殊方法。

三、副产品的含义

副产品是指使用同种原材料在同一生产过程中生产主要产品的同时，附带生产出一些非主要产品。例如，大豆油厂以大豆为原料，经过一定的生产工艺过程，加工成食用大豆油主产品及豆粕、油脚饲料以化妆品原材料等副产品；炼铁生产中产出高炉煤气，提炼原油过程中产出的渣油和石油焦，制皂业生产中产出的甘油等。

3-2　副产品成本计算

副产品不是企业生产的主要目的，其价值与主要产品相比较低，但它仍具有一定的经济价值，能满足社会某些方面的需要，而且客观上也发生耗费，因此，需要采取一定的成本计算方法计算其成本。副产品和联产品都是投入同一原材料，经过同一生产过程同时生产出来的。但联产品全部是主要产品，而副产品则是伴随着主要产品生产出来的次要产品，其价值较低。当然，副产品与主要产品是相对而言的，随着生产技术的发展和综合利用，在一定条件下，副产品也能转为主要产品。

由于副产品和主要产品是同一原材料经过同一生产过程生产出来的，所以，其成本与主要产品成本分离步骤前是共同发生的，这也决定了副产品的成本计算就是确定其应负担分离点前的联合成本。又由于副产品的经济价值较小，在企业全部产品中所占的比重也较小，因此在计算成本时，可采用简单的计算方法确定副产品的成本，然后从分离前联合成本中扣除，其余额就是主要产品成本。

四、副产品的成本计算方法

副产品的成本计算方法通常有以下几种。

（1）对分离后不再加工的副产品，若价值不大（与主要产品相比），可不负担分离前的联合成本，或以定额单位成本计算其成本。

（2）对分离后不再加工但价值较高的副产品，往往以其销售价格作为计算的依据，按销售价格扣除销售税金、销售费用和一定的利润后即为副产品成本。

（3）对于分离后仍需进一步加工才能出售的副产品，如价值较低，可只计算归属于本产品的成本；如价值较高，则需同时负担可归属成本和分离前联合成本，以保证主要产品成本计算的合理性。此时的副产品成本计算原理基本与联产品成本计算原理相同。

【案例 3-10】吉安麦芽厂在生产甲产品的过程中，附带生产出副产品乙和丙。2015 年 3 月生产该类产品所发生的费用资料如表 3-65 所示，并假定本月甲产品产量为 200 千克，乙产品产量为 80 千克，丙产品产量为 40 千克，乙产品的计划单价为 20 元，丙产品单位售价为 75 千克。各产品的成本计算结果如表 3-66 所示。

表 3-65　　成本费用资料　　单位：元

项目	直接材料	直接人工	制造费用	合计
月初在产品成本	1 600	400	1 200	3 200
本月发生费用	24 000	6 000	6 800	36 800

表 3-66　　甲、乙、丙产品的成本计算单　　单位：元

项目		行次	直接材料	直接人工	制造费用	合计
总成本	月初在产品成本	1	1 600	400	1 200	3 200
	本月发生费用	2	24 000	6 000	6 800	36 800
	合计	3	25 600	6 400	8 000	40 000
费用项目比重		4	64%	16%	20%	100%
甲产品	总成本	5	22 656	5 664	7 080	35 400
	单位成本	6	113.28	28.32	35.4	177
乙产品	总成本	7	1 024	256	320	1 600
	单位成本	8	12.8	3.2	4	20
丙产品	总成本	9	1 920	480	600	3 000
	单位成本	10	48	12	15	75

表 3-66 的计算过程如下。

乙产品总成本=80×20=1 600（元）

直接材料费用=1 600×64%=1 024（元）

直接人工费用=1 600×16%=256（元）

制造费用=1 600×20%=320（元）

丙产品总成本=40×75=3 000（元）

直接材料费用=3 000×64%=1 920（元）

直接人工费用=3 000×16%=480（元）

制造费用=3 000×20%=600（元）

甲产品总成本=40 000−1 600−3 000=35 400（元）

直接材料费用=25 600−1 024−1 920=22 656（元）

直接人工费用=6 400−256−480=5 664（元）

制造费用=8 000−320−600=7 080（元）

根据表 3-66 成本计算单和产品入库单编制入库产品的会计分录。

借：库存商品——甲　　35 400

　　库存商品——乙　　1 600

　　库存商品——丙　　3 000

　　贷：生产成本　　40 000

五、等级产品的含义

等级产品是指使用同种原材料，经过相同加工过程生产出来的品种相同，但质量有所差别的产品，如纺织品、搪瓷器皿的生产常有等级品产生。等级产品与联产品、副产品的相同之处在于，它们都是使用同种原材料，经过同一生产过程而产生的。它们的不同之处在于，联产品、副产品之间的性质、用途不同，属于不同种产品，而等级产品是性质、用途相同的同种产品；在每种联产品、副产品中，其质量比较一致，因而销售单价相同，而各等级产品质量存在差异，从而销售单价相应地分为不同等级。

等级品与非合格品是两个不同的概念。等级品质量上的差异一般是在允许的设计范围之内，这些差异一般不影响产品的使用寿命。非合格品是指等级品以下的产品，其质量标准达不到设计的要求，属于废品范围。

六、等级产品的成本计算方法

等级品应视造成其质量差别的原因来确定成本的计算方法。如果等级品是由于人工操作不当、技术不熟练等主要原因造成的，可以采用实物量分配法，以使各等级品的单位成本相同。因为各产品虽然等级不同，但使用原材料、经过的生产过程都相同，所以各等级品的单位成本理应没有差别。在成本相同的情况下，低等级品由于售价较低而使其毛利低于正品的差额，从而能够比较敏感地反映由于企业产品质量管理不善所导致的经济损失。

等级品也可能是由于所用原材料的质量或受目前生产技术水平限制等原因而产生的，即客观原因造成的。例如，某些电子元件产品，由于目前生产技术水平限制，难以控制其产品质量，生产出售价差别较大的等级品，如对原煤进行洗煤加工，由于受原材料质量的限制，洗出售价不同的等级煤。在这些情况下，一般不能对各等级品确定相同的单位成本，而要采用系数分配法计算各等级品的成本。通常以单位售价比例定出系数，再按系数的比例计算出不同等级品应负担的联合成本。这样，不同等级品具有不同的单位成本，等级高、售价高的产品负担的成本多，等级低、售价低的产品负担的成本少。这种做法更符合收入与成本费用配比的要求。

动脑筋

请列举出日常生活中，你所了解的哪些物品属于联产品、副产品或等级产品。

任务实施

（1）编制标准产品产量计算表和产品成本计算单，如表3-67和表3-68所示。

表3-67 标准产品产量计算表

<table>
<tr><th rowspan="2">项目</th><th rowspan="2">产成品产量/千克</th><th colspan="4">原材料</th><th colspan="4">加工费</th></tr>
<tr><th>耗料系数</th><th>产成品折合标准产量/千克</th><th>在产品实际数量/千克</th><th>在产品折合标准产量/千克</th><th>工时系数</th><th>产成品折合标准产量/千克</th><th>在产品折合约当产量/千克</th><th>在产品折合标准产量/千克</th></tr>
<tr><td>甲产品</td><td>2 000</td><td>0.9</td><td>1 800</td><td>1 000</td><td>900</td><td>0.9</td><td>1 800</td><td>700</td><td>630</td></tr>
<tr><td>乙产品</td><td>3 000</td><td>1</td><td>3 000</td><td>1 500</td><td>1500</td><td>1</td><td>3 000</td><td>600</td><td>600</td></tr>
<tr><td>丙产品</td><td>1 600</td><td>1.1</td><td>1 760</td><td>800</td><td>880</td><td>1.1</td><td>1 760</td><td>400</td><td>440</td></tr>
<tr><td>合计</td><td></td><td></td><td>6 560</td><td></td><td>3 280</td><td></td><td>6 560</td><td></td><td>1 670</td></tr>
<tr><td colspan="2">标准产品产量（总系数）</td><td colspan="4">9 840=6 560+3 280</td><td colspan="4">8 230=6 560+1 670</td></tr>
</table>

表3-68 联合产品总成本计算单 单位：元

摘要	直接材料	直接人工	制造费用	合计
月初在产品成本	23 000	2 318	3 064	28 382
本月发生费用	100 000	52 000	52 900	204 900
费用合计	123 000	54 318	55 964	233 282
产成品标准产品产量	6 560	6 560	6 560	
在产品标准产品产量	3 280	1 670	1 670	
标准产品产量合计	9 840	8 230	8 230	
费用分配率	12.5	6.6	6.8	
完工产品成本	82 000	43 296	44 608	169 904
月末在产品成本	41 000	11 022	11 356	63 378

注：费用分配率=某成本项目费用合计/标准产品产量合计。

（2）编制产品成本计算表，计算甲、乙、丙完工产品成本，如表3-69所示。

表3-69 甲、乙、丙产成品成本计算表

项目	产量/千克	原材料标准产品产量（耗材总系数）/千克	直接材料/元	工时标准产品产量（工时总系数）/千克	直接人工/元	制造费用/元	合计
费用分配率			12.5元/千克		6.6元/千克	6.8元/千克	
甲产品	2 000	1 800	22 500	1 800	11 880	12 240	46 620
乙产品	3 000	3 000	37 500	3 000	19 800	20 400	77 700
丙产品	1 600	1 760	22 000	1 760	11 616	11 968	45 584
合计		6 560	82 000	6 560	43 296	44 608	169 904

闯关考验

一、单选题

1. 企业利用原油为原材料，经过同一生产过程中同时生产出汽油和柴油，该汽油和柴油称为（　　）。

A. 半成品　　B. 联产品　　C. 副产品　　D. 等级品

2. 某啤酒生产企业运用大麦生产麦芽糖，在生产麦芽糖的过程中，附带生产出来的叶芽称为（　　）。

A. 联产品　　B. 等级品　　C. 副产品　　D. 次品

3. 在同一生产过程中生产出的不同产品成本需要在分离点进行分配，以下方法适用的是（　　）。

A. 生产工时比例法　B. 系数分配法　　C. 定额成本法　　D. 约当产量法

4. 以下不适用副产品成本计量的是（　　）。

A. 不计算副产品成本　　B. 按计划成本计量

C. 按固定成本计量　　D. 生产工时比例法

二、多选题

1. 联合成本（　　）。

A. 即分离点前的成本　　B. 即分离点后的成本

C. 需要进行分配　　D. 不需要进行分配

2. 不适用联产品联合成本的分配方法有（　　）。

A. 系数分配法　　B. 相对销售价值分配法

C. 约当产量法　　D. 人工成本分配法

3. 对于价值较高，分离后需要进一步加工的副产品，其成本计价的方法有（　　）。

A. 副产品需要承担分离点前的共同成本

B. 副产品不需要承担分离点前的可归属成本

C. 副产品既负担可归属其的加工成本，也负担分离前的共同成本

D. 副产品不负担任何成本

4. 很多产品生产过程中伴生的副产品分离以后不需要进一步加工即可出售，且价值较低，此时以下方法不适用于进行主副产品成本计算的是（　　）。

A. 销售价值分配法　　B. 可实现净值分配法

C. 不计算副产品成本法　　D. 系数分配法

5. 联产品与副产品的区别是（　　）。

A. 价值较高　　B. 生产过程不同

C. 使用同一种原材料加工　　D. 是企业的主要产品

三、判断题

（　　）1. 对于副产品必须计算其成本，从总成本账中分离出来。

（　　）2. 企业在生产产品的过程中，使用同一原料、经过同一生产过程生产出来的几种主要产品，称为联产品。

（　　）3. 不同等级的联产品无论采用什么方法分配成本都是科学合理的。

（　　）4. 联产品的成本计算是将分离点前的联合成本在各联产品之间进行平均分配。

(　　) 5. 不同等级产品使用的原料、工艺和生产时间是相同的，因此其成本原则上应该是相同的。

(　　) 6. 副产品成本的计算方法有很多，最简单的是不计算副产品成本法。

(　　) 7. 等级产品就是不合格品，不是能直接出售的废品。

全真实训

实训一　练习联产品的成本计算

大运股份有限公司生产 A、B、C 3 种联产品，本月实际产量为 A 产品 40 000 千克，B 产品 20 000 千克，C 产品 15 000 千克。各产品单位售价为：A 产品 15 元，B 产品 24 元，C 产品 12 元，分离前联合成本为 1 008 000 元。

要求：（1）按系数分配法计算各种产品的成本（以 A 产品的单位售价为系数计算标准），填写表训 3-27。

表训 3-27　　联产品成本计算表（系数分配法）　　金额单位：元

产品名称	实际产量/千克	系数	标准产量/千克	平均单位成本	应分摊成本	单位成本
A						
B						
C						
合计		—				—

（2）按实物量分配法计算各种产品成本，填写表训 3-28。

表训 3-28　　联产品成本计算表（实物量分配法）　　单位：元

产品名称	实际产量/千克	各产品占总产量比重/%	应分摊成本	单位成本
A				
B				
C				
合计				—

（3）按相对售价分配法计算各种产品成本，填写表训 3-29。

表训 3-29　　联产品成本计算表（相对售价分配法）　　金额单位：元

产品名称	实际产量/千克	单价	销售总价	比例/%	应分摊成本	单位成本
A						
B						
C						
合计		—				—

实训二　练习副产品成本的计算

兴隆科技有限公司在生产主产品（甲产品）的同时，生产出可以加工成副产品（乙产品）的原料。甲产品的生产和乙产品的加工都在同一车间进行。

（1）甲、乙两种产品 2017 年 3 月发生的生产费用、生产工时和产量为：甲产品耗用原材料 143 600.00 元，发生的生产工时 1 200 小时，产量 600 件；乙产品发生的生产工时 480 小时，产量 120 件。该车间 6 月发生的生产工人工资及福利费 4 032.00 元，制造费用 5 376.00 元。

（2）3 月甲产品在生产过程中产生出能生产乙产品的原料 3 200 千克，按固定每千克 15 元计价，全部为乙产品所耗用。

（3）甲产品的在产品按所耗原材料的定额成本计价，其月初在产品定额成本为 24 000.00 元，月末在产品定额成本为 32 000.00 元，乙产品月末在产品很少，不计算在产品成本。

要求：（1）编制职工薪酬、制造费用分配表，如表训 3-30 所示，分配计算主、副产品应负担的加工费用。

（2）登记产品成本计算单，如表训 3-31 和表训 3-32 所示，计算主、副产品的实际成本。

表训 3-30　　职工薪酬、制造费用分配表

2017 年 3 月　　金额单位：元

项目	生产工时/小时	职工薪酬	制造费用
本月发生额			
分配率			
主产品（甲）			
副产品（乙）			
合计			

表训 3-31　　产品成本计算单

产品名称：主产品（A）　　2017 年 3 月　　产量：600 件

单位：元

项目	原材料	职工薪酬	制造费用	合计
月初在产品定额成本		—	—	
本月生产费用				
减：副产品（B 产品原料）		—	—	
生产费用累计				
本月产成品成本				
单位成本				
月末在产品定额成本		—	—	

表训 3-32　　产品成本计算单

产品名称：副产品（B）　　2017 年 3 月　　产量：120 件

单位：元

项目	原材料	职工薪酬	制造费用	合计
本月生产费用				
本月产成品成本				
单位成本				

任务四 掌握产品成本核算的分类法

任务描述

宇辰集团下属的宇辰鞋业有限公司的产品规格很多，成本计算采用分类法，按产品结构和工艺过程分为甲、乙两大类，每类产品的月末在产品均按所耗直接材料定额成本计算，其他费用全部由完工产品负担。类内产品采用系数分配法分配成本，以单位定额成本作为系数确定标准。甲类产品选择规格#2 为标准产品，系数为 1；乙类产品选择#4 为标准产品，系数为 1。2017 年 3 月该企业有关资料如表 3-70～表 3-72 所示。

表 3-70　直接材料定额成本表　金额单位：元

产品类别	单位产品消耗定额/千克	计划单价	定额成本
甲类产品	10	0.7	7
乙类产品	8	2	16

表 3-71　产量和单位定额成本计算表

产品类别	规格	在产品产量/件	完工产品产量/件	完工产品单位定额成本/元
甲类产品	#1	20	100	9
	#2	20	300	12
	#3	10	200	14.16
乙类产品	#4	5	300	20
	#5	10	100	25
	#6	5	50	32

表 3-72　月初在产品成本及本月发生费用　单位：元

产品类别	月初在产品直接材料定额成本	本月发生费用			
		直接材料	直接人工	制造费用	合计
甲类产品	210	4 340	2 280	2 685	9 305
乙类产品	160	7 040	3 420	1 719	12 179

任务下达

1. 计算月末甲类和乙类在产品成本，并填制表 3-73。

表 3-73　月末在产品直接材料定额成本计算表

产品类别	数量/件	单位定额成本/元	定额成本/元
甲类产品			
乙类产品			

2. 填制甲类和乙类完工产品成本计算表 3-74 和表 3-75。

表 3-74　　甲类产品成本计算表

2017 年 3 月　　单位：元

项目	直接材料	直接人工	制造费用	合计
月初在产品成本				
本月发生费用				
合计				
本月完工产品成本				
月末在产品成本				

表 3-75　　乙类产品成本计算表

2017 年 3 月　　单位：元

项目	直接材料	直接人工	制造费用	合计
月初在产品成本				
本月发生费用				
合计				
本月完工产品成本				
月末在产品成本				

3. 按照系数分配法，计算甲类和乙类各规格产品的分配系数，并填表 3-76。

表 3-76　　系数计算表

2017 年 3 月

产品类别	规格	系数
甲类产品	#1	
	#2	
	#3	
乙类产品	#4	
	#5	
	#6	

4. 根据计算的系数，在表 3-77 和表 3-78 内计算甲类和乙类各规格完工产品成本。

表 3-77　　甲类产品各种规格完工产品成本计算单

2017 年 3 月　　金额单位：元

产品规格	实际产量/双	系数	标准产品	完工产品总成本	标准产品单位成本	各规格产品总成本	各规格产品单位成本
#1				—	—		
#2				—	—		
#3				—	—		
合计	—	—					—

表 3-78　　乙类产品各种规格完工产品成本计算单

2017 年 3 月　　金额单位：元

产品规格	实际产量/双	系数	标准产品	完工产品总成本	标准产品单位成本	各规格产品总成本	各规格产品单位成本
#4				—	—		
#5				—	—		
#6				—	—		
合计	—	—					—

知识准备

分类法是按产品类别归集生产费用，先计算各类产品的总成本，然后再分别计算出该类别内各种产品成本的一种方法。它是在产品成本基本计算方法的基础上发展起来的一种方法，目的是为了简化某些类型企业的成本计算工作。

分类法一般适用于使用同样的原材料，通过基本相同的加工工艺过程，所生产产品的品种、规格型号繁多，可以按一定标准予以分类的生产企业或车间，如鞋厂、轧钢厂等。采用分类法可以适当减少成本计算对象，简化计算工作。运用分类法的关键是必须恰当地划分产品的类别，在类别内部选择合理的标准分配费用。

一、分类法的特点

分类法的特点可概括为以下 3 个方面。

（1）以产品的类别作为成本计算对象，归集各类产品的生产费用。归集时，直接费用直接计入，间接费用采用一定的分配标准分配计入。

（2）成本计算期取决于生产特点及管理要求。如果是大批量生产，结合品种法或分步法进行成本计算，则应定期在月末进行成本计算；如果与分批法结合运用，成本计算期可不固定，而与生产周期一致。所以，分类法并不是一种独立的基本成本计算方法。

（3）月末一般要将各类产品的生产费用总额在完工产品和月末在产品之间进行分配。

二、分类法的核算程序

（1）按产品类别设立生产明细账。采用分类法计算产品成本，首先要将产品按照性质结构、用途、生产工艺过程耗用原材料的不同标准，划分成若干类别。例如，鞋厂可以按照耗用的原材料不同，将产品分为塑料（PU）鞋、布鞋及真皮皮鞋 3 个类别，然后以其类别作为成本计算对象设立成本计算单。

（2）按照规定的成本项目汇集生产费用，计算各类产品的总成本。

（3）采用适当的方法（一般采用系数分配法）将各类完工产品成本在该类各种不同规格的产品中进行分配，计算类内各产品总成本和单位成本。分配方法与计算原理同前述的成本基本方法。

分类法的核算程序如图 3-5 所示。

小提示　分类法不是基本的成本计算方法，是应用品种法、分批法或分步法过程中针对特定生产企业结合运用的成本计算方法。

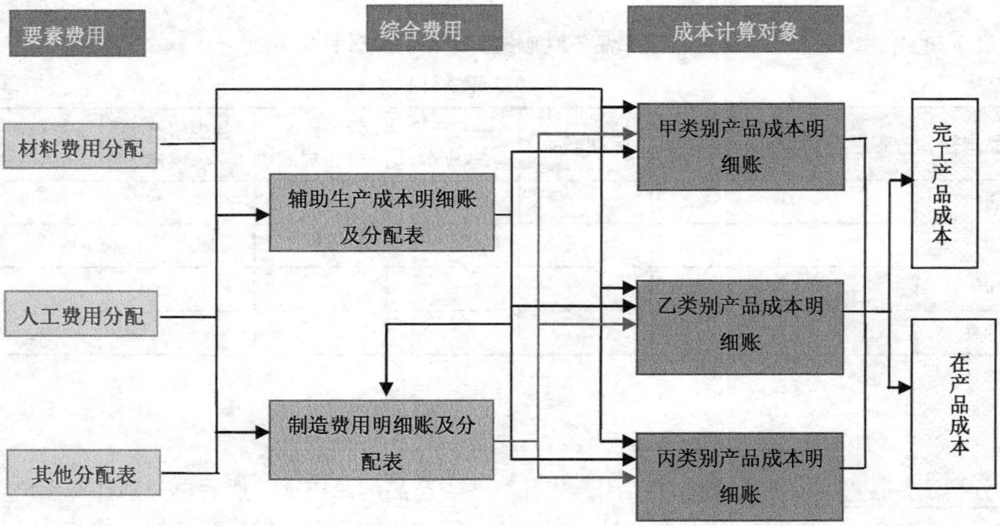

图 3-5　分类法的核算程序

三、分类法的实践应用

【案例 3-11】海西集团下属的建福公司第一分厂生产 A、B、C 3 种产品，所用原材料和工艺过程相似，合并为甲类进行生产成本的计算。该企业规定：该类产品的原材料费用随生产进度逐步投入，材料费用按照各种产品的原材料费用系数进行分配；加工费用按照各种产品的工时系数进行分配。同类产品内各种产品的原材料费用按原材料费用定额确定系数；同类产品内各种产品之间的直接工资和制造费用均按各种产品的定额工时计算确定系数；该公司规定 B 种产品为标准产品。

海西集团下属的建福公司第一分厂 2017 年 11 月生产甲类（A、B、C 3 种产品）产品，有关成本资料如下。

（1）甲类产品成本资料如表 3-79 所示。

表 3-79　　甲类产品期初在产品成本和本月生产费用

2017 年 11 月　　单位：元

项目	直接材料	直接人工	制造费用	合计
期初在产品成本（定额成本）	41 910	13 530	44 550	99 990
本月生产费用	53 340	18 500	60 090	131 930
生产费用合计	95 250	32 030	104 640	231 920

（2）甲类产品的工时定额和材料消耗定额分别如下。

① 工时定额为：A 产品 16 小时，B 产品 10 小时，C 产品 11 小时。

② 材料消耗定额为：A 产品 212.80 元，B 产品 266.00 元，C 产品 345.80 元。

（3）该公司 11 月各产品完工产品与在产品的实际产量分别如下。

① 完工产品产量：A 产品 120 件，B 产品 90 件，C 产品 150 件。

② 在产品产量：A 产品 100 件，B 产品 100 件，C 产品 50 件。

（4）甲类各种产品在产品单位定额成本资料如表 3-80 所示。

表 3-80　　甲类各种产品在产品单位定额成本　　单位：元

甲类产品	直接材料	直接人工	制造费用	合计
A 产品	120	50	165	335
B 产品	110	60	158	328
C 产品	149.60	34.20	191	374.80

成本计算程序如下。

（1）计算甲类完工产品的生产成本。

根据上述成本资料，运用品种法的成本计算原理，计算出本月甲类产品的本月完工产品成本和月末在产品成本，如表 3-81 所示。

表 3-81　　成本计算单

产品：甲类产品　　2017 年 11 月　　单位：元

2017 年 月	2017 年 日	摘要	直接材料	直接工资	制造费用	合计
10	31	期初在产品成本（定额成本）	41 910	13 530	44 550	99 990
11	30	本月发生的生产费用	53 340	18 500	60 090	131 930
	30	生产费用合计	95 250	32 030	104 640	231 920
	30	本月完工甲类产品成本	64 770	19 320	62 790	146 880
	30	期末甲类在产品成本（定额成本）	30 480	12 710	41 850	85 040

备注：期末甲类在产品成本的计算方法如下。

① 直接材料费用=100×120+100×110+50×149.60=30 480（元）。

② 直接人工费用=100×50+100×60+50×34.20=12 710（元）。

③ 制造费用=100×165+100×158+50×191=41 850（元）。

（2）计算甲类产品的类内 A、B、C 产品的生产成本。

① 根据各产品所耗各种原材料的消耗定额、计划单价、费用总定额，以及工时定额编制系数计算表，如表 3-82 所示。

表 3-82　　各种产品系数计算表

产品：甲类产品　　2017 年 11 月　　金额单位：元

产品名称		加工费用系数		直接材料系数	
		单位产品工时定额/小时	人工和制造费用系数	单位产品材料定额	原材料费用系数
甲类产品	A 产品	16	16÷10 =1.6	212.80	212.80÷266.00 =0.8
	B 产品（标准产品）	10	1	266.00	1
	C 产品	11	11÷10 =1.1	345.80	345.80÷266.00 =1.3

② 根据各种产品的产量、原材料费用系数，人工和制造费用系数计算总系数（或标准产量），如表 3-83 所示。

表 3-83　　产品总系数计算表

产品：甲类产品　　2017 年 11 月

品名	产品产量/件	人工和制造费用分配总系数		材料费用分配总系数	
		系数	总系数/件	系数	总系数/件
A 产品	120	1.6	192	0.8	96
B 产品	90	1	90	1	90
C 产品	150	1.1	165	1.3	195
合计			447		381

③ 根据甲类产品的生产成本明细账中 11 月产成品的成本资料，编制该类各种产成品成本计算表，如表 3-84 所示。

表 3-84　　甲类内的各种产品成本计算表

产品类别：甲类产品　　2017 年 11 月　　金额单位：元

项目	产量/件	原材料费用总系数	直接材料分配额	加工费用总系数	直接工资分配额	制造费用分配额	各种产品总成本	单位成本
甲类产品成本			64 770		19 320	62 790	146 880	
分配率			170		43.221 5	140.469 8		
A 产品	120	96	16 320	192	8 298.53	26 970.20	51 588.73	429.91
B 产品	90	90	15 300	90	3 889.94	12 642.28	31 832.22	353.69
C 产品	150	195	33 150	165	7 131.53	23 177.52	63 459.05	423.06
合计		381	64 770	447	19 320	62 790	146 880	

备注：

直接材料费用分配率=64 770÷381=170。

直接工资费用分配率=19 320÷447=43.221 5。

间接制造费用分配率=62 790÷447=140.469 8。

根据表 3-84 的成本计算单和产品入库单，编制结转完工入库产品成本的会计分录。

借：库存商品——A 产品　　51 588.73

　　　　　　——B 产品　　31 832.22

　　　　　　——C 产品　　63 459.05

　贷：生产成本——甲类产品　　146 880

动脑筋

在用分类法进行产品成本核算时，首要前提就是分类要恰当，那么在进行类别划分时，都需要注意哪些问题？请分析制鞋厂运用分类法进行成本计算的原理。

任务实施

（1）计算月末甲类和乙类在产品成本，并填制表 3-85。

表 3-85　　月末在产品直接材料定额成本计算表

产品类别	数量/件	单位定额成本/元	定额成本/元
甲类产品	50	7	350
乙类产品	20	16	320

（2）填制甲类和乙类完工产品成本计算表 3-86 和表 3-87。

表 3-86　　甲类产品成本计算表

2017 年 3 月　　单位：元

项目	直接材料	直接人工	制造费用	合计
月初在产品成本	210			210
本月发生费用	4 340	2 280	2 685	9 305
合计	4 550	2 280	2 685	9 515
本月完工产品成本	4 200	2 280	2 685	9 165
月末在产品成本	350			350

表 3-87　　乙类产品成本计算表

2017 年 3 月　　单位：元

项目	直接材料	直接人工	制造费用	合计
月初在产品成本	160			160
本月发生费用	7 040	3 420	1 719	12 179
合计	7 200	3 420	1 719	12 339
本月完工产品成本	6 880	3 420	1 719	12 019
月末在产品成本	320			320

（3）按照系数分配法，计算甲类和乙类各规格产品的分配系数，并填表 3-88。

表 3-88　　系数计算表

2017 年 3 月

产品类别	规格	系数
甲类产品	#1	9/12=0.75
	#2	1
	#3	14.16/12=1.18
乙类产品	#4	1
	#5	25/20=1.25
	#6	32/20=1.6

（4）根据计算的系数，在表 3-89 和表 3-90 内计算甲类和乙类各规格完工产品成本。

表 3-89　　甲类产品各种规格完工产品成本计算单

2017 年 3 月　　金额单位：元

产品规格	实际产量/件	系数	标准产品	完工产品总成本	标准产品单位成本	各规格产品总成本	各规格产品单位成本
#1	100	0.75	75			1 125	11.25

续表

产品规格	实际产量/件	系数	标准产品	完工产品总成本	标准产品单位成本	各规格产品总成本	各规格产品单位成本
#2	300	1	300			4 500	15
#3	200	1.18	236			3 540	17.7
合计			611	9 165	15	9 165	

表 3-90　　乙类产品各种规格完工产品成本计算单

2017 年 3 月　　金额单位：元

产品规格	实际产量/件	系数	标准产品	完工产品总成本	标准产品单位成本	各规格产品总成本	各规格产品单位成本
#4	300	1	300			7 140	23.8
#5	100	1.25	125			2 975	29.75
#6	50	1.6	80			1 904	38.08
合计			505	12 019	23.8	12 019	

闯关考验

一、单选题

1. 联产品应该采用（　　）计算成本。

A. 品种法　　B. 分类法　　C. 分批法　　D. 分步法

2. 能简化产品成本的计算，减轻财务核算的工作是（　　）的优点。

A. 分步法　　B. 分类法　　C. 定额法　　D. 分批法

3. 某制鞋厂将男、女两大类产品各作为一类，采用分类法计算产品成本。男、女两类产品共同耗用 A 种材料，消耗定额分别为 0.16 克和 0.2 克，每克 A 种材料的单位成本为 0.5 元。该企业将男鞋作为标准产品，则女鞋的原材料费用系数为（　　）。

A. 1.25　　B. 8　　C. 6.25　　D. 4

4. 分类法与品种法相比，最大的区别是（　　）。

A. 成本计算周期　　B. 费用分配方法

C. 人工费用分配方法　　D. 成本计算对象

5. 采用分类法计算产品成本，核算方法是（　　）。

A. 按产品类别确定成本计算对象

B. 按产品类别设置明细账

C. 可采用系数分配法、实物量分配法等分配费用

D. 分类计算产品成本

二、多选题

1. 下列可采用分类法进行成本计算的是（　　）。

A. 等级产品　　B. 标准产品　　C. 联产品　　D. 不同规格的针织品

2. 采用分类法时，类内各种规格产品的分配采用系数分配法计算，各产品系数的确定依据有（　　）。

A. 定额消耗量　　B. 定额成本　　C. 产品生产地点　　D. 产品售价

3. 分类法计算成本的优点是（　　）。

A. 简化成本的计算　　B. 分类掌握产品的成本信息

C. 使类内产品成本的计算结果更准确　　D. 方便成本的日常控制

4. 类内不同品种（规格）之间费用分配的标准有（　　）。

A. 定额耗用量　　B. 定额成本　　C. 售价　　D. 产品的重要程度

5. 运用分类法计算产品成本时，一般可以将（　　）相同或相似的产品归为一类。

A. 产品耗用的原料　　B. 产品的生产工艺

C. 产品的结构、性质　　D. 产品的销售客户

三、判断题

（　　）1. 分类法是产品成本计算的基本方法。

（　　）2. 分类法是以产品品种为成本计算对象计算成本的一种方法。

（　　）3. 用分类法计算成本，类内各产品成本的分配，可按选定的分配标准将类内各种产品折合为系数。

（　　）4. 分类法与生产类型相关，所以并不适用于所有企业产品成本的计算。

（　　）5. 采用分类法计算产品成本，不仅能简化成本计算的工作量，而且能在产品品种规格较多时，分类掌握产品的成本信息。

全真实训

新联毛巾厂生产小号、中号、大号丝光毛巾。3 种产品所用原材料和生产工艺过程基本相同，以中号丝光毛巾为标准产品。2017 年 8 月有关成本、产量的资料如表训 3-33 和表训 3-34 所示。

表训 3-33　　月初在产品成本和本月发生的生产费用表　　单位：元

项目	直接材料（实际成本）	直接人工	制造费用
月初在产品成本	11 280	5 400	4 084
本月发生费用	30 000	10 800	8 300

表训 3-34　　产量和系数表

产品名称	折合标准产量系数	完工产量/条	在产品	
			数量/条	完工程度
小号丝光毛巾	0.8	2 000	2 500	60%
中号丝光毛巾	1	2 400	3 500	40%
大号丝光毛巾	1.2	1 500	2 000	80%

要求：

1. 编制标准产品产量换算表。
2. 编制产品成本计算单，计算月末在产品成本、本月库存商品的总成本和单位成本。

任务五　熟悉产品成本核算的定额法

任务描述

宇辰集团下属的宇辰饮料有限责任公司是一家饮料生产企业，企业的产品成本定额较为稳定，定额管理工作基础较好，2017 年 6 月生产甲产品的有关资料如下。

1．该公司当月的产量记录如表 3-91 所示

表 3-91

产品名称	月初在产品/件	本月投产/件	本月完工产品/件	月末在产品/件
甲产品	20	80	70	30

2．定额成本资料如表 3-92 所示。

表 3-92

成本项目	计划单价	消耗定额		定额成本/元		定额变动差异	
		上月	本月	上月	本月	数量	金额
直接材料	5	120 千克	114 千克	600	570	-6 千克	-30 元
直接人工	2	100 小时	100 小时	200	200		
制造费用	1	100 小时	100 小时	100	100		
合计				900	870	-6 千克	-30 元

3．月初在产品成本资料如表 3-93 所示。

表 3-93

成本项目	月初在产品	
	定额成本/元	定额差异/元
直接材料	12 000	400
直接人工	2 000	100
制造费用	1 000	80
合计	15 000	580

4．其他资料如下。

（1）原材料于生产开始时一次投入。

（2）直接材料成本差异率为-1%，全部由完工产品负担。

（3）定额变动差异全部由完工产品负担。

（4）本期直接材料脱离定额差异（-1 000），直接人工脱离定额差异（+200），制造费用脱离定额差异（-70）。

任务下达

1. 计算定额变动系数、定额成本调整和月初在产品定额变动差异。
2. 计算各成本项目脱离定额差异分配率。
3. 根据上述资料和计算结果填写甲产品成本计算单，如表 3-94 所示。

表 3-94　花果山公司产品成本计算单

产品名称：甲产品　　2017 年 10 月　　完工产量：70 件

单位：元

成本项目	月初在产品		月初在产品定额成本		本月生产费用		
	定额成本	脱离定额差异	定额成本调整	定额变动差异	定额成本	脱离定额差异	材料成本差异
	（1）	（2）	（3）	（4）	（5）	（6）	（7）
直接材料							
直接人工							
制造费用							
成本合计							

成本项目	生产费用合计			脱离定额差异	产成品成本		
	定额成本	脱离定额差异	材料成本差异	定额变动差异	分配率	定额成本	脱离定额差异
	（8）	（9）	（10）	（11）	（12）	（13）	（14）
直接材料							
直接人工							
制造费用							
成本合计							

成本项目	产成品成本			月末在产品成本	
	材料成本差异	定额变动差异	实际成本	定额成本	脱离定额差异
	（15）	（16）	（17）	（18）	（19）
直接材料					
直接人工					
制造费用					
成本合计					

知识准备

在前述产品成本的主要核算方法中我们得知，常见的成本核算都是发生在企业生产过程之后的。虽然其达到了真实核算企业生产费用的目的，但是不能及时反映企业在生产过程中所发生的这些费用脱离企业所制订的定额的差异情况及其产生的原因。这就必然导致成本核算工作不能达到日常成本控制的目标，无法有效发挥成本核算对于节约企业生产费用、降低生产成本的作用，不利于企业充分利用其生产资源，提高企业的生产经营效益。

定额法，就是为了克服品种法、分批法和分步法等成本核算方法的不足，及时地反映和监督企业生产费用和产品成本脱离定额的差异，把产品成本的核算和控制有机结合为一体的成本计算方法。

小提示　定额法是成本管理与控制的最佳方法之一，也是我们学习成本会计知识的难点，需要全面理解其原理，才能在工作中灵活应用。

一、定额法的含义及适用范围

1．定额法的定义及基本计算公式

定额法是以产品定额成本为基础，通过加减脱离定额的差异和定额变动差异来计算产品实际成本的一种成本核算方法。

在定额法下，产品实际成本由定额成本、脱离定额差异、材料成本差异和定额变动 4 个要素组成。其计算公式如下。

产品实际成本=产品定额成本±脱离定额差异±材料成本差异±定额变动差异

注：一般来讲，就具体费用项目而言，超支为加，节约则为减。

与其他的成本核算方法不同，定额法不是一种纯粹的成本核算方法，而是一种将成本核算与成本控制方法结合起来的一种成本核算方法。

2．定额法的适用范围

从定额法的适用情况来看，其与企业的生产类型并不具备直接的联系。无论何种生产类型，只要企业的定额管理制度比较健全，定额管理的基础工作较好，产品的生产已经定型，消耗定额比较准确和稳定，都可以采用此方法来进行成本核算。由于大批大量生产比较容易具备这些条件，因而定额成本法最早就用在大批大量生产的机械制造企业中，以后逐渐扩散应用到具备上述条件的其他工业企业中。

二、定额法的特点

定额法并非一种单纯的成本核算方法，还是一种成本控制方法。其克服了其他成本计算方法无法直接反映实际成本与定额成本脱离的缺陷，使得企业能够通过产品的成本核算达到对产品成本的全程控制，即事前、事中和事后控制。

（1）定额法不是产品成本的基本核算方法，而是一种辅助计算方法，这决定了其必须和 3 种基本方法结合起来进行计算。

（2）定额法既是一种成本核算方法，也是企业的一项成本管理方法。运用此方法，能及时提示差异，提供成本形成形态的各种信息，从而有助于促使企业控制和节约生产资源，降低产品成本。

（3）定额法以事先制定的定额成本作为成本控制目标和计算的基础，对每项生产费用都划分为定额费用和脱离定额差异进行计算，并运用定额成本、脱离定额差异和变动差异的关系来进行实际成本的计算，从而达到对产品生产费用的事前、事中和事后控制。

三、定额法的核算程序

采用定额法进行成本核算，其主要的核算程序如下。

（1）按所结合的成本计算的基本方法所确定的成本计算对象，如产品品种、批别、生产步骤等设置生产成本明细账（或成本计算单），账内按成本项目分别设置“定额成本”“脱离定额差异”“材料成本差异”和“定额变动差异”等专栏。其余明细账按所结合的基本方法的要求设置。

（2）根据产品的实际产量，并以现行消耗定额和费用定额为依据，制定产品的定额成本，作为降低产品成本、节约费用支出的目标。

（3）如果月初进行生产耗费的消耗定额或计划价格的修订，还要计算月初的定额变动差异，并据以调整月初在产品的定额成本。

（4）根据各个成本项目的脱离定额差异凭证，汇总计算产品的脱离定额差异，计入生产成本明细账（或成本计算单）。

（5）在定额法下，材料一般是按计划成本计算的，以便于对其消耗定额进行考核，故月末要根据本月的材料成本差异率，计算材料成本差异。

（6）月末，企业应将月初结转和本月发生的脱离定额差异和定额变动差异分别汇总，其中需要分配的差异要根据成本项目计算差异分配率，按照企业确定的成本计算方法，在完工产品和月末在产品之间进行分配。根据完工产品的入库单，按成本项目计算完工产品成本及应负担的差异，求得完工产品的实际总成本和单位成本。

定额法的核算程序如图 3-6 所示。

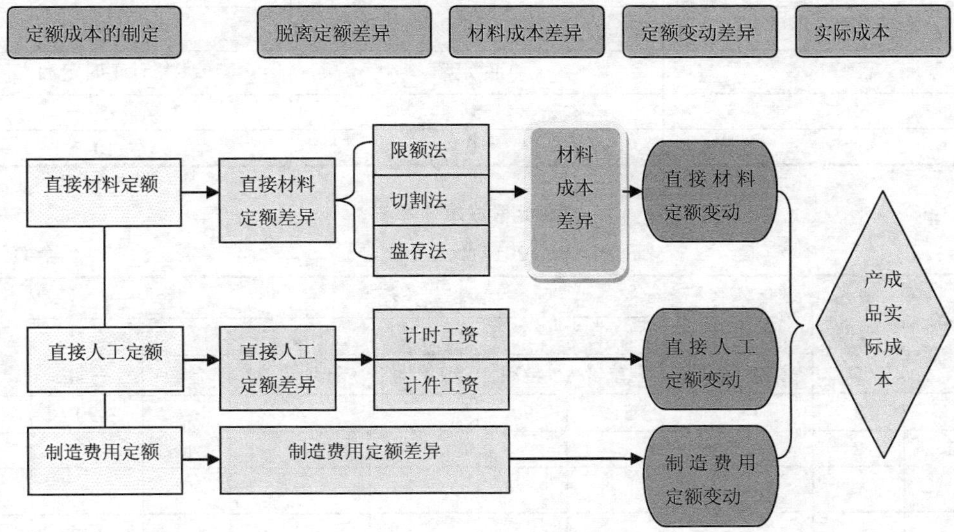

图 3-6　定额法的核算程序

四、定额成本的制定

采用定额法计算产品成本，首先要制定产品的各项定额成本。制定产品的定额成本即是对产品成本进行事前控制；产品的消耗定额、费用定额和定额成本确定以后，其既是月末计算产品实际成本的基础，也是对生产费用进行事中控制的标准，同时也是产品成本事后分析和考核的依据。

1．定额成本的计算

定额成本是指按照各时期的现行消耗定额和材料计划单价、计划的工资率等计算的成本。

单位产品定额成本及各成本项目定额成本的计算公式如下。

产品直接材料费用定额成本=产品直接材料消耗定额×材料计划单价

产品直接人工费用定额成本=产品生产工时消耗定额×计划小时工资率

产品制造费用定额成本=产品生产工时消耗定额×计划小时制造费用率

产品定额成本=直接材料定额成本+直接人工定额成本+制造费用定额成本

产品定额成本的制定，应包括零件、部件的定额成本和产成品的定额成本，一般通过编制“定额成本计算表（核算表）”的形式进行。如果产品的零部件不多，可先计算零件定额成本，然后再汇总计算部件和产成品的定额成本。若产品的零部件较多，为了简化成本核算工作，可不计算零件定额成本，而是根据零件原料消耗定额、工序计划和工时消耗定额，以及原材料的计划单价、计划的工资率及计划的制造费用率等，计算部件定额成本，然后汇总计算产成品定额成本；或者也可根据零部件定额卡和原材料计划单价、计划的工资率和计划的制造费用率等，直接计算产成品的定额成本。

在编制定额成本计算表时，所采用的成本项目和成本计算方法，都应该与编制计划成本、计算实际成本时所采用的成本项目和计算方法一致，以便于考核和成本分析工作的进行。零件定额卡、部件定额成本计算卡及产品定额成本计算表分别如表 3-95～表 3-97 所示。

表 3-95　　零件定额卡

零件编号：1201　　2017 年 5 月

材料编号	计量单位	材料消耗定额
101	千克	6
工序	工时定额	累计工时定额
1	5	5
2	10	10

表 3-96　　部件定额成本计算卡

部件编号：2201　　2017 年 5 月　　金额单位：元

<table>
<tr><th rowspan="3">所用零件编号</th><th rowspan="3">零件数量/件</th><th colspan="7">材料定额</th><th rowspan="3">工时定额</th></tr>
<tr><th colspan="3">101</th><th colspan="3">102</th><th rowspan="2">金额合计</th></tr>
<tr><th>数量/件</th><th>计划单价</th><th>金额</th><th>数量/件</th><th>计划单价</th><th>金额</th></tr>
<tr><td>1201</td><td>3</td><td>18</td><td>5</td><td>90</td><td></td><td></td><td></td><td>90</td><td>25</td></tr>
<tr><td>1202</td><td>2</td><td></td><td></td><td></td><td>4</td><td>10</td><td>40</td><td>40</td><td>15</td></tr>
<tr><td>装配</td><td></td><td></td><td></td><td></td><td></td><td></td><td></td><td></td><td>5</td></tr>
<tr><td>合计</td><td></td><td></td><td></td><td></td><td></td><td></td><td></td><td>130</td><td>45</td></tr>
</table>

<table>
<tr><th colspan="5">定额成本项目</th><th rowspan="3">定额成本合计</th></tr>
<tr><th rowspan="2">直接材料</th><th colspan="2">直接人工</th><th colspan="2">制造费用</th></tr>
<tr><th>计划工资率</th><th>金额</th><th>计划费用率</th><th>金额</th></tr>
<tr><td>130</td><td>2</td><td>90</td><td>3</td><td>60</td><td>280</td></tr>
</table>

表 3-97　　产品定额成本计算表

产品名称：甲产品　　2017 年 5 月

<table>
<tr><th rowspan="2">所用部件名称</th><th rowspan="2">所用部件数量/件</th><th colspan="2">材料定额/元</th><th colspan="2">工时定额/元</th></tr>
<tr><th>部件</th><th>产品</th><th>部件</th><th>产品</th></tr>
<tr><td>2201</td><td>2</td><td>130</td><td>260</td><td>45</td><td>90</td></tr>
<tr><td>2202</td><td>1</td><td>210</td><td>210</td><td>50</td><td>50</td></tr>
<tr><td>装配</td><td></td><td></td><td></td><td></td><td>10</td></tr>
<tr><td>合计</td><td></td><td></td><td>470</td><td></td><td>150</td></tr>
<tr><td rowspan="2">直接材料</td><td colspan="2">直接人工</td><td colspan="2">制造费用</td><td rowspan="2">产品定额成本合计</td></tr>
<tr><td>计划工资率</td><td>金额/元</td><td>计划费用率</td><td>金额/元</td></tr>
<tr><td>470</td><td>2.5</td><td>225</td><td>2</td><td>120</td><td></td></tr>
</table>

产品的定额成本与计划成本不同，产品的计划成本是按照计划期内的平均消耗定额和计划单价计算成本，且成本在计划期内一般不发生变动。而产品的定额成本在不同时期是可以变动的，一般由会计、计划和技术等部门共同制定，必须是先进、可行的，不能与实际相差太远，经过努力可以达到。

2．脱离定额差异的计算

脱离定额差异是指产品实际产量按现行消耗定额和计划单价计算的定额成本与实际成本的差额。分析生产费用脱离定额的差异，控制生产费用支出，是定额成本法的主要内容之一。企业对于定额差异的核算，是在发生生产费用时，对符合定额的费用和脱离定额的差异分别编制定额凭证和差异凭证，并在有关费用分配表和生产成本明细账中分别进行登记，差额凭证登记以后，还必须按照规定办理审批手续。在有条件的企业，可以将脱离定额差异的日常核算同车间或班组的经济责任结合起来，依靠各生产环节的职工，控制生产费用。

（1）直接材料脱离定额差异的计算。直接材料费用脱离定额差异的计算公式如下。

直接材料费用脱离定额差异=直接材料计划费用-直接材料定额费用
=材料实际消耗量×计划单价-材料定额消耗量×计划单价
=（材料实际消耗量-材料定额消耗量）×计划单价

根据企业的不同生产类型和原材料特征，原材料脱离定额差异一般有限额领料单法、切割核算法和盘存法 3 种。

① 限额领料单法。在定额法下，企业出于控制费用的目的，原材料的领用应该实行限额领料单制。采用此制度时，在限额范围内发生的领料，在办理手续后可用限额领料单领用，由于增加产量发生的超额领料，相关部门应办理追加限额手续，仍使用限额领料单领料。

若发生其他原因造成的超额领料或使用代用材料的则应填制专设的超限额领料单、代用材料领料单等差异凭证，将发生的代用材料和以废料折合为相当于原确定材料的数额后再计算差异，反映在差异凭证中。超限额领料单中应具备的内容主要包括差异的数量、金额及发生的原因，并经过一定的审批手续。超限额领料单反映耗用量的超支，形成正差异。在每批次完工后发生的余料，应填制退料单。限额领料单中的原材料余额和退料单中的原材料数额，都属于直接材料脱离定额的节约差异，形成负差异。

原材料脱离定额差异是产品生产中实际用料脱离现行定额而形成的材料差异，而限额法并不能完全控制用料，上述凭证所反映的差异往往是领料差异，而不一定是用料差异。原因是产品的投产量并不一定等于规定的产品数量；所领的原材料数量也不一定等于生产中的原材料实际耗用量，从而在期初和期末在车间形成余料。

【案例 3-12】花果山公司第一车间本月限额领料单规定的产品数量为 2 000 件，每件产品原材料消耗定额为 12 千克，其当月的材料定额为 24 000 千克，本月实际领料 23 600 千克。企业采用限定领料单法计算原材料定额差异，则其脱离定额差异的计算如下。

如果本月投产数量为 2 000 件，与限额领料单上规定的产品数量一致，且期初和期末车间原材料均无余料，则其原材料脱离定额差异即为限额领料单上少领的 400 千克。

如果本月投产数量为 2 000 件，与限额领料单上规定的产品数量一致，车间期初余料 240 千克，期末余料 280 千克，则：

原材料实际耗用量=23 600+240-280=23 560（千克）

原材料脱离定额差异=23 560-24 000=-440（千克）　（节约）

如果本月投产 1 900 件，与限额领料单上规定的数额不一致。车间期初余料 240 千克，期末余料 280 千克，则：

原材料实际耗用量=23 600+240-280=23 560（千克）

原材料脱离定额差异=23 560-1 900×12=760（千克）　（超支）

② 切割法。对于需要进行切割加工原材料的企业，如板材、棒材等，为了能更好地控制用料差异，通常采用切割核算法进行处理。这种方法一般应按切割材料的批别来开立切割单，单中需

填明发交车间切割材料的种类、数量、消耗定额和应切割成的毛坯数量；待切割完成后，再填写实际切割成的毛坯数量和实际的材料消耗量。然后根据切割的毛坯数量和消耗定额，就可以计算出材料的定额消耗量，与实际耗用量相比较，就可以计算出脱离定额的差异。

【案例 3-13】花果山公司二车间的板材切割核算单中记录，实际发料数量为 365 千克，材料计划单价为 8 元，完成后退回余料数量为 5 千克，废料实际回收量为 11 千克，废料计划单价为 0.6 元，材料单件定额消耗定额为 9.5 千克，单件回收废料定额为 0.3 千克，应切割成的毛坯数量为 38 件，实际切割成的毛坯数量为 36 件。根据上述资料计算材料脱离定额差异和废料定额差异。

编制的材料切割核算单如表 3-98 所示。

表 3-98　　材料切割核算单

材料编号：1205　　材料计量单位：千克　　材料计划单价：8.00 元

产品名称：甲产品　　零件编号或名称：301　　图纸号：508

切割工人工号和姓名：张东　　机床编号：511

发交切割日期：2017 年 5 月 2 日　　完工日期：2017 年 5 月 10 日

<table>
<tr><th colspan="3">发料数量</th><th colspan="4">退回余料数量</th><th colspan="2">材料实际消耗量</th><th colspan="2">废料回收数量</th></tr>
<tr><td colspan="3">365</td><td colspan="4">5</td><td colspan="2">360</td><td colspan="2">11</td></tr>
<tr><td colspan="2">单件消耗定额</td><td colspan="3">单件回收废料定额</td><td colspan="2">应切割成的毛坯数量</td><td>实际切割成的毛坯数量</td><td colspan="2">材料定额消耗量</td><td>废料定额回收量</td></tr>
<tr><td colspan="2">9.5</td><td colspan="3">0.3</td><td colspan="2">38</td><td>36</td><td colspan="2">342</td><td>10.8</td></tr>
<tr><td colspan="2">材料脱离定额差异</td><td colspan="5">废料脱离定额差异</td><td colspan="3">差异原因</td><td>责任人</td></tr>
<tr><td>数量</td><td>金额</td><td colspan="2">数量</td><td colspan="2">单价</td><td>金额</td><td colspan="3" rowspan="2">由于操作过程未完全按照图纸要求进行</td><td rowspan="2">操作车间工人</td></tr>
<tr><td>18</td><td>144</td><td colspan="2">0.2</td><td colspan="2">0.6</td><td>0.12</td></tr>
</table>

注：材料实际消耗量=365−5=360；材料定额消耗量=36×9.5=342；废料定额回收量=36×0.3=10.8；
材料脱离定额差异金额=（360−342）×8=144；废料脱离定额差异金额=（11−10.8）×0.2=0.12。

此方法能及时反应材料的使用情况和发生差异的具体原因，有利于加强对材料消耗的控制和监督。在有条件的企业，如果与车间或班组的经济核算结合起来，能收到更好的管理效果。

③ 盘存法。在大量生产的企业，不能按照上述两种方法核算原材料脱离定额差异的情况下，除仍使用限额领料单等定额凭证和超额领料单等差异凭证以外，还应定期通过盘存的方法核算差异。其核算程序及计算公式如下。

a. 根据完工产品的数量和在产品盘存数量计算产品的投产数量，再以其乘以材料消耗定额，计算出材料定额消耗量。

在产品投产量=完工产品数量+期末在产品数量−期初在产品数量

材料定额消耗量=在产品投产量×原材料消耗定额

b. 根据限额领料单、超额领料单和退料单等凭证以及车间余料的盘存资料，计算出材料实际消耗量。

材料实际消耗量=本期领料量+期初的余料存量−期末余料存量

c. 最后，以材料的定额消耗量与实际消耗量进行对比，计算出材料脱离定额差异。

材料脱离定额差异=（材料实际消耗量−材料定额消耗量）×材料计划单价

应当指出，对于原材料在期初一次性投入的企业和原材料陆续投入的企业，上述公式中的在产品数量运用不同的数量。前者以投产数量为准，后者则要使用约当产量。为了加强材料管理，使用此方法的企业，应当尽可能缩短其计算期。

【案例 3-14】花果山公司生产丙产品需要耗用 B 材料。丙产品期初在产品数量为 60 件，本期完工产品为 2 000 件，期末在产品数量为 120 件。生产丙产品的原材料为投产时一次性投入，其消耗定额为每件 4 千克，原材料的计划单价为 10 元/千克。限额领料单中记录本期已经实际领料数量为 8 000 千克。车间期初余料为 100 千克，期末余料为 80 千克。则其有关材料差异的计算如下。

投产产品数量=2 000+120−60=2 060（件）

原材料定额消耗量=2 060×4=8 240（千克）

原材料实际消耗量=8 000+100−80=8 020（千克）

原材料脱离定额差异=（8 020−8 240）×10=−2 200（元）

不论企业采用哪种方法核算原材料定额消耗量和脱离定额差异，都应该分批或定期将这些核算资料进行汇总，按照成本核算对象编制原材料定额费用和脱离定额差异汇总表。汇总表中应填明该种产品所耗用各种原材料的定额消耗量、定额费用和脱离定额差异，并分析说明产生这些差异的原因。这种汇总表，既可以用来汇总反映和分析原配料脱离定额差异，又可以用来替代原材料费用分配表登记产品成本明细账，还可以报送企业管理部门或对职工公布，以便根据发生的原因采取措施，进一步挖掘降低费用的潜力。如表 3-99 所示。

表 3-99　　直接材料定额费用和脱离定额差异汇总表

产品名称：甲产品　　2017 年 5 月　　金额单位：元

材料种类	材料编号	单位	计划单价	定额费用		按计划价格的实际费用		脱离定额差异		原因分析
				数量	金额	数量	金额	数量	金额	
A 材料	101	千克	10	220	2 200	240	2 400	20	200	
B 材料	102	千克	5	120	600	100	500	−20	−100	

（2）直接人工脱离定额差异的核算。直接人工费用脱离定额差异的核算，主要是通过核算实际生产工时与定额工时的差异来进行的。企业生产工人的工资形式不同，其直接工资定额差异的计算方法也不同。在计件工资形式下，生产工人的工资属于直接费用，其工资定额差异的计算方法和直接材料的定额差异计算方法相似。

某产品直接工资定额差异=实际生产工资费用−实际产量×该产品工资费用定额

在计时工资形式下，生产工人的工资定额差异平时不能分产品进行直接计算，月末在实际生产人员工资总额确定后，可以按下列公式进行计算。

某产品直接工资定额差异=该产品实际工资总额−该产品定额生产工资额

某产品实际生产工资额=该产品实际产量的实际生产工时×实际单位小时工资额

$$\text{实际单位小时工资率}=\frac{\text{该产品实际生产工人工资总额}}{\text{该产品实际生产总工时}}$$

某产品定额生产工资额=该产品实际产量的定额生产工时×计划单位小时工资额

$$\text{计划单位小时工资率}=\frac{\text{该产品实际生产工人工资总额}}{\text{该产品计划产量的定额生产工时}}$$

无论企业采用哪种工资形式，都应该根据核算资料，按照成本核算对象汇总编制“人工费用定额成本和脱离定额差异汇总表”，表中汇总反映各种产品的定额工资、实际工资、工资差异以及产生差异的原因，并据此登记有关产品成本计算单，如表 3-100 所示。

表 3-100　人工定额费用和脱离定额差异汇总表

车间：一车间　　2017 年 6 月　　金额单位：元

产品名称	产量	单位定额工时/小时	定额工资			实际工资			定额差异
			工时定额/小时	计划小时工资	定时工资	实际工时/小时	实际小时工资	实际工资	
甲产品	500	6	3 000		3 000	2 800		3 360	360
乙产品	500	5	2 500		2 500	2 000		2 400	-100
合计			5 500	1	5 500	4 800	1.2	5 760	260

（3）制造费用脱离定额差异的计算。制造费用与计时工资一样，属于间接费用，这就决定了其在费用发生时不能直接按照产品确定脱离定额差异。制造费用在发生时先进行归集，月末汇总出总额后，采用一定的方法分配到各个产品中去时，才能确定其实际金额。在日常核算中，不能按照产品直接核算费用脱离定额的差异，只能根据费用计划按照费用项目核算脱离计划的差异，并填制差异凭证，以此来控制费用的发生。月末计算出各产品应负担的实际制造费用后，再计算制造费用定额差异。其计算公式如下。

$$计划小时制造费用分配率=\frac{车间计划制造费用总额}{车间计划产量的定额生产工时总额}$$

$$实际小时制造费用分配率=\frac{车间实际制造费用总额}{车间实际生产工时总数}$$

产品定额制造费用=产品定额生产工时×计划小时制造费用分配率

产品实际制造费用=产品实际生产工时×实际小时制造费用分配率

产品制造费用定额差异=产品实际制造费用-产品定额制造费用

月末，制造定额费用和脱离定额差异汇总表如表 3-99 所示。

表 3-101　制造定额费用和脱离定额差异汇总表

车间：一车间　　2017 年 6 月　　金额单位：元

产品名称	产量	单位定额工时/小时	定额工资			实际工资			定额差异
			工时定额/小时	计划小时工资	定时工资	实际工时/小时	实际小时工资	实际工资	
甲产品	500	6	3 000		1 500	2 800		1 680	180
乙产品	500	5	2 500		1 250	2 000		1 200	-50
合计			5 500	0.5	2 750	4 800	0.6	2 880	130

3．材料成本差异的计算

在采用定额法计算成本的企业中，原材料的日常核算一般按照其计划成本进行处理。所以，平时发生的材料费用所包括的直接材料定额成本和直接材料定额差异，都是以计划成本进行核算的。原材料脱离定额差异只是以计划单价反映的材料消耗量上的差异，不包含价格因素。因此，月末计算产品的实际原材料费用时，还需要计算原材料应分摊的价格成本差异。对于定额成本进行调整，应该考虑这个因素。计算公式如下。

某产品负担的材料成本差异=（该产品直接材料定额成本 ± 直接材料脱离定额差异）×材料成本差异率

【案例 3-15】花果山公司 6 月甲产品所耗原材料定额费用为 45 000 元，脱离定额差异为节约 1 000 元，材料成本差异率为超支 2%。则：

甲产品应分配的材料成本差异=（45 000-1 000）×（-2%）=-880（元）

各种产品应负担的材料成本差异，一般均由各产品的完工产品成本负担，月末在产品不再负担。

在多步骤生产中采用定额法进行核算的情况下，若逐步结转半成品成本，则半成品的日常核算也应按照计划成本或定额成本进行。在月末计算产品实际成本时，也应比照原材料成本差异的分配方法，计算产品所耗半成品的成本差异。为了便于考核和分析各步骤的产品成本，简化成本核算，各步骤所耗原材料和半成品的成本差异尽量由管理部门分配调整，不计入各生产步骤产品的成本。

4．定额变动差异的核算

定额变动差异是指因修订消耗定额或生产耗费的计划价格而产生的新旧定额之间的差异。企业由于经营条件变化或工人劳动技能不断提高等原因，原来制定的消耗定额或费用定额发生变动，这就需要重新制订企业的定额标准，以适应新的管理要求。

消耗定额或定额成本一般应在月初、季初或年初定期进行修订。在定额变动的当月，其月初在产品的定额成本并未变动，仍按旧定额计算。因此，为了将以旧定额计算的月初在产品定额成本和按新定额计算的当月新投入产品的定额成本在新定额的基础上进行相加，应计算月初在产品的定额变动差异。

月初在产品的定额变动差异，可以根据定额发生变动的在产品盘存数量或在产品账面结存数量和修订前后的消耗定额，计算出月初在产品消耗定额修订前后的定额消耗量，进而确定其定额变动差异。但在企业产品的零部件构成较多的情况下，采用此方法进行计算时，工作量就会很大。为了简化核算工作，也可以通过计算定额变动系数进行计算。定额变动系数是指按新定额计算的单位产品费用与按旧定额计算的单位产品费用之比，其计算系数如下。

$$定额变动系数=\frac{新定额下的单位产品成本}{旧定额下的单位产品成本}$$

月初在产品定额变动差异=按旧定额计算的月初在产品成本×（1-定额变动系数）

【案例 3-16】花果山公司甲产品从 5 月 1 日起实行新的材料消耗定额，单位产品旧的材料定额成本为 10 元，新的材料定额成本为 9.5 元，该产品月初在产品按旧定额计算的原材料定额费用为 12 000 元，则月初在产品定额变动差异如下。

$$系数=\frac{9.5}{10}=0.95$$

甲产品月初在产品定额变动差异=12 000×（1-0.95）=600（元）

采用系数法计算月初在产品定额变动差异虽然较简便，但由于系数通常是按单位产品来计算，而不是按照零部件计算的，因而只适宜于在零部件成套生产或零部件成套性较大的情况下采用。而在零部件不成套或成套性较差的情况下，会影响计算结果的正确性。

消耗定额的变动是由于技术进步或生产率的提高，一般情况下表现为不断向下的趋势，因而月初在产品定额变动差异，常表现为月初在产品定额成本的不断下降。在这种情况下，一方面应从月初在产品定额成本中扣除该差异；另一方面又由于该差异是月初在产品生产费用的实际支出，因此还应再将此差异计入本月产品的成本中。反之，则是先调增，而后再从产品成本中扣除，因为在实际生产中并未发生此笔费用。

任务实施

（1）计算定额变动系数、定额成本调整和月初在产品定额变动差异。

定额变动系数=570÷600=0.95

定额成本调整=12 000×（0.95−1）=−600

月初在产品定额变动差异=12 000×（1−0.95）= 600（元）

（2）计算各成本项目脱离定额差异分配率。

直接材料费用脱离定额差异率=−600÷57 000×100%=−1.05%

直接人工费用脱离定额差异率=300÷18 000×100%=1.67%

制造费用脱离定额差异率=10÷9 000×10%=0.11%

（3）根据上述资料和计算结果填写甲产品成本计算单，如表 3-102 所示。

表 3-102　　花果山公司产品成本计算单

产品名称：甲产品　　2017 年 6 月　　完工产量：70 件

单位：元

成本项目	月初在产品		月初在产品定额成本		本月生产费用		
	定额成本	脱离定额差异	定额成本调整	定额变动差异	定额成本	脱离定额差异	材料成本差异
	（1）	（3）	（3）	（4）	（5）	（6）	（7）
直接材料	12 000	400	−600	+600	45 600	−1 000	−446
直接人工	2 000	100			16 000	+200	
制造费用	1 000	80			8 000	−70	
成本合计	15 000	580	−600	+600	69 600	−870	−496

成本项目	生产费用合计				脱离定额差异	产成品成本	
	定额成本	脱离定额差异	材料成本差异	定额变动差异	分配率	定额成本	脱离定额差异
	（8）	（9）	（10）	（11）	（12）	（13）	（14）
直接材料	57 000	−600	−446	+600	−1.05%	39 900	−419
直接人工	18 000	+300			1.67%	14 000	234
制造费用	9 000	+10			0.11%	7 000	8
成本合计	84 000	−290	−446	+600		60 900	−177

成本项目	产成品成本			月末在产品成本	
	材料成本差异	定额变动差异	实际成本	定额成本	脱离定额差异
	（15）	（16）	（17）	（18）	（19）
直接材料	−446	+600	39 635	17 100	−181
直接人工			14 234	4 000	+66
制造费用			7 008	2 000	+2
成本合计	−446	+600	60 877	23 100	−113

表 3-102 中有关专栏说明如下。

（1）、（2）栏根据表 3-93 月初在产品成本资料填列；
（3）、（4）月初在产品定额成本：
定额变动系数=570÷600=0.95
定额成本调整=12 000×（0.95−1）=−600
月初在产品定额变动差异=12 000×（1−0.95）=600（元）
（5）栏根据本月投产量和表 3-92 计算填列：
直接材料费用=570×80=45 600（元）
直接人工费用=200×80=16 000（元）
制造费用=100×80=8 000（元）
（6）栏根据有关脱离定额差异资料填列；
（7）栏=[（5）栏+（6）栏]×（−1%）
=（45 600−1 000）×（−1%）
=−446（元）；
（8）栏=（1）栏+（3）栏+（5）栏；
（9）栏=（2）栏+（6）栏；
（10）栏=（7）栏；
（11）栏=（4）栏；
（12）栏脱离定额差异率：
直接材料脱离定额差异率=−600÷57 000×100%=−1.05%
直接人工脱离定额差异率=300÷18 000×100%=1.67%
制造费用脱离定额差异率=10÷9 000×10%=0.11%
（13）栏用完工产量分别乘以表 3-93 定额成本资料填列：
直接材料=570×70=39 900（元）
直接人工=200×70=14 000（元）
制造费用=100×70=7 000（元）
（14）栏=（12）栏×（13）栏；
（15）栏=（10）栏；
（16）栏=（11）栏；
（17）栏=（13）栏+（14）栏+（15）栏+（16）栏；
（18）栏=（8）栏−（13）栏；
（19）栏=（9）栏−（14）栏。

动脑筋

采用定额法进行成本核算比较繁琐，无形中会增加会计人员的工作量，那么企业选择定额法有哪些好处呢？

闯关考验

一、单选题

1. 产品成本计算的定额法不适用于（　　）。

A. 造船厂

B. 大量大批多步骤生产的企业

C. 可以按一定标准将所产产品进行分类的企业

D. 定额管理基础较好、各项消耗定额较准确且稳定的企业

2. 定额法的优点是（　　）。

A. 计算工作量小　　B. 成本核算过程简单

C. 费用分配方法简单　　D. 便于企业进行成本管理和分析

3. 产品生产过程中各项实际生产费用脱离定额的差异称为（　　）。

A. 数量差异　　B. 价格差异　　C. 原材料成本差异　D. 脱离定额差异

4. 在完工产品成本分析中，如果月初在产品定额变动差异是负数则说明（　　）。

A. 定额提高　　B. 定额降低

C. 本月定额管理不好　　D. 本月定额成本管理取得成绩

5. 定额变动差异是指修复定额以后，原定额成本与新定额成本之间的差异，只有（　　）存在定额成本差异。

A. 月初在产品　　B. 月末在产品　　C. 本月投入产品　D. 本月完工产品

二、多选题

1. 不属于产品成本计算辅助方法的是（　　）。

A. 分类法　　B. 品种法　　C. 定额法　　D. 分步法

2. 采用定额法计算产品成本，产品的实际成本由（　　）组成。

A. 定额成本　　B. 脱离定额差异　C. 材料成本差异　D. 定额变动差异

3. 不属于定额法优点的是（　　）。

A. 有利于加强成本控制，便于成本分析

B. 有利于提高成本的定额管理和计划管理水平

C. 有利于在完工产品和在产品之间进行费用分配

D. 成本计算工作量小

4. 人工费用脱离定额差异等于（　　）。

A. 计划工资费用与定额费用的差

B. 实际工资费用与定额费用的差

C. 计划工时减去定额工时再乘以计划工资的积

D. 实际工时减去定额工时再乘以计划工资的积

5. 以下不是采用定额法计算成本的条件的是（　　）。

A. 定额管理制度比较健全　　B. 对定额管理制度没有特殊要求

C. 各月在产品数量变化较大　　D. 制定的各项定额比较准确且稳定

三、判断题

（　　）1. 定额成本是一种单纯计算产品成本的成本计算方法。

（　　）2. 定额法是企业进行成本控制和考核的手段，是重要的成本管理方法之一。

（　　）3. 定额成本包括的成本项目与实际成本包括的成本项目完全一致。

（　　）4. 定额变动差异是定额本身变动的结果，它与生产费用支出的节约和浪费无关。

（　　）5. 材料脱离定额差异是指按实际价格计算的材料实际成本和按计划价格计算的材料定额成本之间的差异。

（　　）6. 定额法与产品的生产类型没有直接联系，所以任何企业均可使用定额法。

全真实训

实训一　练习定额费用及脱离定额差异的计算

某企业生产甲产品，本月期初在产品 60 台，本月完工产量 500 台，期末在产品数量 120 台，原材料系开工时一次投入，单位产品材料消耗定额为 10 千克，材料计划单价为 4 元/千克。本月材料限额领料凭证登记数量为 5 600 千克，材料超限额领料凭证登记数量为 400 千克，期初车间有余料 100 千克，期末车间盘存余料为 300 千克。

要求：计算本月产品的原材料定额费用及脱离定额差异。

实训二　练习定额变动系数和在产品定额变动差异的计算

假定某企业 6 月 30 日甲产品在产品的原材料定额费用为 50 200 元，单位产品的原材料费用定额为 2 000 元，而该企业自 7 月 1 日起，修订了原材料费用定额，单位产品的原材料费用定额修订为 1 600 元。

要求：（1）计算甲产品的定额变动系数。

（2）计算月初在产品的定额变动差异。

实训三　练习定额法

甲产品采用定额法计算产品成本，9 月该种产品的原材料费用资料如下。

（1）月初在产品定额费用为 2 400 元，月初在产品脱离定额差异为节约 100 元，月初在产品定额费用调整，降低 200 元，定额变动差异由完工产品成本负担。

（2）本月定额费用为 5 800 元，本月脱离定额差异为超支 500 元，本月原材料成本差异率为节约 4%，材料成本差异由完工产品成本负担。

（3）本月完工产品定额费用为 6 000 元。

要求：（1）计算月末在产品的原材料定额费用。

（2）计算原材料脱离定额差异率。

（3）计算本月原材料费用的材料成本差异。

（4）计算本月完工产品和月末在产品的实际费用（脱离定额差异在完工产品和月末在产品之间分配）。

实训四　练习材料脱离定额差异的计算与分析

某企业丁产品 8 月的计划产量为 100 件，其材料消耗量定额为 15 千克/件，材料的计划单价为 8 元/千克。本月实际领料 1 300 千克。丁产品的实际产量为 110 件，月初有余料 200 千克，月末有余料 30 千克。

要求：计算材料脱离定额差异，并说明是节约差异还是超支差异。

实训五　练习直接人工脱离定额差异的计算与分析

某企业 12 月计划生产甲产品 1 000 件，单件产品的定额工时为 7 工时/件，计划直接人工费用为 210 000 元，本月实际产量为 1 100 件，实际生产工时为 8 000 工时，实际的直接人工费用为 232 000 元。

要求：（1）计算直接人工脱离定额的差异。

（2）对计算结果进行简要分析说明（需运用数据来分析）。

项目小结

产品成本计算的分批法，是指以产品批号或定单作为成本计算对象，归集生产费用，计算产品成本的一种方法。分批法的成本计算对象就是产品的批别。该方法以产品的生产周期作为成本计算期，生产费用一般不需要在完工产品与在产品之间分配，主要适用于单件、小批生产产品的企业。

分批法因其间接费用的分配方法不同，分为一般分批法和简化分批法。一般分批法是指将间接费用在月内直接分配计入各批产品成本的方法。简化分批法又称累计间接费用分批法，是指对除直接材料费用外的各项间接费用，不是按月在各批产品之间进行分配，而是先将这些费用按成本项目分别累计起来，在基本生产成本二级账中反映，等到有产品完工时，再将其在各批完工产品之间进行分配的方法，适用于同一月份投产的产品批数很多，且月末未完工批数也较多的企业。

分步法是以产品的生产步骤和产品品种作为成本计算对象，归集生产费用，计算产品成本的一种方法。分步法主要适用于大量、大批的多步骤生产，并且管理上要求分步骤计算产品成本的企业。分步法的特点是成本计算对象是该种产品及其所经过的各生产步骤，产品成本明细账应按照产品的生产步骤开立，以会计报告期为成本计算期，费用在完工产品和月末在产品之间分配，为了计算各种产品的产成品成本，还需要按照产品品种结转各步骤成本。

逐步结转分步法是按照各个生产步骤逐步计算并结转半成品成本，直到最后生产步骤计算出完工产品成本的方法。逐步结转分步法主要适用于大量大批多步骤生产，且在管理上有必要提供半成品成本资料的企业。所谓成本还原，就是从最后一个步骤起，把本月产成品成本中所耗上一步骤半成品的综合成本还原成直接材料、直接人工、制造费用等原始成本项目，从而求得按原始成本项目反映的产成品成本资料。

分项逐步结转法是将各生产步骤所耗上一步骤半成品费用，按照成本项目分项转入各该步骤产品成本明细账中相应的成本项目。本方法一般适用于在管理上不要求考核各步骤所耗上一步骤半成品成本以及本步骤加工费用的情况。

平行结转分步法是指各加工步骤不计算各步骤半成品成本，也不计算各步骤所耗上一步骤半成品成本，只计算本步骤发生的直接材料、直接人工、制造费用，以及这些费用中应计入产成品成本中的"份额"，并将各步骤半成品应计入产成品成本的"份额" 平行汇总，从而计算出该产成品成本的方法。该方法也称为不计算半成品成本的分步法。平行结转分步法主要适用于成本管理上不要求计算半成品成本的企业，特别是半成品不对外销售的大量大批装配式多步骤生产企业。

采用平行结转分步法计算产品成本，各步骤不计算半成品成本，只计算本步骤所发生的生产费用；各步骤之间不结转半成品成本，只在企业的产成品入库时才将各步骤费用中应计入产成品的"份额"从各步骤产品明细账中转出，不通过"自制半成品"账户进行核算，即半成品成本不随半成品实物的转移而结转；每一步骤的生产费用需采用适当的方法，在其完工产品与月末广义在产品之间分配。

联产品是指同样的原材料，经过一道或一系列工序的加工同时生产出几种地位相同但用途不同的主要产品。联合成本是指在联合生产过程中生产联产品所发生的总成本。分离点联产品之间联合成本的分配常用的分配方法有系数分配法、实物量分配法和相对销售收入分配法等；副产品是指使用同种原材料在同一生产过程中生产主要产品的同时，附带生产出一些非主要产品，或利用生产中废料加工而成的产品。副产品的成本计算方法有不负担分离前的联合成本以定额单位成本计算其成本；以其销售价格作为计算的依据，按销售价格扣除销售税金、销售费用和一定的利润后即为副产品成本；只计算归属于本产品的成本。等级产品是指使用同种原材料，经过相同加工过程生产出来的品种相同，但质量有所差别的产品。等级品应视造成其质量差别的原因确定成本计算方法。可以采用实物量分配法、系数分配法等计算等级产品成本。

分类法是以产品的类别作为成本计算对象，按类归集生产费用，先计算出各类完工产品成本，然后再按一定的标准分配计算各类产品中各种产品成本的一种计算方法。分类法的关键一是要合理确定产品类别，以准确计算各大类产品的成本；二是选用适当的方法分配类内各种产品应负担的成本。分配标准可以采用定额比例法或系数分配法。

产品成本核算的定额法是以产品定额成本为基础，通过加减脱离定额的差异和定额变动差异来计算产品实际成本的一种成本核算方法。定额法并非一种单纯的成本核算方法，还是一种成本控制方法。在定额法下，产品实际成本由定额成本、脱离定额差异、材料成本差异和定额变动 4 个要素组成。

定额成本是指按照各时期的现行消耗定额和材料计划单价、计划的工资率等计算的成本。脱离定额差异是指产品实际产量按现行消耗定额和计划单价计算的定额成本与实际成本的差额，包括直接材料脱离定额差异、直接人工脱离定额差异、制造费用脱离定额差异。材料成本差异是本期生产领用原材料应分摊的价格成本差异。定额变动差异是指因修订消耗定额或生产耗费的计划价格而产生的新旧定额之间的差异。

项目四
成本报表的编制与分析

知识目标

1. 了解成本报表的作用；熟悉成本报表的种类。
2. 熟悉成本报表的编制方法和编制内容。
3. 了解成本分析的作用；掌握成本报表的分析方法。

能力目标

1. 会编制成本报表。
2. 能够运用对比分析法、比率分析法、因素分析法和差额分析法等方法进行成本报表分析。

情景写实

成本报表作为内部报表，主要是满足企业内部经营管理者的需要，内容更具有针对性；格式由企业自行确定，具有较大的灵活性；与对外报表相比，更注重时效，为了及时反馈成本信息，及时揭示成本工作中存在的问题和技术经济指标变动对成本的影响，还可以采用日报、周报或旬报的形式，定期或不定期地向有关部门和人员提供不同内容的成本报表。成本是企业利润的第二源，管理控制好成本是企业实现经营目标的重要手段。通过成本报表可以提供产品成本的构成信息，通过成本报表分析，可以及时发现成本管理中存在的问题，通过跟踪监督及时改进，控制、降低成本，为企业战略目标的实现提供保证。

学习建议

本项目案例和实训在学习中用Excel进行动态分析，学生动手制作Excel表，绘制成本报表表格，设计公式进行计算分析，培养Excel操作技能。

任务一 了解成本报表

任务描述

宇辰有限责任公司的成本会计小杨发现，尽管他每月按时编制3类主要成本报表：全部商品成本表、主要产品单位成本表和各项费用报表，厂内主管生产的赵副总还是经常抱怨，报表提供的信息不足以帮助管理者改进生产，降低成本。因为这个正在高速成长的公司经常不定期发生一些新业务，而成本报表的披露总是滞后，发挥不了成本核算及时指导生产的作用。

任务下达

1. 成本报表有何作用？
2. 成本报表的种类有哪些？
3. 企业经营过程中应提供哪些成本报表？

知识准备

产品成本是综合反映企业生产技术和经营管理工作水平的一项重要质量指标，编制和分析成本报表是成本会计工作的一项重要内容。成本报表是根据日常成本核算资料定期编制的，用以反映企业一定时期产品成本水平、考核产品成本计划和生产费用预算执行情况的书面报告。

一、成本报表的作用

成本报表是会计报表体系的重要组成部分，是企业内部报表中的主要报表，是根据成本管理的需要，依据企业日常核算资料和其他有关资料定期或不定期编制的，用以反映和控制企业一定时期产品成本水平和成本构成情况，以及有关各项费用支出情况的一种报告文件。成本报表是为企业内部管理需要而编制的，对加强成本管理，提高经济效益有着重要的作用。

（1）能够提供真实可靠的产品成本信息。企业管理者首先可以利用成本报表，分析和考核成本计划的执行情况，促使企业降低成本、节约费用，提高企业的经济效益。

（2）为成本分析提供数据支撑。成本报表是成本分析的基础资料，通过成本报表中的各项数据可以揭示企业在生产技术和经营管理方面取得的成果和存在的问题，进一步提高企业生产技术和经营管理的水平；可以揭示影响产品成本指标和费用项目变动的因素和原因，从生产技术、生产组织和经营管理等各个方面挖掘节约费用和降低产品成本的潜力，提高企业生产耗费的经济效益。

（3）为企业确定产品价格，进行成本费用和利润的预测，制定有关生产经营决策提供依据。成本报表提供的实际产品成本和费用支出的资料，不仅可以满足企业、车间和部门加强日常成本、费用管理的需要，而且是企业进行成本、利润的预测、决策，编制产品成本计划和各项费用计划，制定产品价格的重要依据。

二、成本报表的种类

成本报表属于内部报表，主要是为满足企业内部经营管理的需要而编制的，不对外公开。因此，成本报表的种类、格式、项目、指标的设计和编制方法、编报日期、具体报送对象，国家都不作统一规定，而由企业自行决定，其设计应满足企业内部成本管理的基本要求。

1．按成本报表反映的内容分类

（1）反映产品成本构成与变动情况的报表。这类报表有商品产品成本表、主要产品单位成本表等。这类报表主要反映报告期内企业各种产品的实际成本水平以及不同时期的比较数据，通过本期实际成本与前期平均成本、本期计划成本的对比，可以了解企业成本发展变化趋势和成本计划的完成情况，找出差距，发现薄弱环节，进一步采取有效措施，为挖掘降低成本内部潜力提供有效的资料。

（2）反映各种费用支出的报表。这类报表有制造费用明细表、管理费用明细表、销售费用明细表等。通过这类报表可以知道企业在一定时期内费用支出总额及其构成，了解费用支出的合理性，分析费用支出的变动趋势。通过各种费用支出报表，有利于企业和主管部门正确制定费用预算，控制费用支出，考核费用支出指标的合理性，明确有关部门和人员的经济责任，防止随意扩大费用开支范围。

2．按成本报表编制的时间分类

成本报表按编制的时间可分为年报、季报、月报。成本报表根据管理上的要求一般可按月、按季、按年编报。同时，针对企业内部管理的特殊需要，也可以按旬、按周、按日以及按工作班来编报，以满足日常临时或特殊任务管理的需要，使成本报表及时服务于生产经营的全过程。

三、成本报表的编制要求

1．根据管理需要编制成本报表

成本报表是不对外报送或公布的会计报表，成本报表的种类、项目、格式和编制方法，由企业自行确定。

企业经营过程中需要编制的成本报表一般包括商品产品成本表、主要产品单位成本表、制造费用明细表、销售费用明细表、管理费用明细表和财务费用明细表。为了加强企业生产成本的日常管理，除了上述定期编制的成本报表以外，企业还要设计和编制如主要产品成本旬报、日报等提供日常产品成本信息的报表。具体编制报表的种类根据企业管理需要确定。例如，桃花岛制造有限责任公司商品产品成本表及主要产品单位成本表如表 4-1 和表 4-2 所示。

表 4-1　　商品产品成本表　　金额单位：元

产品名称	实际产量	总成本			降低幅度			
		按上年单位成本计算	按计划单位成本计算	按本年实际单位成本计算	比上年降低		比计划降低	
					降低额	降低率/%	降低额	降低率/%
可比产品		28 000	26 400	27 800	200	0.71	−1 400	−5.3
甲	200	13 000	12 400	12 200	800	6.15	200	1.61
乙	100	15 000	14 000	15 600	−600	−4	−1 600	−11.43
不可比产品	50		5 250	5 300			−50	−0.95

续表

产品名称	实际产量	总成本			降低幅度			
		按上年单位成本计算	按计划单位成本计算	按本年实际单位成本计算	比上年降低		比计划降低	
					降低额	降低率/%	降低额	降低率/%
丙	50		5 250	5 300			−50	−0.95
合计			31 650	33 100			−1 450	−4.58

表 4-2　　主要产品单位成本表（乙产品）　　单位：元

成本项目	上年实际平均	本年计划	本年实际
原材料	110	100	120
工资及福利费	25	25	23
制造费用	15	15	13
合计	150	140	156

2．成本报表的编制要符合财务报表的编制要求

（1）全面反映，突出重点。企业编制成本报表的种类应当全面，表内项目和表外的补充资料应当齐全，能够全面反映企业成本核算和成本管理的基本情况，通过成本报表的分析，能够抓住主要问题，因此，要求成本报表及成本报表分析资料中有数字、有情况、有分析、有建议、有措施，重点突出。

（2）数字真实，计算准确。企业在编制成本报表之前，必须将所有经济业务全面登记入账，做到账账相符，通过财产清查，做到账实相符，保证成本报表所提供的各项指标的数字真实可靠，严禁弄虚作假，不得人为变动报表中的数字，使企业所编制的成本报表能公正、客观地反映企业的成本费用水平。

（3）指标一致，数据可比。在编制成本报表时，采用的指标应当一致，相互可比，从而使管理者在使用报表时能够前后各期之间进行比较。只有指标一致，才能使报表使用者更好地分析、了解、判断企业过去、现在的成本情况，预测企业成本的未来变化趋势，进而做出相关管理决策。

（4）编报及时，说明清楚。成本报表资料的有用性不仅仅体现在真实性、准确性及全面性上，同时也体现在及时性上。由于成本报表是对已经发生的生产费用及产品成本资料所做的总结，因此，如果企业财务部门不能及时地编制成本报表，企业管理者就无法据以做出正确的比较、判断、评价和决策，那么即便是真实、全面的成本报表资料也会因此而丧失其应有的作用。为了保证成本报表编报的及时性，企业财务部门应做好编制报表的一系列准备工作，企业内部各部门应密切协调配合。

动脑筋

请同学们思考一下，财务报表有哪些？成本报表有哪些？两者之间有什么关系？

任务实施

（1）成本报表能够提供真实可靠的产品成本信息，为成本分析提供数据支撑，为企业确定产品价格，进行成本费用和利润的预测，制定有关的生产经营决策的依据，为编制成本和利润等计划提供重要的数据。

（2）成本报表按反映的内容，可分为反映产品成本情况的报表和反映各种费用支出的报表；按编制的时间，可分为年报、季报、月报。

（3）一般应提供商品产品成本表、主要产品单位成本表、制造费用明细表、销售费用明细表、管理费用明细表和财务费用明细表。为了加强企业生产成本的日常管理，除了上述定期编制的成本报表以外，企业还要设计和编制如主要产品成本旬报、日报等提供日常产品成本信息的报表。

小提示 企业管理包括事前、事中和事后管理，成本报表的编制与分析属于事后管理环节，是成本管理的一项重要工作。

闯关考验

一、单选题

1. 与财务报告相比，企业成本报表（　　）。
   A. 没有固定的结构，根据企业管理需要确定，是对内编制的报表
   B. 有固定的结构，也需要对外报送
   C. 由有关部门规定哪些指标对外公布，哪些指标不对外公布
   D. 可根据债权人和投资人的要求，确定哪些指标对外公布，哪些指标不对外公布
2. 企业成本报表的作用是（　　）。
   A. 与财务报告对应的 3 张表作用相同　B. 加强成本管理内部使用的报表
   C. 提供给税务部门查账用　D. 提供给债权人
3. 成本报表是服务于（　　）的报表。
   A. 企业债权人　B. 企业管理者　C. 有关管理当局　D. 各有关投资人
4. 下列报表中，不包括在成本报表中的有（　　）。
   A. 产品生产成本表　B. 制造费用明细表
   C. 期间费用明细表　D. 资产负债表
5. 编制成本报表是因为（　　）。
   A. 国家统一会计制度的要求　B. 企业内部经营管理的需要
   C. 社会中介机构的要求　D. 潜在投资者和债权人的要求

二、多选题

1. 企业可以自行决定本企业成本报表的（　　）。
   A. 报表格式　B. 编报项目　C. 编报时间　D. 报送对象
2. 设置成本报表，应当（　　）。
   A. 符合国家统一会计制度规定的格式和内容
   B. 符合企业生产经营的特点
   C. 满足企业成本管理的要求
   D. 报表指标具有实用性，报表内容具有针对性
3. 期间费用明细表包括（　　）。
   A. 制造费用明细表 B. 管理费用明细表 C. 营业费用明细表 D. 财务费用明细表
4. 下列报表中，属于成本报表的有（　　）。
   A. 产品生产成本表　B. 主要产品单位成本表
   C. 制造费用明细表　D. 期间费用明细表

三、判断题

（　　）1. 成本报表是对外报告的会计报表。
（　　）2. 成本报表包括财务费用明细表。

(　　) 3. 成本报表的编制只要做到数字准确、内容完整就符合要求了。

(　　) 4. 由于成本指标的特殊性，成本报表只能定期编制。

(　　) 5. 不同企业的成本报表可以存在差异。

(　　) 6. 成本报表的格式和内容应当具有统一性，以便统计、汇总和被社会公众所理解。

全真实训

实训一　编制商品产品成本表

北方工具厂设有两个基本生产车间。一车间生产甲产品，二车间生产乙、丙两种产品。其中甲、乙产品为可比产品，丙产品为不可比产品。该厂 2017 年 12 月有关成本资料如表训 4-1 所示。

表训 4-1　　商品产品生产资料

2017 年 12 月　　金额单位：元

	可比产品（甲）	可比产品（乙）	不可比产品（丙）
单位生产成本			
上年实际成本	600	420	
本月实际	555	414	276
本年累计实际平均	573	417	273
本年计划	580	400	270
生产量/件			
本月实际	90	105	60
本年累计实际	765	960	630
本年计划	720	890	650
销售量/件			
本月实际	75	105	60
本年累计实际	780	870	48
年初结存数量/件	120	90	135

① 可比产品本年计划降低额为 32 200 元。

② 可比产品本年计划降低率为 4%。

③ 按现行价格计算的商品产值为 1 698 450 元。

④ 本年计划的产值率为 56 元/百元。

要求：根据上述资料编制北方工具厂 2017 年 12 月商品产品成本表，如表训 4-2 所示。

表训 4-2　　商品产品成本表

编制单位：北方工具厂　　2017 年 12 月　　单位：元

产品名称	计量单位	实际产量		单位成本				本月总成本			本年累计总成本		
		本月	本年累计	上年实际平均	本年计划	本月实际	本年累计实际平均	按上年实际平均单位成本	按本年计划单位成本	本月实际	按上年实际平均单位成本计算	按本年计划单位成本计算	本年实际
		（1）	（2）	（3）	（4）	（5）=（9）÷（1）	（6）=（12）÷（2）	（7）=（1）×（3）	（8）=（1）×（4）	（9）	（10）=（2）×（3）	（11）=（2）×（4）	（12）
可比产品合计													

续表

产品名称	计量单位	实际产量		单位成本				本月总成本			本年累计总成本		
		本月	本年累计	上年实际平均	本年计划	本月实际	本年累计实际平均	按上年实际平均单位成本	按本年计划单位成本	本月实际	按上年实际平均单位成本计算	按本年计划单位成本计算	本年实际
		（1）	（2）	（3）	（4）	（5）=（9）÷（1）	（6）=（12）÷（2）	（7）=（1）×（3）	（8）=（1）×（4）	（9）	（10）=（2）×（3）	（11）=（2）×（4）	（12）
1. 甲产品	件												
2. 乙产品	件												
不可比产品合计	件												
丙产品													
全部商品产品成本													

补充资料（本年累计实际成本）：

① 可比产品成本降低额为　　　　（本年计划降低额为　　　　）。

② 可比产品成本降低率为　　　　（本年计划降低率为　　　　）。

③ 按现行价格计算的商品产值为　　　　元。

④ 产值成本率为　　　　元/百元（本年计划为　　　　元/百元）。

实训二　编制主要产品单位成本表

北方工具厂甲产品 2017 年 12 月有关资料如表训 4-3 和表训 4-4 所示。

表训 4-3　　甲产品成本资料

2017 年 12 月　　单位：元

单位生产成本	直接材料	直接工资	制造费用	合计
历史先进水平	279	135	114	528
上年实际平均	315	156	129	600
本年计划	300	150	130	580
本月实际	285	147	123	555
本年累计实际平均	294	153	126	573

表训 4-4　　甲产品其他资料

2017 年度

项目	单位	上年实际	本年实际
单位产品售价	元	900	930
单位产品税金	元	120	123
产品计划销售量	件	765	770
产品实际销售量	件	750	780

要求：根据以上资料和实训一的有关资料编制该厂甲产品的主要产品单位成本表，如表训 4-5 所示。

表训 4-5　　主要产品单位成本表

编制单位：北方工具厂　　2017 年 12 月　　单位：元

产品名称		甲产品	本月实际产量			
规格			本年累计实际产量			
计量单位		件	销售单价			
成本项目	行次	历史先进水平 19××年	上年实际 平均	本年计划	本月实际	本年累计 实际平均
		（1）	（2）	（3）	（4）	（5）
直接材料 直接工资 制造费用						
产品生产成本						

实训三　编制产品生产成本表

超宇有限责任公司有关产量、单位成本和总成本的资料如表训 4-6 所示。

表训 4-6　　产量、单位成本和总成本明细表

产品名称		实际产量/件		单位成本/元		总成本/元	
		本月	本年累计	上年实际平均数	本年计划	本月实际	本年累计数
可比产品	A 产品	100	900	800	780	75 000	684 000
	B 产品	30	500	500	480	13 500	235 000
	C 产品	80	1 100	700	710	55 200	748 000
不可比产品	D 产品	300	3 200		1 150	375 000	3 520 000
	E 产品	600	7 800		1 480	894 000	11 076 000

要求：根据上述资料，填写产品生产成本表，如表训 4-7 所示。

表训 4-7　　产品生产成本表

2017 年 5 月　　金额单位：元

产品名称	计量单位	实际产量		单位成本				本月总成本			本年累计总成本		
		本月	本年累计	上年实际平均	本年计划	本月实际	本年累计实际平均	按上年实际平均单位成本计算	按本年计划单位成本计算	本期实际	按上年实际平均单位成本计算	按本年计划单位成本计算	本年实际
可比产品合计		—	—	—	—	—	—						
其中：A	件	100	900	800	780	750	760						
B	件	30	500	500	480	450	470						
C	件	80	1 100	700	710	690	680						
不可比产品合计		—	—	—	—	—	—	—			—		
其中：D	件	300	3 200		1 150	1 250	1 100	—			—		

续表

产品名称	计量单位	实际产量		单位成本				本月总成本			本年累计总成本		
		本月	本年累计	上年实际平均	本年计划	本月实际	本年累计实际平均	按上年实际平均单位成本计算	按本年计划单位成本计算	本期实际	按上年实际平均单位成本计算	按本年计划单位成本计算	本年实际
E	件	600	7 800		1 480	1 490	1 420	—			—		
全部产品		—	—	—	—	—	—	—			—		

补充资料：

① 可比产品成本降低额：________元。

② 可比产品成本降低率：________%。

任务二 掌握成本报表分析的方法

任务描述

宇辰有限责任公司 2017 年 3 月生产甲、乙、丙 3 种产品，有关资料如下。

（1）产品 3 月计划产量：甲 10 件、乙 10 件、丙 4 件。实际产量：甲 8 件、乙 15 件、丙 4 件。经查明，产量变动是生产部门根据市场需求变化进行的调整。

（2）本月甲、乙产品所耗原材料因价格上涨，产品单位成本升高 1 200 元。针对这一情况，车间会同技术部门研究并采取了节约措施，收到了显著效果。

（3）3 月产品生产成本表（按产品种类反映）如表 4-3 所示。

表 4-3　　产品生产成本表（按产品种类反映）

产品名称	计量单位	实际产量	单位成本/元			总成本/元		
			上年实际平均	本年计划	本期实际	按上年实际平均单位成本计算	按本年计划单位成本计算	本期实际成本
可比产品：								
甲	件	8	2 000	2 050	2 030	16 000	16 400	16 240
乙	件	15	4 000	3 900	3 800	60 000	58 500	57 000
小计						76 000	74 900	73 240
不可比产品：丙	件	4		5 700	5 300		22 800	21 200
全部产品合计							97 700	94 440

补充资料：

① 可比产品成本实际降低额为 1 660 元（计划降低额为 1 500）元。

② 可比产品成本降低率为 2.216 3%（计划降低率为 2.5%）。

③ 产值成本率计划数为 80 元/万元，本月商品产值实际数为 119 540 元。

任务下达

进行可比产品成本降低任务完成情况分析，根据分析结果，结合所给资料，对企业成本工作进行总括评价。

知识准备

成本报表分析是指以成本报表所提供的反映企业一定时期产品成本水平和构成情况的资料以及其他有关的计划、核算资料为依据，对产品成本水平和构成的变动情况进行分析评价，以揭示影响成本升降的各种因素及其变动原因，寻找降低成本的潜力。成本报表分析属于事后分析。

一、成本报表分析的作用

对成本报表进行分析的主要作用表现在：可以考核企业成本计划的执行情况，评价企业过去的成本管理工作；可以揭示存在的问题和差距，促使企业挖掘降低成本的潜力，寻找降低成本的途径和方法；可以认识和掌握成本变动的规律，从中总结成本管理的经验和教训，提高企业经营管理水平；可以为企业编制成本计划、预算和进行经营决策提供可靠的依据。

二、成本分析的基本程序

要想做好成本分析工作，必须掌握全面的信息，一般情况下，在进行成本分析时，通常可按以下程序进行分析。

1．全面收集资料，掌握企业生产实际情况

为了系统、全面地分析成本报表，必须占有详细的资料，包括成本报表资料和其他有关的计划、统计资料等。另外，还要深入生产一线进行实际调查研究，了解生产过程和工艺流程，对各项资料进行必要的审核和整理，只有根据客观的、相关的资料进行分析，才能得出正确的、有指导意义的结论。

2．从预算执行完成情况着手开始分析

进行成本报表分析，首先从全部产品成本预算和各种费用预算完成情况的总评价开始，然后按照影响预算完成情况的因素逐步深入、具体地分析，以从复杂的影响因素中找出进一步分析的问题。例如，对重点产品的单位成本、重点成本项目或费用项目，进行深入具体的分析。

3．确定影响成本指标变动的各因素，找出起决定作用的主要因素

在分析成本指标实际脱离计划差异的过程中，要研究确定影响成本指标变动的各种因素，将其按照不同的特征归类，并采取数量分析方法，从量上确定各类因素的影响程度，然后通过比较，从中找出起决定作用的主要因素。

4．查明各因素变动的真正原因，采取措施降低成本

深入研究企业内部条件和外部环境的变化，生产技术、生产组织和经营管理等方面的情况，查明各种因素变动的真正原因，以便采取措施挖掘降低成本、提高经济效益的潜力。

5．以战略、发展的观点，对企业成本管理工作进行评价

在市场经济下，评价一个企业成本管理工作的优劣，不能只分析成本管理工作是否达到本身的目的，还要看竞争对手，分析企业产品成本在市场竞争中是否具有优势。另外，企业的生产经营过程是一个持续不断的运动过程，因此不能用静止的观点进行分析，而要用发展的观点进行分析。企业既要立足现在，又要放眼未来，要正确处理短期经济利益与长期经济利益的关系，防止只追求近期经济利益的短期行为。

三、成本报表的分析方法及成本分析报告的撰写

1. 成本报表的分析方法

（1）成本报表整体分析方法。成本报表整体分析方法包括水平分析法、垂直分析法和趋势分析法。

水平分析法是将反映企业报告期成本的信息（特别指成本报表信息资料）与反映企业前期或历史某一种成本状况的信息进行全面、综合的对比，研究企业经营业绩或成本状况的发展变动情况的一种成本分析方法。

垂直分析法是通过计算成本报表中各项目占总体的比重或结构，反映报表中的项目与总体的关系及其变动情况的一种成本分析方法。

趋势分析法是根据企业连续几年或几个时期的分析资料，运用指数或完成率的计算，确定分析期各有关项目的变动情况和趋势的一种成本分析方法。

（2）指标分析法。指标分析法主要包括比较分析法、比率分析法。

① 比较分析法。该方法是通过实际数与基数的对比来揭示实际数与基数之间的差异，借以了解经济活动的成绩和问题的一种分析方法。

比较分析法适用于同质指标的数量对比。采用这种分析方法，应注意相比指标的可比性。可比的共同基础包括经济内容、计算方法、计算期和影响指标形成的客观条件等方面。若指标不可比，应先按可比的口径进行调整，然后再进行对比。该方法有以下几种对比形式：以成本的实际指标与计划或定额指标对比，分析成本计划或定额的完成情况；以本期实际成本指标与前期（上期、上年同期或历史最好水平）的实际成本指标对比，观察企业成本指标的变动情况和变动趋势；以本企业实际成本指标（或某项技术经济指标）与国内外同行业先进指标对比，可以在更大范围内找出差距，推动企业改进经营管理。

【案例 4-1】圣志实业有限责任公司对生产的甲产品单位消耗材料进行分析，编制产品材料消耗对比表，如表 4-4 所示。

表 4-4　　产品材料消耗比较分析表

产品名称：甲产品　　2017 年 12 月 31 日　　单位：元

指标	上年实际	本年		先进企业实际	差异		
		计划	实际		比计划	比上年	比先进
材料消耗	60	59	56	50	−3	−4	+6

由表 4-4 可知，A 产品的材料消耗量本年实际比计划、比上年实际都有所降低，但与先进水平相比还有较大差距，说明在降低材料消耗方面企业还有很大潜力可挖。

② 比率分析法。该方法是指通过计算和对比经济指标的比率，进行数量分析的一种方法。采用这一方法，先要将对比的数值变成相对数，求出比率，然后再进行对比分析，具体形式包括以下几种。

a. 相关指标比率分析法。把两个性质不同但又相关的指标进行对比求出比率，再将实际数比率与计划（或前期实际）数比率进行对比分析，从经济活动的客观联系中，更深入地认识企业的

生产经营情况。例如，将成本指标与反映生产、销售等生产经营成果的产值、销售收入、利润指标进行对比，求出的产值成本率、销售成本率和成本利润率指标，通过若干期间同类比率的对比，就可据以分析和比较生产耗费对经济效益的影响情况与影响程度。

b. 构成比率分析法。所谓构成比率，是指某项经济指标的各个组成部分与总体的比重。例如，将构成产品成本的各个成本项目同产品成本总额相比，可计算出各个成本项目占总成本的比重，确定成本的构成比率，然后将不同时期的成本构成比率相比较，观察产品成本构成的变动，掌握经济活动情况及其对产品成本的影响。产品成本构成比率的计算公式如下。

某成本项目比率=该成本项目金额÷该产品成本×100%

c. 动态比率法。该方法是将同类指标不同时期的数值进行对比，求出比率，以分析该项指标的发展方向和发展速度。动态比率的计算，通常采用基期指数和环比指数两种方法。

（3）因素分析法。因素分析法也称连环替代法，是指把某一综合指标分解为若干个相互联系的因素，并分别计算、分析各因素影响程度的方法。成本指标是一个综合性指标，它受到各种因素的影响，只有把成本指标分解为若干构成要素进行分析，才能明确成本指标完成好坏的原因和责任，这就需要运用因素分析法进行成本分析。

运用因素分析法，必须确定某项分析指标的构成因素与各因素的排列顺序。明确各因素与分析指标的关系，如加减关系、乘除关系、乘方关系、函数关系等。并根据分析的目的，将各因素进行分解，以测定某一因素对指标变动的影响方向和影响程度，为进一步深入分析提供方向。

① 因素分析法的运用程序。

a. 根据指标的计算公式确定影响指标变动的各项因素。

b. 确定各项因素的排列顺序，各因素排列的顺序要根据指标与各因素的内在联系加以确定，一般是数量因素排列在前，质量因素排列在后；用实物与劳动量表示的因素排列在前，用货币表示的因素排列在后；主要因素与原始因素排列在前，次要因素与派生因素排在后。

c. 按排定的因素顺序对各因素的基数进行计算，确定综合指标的基期数值。

d. 顺序将前面一项因素的基数替换为实际数，将每次替换后的计算结果与其前一次替换后的计算结果进行对比，顺序算出每项因素的影响程度，有几项因素就替换几次。

e. 将各因素的影响（有的正方向影响，有的反方向影响）数值的代数和，与指标变动的差异总额核对相符。

② 因素分析法的计算原理。因素分析法的计算原理可用简单的数学公式表示。设成本指标 C 是由 X、Y、Z 3 个因素的乘积所组成的，其计划成本指标与实际成本指标分别计算如下。

计划成本 $C_1=X_1\times Y_1\times Z_1$

实际成本 $C_2=X_2\times Y_2\times Z_2$

差异总额 $H=C_2-C_1$

在分析各因素的变动对指标的影响时，首先，确定 3 个因素的替代顺序依次为 X、Y、Z；其次，假定在 Y、Z 这两个因素不变的条件下，计算第 1 个因素 X 变动对指标的影响；再次，在第一个因素已经替代的基础上，计算第 2 个因素 Y 变动的影响，依次类推，直到各个因素变动的影响都计算出来为止；最后，计算各因素对综合指标影响值的代数和，以验证分析结果的正确性，或用公式表示。

第 1 个因素变动的影响（H_1）计算如下。

$C_1=X_1\times Y_1\times Z_1$ ①

$C_3=X_2\times Y_1\times Z_1$ ②

$H_1=②-①=C_3-C_1$

第 2 个因素变动的影响（H_2）计算如下。

$$C_4=X_2\times Y_2\times Z_1 \quad ③$$

$$H_2=③-②=C_4-C_3$$

第 3 个因素变动的影响（H_3）计算如下。

$$C_2=X_2\times Y_2\times Z_2 \quad ④$$

$$H_3=④-③=C_2-C_4$$

将各因素变动的影响加以汇总，其结果应与实际脱离计划的总差异相等。

$$H=C_2-C_1=H_1+H_2+H_3$$

【案例 4-2】乙产品的原材料费用由产品产量、单位产品消耗量和原材料单价 3 个因素组成，这 3 个因素的关系可用下列公式计算。

原材料费用=产品产量×单位产品原材料消耗量×原材料单价

有关资料如表 4-5 所示，运用因素分析法分析各因素变动对材料费用实际脱离计划的影响。

表 4-5　　乙产品原材料成本分析资料　　金额单位：元

项目	计划数（C_1）	实际数（C_2）
产品产量（X）	50 件	55 件
单位产品消耗量（Y）	25 千克	20 千克
材料单价（Z）	5 元	6 元
材料费用（C）	6 250	6 600

确定分析对象：C_2-C_1=6 600−6 250=350

因素分析：
$C_1=X_1\times Y_1\times Z_1$=50×25×5=6 250 ①
$C_3=X_2\times Y_1\times Z_1$=55×25×5=6 875 ②
$C_4=X_2\times Y_2\times Z_1$=55×20×5=5 500 ③
$C_2=X_2\times Y_2\times Z_2$=55×20×6=6 600 ④

产品产量变动的影响数：
②−①=6 875−6 250=625（元）
单位产品原材料消耗变动影响数：
③−②=5 500−6 875=−1 375（元）
材料单价变动影响数：
④−③=6 600−5 500=1 100（元）
H=625−1 375+1 100=350（元）

从以上分析计算可以看出，该种产品所耗材料费用超支 350 元，主要是由于材料价格提高和产品产量增加而引起的。由于材料价格提高使产品的材料费用超支 1 100 元，这是企业供应部门的责任，应当由企业供应部门查明原因。由于产品产量增加使产品的材料超支 625 元，产量增加应具体分析，如果乙产品是适销对路，则增加产量是允许的，否则将会由于产品积压而形成浪费。在材料消耗方面不仅没有超支，而且还节约了。如果产品产量没有增加、材料价格没有提高，产品的材料费用不仅不会超支，而且还会节约 1 375 元，这一般是生产车间成本管理的成绩。应该在以上分析计算的基础上，进一步查明产品产量增加、材料价格提高以及单位产品材料消耗节约的具体原因，以便总结经验、发扬成绩、采取措施、克服缺点、加强管理、节约产品的材料费用。

小提示 采用因素分析法在测定某一变动影响时，是以假定其他因素不变为条件的。因此，其计算结果只能说明是在某种假定条件下的结果。我们在分析时，在确定每项因素变动影响的基础上，还要进一步查明具体原因和潜力所在。要深入车间、在生产第一线中深入了解产品的材料消耗的第一手资料，再进行系统分析，把数量分析和情况调查结合起来加以研究。

（4）差额分析法。差额分析法是直接利用各因素的实际数和基期数之间的差额计算确定各因素变动对综合指标影响程度的方法，是因素分析法的简化形式。【案例 4-2】提供的分析资料，改用差额分析法，可以得到如下同样的结果。

产品产量变动的影响数=（55−50）×25×5=625（元）

单位产品材料消耗量变动的影响数=55×（20−25）×5=−1 375（元）

材料单价变动的影响数=55×20×（6−5）=1 100（元）

H=625−1 375+1 100=350（元）

2．成本分析报告的撰写

成本分析报告的根本任务是为了挖掘降低成本的潜力，实现更快的价值增值。因而，成本分析的核心就是围绕着提高经济效益，不断挖掘降低成本的潜力，充分认识未被充分利用的物资资源，及时发现成本管理问题，查找进一步提高效率和效益的可能性，以便从各方面找出差距，制定措施，使企业经济效益越来越好。

若想撰写好成本分析报告，首先应掌握成本资料，利用成本资料采用适当的方法进行分析，然后再编写报告。分析时可先用对比分析法对成本数据进行整体分析，将成本的实际水平与以下方面进行比较：与计划比；与去年同期比；与历史最好水平比；与同行业先进水平比；与国际、国内先进水平比。实施对比分析后，可将对比分析的结果（对比找出的差距）再采用因素分析法，找出问题产生的原因，尤其是主要的原因，然后，可再采用关联分析或相关分析，来认识和归纳这些问题间的内在联系，总结规律，说明问题，提出合理化建议。分析的方法和工具有很多，可以有针对性地酌情使用。

成本分析报告的基本框架一般包括以下几个方面：问题的提出（给出要分析的主题，你想分析什么问题？）；数据的整理（围绕主题收集和整理数据，可利用数据说明实际成本情况和现状）；数据的分析（用数据来说明主题，从而找出问题、发现规律、总结发展趋势）；分析的结论（对成本分析的结果要得出结论意见）；改进的措施；意见或建议等。

小提示 成本分析报告没有确定的格式，只要分析的内容和指标能够有效强化成本管理，提高企业效益就是优秀的报告。

四、成本分析举例

1．全部商品产品成本分析

商品产品成本表的分析就是要揭示商品产品总成本计划的完成情况，找出影响成本升降的因素，确定各个因素对成本计划完成情况的影响程度，为进一步挖掘降低成本的潜力、寻求降低成本的途径指明方向。商品产品成本表的分析主要包括商品产品成本计划完成情况的分析和可比产品成本降低任务完成情况的分析。

（1）商品产品成本计划完成情况的分析。商品产品成本计划完成情况分析，主要分析本期全部产品的实际总成本较计划总成本、上期实际成本的升降情况，分析和研究升降的原因，为进一步寻求降低成本的途径和措施提供线索。在实际工作中，分析商品产品总成本计划的完成情况，可以从产品类别和成本项目两个方面进行。

① 按产品类别分析全部产品成本计划的完成情况。按产品类别分析全部产品成本计划的完成情况，可以确定全部产品的实际成本脱离计划成本的差异，查明产生差异主要是由哪几种产品造成的，以便分产品采取措施，挖掘降低成本的潜力。

【案例 4-3】以表 4-1 所列的桃花岛制造有限责任公司 2017 年 12 月商品产品成本报表的产量和单位成本资料，说明按产品类别分析全部产品成本计划完成情况的方法。

a. 将全部产品的实际总成本与计划总成本进行对比，确定实际总成本比计划总成本的成本降低额与成本降低率。

成本降低额=计划总成本-实际总成本

=∑[实际产量×（计划单位成本-实际单位成本）]

= 31 650−33 100 =−1 450（元）

计划总成本=∑（各种产品实际产量×该种产品计划单位成本）

成本降低率=成本降低额÷全部产品计划总成本×100%

=−1 450÷31 650×100%

=−4.58%

b. 按产品类别分析考核可比产品和不可比产品成本计划的完成情况，分别计算可比产品和不可比产品的成本降低额和降低率。

可比产品成本降低额=可比产品计划总成本-可比产品实际总成本

= 26 400−27 800

= −1 400（元）

可比产品成本降低率=可比产品成本降低额÷可比产品计划总成本×100%

=−1 400÷26 400×100%

=−5.3%

不可比产品成本降低额=不可比产品计划总成本 - 不可比产品实际总成本

=5 250 − 5 300

=−50（元）

不可比产品成本降低率=不可比产品成本降低额÷不可比产品计划总成本×100%

=−50÷5 250×100%

=−0.95%

c. 按每种产品考核其成本计划的完成情况，计算每种产品的降低额和降低率。根据计算结果编制全部商品产品成本计划完成情况表如表 4-6 所示。

表 4-6　　全部商品产品成本计划完成情况表（按产品类别）

金额单位：元

产品名称	单位	产量		单位成本			总成本			降低指标	
		计划	实际	上年	计划	实际	按上年计算	按计划计算	按实际计算	降低额	降低率
可比产品							28 000	26 400	27 800	−1 400	−5.3%
甲	台	180	200	65	62	61	13 000	12 400	12 200	200	1.61%
乙	台	100	100	150	140	156	15 000	14 000	15 600	−1600	−11.43%
不可比产品								5 250	5 300	−50	−0.95%
丙	件		50		105	106		5 250	5 300	−50	−0.95%
全部商品产品								31 650	33 100	−1 450	−4.58%

分析：从上述数据可以看出，该企业全部商品产品未能完成成本降低任务，实际成本比计划成本超支_______元，使成本降低率为_______。其中，可比产品总成本超支_______元，降低率为______；不可比产品成本超支_____元，降低率为_______。在可比产品成本中，乙产品成本较计划成本超支了 1 600 元，甲产品成本较计划成本降低了 200 元。显然，对产品成本进行进一步分析的重点，是应当查明乙产品超支的原因。

② 按成本项目分析全部产品成本计划的完成情况。这种分析是将全部商品产品的总成本按成本项目汇总，以实际总成本的成本项目构成与计划总成本的成本项目构成进行对比，确定每个成本项目的降低额和降低率。

【案例 4-4】设桃花岛制造有限责任公司 2017 年度生产的全部商品产品成本的各成本项目的计划与实际构成情况如表 4-7 所示。

表 4-7　　全部商品产品成本计划完成情况表（按成本项目类别）

单位：元

成本项目	全部商品产品成本		降低指标	
	计划	实际	降低额	降低率
直接材料	21 300	24 000	−2 700	−12.68%
直接人工	6 200	5 360	840	13.55%
制造费用	4 150	3 740	410	9.88%
生产成本	31 650	33 100	−1 450	−4.58%

从表 4-7 中可以看出，全部商品产品总成本的超支主要是由直接材料成本项目超支造成的，而直接人工和制造费用等成本项目是降低的。所以，还需要进一步对各成本项目进行分析，特别是直接材料成本项目，通过分析找出成本超支和降低的具体原因。

（2）可比产品成本降低任务完成情况的分析。可比产品成本降低任务，是指本年度可比产品计划总成本与按上年实际单位成本计算的产品总成本进行对比所要求达到的降低额和降低率。可比产品成本降低任务完成情况的分析，就是把本期可比产品的实际总成本相对按本期产量计算的上年实际总成本的降低额和降低率，与成本计划中确定的降低额和降低率进行对比，以检查可比产品成本降低任务的完成情况，分析各项因素的影响程度，提出改进措施。如果实际的成本降低额和降低率等于或大于后者，则说明完成或超额完成了任务；反之，则说明没有完成。

可比产品成本计划降低额和计划降低率、实际降低额和实际降低率的计算公式如下。

$$\text{本年计划成本降低额}=\sum[\text{本年计划产量}\times(\text{上年实际单位成本}-\text{本年计划单位成本})]$$

$$\text{计划成本降低率}=\frac{\text{本年计划成本降低额}}{\sum(\text{本年计划产量}\times\text{上年实际单位成本})}\times 100\%$$

$$\text{实际成本降低额}=\sum[\text{本年实际产量}\times(\text{上年实际单位成本}-\text{本年实际单位成本})]$$

$$\text{实际成本降低率}=\frac{\text{实际成本降低额}}{\sum(\text{实际产量}\times\text{上年实际单位成本})}\times 100\%$$

在计算确定可比产品成本的计划降低额和降低率、实际降低额和降低率的基础上，通过实际成本降低额与计划成本降低额、实际成本降低率与计划成本降低率进行对比，确定实际成本降低额和降低率脱离计划成本降低额和降低率的差异，明确计划的完成情况。

【案例 4-5】桃花岛制造有限责任公司生产甲、乙两种可比产品，该公司确定的可比产品成本降低计划如表 4-8 所示。其成本降低任务完成情况如表 4-9 所示。

表 4-8　　可比产品成本降低任务表

2017 年　　金额单位：元

可比产品名称	计划产量/件	单位成本		总成本		计划成本降低任务	
		上年	计划	上年	计划	降低额	降低率
甲	180	65	62	11 700	11 160	540	4.615%
乙	100	150	140	15 000	14 000	1 000	6.667%
合计				26 700	25 160	1 540	5.768%

表 4-9　　可比产品成本降低任务完成情况分析表

2017 年　　金额单位：元

可比产品名称	实际产量/件	单位成本			总成本			降低情况	
		上年	计划	实际	上年	计划	实际	降低额	降低率
甲	200	65	62	61	13 000	12 400	12 200	800	6.154%
乙	100	150	140	156	15 000	14 000	15 600	−600	−4%
合计					28 000	26 400	27 800	200	0.714%

分析：从表 4-8 中可知，该公司可比产品成本计划降低额为_____元，计划降低率为 5.768%。通过表 4-9 的计算，该公司可比产品成本实际降低额为 200 元，降低率为____。从总体上分析，该公司的可比产品成本降低额计划和成本降低率计划______完成。针对具体的可比产品，甲产品计划成本降低额为_____元，实际成本降低额为____元；计划成本降低率为 4.615%，实际成本降低率为 6.154%；成本降低额和降低率计划均超额完成。而乙产品的计划成本降低额和降低率分别为 1 000 元和 6.667%，执行的结果不但没有降低，反而超支了 600 元，使成本降低率为−4%。

据以计算实际脱离计划差异如下。

降低额　200−1 540=−1 340（元）

降低率　0.714%−5.768%=−5.054%

通过对比，说明该公司的成本降低计划未能完成。但这种实际脱离计划的差异只是成本降低计划执行的结果，并不能说明是什么原因造成成本计划的执行背离了计划。为此，有必要对成本降低计划的执行情况做进一步的分析。影响可比产品成本降低任务完成情况的因素概括起来有以下 3 个方面：可比产品的产量变动、可比产品的品种结构变动和可比产品的单位成本变动。

① 可比产品的产量变动。可比产品总成本的降低任务是根据各种可比产品的计划产量计算的，而可比产品的实际成本是按实际产量计算的，在其他因素不变的情况下，可比产品产量的增减变动会引起可比产品总成本的增减变动，从而影响成本降低额。产品产量变动对可比产品总成本降低额的影响可采用差额分析法进行分析。其计算公式如下。

产品产量变动对可比产品总成本降低额的影响=[$\sum$（实际产量×上年单位成本）−$\sum$（计划产量×上年单位成本）]×计划降低率

根据表 4-8 和表 4-9 的资料计算如下。

产品产量变动对成本降低额的影响=（28 000−26 700）×5.768%=74.99（元）

由于产品产量变动使实际成本降低额比计划多 74.99 元，所以产品产量变动不影响成本降低率。

② 可比产品的品种结构变动。产品品种结构对成本降低额、降低率均有影响。这是因为各种产品的成本降低率不尽相同。若成本降低率高的产品比重升高，则可比产品的平均降低率升高；反之，则降低。可比产品成本降低率变动后，降低额也随之受影响。其计算公式如下。

产品品种结构变动对成本降低额的影响=$\sum$[按上年实际单位成本计算的实际总成本×（某产品实际产品结构-该产品计划产品结构×该产品的计划成本降低率]

$$某产品的产品结构=\frac{该产品产量\times该产品上年实际单位成本}{\sum（某产品产量\times某产品上年实际单位成本）}\times100\%$$

根据表 4-8 和表 4-9，计算可比产品品种结构变动对成本降低计划的影响如下。

a. 甲、乙可比产品的计划产品品种结构分别如下。

甲产品比重=11 700/26 700×100%=43.82%

乙产品比重=15 000/26 700×100%=56.18%

b. 甲、乙可比产品的实际产品品种结构分别如下。

甲产品比重=13 000/28 000×100%=46.43%

乙产品比重=15 000/28 000×100%=53.57%

c. 结构变动对成本降低额的影响如下。

甲产品结构变动的影响=28 000×（46.43%−43.82%）×4.615%=33.73（元）

乙产品结构变动的影响=28 000×（53.57%−56.18%）×6.667%=−48.72（元）

合计：−14.99（元）

d. 结构变动对成本降低率的影响如下。

$$\begin{aligned}产品品种结构变动对成本降低率的影响&=\frac{产品品种结构变动对成本降低额的影响}{\sum（某产品实际产量\times某产品上年实际单位成本）}\times100\%\\&=-14.99/28\,000\times100\%\\&=-0.054\%\end{aligned}$$

③ 可比产品的单位成本变动。可比产品成本降低任务的完成情况，是以上年实际单位成本为基础进行分析计算的。因此，某种产品本年实际单位成本与计划单位成本之间发生变动后，必然会引起实际成本降低额与降低率和计划成本降低额与降低率之间发生变动。可比产品单位成本变动既影响成本降低额又影响成本降低率，以表 4-7 中的资料为例，运用公式计算如下。

$$\begin{aligned}单位成本的变动对成本降低额的影响&=\left[\sum\left(某产品的实际产量\times该产品计划单位成本\right)-\sum\left(某产品的实际产量\times该产品实际单位成本\right)\right]\\&=26\,400-27\,800\\&=-1\,400（元）\end{aligned}$$

$$\begin{aligned}产品成本变动对成本降低率的影响&=\frac{单位成本变动对成本降低额的影响}{\sum（某产品实际产量\times某产品上年实际单位成本）}\times100\%\\&=\frac{-1\,400}{28\,000}\times100\%\\&=-5.0\%\end{aligned}$$

通过计算可以看出，单位产品成本变动对成本降低额的影响值为−1 760 元，对成本降低率的影响为−6.20%。

将各因素对成本降低计划的影响结果进行汇总，如表 4-10 所示。

表 4-10　　各因素对成本降低额和降低率的影响

2017 年　　金额单位：元

影响因素	影响程度	
	降低额	降低率/%
产品产量变动	74.99	0
产品品种结构变动	−14.99	−0.054
产品单位成本变动	−1 400	−5.000
合计	−1 340	−5.054

通过以上分析可以对桃花岛制造有限责任公司 2017 年度可比产品成本降低任务的完成情况做出评价。该企业的可比产品成本降低任务未能完成，计划成本降低额为 1 540 元，实际成本降低额仅为 200 元，未完成成本降低额为 1 340 元；成本降低率为 0.714%，脱离计划 5.054%。就不同产品而言，甲产品的成本降低任务完成良好，而乙产品的成本降低计划未能完成。从具体影响因素分析，造成实际成本超支的根本原因是产品单位成本提高，特别是乙产品，实际单位成本较计划单位成本提高了 16 元之多，单项超支 1 600 元，应进一步查明原因；产量变动使产品成本降低了 74.99 元；产品品种结构变动使产品成本超支了 14.99 元。说明该企业在成本管理方面取得了一定成绩，但仍需要继续加强成本管理。

2．产品单位成本分析

（1）主要产品单位成本计划完成情况的分析。主要产品单位成本分析包括的内容是：主要产品单位成本计划完成情况的分析、产品单位成本项目的因素分析、技术经济指标对产品单位成本的影响分析。对主要产品单位成本计划完成情况的分析，要依据产品单位成本各项目的实际数与计划数，确定其差异额和差额率以及各成本项目变动对单位成本计划的影响程度。

【案例 4-6】根据表 4-10 中的计划成本和实际成本资料，对桃花岛制造有限责任公司的主要产品乙产品的单位成本进行分析，比较分析表如表 4-11 所示。

表 4-11　　乙产品单位成本分析表　　金额单位：元

项目	计划成本	实际成本	升降情况		各项目升降对单位成本的影响/%
			升降额	升降率/%	
直接材料	100	120	20	20	14.29
直接人工	25	23	−2	−8	−1.43
制造费用	15	13	−2	−13.33	−1.43
合计	140	156	16	11.43	11.43

从表 4-11 中可以看出，乙产品单位成本实际比计划的增加额为 16 元，降低率为-11.43%，主要是直接材料成本超支所致，直接人工与制造费用比计划均有所降低。从降低额对单位成本的影响看，由于材料成本的上升使乙产品的单位成本有大幅增加，直接人工费用与制造费用的降低相对减缓了乙产品单位成本上升的速度。说明企业在加强生产管理和提高劳动生产率方面取得了较好的成绩，但材料费用上升过快，需要查明其原因。

（2）影响主要产品单位成本变动的主要因素分析。

① 直接材料成本费用的分析。

当企业生产的产品只耗用一种材料，或虽耗用几种材料，但它们之间不存在配比关系时，对单位材料成本的变动情况，可结合单位产品材料消耗量（简称单耗）和材料单价两个因素的变动情况，运用因素分析法进行深入分析，其因素分解公式如下。

单位产品材料成本=∑（单位产品材料消耗量×材料单价）

利用因素分解公式测定各因素的变动对单位材料成本的影响，具体计算公式如下。

单耗变动对单位材料成本的影响=∑[（实际单耗－计划单耗）×计划材料单价]

单价变动对单位材料成本的影响=∑[实际单耗×（实际材料单价－计划材料单价）]

【案例 4-7】已知桃花岛制造有限责任公司乙产品单位材料成本资料如表 4-12 所示。

表 4-12　　乙产品单位材料成本资料　　金额单位：元

材料名称	计划			实际			差异		
	单耗/千克	材料单价	材料成本	单耗/千克	材料单价	材料成本	单耗/千克	单价	材料成本
A 材料	10	10	100	10.75	11.162 8	120	0.75	1.162 8	20
合计			100			120			20

根据表 4-12 中的资料，分析计算乙产品单位材料成本的变动情况。

单位产品材料成本变动额=120−100=20（元）

单位材料成本=单耗材料数量×材料单价

单耗变动对单位材料成本的影响=（10.75−10）×10=7.5（元）

材料单价变动对单位材料成本的影响=10.75×（11.162 8−10）=12.5（元）

上述分析说明，乙产品材料成本实际比计划上升 20 元，是单耗与材料单价两个因素共同变动影响的结果。其中，单耗变动使单位材料成本比计划上升了 7.5 元，材料单价变动使单位材料成本比计划上升了 12.5 元。

发生单耗上升与企业的生产管理有关，需要进一步分析引起单耗上升的原因。通常而言，影响单耗变动的原因有材料质量的变化、材料加工方式的改变、利用废料或代用材料、材料利用程度的变化、产品零部件结构的变化、废料回收情况等，应结合上述原因深入生产环节进行具体分析。

发生材料单价变动，同样要分析其升降的原因。影响材料单价变动的原因有材料采购地点、采购方式、材料买价、运费、运输途中的损耗、材料入库前的挑选整理费用等因素的变动，这些原因既有主观的因素，又有客观的因素，也应结合具体情况加以深入分析。

② 直接人工费用的分析。

a. 单一产品人工成本的分析。当企业只生产一种产品时，单位产品的人工成本是用人工成本总额除以产品总量求得的，其因素分解式如下。

单位产品人工成本=生产工人薪酬总额÷全部产品产量

这种情况下，影响单位产品人工成本的因素只有两个，即工人薪酬因素和产品产量因素。这两个因素变动对单位人工成本的影响可用如下公式测定。

$$\text{产品产量变动对单位产品人工成本的影响}=\frac{\text{计划工人薪酬总额}}{\text{实际产品产量}}-\frac{\text{计划工人薪酬总额}}{\text{计划产品产量}}$$

$$\text{工人薪酬总额变动对单位产品人工成本的影响}=\frac{\text{实际工人薪酬总额}-\text{计划工人薪酬总额}}{\text{实际产品产量}}$$

人工成本总额的变动与企业的工资政策、岗位定员、出缺勤等情况有关，所以应结合有关因素深入分析。

b. 多种产品人工成本的分析。在多数企业中，生产的产品品种往往不是单一的，各产品的人工费用一般按生产工时比例分配计入各种产品成本。因此，单位产品人工成本的高低取决于单位产品的生产工时和小时薪酬分配率这两个因素，其因素分解公式如下。

单位产品人工成本=单位产品生产工时×小时工资率

每个因素的变动对单位产品人工成本的影响可以用下列公式测定。

单位产品工时变动对单位产品人工成本的影响=（单位产品实际工时-单位产品计划工时）×计划小时薪酬率

小时薪酬率的变动对单位产品人工成本的影响=单位产品实际工时×（实际小时薪酬率-计划小时薪酬率）

【案例 4-8】已知桃花岛制造有限责任公司乙产品定额工时和单位产品人工费用资料如表 4-13 所示。

表 4-13　乙产品单位产品人工费用分析资料

项目	计划	实际	差异
单位产品工时/小时	8.5	8.2	0.3
小时薪酬率/（元/小时）	2.941 2	2.804 9	−0.136 3
单位产品人工费用/元	25	23	−2

根据表 4-13 对乙产品单位产品人工费用进行分析如下。

单位产品人工费用变动额=23−25=−2（元）

单位产品人工费用=生产工时×小时薪酬率

单位产品工时变动对单位工资成本的影响=（8.2−8.5）×2.941 2=−0.88（元）

小时薪酬率变动对单位工资成本的影响=8.2×（2.804 9−2.941 2）=−1.12（元）

两因素影响程度合计=−0.88+（−1.12）=−2（元）

以上分析计算表明：该种产品直接人工费用节约 2 元，是由工时消耗节约和每小时的薪酬费用减少所致的，应当进一步查明单位产品工时消耗节约和每小时薪酬费用变动的原因。

单位产品所耗工时的节约，一般是生产工人提高了劳动的熟练程度，从而提高了劳动生产率的结果，但也不排斥是由于投机取巧造成的。应该查明节约工时以后是否影响了产品的质量，对通过降低产品质量来节约工时的行为，是不能允许的。

小时薪酬费用是以生产工人的薪酬总额除以生产工时总额计算求出的。薪酬总额控制得好，会使每小时薪酬费用节约；否则，会使每小时薪酬费用超支。对生产工人薪酬总额变动的分析，可以与前述按成本项目反映的产品生产成本表中直接人工费用的分析结合起来进行。一般来说，小时薪酬率会呈增长趋势，但在新工人增加较多的条件下，也可能会在一定期间有所回落。

在工时总量固定的情况下，非生产工时控制得好，减少非生产工时，增加生产工时总额，会使每小时薪酬费用节约；否则，会使每小时薪酬费用超支。因此，要查明每小时工资费用变动的具体原因，还应对生产工时的利用情况进行调查研究。

③ 制造费用的分析。制造费用明细表的分析主要采用对比分析法。这是通过实际数与基数的对比来揭示实际数与基数之间的差异，借以了解经济活动的成绩和问题的一种分析方法。

在采用对比分析法进行分析时，通常先将本月实际数与上年同期实际数进行对比，揭示本月实际与上年同期实际之间的增减变化。在表中列有本月计划数的情况下，则应先与计划数进行对比，以便分析和考核制造费用月度计划的执行结果。例如，利用 4 月的制造费用明细表数据进行对比，发现本年度制造费用累计实际数已经接近、达到甚至超过本年计划的半数时，就应注意节约以后各月的费用，以免全年的实际数超过计划数。如果数据来自 12 月份的制造费用明细表，则本年累计实际数和本年计划数的差异，就是全年费用计划执行的结果。为了具体分析制造费用增减变动和计划执行好坏的情况及原因，上述对比分析应该按照费用项目进行。由于制造费用的项目很多，所以可以选择变化较大、差异较大或者费用比重较大的项目有重点地进行分析。

各项制造费用的性质和用途不同，评价各项费用超支或节约时应该联系费用的性质和用途进行具体分析，不能简单地将一切超支都看成是不合理和不利的，也不能简单地将一切节约都看成是合理和有利的。例如，修理费和劳动保护费的节约，可以导致缺少必要的劳动保护措施，影响安全生产，只有在保证机器设备的维修质量和正常运转，保证安全生产的条件下节约修理费和劳动保护费才是合理的、有利的。又如，机物料消耗的超支也可能是由于追加了生产计划，增加了机物料消耗的结果。这样的超支也是合理的，不是成本管理的责任。

此外，在分项目进行制造费用的分析时，还应特别注意"在产品盘亏和毁损"以及"停工损失"等非生产性损失项目的分析，这些项目的发生额通常都是生产管理不善的结果。在分析"在产品盘亏和毁损"项目时，还应注意其中有无盘盈的抵消数。因为在产品盘盈的价值会冲减、掩盖一部分盘亏和毁损的损失。在产品盘盈也是由于生产经营管理不善或核算上的差错造成的，不是生产车间的工作成果。

单位产品制造费用的分析方法，取决于车间生产的产品品种的多少。

a. 单一产品制造费用的分析。企业只生产一种产品时，单位产品制造费用的因素分解公式如下。

单位产品制造费用=制造费用总额÷完工产品产量

上式中各因素变动对单位产品制造费用的影响的测定公式如下。

$$\boxed{\text{产品产量变动对单位产品制造费用的影响}}=\frac{\text{计划制造费用}}{\text{实际产品产量}}-\frac{\text{计划制造费用}}{\text{计划产品产量}}$$

$$\boxed{\text{制造费用总额变动对单位产品制造费用的影响}}=\frac{\text{实际制造费用总额}-\text{计划制造费用总额}}{\text{实际产品产量}}$$

b. 多种产品制造费用的分析。企业生产多种产品，则单位产品的制造费用应按以下分解公式进行因素分析。

单位产品制造费用=单位产品生产工时×小时制造费用率

每个因素变动对单位制造费用的影响，可按以下公式测定。

$\boxed{\text{单位产品工时变动对单位产品制造费用的影响}}$=（单位产品实际工时−单位产品计划工时）×计划小时制造费用率

$\boxed{\text{小时费用率的变动对单位产品人工成本的影响}}$=单位产品实际工时×（实际小时费用率−计划小时费用率）

【案例 4-9】已知桃花岛制造有限责任公司的乙产品定额工时和单位产品制造费用资料如表 4-14 所示。

表 4-14　乙产品单位产品制造费用分析资料

项目	计划	实际	差异
单位产品工时/小时	8.5	8.2	0.3
小时费用率/（元/小时）	1.764 7	1.585 4	−0.179 3
单位产品制造费用/元	15	13	−2

根据表 4-14 对乙产品单位产品制造费用进行分析如下。

单位产品制造费用变动额=13−15=−2（元）

单位产品制造费用=生产工时×小时费用率

单位产品工时变动对单位制造费用的影响=（8.2−8.5）×1.764 7=−0.53（元）

小时薪酬率变动对单位制造费用的影响=8.2×（1.585 4−1.764 7）=−1.47（元）

两因素影响程度合计=−0.53+（−1.47）=−2（元）

以上分析计算表明：乙产品单位成本中，制造费用节约2元，是由工时消耗节约和每小时制造费用减少所致的。工时消耗节约是提高生产率的结果，制造费用的节约是加强日常制造费用控制的结果，应当结合制造费用的构成情况分析，查明制造费用节约的真正原因。从现象上看，该企业在制造费用的管理方面取得了较好的成绩。

3．主要技术经济指标的分析

技术经济指标是指从各种生产资源利用情况和产品质量等方面反映生产技术水平的各种指标的总称，不同企业由于生产技术特点不同，所以用来考核的技术经济指标也各不相同。企业各项技术经济指标完成的好坏，直接或间接地影响产品成本。因此，把成本分析深入到技术领域，一方面能克服技术人员不问经济、财会人员不问技术的这种技术与经济脱离的现象，另一方面也能具体查明影响成本升降的各种生产技术因素，促使企业技术部门进行技术攻关，改进不合理工艺及操作技术，从而解决降低成本的根本问题。

对技术经济指标进行分析，主要是从产品数量与质量的变化角度，对与产品成本有关的主要经济技术指标的变动情况进行分析，以便从生产、技术领域查明产品成本升降的内在原因，寻找用改善技术经济指标来降低产品成本的途径，达到提高成本管理水平的目的。

动脑筋

学习了成本分析的内容，是不是觉得自己以前学的知识在这里都用到了？那么请思考一下，在进行成本分析时，实际成本与上年成本、计划成本进行对比时，注意事项有哪些？

任务实施

与上年同期比，可比产品成本实际降低额为2 760元（=76 000−73 240），比计划降低额1 500元多降低400元，即（8×2 000+15×4 000−2 000×10−10×4 000）×2.5%=400（元）。

产品结构变动对降低额的影响=76 000×2.5%−（76 000−74 900）

=1 900−1 100

=800（元）

单位成本变动对降低额的影响=74 900−73 240=1 660（元）

从以上的分析可以看出，该企业成本超额完成计划，成本降低额比计划多降低1 260元。在3个因素中，主要是产品单位成本和产品产量较好地完成计划，说明企业成本管理工作取得了一定的成绩。虽然产品结构变动使成本增加800元，没有完成成本降低计划，但这是根据市场需求的变化而进行的必要调整，不是生产单位的责任。不可比产品本期的实际单位成本也比计划降低400元，这都说明企业的成本管理工作成绩非常高。

闯关考验

一、单选题

1. 主要产品单位成本表的编制依据主要是（　　）。

A. 产品生产成本表 B. 产品成本明细账 C. 费用明细表　D. 资产负债表

2. 某产品本年计划单位成本与其本年实际平均单位成本的差异，除以其本年计划单位成本，等于该产品（　　）。

A. 计划成本降低额　　B. 实际成本降低额

C. 与计划比较的成本降低率　　D. 实际成本降低率

3. 某产品上年实际平均单位成本与其本年实际平均单位成本的差额，除以其上年实际平均单位成本，等于该产品（　　）。

A. 计划成本降低率　　B. 与计划比较的成本降低率
C. 实际成本降低率　　D. 没有经济意义

4. 生产的产品数量发生变动，（　　）。

A. 只影响产品成本降低额　　B. 只影响产品成本降低率
C. 不会影响产品成本降低额和降低率　　D. 会影响产品成本降低额和降低率

5. 下列不属于成本分析基本方法的是（　　）。

A. 对比分析法　B. 产量分析法　C. 因素分析法　D. 比率分析法

6. 根据实际指标与不同时期的指标对比，来揭示差异，分析差异产生的原因的分析方法称为（　　）。

A. 因素分析法　B. 差量分析法　C. 对比分析法　D. 相关分析法

7. 在进行全部商品产品成本分析，计算成本降低率时，是用成本降低额除以（　　）。

A. 按计划产量计算的计划总成本　　B. 按计划产量计算的实际总成本
C. 按实际产量计算的计划总成本　　D. 按实际产量计算的实际总成本

8. 对可比产品成本降低率不产生影响的因素是（　　）。

A. 产品品种结构　B. 产品产量　C. 产品单位成本　D. 产品总成本

9. 一定时期销售一定数量产品的产品销售成本与产品销售收入的比例是（　　）。

A. 成本费用利润率　B. 销售利润率　C. 销售成本率　D. 产值成本率

10. 采用连环替代法，可以揭示（　　）。

A. 产生差异的因素和各因素的影响程度　B. 产生差异的因素
C. 产生差异的因素和各因素的变动原因　D. 实际数与计划数之间的差异

二、多选题

1. 影响可比产品降低率变动的因素可能有（　　）。

A. 产品产量　B. 产品单位成本　C. 产品价格　D. 产品品种结构

2. 按产品品种编制的产品生产成本表，一般包括（　　）等指标。

A. 产品产量　B. 产品单位成本　C. 本月总成本　D. 本年累计总成本

3. 商品产品成本表可以反映可比产品与不可比产品的（　　）。

A. 实际产量　B. 单位成本　C. 本月总成本　D. 本年累计总成本

4. 主要产品单位成本表应当反映该主要产品的（　　）。

A. 历史先进水平单位成本　　B. 上年实际平均单位成本
C. 本年计划单位成本　　D. 本年累计实际平均单位成本

5. 期间费用明细表包括（　　）。

A. 制造费用明细表　B. 管理费用明细表　C. 营业费用明细表　D. 财务费用明细表

6. 下列报表中，属于成本报表的有（　　）。

A. 产品生产成本表　　B. 主要产品单位成本表
C. 制造费用明细表　　D. 期间费用明细表

7. 成本分析应根据（　　）等资料进行。

A. 成本核算资料　B. 成本计划资料　C. 成本明细账资料　D. 其他有关资料

8. 成本报表分析常用的方法有（　　）。

A. 对比分析法　B. 比例分析法　C. 因素分析法　D. 趋势分析法

9. 采用因素分析法时确定各因素排列顺序的一般原则是（　　）。
A. 先计算数量因素变动的影响，后计算质量因素变动的影响
B. 先计算实物数量因素变动的影响，后计算价值数量因素变动的影响
C. 先计算主要因素变动的影响，后计算次要因素变动的影响
D. 先计算质量因素变动的影响，后计算数量因素变动的影响

10. 产品单位成本计划完成情况的分析，重点分析的是（　　）。
A. 单位成本升降幅度较大的产品
B. 产量较多的产品
C. 在企业全部产品中所占比重较大的产品
D. 原材料成本比重大的产品

11. 全部产品总成本按成本项目进行的分析，其依据是（　　）。
A. 按成本项目反映的产品生产成本表
B. 按成本项目反映的产品计划成本表
C. 按成本项目反映的主要产品生产成本表
D. 按成本项目反映的主要产品计划成本表

12. 影响产品单位成本中直接材料费用变动的因素有（　　）。
A. 产品生产总量　　B. 材料总成本
C. 单位产品材料消耗量　　D. 单位材料的价格

13. 影响产品单位成本中直接人工费用变动的因素有（　　）。
A. 产品生产工人的数量
B. 产品生产工人工资总额
C. 产品生产工人劳动生产率（单位产品工时消耗）
D. 产品生产工人平均工资（小时工资率）

14. 在进行可比产品成本降低任务完成情况的分析时，对于产品单位成本的变动，下列说法中正确的有（　　）。
A. 产品单位成本的变动影响成本降低额
B. 产品单位成本的变动影响成本降低率
C. 产品单位成本的变动不影响成本降低额
D. 产品单位成本的变动不影响成本降低率

15. 在计算可比产品成本计划降低额时，需要计算的指标有（　　）。
A. 实际产量按上年实际单位成本计算的总成本
B. 实际产量按本年实际单位成本计算的总成本
C. 计划产量按上年实际单位成本计算的总成本
D. 计划产量按本年计划单位成本计算的总成本

三、判断题

（　　）1. 制造费用明细表只汇总企业基本生产单位的制造费用，不包括辅助生产单位的制造费用。

（　　）2. 制造费用明细表与期间费用明细表的编制方法类似。

（　　）3. 成本报表的格式和内容应当具有统一性，以便统计、汇总和社会公众理解。

（　　）4. 产品生产成本表只能按成本项目编制。

（　　）5. 成本分析只需根据成本核算资料进行分析。

（　　）6. 主要产品成本降低额和降低率的计算，依据的是对比分析法的原理。

(　　) 7. 采用因素分析法，改变因素的排列顺序，计算结果会有所不同。

(　　) 8. 在全部产品成本分析中，通常要计算与计划比较的全部产品成本降低额和降低率。

(　　) 9. 产品单位成本变动，既会影响成本降低额，又会影响成本降低率。

(　　) 10. 产品品种结构变动，只会影响成本降低额，不会影响成本降低率。

(　　) 11. 在进行单位产品计划完成情况的分析时，只能采用因素分析法。

(　　) 12. 在进行全部商品产品成本分析时需要计算成本降低率，该项指标是用成本降低额除以实际产量的实际总成本计算的。

(　　) 13. 在进行可比产品成本降低任务完成情况的分析时，产品产量因素的变动只影响成本降低额，不影响成本降低率。

(　　) 14. 可比产品成本实际降低额是用实际产量按上年实际单位成本计算的总成本与实际产量按本年实际单位成本计算的总成本计算的。

(　　) 15. 不可比产品是指上年没有正式生产过，没有上年成本资料的产品。

全真实训

实训一　练习对比分析法

大海股份有限公司本年度各种产品计划成本和实际成本资料如表训 4-8 所示。

表训 4-8　　成本对比分析表　　金额单位：元

项目	本年计划成本	本年实际成本	成本差异额	成本差异率/%
A 产品	1 000 000	980 000		
B 产品	2 500 000	2 600 000		
C 产品	3 800 000	4 000 000		
合计				

要求：根据上述资料，采用对比分析法，分析各种产品的成本差额和成本差异率，并将计算结果填入上表中。

实训二　练习因素分析法

龙达菲有限公司生产的 A 产品，本月份产量及其他有关材料费用的资料如表训 4-9 所示。

表训 4-9　　产量及其他有关资料

项目	计划数	实际数
产品产量/件	200	220
单位产品材料消耗量/千克	30	28
材料单价/元	500	480
材料费用/元		

要求：根据上述资料，采用因素分析法分析各种因素变动对材料费用的影响程度。

实训三　计算企业全部商品产品成本计划的完成情况

天海制造厂本年度生产 5 种产品，有关产品产量及单位成本资料如表训 4-10 所示。

表训 4-10　　产量及单位成本资料

产品类别		实际产量/件	计划单位成本/元	实际单位成本/元
可比产品	A 产品	200	150	162
	B 产品	300	200	180
	C 产品	800	1 200	1 150
不可比产品	D 产品	260	380	400
	E 产品	400	760	750

要求：根据上述资料，按产品类别计算企业全部商品产品成本计划的完成情况，并将计算结果填入表训 4-11 中。

表训 4-11　　全部商品产品成本计划完成情况分析表　　金额单位：元

产品名称		总成本		差异	
		按计划计算	按实际计算	降低额	降低率/%
可比产品	A 产品				
	B 产品				
	C 产品				
	小计				
不可比产品	D 产品				
	E 产品				
	小计				
合计					

实训四　分析可比产品成本降低任务完成情况

天勤有限责任公司本年度生产 A、B、C、D 4 种产品，有关资料如表训 4-12 所示。

表训 4-12　　产量及单位成本资料

产品名称	产量/件		单位成本/元		
	计划	实际	上年实际	本年计划	本年实际
A 产品	2 000	2 300	1 000	980	990
B 产品	1 000	900	1 500	1 600	1 480
C 产品	5 600	6 000	3 000	2 900	2 800
D 产品	7 000	6 900	5 900	5 800	5 500

要求：根据上述资料对可比产品成本降低任务完成情况进行分析，并将计算结果填入表训 4-13～表训 4-15 中。

表训 4-13　　可比产品成本计划降低任务　　金额单位：元

可比产品	计划产量/件	单位成本		总成本		降低任务	
		上年	计划	上年	计划	降低额	降低率/%
A 产品							
B 产品							
C 产品							
D 产品							
合计							

表训 4-14　　可比产品成本降低任务实际完成情况　　金额单位：元

可比产品	实际产量/件	单位成本			总成本			降低任务	
		上年	计划	实际	上年	计划	实际	降低额	降低率
A 产品									
B 产品									
C 产品									
D 产品									
合计									

表训 4-15　　可比产品成本降低任务完成情况分析

影响因素				计算方法	
顺序	产量	品种构成	单位成本	降低额/元	降低率/%
（1）	计划	计划	计划		
（2）	实际	计划	计划		
（3）	实际	实际	计划		
（4）	实际	实际	实际		
各因素的影响： 产量因素的影响 品种构成因素的影响 单位成本构成因素的影响 合计					

实训五　练习材料耗用量和材料价格变动对材料费用的影响

嘉信有限责任公司生产的甲产品，材料项目的有关资料如表训 4-16 所示。

表训 4-16　　材料项目的有关资料

材料名称	单位耗用量/件		材料单价/元		材料成本/元		差异/元
	计划	实际	计划	实际	计划	实际	
A 材料	100	95	10	8	1 000	760	-240
B 材料	200	210	20	22	4 000	4 620	620
C 材料	500	490	8	7	4 000	3 430	-570
合计					9 000	8 810	-190

要求：根据上述资料，计算材料耗用量和材料价格变动对材料费用的影响。

项目小结

成本报表是企业为了满足经营决策的需要而编制的内部会计报表，其格式和编制时间一般由企业自行确定。

成本报表主要包括商品产品成本表、主要产品单位成本表、制造费用明细表及期间费用明细表。

成本报表分析的主要方法有比较分析法、比率分析法、因素分析法等。比较分析法和因素分析法是分析报表最常用的方法。

影响可比产品成本降低任务完成情况的因素有产品产量变动、产品品种结构变动和产品单位成本变动等，其中产量变动只影响成本降低额，不影响成本降低率。

项目五
成本管理与控制

知识目标

1．了解定额成本制度的作用；熟悉定额的种类。

2．了解标准成本法的内涵和特点；熟悉标准成本的种类；掌握标准成本的制定方法；掌握成本差异的计算和分析方法。

3．了解作业成本法的内涵和与传统成本法的区别；熟悉作业成本法的核心概念；熟悉作业成本法的核算原理；掌握作业成本法下间接费用的分配方法。

4．了解质量成本会计的含义；熟悉质量成本的种类；掌握质量成本管理活动的内容和最佳质量成本分析方法。

5．了解责任成本管理的含义；熟悉责任成本管理的内容。

能力目标

1．会运用定额成本制度进行成本管理。

2．会计算标准成本；会计算成本差异和进行成本差异分析。

3．能够确定作业和成本动因；能够根据成本动因分配间接费用；能够运用作业成本法进行成本核算。

4．能够分类确定质量成本；能够进行质量成本管理活动。

5．能够执行责任成本管理工作。

情景写实

成本领先是企业在竞争中取胜的关键战略之一，成本控制是所有企业都必须面对的一个重要管理课题。企业无论采取何种改革、激励措施都代替不了强化成本管理、降低成本这一工作，它是企业成功最重要的方面之一。有效的成本控制管理是每个企业都必须重视的问题，抓住它就可以带动全局。在企业发展战略中，成本控制处于极其重要的地位。企业的成本控制管理包括成本分配与成本控制两大环节。成本分配解决如何归集、分配产品或服务的成本问题，其核心内容是成本核算；成本控制所面临的问题是如何使企业达到成本最小化，包括企业所做出的一切降低成本的努力。

常见的成本管理制度包括但不限于定额成本制度、标准成本制度、作业成本法、质量成本会计。这些成本管理制度是第二次世界大战结束后企业管理者经过几十年的实践经验总结形成的科学方法，在实践中取得了非常明显的效果。本项目主要介绍这些方法的原理和应用。

任务一 定额成本制度

任务描述

宇辰有限责任公司针对当前市场竞争加剧的不利形势，提出了加强成本管理，细化定额管理制度的要求，并决定强化成本核算部的人员力量，决定公开向社会招聘两名成本会计。招聘公告公布后，近 100 人进行了应聘。经过笔试后，5 人进入面试。公司财务部长出了 5 道面试题，其中两道面试题与定额成本制度有关。如果你参加了此次面试，请对这两道面试题进行回答。

任务下达

1. 什么是定额成本制度？定额包括哪些种类？
2. 定额成本法的核算过程是什么？

知识准备

定额成本制度是通过事前制定产品定额成本并将其作为目标成本，在生产费用发生的当时将实际发生的费用与目标成本进行对比揭示差异，并找出原因，及时控制、监督实际生产费用的支出，加强成本差异的日常核算、分析和控制，月终再根据定额成本、定额差异和定额变动来计算实际成本的一种成本制度。

定额管理是企业成本管理工作的重要组成部分，是企业制订计划，科学地组织生产，开展企业经济核算的主要基础资料，为企业经营者决策、企业内部控制提供科学依据。

一、定额成本制度的特点

定额成本制度和一般核算方法不同的是，它不仅是一种成本核算方法，还是一种对产品成本进行控制和管理的方法；它不仅注重成本的事前和事后控制，更重要的是能做到成本的日常控制。因此，定额成本制度更能有效地发挥成本核算对于节约生产费用、降低产品成本的作用。

二、定额的种类

定额是企业管理的重要基础工作，是编制计划和预算的依据，也是进行材料核算、薪酬分配和成本控制的基础。制定和执行合理的定额，有利于调动人员的积极性、控制消耗、节省资源、降低成本、增加效益和提高竞争力。

定额通常包括消耗定额、劳动定额（工时定额、产量定额）、费用定额和储备定额等，如单位产品原材料消耗定额、单位产品工时（工资）定额、管理费定额、原材料储备定额等。此外，定额还包括员工人数定额、产品产量定额、产品质量定额、设备利用率定额、资金定额等。

1．消耗定额

消耗定额是指在一定的生产和技术条件下，生产单位产品或完成一定工作量应该消耗的物质数量标准，如原材料消耗定额（如机械制造业用的钢材、生铁等）、辅助材料消耗定额（如机械制造业用的润滑油、耐火材料等）和能源消耗定额（如电力、煤炭等）。"消耗定额"通常包括工艺定额、生产定额和供应定额。

工艺定额是指生产加工过程中应达到的原材料正常消耗的数量标准，是原材料成本控制中生产投料数量的依据。工艺定额包括原材料的有效消耗和工艺损耗两部分。有效消耗是指构成产品的材料净耗，如产品净重的消耗或净含量的消耗。工艺损耗是指生产准备和加工过程中由于产品形状或性能必需产生的损耗，如机械加工产品的边角余料、化工产品的工艺损失等。所以这些工艺损耗是制造企业生产过程中不可避免的。工艺损耗量取决于产品设计工艺、生产技术条件和人员的操作水平。

生产定额是指生产一定数量的合格产品所必需的原材料消耗的数量标准，是原材料成本控制中控制领料和仓库发料的依据。生产定额除了包括工艺定额外，还包括难以预料的废品损失所产生的原材料消耗。

供应定额是指供应部门为了保证生产任务的完成所必须采购的原材料的数量标准，是编制采购计划和物资供应计划的依据。供应定额除了包括生产定额外，还包括原材料运输、保管过程中的损耗以及由于其他非正常原因所造成的原材料消耗。

2．劳动定额

劳动定额是指在一定的生产和技术条件下，生产单位产品或完成一定工作量应该消耗的劳动量标准（一般用劳动或工作时间来表示）或在单位时间内生产产品或完成工作量的标准。劳动定额是衡量劳动（工作）效率的标准，是"工时定额"和"产量定额"的合称。

工时定额也称"时间定额"，是生产单位产品或完成一定工作量所规定的时间消耗量，如对车工加工一个零件、装配工组装一个部件或一个产品所规定的时间；对宾馆服务员清理一间客房所规定的时间。

产量定额也称"工作定额"，是在单位时间内（如小时、工作日或班次）规定的应生产产品的数量或应完成的工作量，如对车工规定一小时应加工的零件数量、对装配工规定一个工作日应装配的部件或产品的数量；对宾馆服务员规定一个班次应清理客房的数量。

工时定额和产量定额互为倒数，工时定额越低，产量定额就越高；反之，工时定额越高，产量定额就越低。在制造业里，单件小批生产的组织主要采用"工时定额"；大批量生产的组织主要采用"产量定额"。

3．费用定额

费用定额是指在某一期间内应该发生的费用标准。费用定额主要包括管理费用定额、销售费用定额、财务费用定额等。“费用定额”通常以货币为计算单位。“费用定额”是某一单项费用的标准，企业可以将这个标准落实到本单位内部的各个部门和单位。例如，某一组织的招待费定额为 50 万元，其中：销售部门 30 万元；采购部门 10 万元；总经理办公室 5 万元；驻京办事处 5 万元。

4．储备定额

储备定额是指在某一期间内储备产品的数量标准。“储备”通常包括原材料储备，辅助材料储备，燃料储备（如煤炭、柴油、汽油和天然气等），设备零、部件储备，在产品、半成品和成品储备等。

储备定额是为保证组织运营活动正常进行，根据消耗定额和生产、服务需要所规定的原材料，辅助材料，燃料，设备零、部件，在产品、半成品和成品储备量标准，它是制造业组织编制采购计划、生产作业计划和核定所需资金的主要依据。储备定额主要分为“经常储备定额”和“保险储备定额”。经常储备是保证组织在生产和服务提供过程中对原材料、辅助材料和燃料等的经常需要而建立的储备量。保险储备是预防原材料、辅助材料和燃料等供应脱节而建立的储备量。此外，有些组织由于采购、运输或生产具有季节性，还需要有“季节储备”。

正确制定储备定额，可以保证正常的生产和服务提供的需要，防止材料或产品的积压、浪费和损失银行利息，加速资金周转。

三、定额的贯彻执行

企业应加强对各种定额贯彻、执行情况的调查、统计、检查和分析工作，在分析研究中，总结先进经验和先进操作方法，找出影响定额贯彻执行的各种因素，掌握规律和各种产品、各个车间、各个工种定额水平的平衡情况，为修改定额提供依据。

企业应按照先进合理、适应企业的生产技术条件和工艺水平的原则制定定额。在“保持定额的相对稳定，有利于调动职工的生产积极性”的前提下，根据定额贯彻执行中通过统计、检查、分析所提供的依据，对原有定额做不定期的修改，企业采用新技术、新工艺、新材料后，应及时修改定额。

对各种定额的管理实行统一领导与分级管理相结合、专业管理（即归口管理）与群众管理相结合的原则。正确处理厂部、车间、班组之间的关系，明确职责范围和业务分工，加强各级、各定额归口部门的责任。定额归口管理部门，应加强对定额的跟踪管理，及时发现问题和制定修正措施，以保证定额的合理性。对产品成本有主要影响的产品材料消耗定额将制定专门的管理办法进行管理。

四、定额成本制度的核算

执行定额成本制度的时候，主要采用的就是定额法。定额法分为定额成本的制定、脱离定额差异的计算、材料成本差异的计算和定额变动差异的核算 4 个过程。具体的核算过程在本书项目三的任务五中进行了详细的阐述。

> **小提示** 如果工业企业需要根据设计的图纸进行产品的生产，则通过定额成本制度进行成本管理与控制是非常有效的。

五、定额成本制度的评价

通过实行定额成本制度有利于加强成本的日常控制，有利于进行产品成本的定期分析。实行定额成本制度，能在生产耗费发生的当时，随时揭示脱离定额的各种差异，有利于考核生产各个环节成本控制的成效，进一步挖掘降低成本的潜力。在具体实行时，应当注意各类差异的区分。

当耗用原材料发生多用或少用时，应将用料数量差异单独反映；当人工工时发生多用或少用时，应将工时数量差异单独反映；当工资发生差异时，应将人工工资差异数单独反映；当发生制造费用超过或低于计划时，应将费用差异数单独反映。对于发生的各种差异，都要分析原因，并找出有关的责任者，以便于对产品成本进行有效的监督与控制，防止各种浪费和损失，并总结经验，及时采取措施，以改进企业的经营管理。

但该方法也存在一定的缺点，即核算工作量较大，执行起来比较困难，对员工的素质要求较高；定额资料若不准确，则会影响成本计算的准确性。

动脑筋

前面我们已经讲解了定额法，请思考一下，为什么在这里单独设置定额成本制度，那么定额法与定额成本制度是什么关系呢？

任务实施

（1）定额成本制度是通过事前制定产品定额成本并将其作为目标成本，在生产费用发生的当时将实际发生的费用与目标成本进行对比揭示差异，并找出原因，及时控制、监督实际生产费用的支出，加强成本差异的日常核算、分析和控制，月终再根据定额成本、定额差异和定额变动来计算实际成本的一种成本制度。

定额通常包括消耗定额、劳动定额（工时定额、产量定额）、费用定额和储备定额等。

（2）定额成本法分为定额成本的制定、脱离定额差异的计算、材料成本差异的计算和定额变动差异的核算 4 个过程。

闯关考验

一、单选题

1. 定额成本是（　　）的一种。

A. 目标成本　　B. 现行成本　　C. 重置成本　　D. 机会成本

2. 下列不是定额成本制度的特点的是（　　）。

A. 定额成本制度不仅是一种成本核算方法，还是对产品成本进行控制和管理的方法

B. 它不仅注重成本的事前和事后控制，更重要的是能做到成本的日常控制

C. 定额成本制度能更有效地发挥成本核算对于节约生产费用、降低产品成本的作用

D. 定额成本制度有助于简化成本核算工作

二、多选题

1. 定额通常包括（　　）。

A. 消耗定额　　B. 劳动定额　　C. 费用定额　　D. 储备定额

2. 以下有关定额成本制度的表述，正确的是（　　）。

A. 定额成本制度纯粹是一种成本核算方法

B. 定额成本制度是一种成本计算的基本方法

C. 定额成本制度是一种成本计算的辅助方法

D. 定额成本制度是一种对产品成本进行控制和管理的方法

3. 定额成本制度通常可以与以下成本计算方法中的（　　）结合使用。

A. 品种法　　B. 分批法　　C. 分步法　　D. 分类法

三、判断题

（　　）1. 定额成本制度不仅是一种基本的成本核算方法，而且还是一种对产品成本进行控制和管理的方法。

（　　）2. 定额成本制度不仅注重成本的日常控制和事后控制，更重要的是还能做到成本的事前控制。

（　　）3. 通过实行定额成本制度有利于加强成本的日常控制，有利于进行产品成本的定期分析。

全真实训

请写出定额成本制度下的成本计算程序。

任务二　标准成本制度

任务描述

北京汽车轴承制造厂用 A33#材料生产 6308#深沟球轴承，其标准成本如表 5-1 所示。

表 5-1　　产品标准成本卡

产品名称：6308#深沟球轴承　　金额单位：元

项目	标准用量	标准单价	金额
直接材料	2 千克	4	8
直接工资	3 小时	5	15
制造费用			
其中：变动制造费用	3 小时	1.50	4.50
固定制造费用	3 小时	1.80	5.40
单位产品标准成本			32.90

本期固定制造费用预算为 6 840 元，编制预算所依据的计划生产能量工时为 3 800 小时。该公司本期生产产品 1 000 件，期初期末均无在产品。其实际成本资料如下：直接材料用量 2 300 千克，材料实际成本为 9 200 元；直接人工工时 3 200 小时，实际工资总额为 16 800 元，制造费用总计 10 400 元，其中，变动制造费用 3 200 元，固定制造费用 7 200 元。每件产品售价 50 元，管理费用、财务费用等期间费用为 4 000 元。

任务下达

（1）计算分析直接材料成本差异。

（2）计算分析直接人工成本差异。

（3）计算分析变动制造费用差异。

（4）计算分析固定制造费用差异。

（5）汇总标准成本各项差异。根据以上计算，编制标准成本差异汇总表，如表 5-2 所示。

表 5-2　　标准成本差异汇总表

产品：6308#深沟球轴承　　产量：1 000 件　　单位：元

<table>
<tr><th>项目</th><th>标准成本</th><th>实际成本</th><th>差异</th><th colspan="2">差异分析</th></tr>
<tr><td rowspan="2">直接材料成本</td><td rowspan="2"></td><td rowspan="2"></td><td rowspan="2"></td><td></td><td></td></tr>
<tr><td></td><td></td></tr>
<tr><td rowspan="2">直接人工成本</td><td rowspan="2"></td><td rowspan="2"></td><td rowspan="2"></td><td></td><td></td></tr>
<tr><td></td><td></td></tr>
<tr><td rowspan="2">变动制造费用</td><td rowspan="2"></td><td rowspan="2"></td><td rowspan="2"></td><td></td><td></td></tr>
<tr><td></td><td></td></tr>
<tr><td rowspan="3">固定制造费用</td><td rowspan="3"></td><td rowspan="3"></td><td rowspan="3"></td><td></td><td></td></tr>
<tr><td></td><td></td></tr>
<tr><td></td><td></td></tr>
<tr><td>总成本</td><td></td><td></td><td></td><td></td><td></td></tr>
</table>

知识准备

标准成本制度，也称标准成本法、标准成本会计，是把生产过程开始之前的事前计划、生产过程进行中的事中控制和生产过程完成之后的事后计算和分析有机地结合起来的一种成本管理和核算方法。该制度围绕标准成本的相关指标（如技术指标、作业指标、计划值等）而设计的，将成本的前馈控制、反馈控制及核算功能有机结合而形成的一种成本控制系统。标准成本制度的主要内容包括成本标准的制定、标准成本的控制、成本差异的揭示及分析、成本差异的账务处理 4 部分内容。其流程图如图 5-1 所示。标准成本法在实际工作中很少被企业用来进行成本核算，主要用于成本管理与控制，因此本书不介绍成本差异的账务处理的内容。

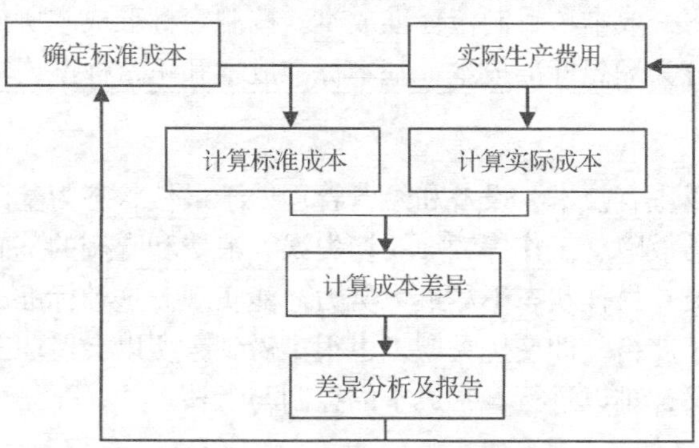

图 5-1　标准成本法流程图

一、标准成本制度的作用

企业采用标准成本法能够提高企业成本计划和控制的水平，为预算编制、成本控制、成本考核和成本决策提供了便利条件。

1．为全面预算编制提供便利

企业通过制定标准成本，并将标准成本作为编制弹性预算和成本计划的基础，增强了计划和控制职能，改进了业绩的测量，从而达到预先控制成本的目的。企业采用标准成本制度，是强化计划和控制系统的关键特征，预算控制体系通过标准成本计算成本差异，将实际成本与标准成本进行比较，可以找出成本差异，并通过差异分析，管理者可以获得更多的信息，研究和判断标准成本和预算的执行情况，以便采取纠正措施进一步改进成本水平。

2．便于分清各成本中心的责任

由于标准成本将成本中心划定为一、二、三级，而三级成本已划到车间、作业区这一级，三级成本中心也能揭示出标准成本差异，所以消灭了“吃大锅饭”的现象。标准成本的每个成本项目都采用单独的价格标准和数量标准，因而可以确定每个成本项目实际脱离标准的差异的责任归属，从而分清各部门的责任。

3．便于成本控制

明确成本中心的责任后，使成本控制的责任下放到车间、作业区三级成本中心，并将成本标准、成本指标层层分解到个人，加强考核，使奖金与成本业绩挂钩。另一方面，在标准成本实践中还实行月度成本计划的措施，有利于计算月度成本消耗量，然后采购员、领料员按此月度成本控制计划采购、领料，以达到控制原材料成本的目的。

4．提高决策的准确性和有效性

进行标准成本管理，可以确认企业的单位边际贡献（单位边际贡献=单位销售收入-单位变动成本），有利于企业测算出盈亏平衡点，从而提高决策的准确性和有效性。传统的成本管理，特别是全部成本管理，在考虑产品收益时，不仅包括变动成本，而且包括固定成本，这就干扰了决策者的决策。标准成本管理的实施，为企业正确核算产品单位变动成本提供了科学依据，从而有利于企业决策者做出正确的决策。

二、标准成本的种类

在标准成本制度下，事前要根据本企业生产某一种产品的工艺技术过程和内外业务条件，为材料、人工、制造费用每一成本项目制定标准成本。按制定标准成本所依据的生产技术和经营管理水平，标准成本可以分为理想标准成本、基本标准成本和正常标准成本 3 种。

1．理想标准成本

理想标准成本是指以现有技术、设备和经营管理处于最佳状态为基础制定的标准成本。这种标准成本建立在排除机器故障、工作停顿等一切失误、浪费和耽搁的基础上。只有技术最熟练、工作效率最高的工作人员在最佳状态下尽最大努力才能实现。这种标准成本的优点是具有激励作用。但由于这种标准过于严格，即使优秀职工也很难做到，所以会使职工丧失信心，且按此揭示的成本差异失去实际意义，难以进行日常成本的控制与考核。

2．基本标准成本

基本标准成本是指以某一年的成本为基础制定出来的标准成本。这种标准成本一经制定，多年保持不变，在较长时期内，都使用这种标准作为计算成本的基础，其优点是使各期成本有一个共同的比较基础。但由于历史成本可能包含部分无效因素，所以若计划年度以此为出发点，势必将使无效不断延缓。再者，时间一长，生产技术和经营情况发生变化，使原有标准不符合实际，因而基本标准成本只能说明过去而不能适应未来的要求，在成本管理中不能直接发挥应有的作用。所以，这种标准成本在实际工作中较少采用。

3．正常标准成本

正常标准成本是指根据目前已经达到的生产技术水平，以有效地利用生产经营条件为基础所确定的标准成本。在制定这种标准成本时考虑了机器故障的时间、工人所需停顿、正常损耗等一些不可避免的不利因素。要达到这种标准，员工经过努力是可以实现的。这种标准成本在成本控制中能发挥积极作用，达到了标准成本所要求的先进性和现实性的统一，在实际工作中得到广泛应用。

小提示 标准成本制度是进行成本差异分析的最佳工具，该方法如果能够与定额成本制度结合使用，会起到意想不到的最佳效果。

三、标准成本的制定

使用标准成本制度，应事先制定标准成本，以作为控制成本支出的依据和考核成本支出的尺度。标准成本是指在正常和高效率的运转情况下制造产品的成本，而不是指实际发生的成本，是一种目标成本。实际发生的历史成本汇总后要分解为与标准成本重合的标准部分和与标准成本偏离的差异部分，并进一步分析差异的原因，为管理决策提供有用的差别成本信息。通常，我们可以通过以下两种含义来理解标准成本。

（1）“单位产品的标准成本”，亦称“标准成本”，它是根据单位产品的标准消耗量和标准单价计算出来的，其计算公式如下。

单位产品标准成本=单位产品标准产量×标准单价

（2）“实际产量的标准成本”，它是根据实际产品产量和成本标准计算出来的，其计算公式如下。

标准成本=实际产量×单位产品标准成本

标准成本是由会计部门会同采购部门、劳动工资部门、行政管理部门、技术部门、具体生产经营部门等有关责任部门，在对企业生产经营的具体条件进行认真分析研究的基础上共同制定的。在制定过程中，应尽量吸收负责执行标准的职工参与各项标准的制定。

产品的标准成本是由产品的直接材料、直接人工和制造费用组成的，所以标准成本就是针对工厂成本的料、工、费 3 大项目进行制定的。标准成本的基本形式是以“用量”标准乘以“价格”标准得到相关项目的标准成本，这样便于明确责任；同时，还便于根据实际情况对现有标准成本加以修订。如果某种材料价格上涨，则耗用这种材料的有关产品的直接材料标准成本，就可以用新的材料的单价乘以原定的标准用量加以调整。

1．直接材料标准成本的制定

（1）材料用量标准。材料用量标准是指在现有生产技术条件下生产单位产品需用的材料数量，包括构成产品实体的材料、生产中必要的损耗等。制定用量标准时应按产品所需耗用的各种直接材料分别计算。

（2）价格标准。价格标准是指采购部门按供应单位的价格及其他因素预先确定的各种材料的单价，包括买价和运杂费等。

根据用量标准和价格标准就可以确定直接材料的标准成本，公式如下。

直接材料标准成本=材料的价格标准×单位产品的用量标准

2．直接人工标准成本的制定

在直接人工标准成本中，用量标准是指工时标准，价格标准是指工资率标准。

（1）工时标准。工时标准是指在现有生产技术条件下生产单位产品（或零部件）所需用的工作时间，包括对产品的直接加工所用工时、必要的间歇和停工时间以及在不可避免的废品上所耗费的工时。工时标准应经技术测定，先按零部件及经过的工序、车间分别计算，然后按产品加以汇总。

（2）工资率标准。采用计件工资制时，工资率标准就是单位产品应支付的计件单价；采用计时工资制时，工资率标准就是每一标准工时应分配的工资，其计算公式如下。

小时工资率标准=预计支付直接人工标准工资总额/标准总工时

据此，可确定直接人工标准成本的计算公式如下。

直接人工标准成本=小时工资率标准×单位产品的工时标准

3．制造费用标准成本的制定

由于制造费用按其形态可划分为变动制造费用和固定制造费用两部分，因此，制造费用的标准成本也应分别制定。

（1）变动制造费用标准成本。变动制造费用标准成本中，用量标准就是生产单位产品所需直接人工标准小时或机器工作标准小时，价格标准是变动制造费用分配率标准。

单位工时变动制造费用标准分配率=变动性制造费用预算总额/直接人工（或机器）标准总工时

据此，可确定变动制造费用标准成本的计算公式如下。

单位工时变动制造费用的标准成本 = 单位产品直接人工（或机器）的标准工时 × 单位工时变动制造费用标准分配率

必须注意的是，变动制造费用应按不同的生产活动水平分别确定其费用总额，使其预算按“弹性预算”的形式表现。

（2）固定制造费用的标准成本。固定制造费用标准成本的制定，应视采用的成本计算方法而定。若采用变动成本计算法，则固定制造费用以“期间成本”的名称，全额直接列入损益表，作为本期销售收入的一个扣减项目，因而不必在各产品之间进行分配，当然就不包括在单位产品的标准成本中。若采用固定成本计算法，固定制造费用要通过分配计入单位产品的标准成本。其分配方法与变动制造费用基本相同，先计算确定一个固定制造费用的单位工时标准分配率，然后乘以预计的直接人工（或机器）标准工时求得单位产品的固定制造费用标准成本。

固定制造费用单位工时的标准分配率可按下列公式计算。

单位工时固定制造费用标准分配率=固定性制造费用预算总额/直接人工（或机器）标准总工时

据此，可确定固定制造费用标准成本的计算公式如下。

单位工时固定制造费用的标准成本 = 单位工时固定制造费用标准分配率 × 单位产品直接人工（或机器）的标准工时

【案例 5-1】北京汽车轴承制造厂制造零部件——轴承 B8#，2013 年 1 月计划的产能标准工时为 3 000 小时，直接人工费用总额为 18 000 元，变动制造费用预算总额为 12 000 元，固定制造费用预算总额为 15 000 元。假定该企业生产的甲产品的直接人工的定额工时为 75 小时；直接材料的定额消耗量为 20 千克，每千克标准单价为 25 元。该轴承 B8 的单位标准成本计算如下。

工资率标准=18 000/3 000=6（元/工时）

变动制造费用分配率=12 000/3 000=4（元/工时）

固定制造费用分配率=15 000/3 000=5（元/工时）

根据相关资料，编制甲产品的标准成本卡，如表 5-3 所示。

表 5-3　　标准成本卡

成本项目	标准价格	标准用量	标准成本/元
直接材料	25 元/千克	20 千克	500
直接人工	6 元/工时	75 工时	450
变动制造费用	4 元/工时	75 工时	300
固定制造费用	5 元/工时	75 工时	375
单位甲产品标准成本	—	—	1 625

四、成本差异的计算与分析

成本差异是指实际成本与标准成本之间的差额。实际成本超标准所形成的差异称为不利差异、逆差或超支；实际成本低于标准成本所形成的差异，称为有利差异、顺差或节约。

成本差异包括直接材料成本差异、直接人工成本差异和制造费用差异 3 部分。其中，制造费用差异又可分为变动制造费用差异和固定制造费用差异。

1．直接材料成本差异的计算与分析

直接材料成本差异包括材料用量差异和材料价格差异两部分。

（1）材料用量差异。材料用量差异是指生产中实际耗用的材料数量与按标准用量计算的应耗用的材料数量之间的差额。材料用量差异的计算公式如下。

材料用量差异=（实际用量×标准价格）-（标准用量×标准价格）
=标准价格×（实际用量-标准用量）

【案例 5-2】北京汽车轴承制造厂 2013 年 1 月生产领用原材料——钢球 C%520 千克，生产 6308#深沟球轴承 200 件，每件的标准用量为 2.5 千克，钢球每千克标准价格为 5 元。

材料用量差异=5×（520-200×2.5）=+100（元）　（节约）

材料用量差异一般应由生产部门负责，如生产中由于用料出现浪费，或由于技术水平低、用料过多等。但有时也可能由于采购部门片面为了压低价格，购进了质量低劣的材料，从而造成用量过多，由此而形成的材料数量的不利差异，则应由采购部门负责。

（2）材料价格差异。材料价格差异是指对于实际耗用的材料数量按实际价格计算与按标准价格计算之间的差额。材料价格差异的计算公式如下。

材料价格差异=（实际数量×实际价格）-（实际数量×标准价格）
=实际数量×（实际价格-标准价格）

【案例 5-3】北京汽车轴承制造厂生产领用原材料——钢球 C%1 000 千克，每千克实际价格为 5.8 元，其标准价格为 5.6 元。

材料价格差异=1 000×（5.8-5.6）=+200（元）　（超支）

材料价格差异一般应由采购部门负责，如采购的批量、交货方式、运输方法、有无数量折扣及材料的品质等，其中任何一方面的因素脱离制定标准成本的预定要求都会形成材料价格差异。但对形成价格差异的原因和责任应进一步具体分析，有时可能是由于生产上的原因造成的，如为满足生产上的急需，对某种材料进行小批量订货，或由陆运改为空运，而形成材料价格的不利差异，则应由生产部门负责，只有查明原因，才能使责任落实到部门或个人，进一步改进工作。

2．直接人工成本差异的计算与分析

（1）人工效率差异。直接人工的数量差异通常称为“人工效率差异”，它是指生产中实际产量

耗用的实际工时与所应耗用标准工时之间的差额。其计算公式如下。

人工效率差异=（标准工资率×实际工时）-（标准工资率×标准工时）
=标准工资率×（实际工时-标准工时）

【案例 5-4】锻造车间第一工序加工原材料——钢球 P%零件 200 个，实际耗用工时 480 小时，该工序加工标准工时为 2.5 小时/个，其标准工资率为 6 元。

人工效率差异=6×（480-200×2.5）=-120（元）（节约）

人工效率差异的产生可能有多种原因，如材料或零件的传递方法不正确、机器运转不正常、生产部门安排技术水平低的工人做高级工作等，这些原因产生的差异应由生产部门负责。但如果是由于采购部门购入不合格的材料，或由于生产工艺的改变而导致的与标准工时的差异，则生产部门是不可控制的，所以应由有关部门负责。

（2）工资率差异。直接人工的价格差异是指工资率差异，是按实际工资率计算的人工成本与按标准工资率计算的人工成本之间的差额。其计算公式如下。

直接人工工资率差异=实际工时×实际工资率-实际工时×标准工资率
=实际工时×（实际工资率-标准工资率）

【案例 5-5】锻造车间第一工序工种其标准工资率为 6 元，本期实际完成工资为 480 小时，实际工资率为 6.4 元。

工资率差异=480×（6.4-6）=+192（元）（超支）

工资率差异的出现，通常应由安排工人工作的主管人员负责。由于具体安排工作时，往往会出现没有“按才定位”的现象，如升级或降级使用不同等级的工人所以引起工资率差异。

3．变动制造费用成本差异的计算与分析

变动制造费用差异由变动制造费用效率差异（即“用量”差异）和变动制造费用开支差异（即“价格”差异）构成。由于变动制造费用同一定的生产活动水平相联系，因此，对变动制造费用应预先编制弹性预算。假设某企业本月份变动制造费用预算如表 5-4 所示。

表 5-4　变动制造费用预算表

项目	每小时耗费/元	机器工作时间			
		8 000 小时	9 200 小时	10 000 小时	11 000 小时
间接人工/元	1.5	12 000	13 800	15 000	16 500
润滑剂/元	1.0	8 000	9 200	10 000	11 000
动力/元	0.5	4 000	4 600	5 000	5 500
合计/元	3	24 000	27 600	30 000	33 000

又假定该月份正常工作量应完成 10 000 机器工作小时，应完成产量 5 000 件（每件产品需用 2 机器小时）。实际完成产量 4 600 件，实际耗用 9 000 机器小时；实际发生变动制造费用 27 400 元，其中：间接人工 14 000 元，润滑剂 8 600 元，动力费 4 800 元。根据上述资料对变动制造费用差异计算如下。

（1）变动制造费用效率差异。变动制造费用效率差异是指按生产实际耗用工时计算的标准变动制造费用和按标准工时计算的标准变动制造费用之间的差额。其计算公式如下。

变动制造费用效率差异=标准分配率×实际工时-标准分配率×标准工时
=标准分配率×（实际工时-标准工时）
=3×（9 000-4 600×2）
=-600（元）（节约）

（2）变动制造费用耗费差异。变动制造费用耗费差异又称为开支差异，是指按实际变动制造费用与按实际产量所耗实际工时计算的标准变动制造费用之间的差额。

变动制造费用耗费差异=实际发生额-实际产量所耗实际工时×标准分配率
=27 400-9 000×3
=+400（元）（超支）

变动制造费用总差异按下列公式计算。

变动制造费用的总差异=变动制造费用的实际发生额-实际产量所耗标准工时×标准分配率
=27 400-4 600×2×3
=-200（元）（节约）

由于变动制造费用是由许多明细项目组成的，因而上述计算的成本差异不便于进行控制和考核，有必要对差异进行进一步的分析，如表 5-5 所示。

表 5-5　变动制造费用差异分析表　单位：元

明细项目	实际发生额	按标准工时计算	按实际工时计算	总差异	效率差异	开支差异
	①	②	③	④=①-②	④=③-②	⑤=①-③
间接人工	14 000	13 800	13 500	+200	-300	+500
润滑剂	8 600	9 200	9 000	-600	-200	-400
动力	4 800	4 600	4 500	+200	-100	+300
合计	27 400	27 600	27 000	-200	-600	+400

4．固定制造费用成本差异的计算与分析

固定制造费用主要是指企业为了获得生产能力以及维持这种能力的正常运转而发生的费用，它具有在相关范围内其总额固定不变的特性，它通过编制固定预算进行成本控制。

固定制造费用差异是一定期间的实际固定制造费用与标准固定制造费用之间的差额。其中，标准固定制造费用是标准工时数与固定制造费用标准分配率的乘积。固定制造费用差异具体包括 3 种。

（1）耗费差异。它反映了固定制造费用实际支出数与预算数之间的差额，体现了制造费用预算执行的结果。

（2）能量差异。它说明即使固定制造费用的实际数和预算数相等，只要实际和预算的生产工作总时数不同，也会产生固定制造费用分配率不同的差异。

（3）效率差异。效率差异即实际工时数同标准工时数相比所引起的固定制造费用差异。实际工时数和标准工时数之间的关系反映了工人的操作效率。生产同样多的产品，实际工时与标准工时相比越少，说明操作效率越高；反之，说明操作效率越低。

固定制造费用 3 种差异的计算公式如下。

固定制造费用耗费差异=实际固定制造费用-预算固定制造费用

固定制造费用能量差异=（预算工时数-实际工时数）×固定制造费用标准分配率

固定制造费用效率差异=（实际工时数-标准工时数）×固定制造费用标准分配率

固定制造费用能量差异的发生，主要原因是：产品销路不好、订货减少、原有生产能力过剩、利用不充分、原材料供应不足、设备损坏或出现故障、人工不足等，这些因素应由企业管理部门负责。如果由于产品质量问题而引起订货减少，则应由生产部门负责。至于固定制造费用开支差异和效率差异发生的原因与变动制造费用相同。

【案例 5-6】北京汽车轴承制造厂本月份固定制造费用预算总额为 50 000 元，生产 6308#深沟球轴承，每件标准工时为 4 小时，月生产能力为 2 500 件，预计应完成机器工时 10 000 小时，本月实际完成 6308#深沟球轴承 2 400 件，实际耗用 9 640 机器小时，实际发生的固定制造费用为 49 500 元。其有关差异及总差异计算如下。

（1）耗费差异=49 500−50 000=− 500（元）（节约）。

（2）能量差异=（10 000−9 640）×50 000/10 000=+1 800（元）（超支）。

（3）效率差异=（9 640−2 400×4）×50 000/10 000=+200（元）（超支）。

（4）总差异=49 500−2 400×4×5=+1 500（元）（超支）。

动脑筋

标准成本制度在成本的管理过程中起到了加强管理的作用，具体体现在哪里？

任务实施

（1）计算分析直接材料成本差异。

材料标准成本=1 000×2×4=8 000（元）

材料实际成本=9 200（元）

材料成本差异=9 200−8 000=+1 200（元）（逆差）

其中：

材料数量差异=（2 300−1 000×2）×4=+1 200（元）（逆差）

材料价格差异=2 300×（9 200÷2 300−4）=0（元）

（2）计算分析直接人工成本差异。

人工标准成本=1 000×3×5=15 000（元）

人工实际成本=16 800（元）

人工成本差异=16 800−15 000=+1 800（元）（逆差）

其中：

人工效率差异=（3 200−1 000×3）×5=+1 000（元）（逆差）

人工工资率差异=3 200×（16 800÷3 200−5）=+800（元）（逆差）

（3）计算分析变动制造费用差异。

变动制造费用实际分配率=3 200÷3 200=1（元/小时）

标准变动制造费用=1 000×3×1.50=4 500（元）

实际变动制造费用=3 200×1=3 200（元）

变动制造费用差异=3 200−4 500=−1 300（元）（顺差）

其中：

变动制造费用效率差异=（3 200−1 000×3）×1.50=+300（元）（逆差）

变动制造费用耗费差异=3 200×（1−1.50）=−1 600（元）（顺差）

（4）计算分析固定制造费用差异。

固定制造费用标准分配率=6 840÷3 800=1.80（元/小时）

固定制造费用实际分配率=7 200÷3 200=2.25（元/小时）

按实际产量和标准工时计算的标准固定制造费用=1 000×3×1.80=5 400（元）

实际固定制造费用=7 200（元）

固定制造费用差异=7 200−5 400=+1 800（元）（逆差）

其中：

耗费差异=3 200×2.25−3 800×1.80=+360（元）（逆差）

能量差异=3 800×1.80−3 200×1.80=+1 080（元）（逆差）

效率差异=3 200×1.80−3 000×1.80=+360（元）（逆差）

（5）汇总标准成本各项差异，根据以上计算编制标准成本差异分析汇总表，如表 5-6 所示。

表 5-6　　标准成本差异分析汇总表

产品：6308#深沟球轴承　　产量：1 000 件　　单位：元

项目	标准成本	实际成本	差异	差异分析	
直接材料成本	8 000	9 200	1 200	数量差异	+1 200
				价格差异	0
直接人工成本	15 000	16 800	1 800	效率差异	+1 000
				工资率差异	+800
变动制造费用	4 500	3 200	−1 300	效率差异	+300
				耗费差异	−1 600
固定制造费用	5 400	7 200	1 800	耗费差异	+360
				能量差异	+1 080
				效率差异	+360
总成本	32 900	36 400	3 500		3 500

从表 5-6 可知，甲产品全部成本按标准成本计算为 32 900 元，实际为 36 400 元，实际比计划超支了 3 500 元。其中，直接材料成本超支 1 200 元，直接人工成本超支 1 800 元，变动制造费用节约了 1 800 元，固定制造费用超支了 1 800 元。

闯关考验

一、单选题

1. 以资源无浪费、设备无故障、产出无废品、工时都有效的假设前提为依据而制定的标准成本是（　　）。

A. 基本标准成本　B. 理想标准成本　C. 正常标准成本　D. 现行标准成本

2. 标准成本制度的前提和关键是（　　）。

A. 标准成本的制定 B. 成本差异的计算 C. 成本差异的分析 D. 成本差异的账务处理

3. 标准成本控制主要是指对（　　）进行的控制。

A. 产品预算阶段　B. 产品入库阶段　C. 产品销售阶段　D. 产品生产阶段

4. 下列情况中，需要对基本标准成本进行修订的是（　　）。

A. 重要的原材料价格发生重大变化　B. 工作方法改变引起的效率变化

C. 生产经营能力利用程度的变化　D. 市场供求变化导致的售价变化

5. 下列各项中，属于“直接人工标准工时”组成内容的是（　　）。

A. 由于设备意外故障产生的停工工时

B. 由于更换产品产生的设备调整工时

C. 由于生产作业计划安排不当产生的停工工时

D. 由于外部供电系统故障产生的停工工时

6. 下列关于制定正常标准成本的表述中，正确的是（　　）。

A. 直接材料的价格标准不包括购进材料发生的检验成本

B. 直接人工标准工时包括直接加工操作必不可少的时间，不包括各种原因引起的停工工时

C. 直接人工的价格标准是指标准工资率，它可以是预定的工资率，也可以是正常的工资率

D. 固定制造费用和变动制造费用的用量标准可以相同，也可以不同，如以直接人工工时作为变动制造费用的用量标准，同时以机器工时作为固定制造费用的用量标准

7. 成本差异是指在标准成本控制系统下，企业在一定时期生产一定数量的产品所发生的实际成本与（　　）之间的差额。

A. 计划成本　　B. 历史成本　　C. 标准成本　　D. 预算成本

8. 计算数量差异要以（　　）为基础。

A. 标准价格　　B. 实际价格　　C. 标准成本　　D. 实际成本

9. 本月生产甲产品 8 000 件，实际耗用 A 材料 32 000 千克，其实际价格为每千克 40 元。该产品 A 材料的用量标准为 3 千克，标准价格为 45 元，其直接材料用量差异为（　　）元。

A. 360 000　　B. 320 000　　C. 200 000　　D. -160 000

10. 直接人工效率差异是指单位（　　）耗用量脱离单位标准人工工时耗用量所产生的差异。

A. 实际人工工时　　B. 定额人工工时　　C. 预算人工工时　　D. 正常人工工时

11. 实际变动制造费用支出与按实际工时和变动制造费用标准分配率相乘得到的预算数之间的差额是（　　）。

A. 变动制造费用分配率差异（耗费差异）

B. 变动制造费用效率差异

C. 变动制造费用总差异

D. 变动制造费用能量差异

12. 固定制造费用的实际金额与固定制造费用的预算金额之间的差额称为（　　）。

A. 开支差异（耗费差异、预算差异）　　B. 效率差异

C. 闲置能量差异　　D. 能量差异

13. 在两差异法下，固定制造费用的差异可以分解为（　　）。

A. 价格差异和产量差异　　B. 耗费差异和效率差异

C. 能量差异和效率差异　　D. 耗费差异和能量差异

14. 固定制造费用的能量差异，可以进一步分为（　　）。

A. 能力差异（生产能力利用差异，下同）和开支差异

B. 能力差异和效率差异

C. 开支差异和效率差异

D. 开支差异和能量差异

15. 固定制造费用开支差异是指固定制造费用的实际金额与固定制造费用的（　　）之间的差额。

A. 预算金额　　B. 历史金额　　C. 标准金额　　D. 计划金额

16. 下列变动成本差异中，无法从生产过程的分析中找出产生原因的是（　　）。

A. 变动制造费用效率差异　　B. 变动制造费用耗费差异

C. 直接材料价格差异　　D. 直接人工效率差异

17. 通常应对不利的材料价格差异负责的部门是（　　）。

A. 质量控制部门　B. 采购部门　C. 工程设计部门　D. 生产部门

18. 某公司月成本考核例会上，各部门经理正在讨论、认定直接人工效率差异的责任部门。根据你的判断，该责任部门应是（　　）。

A. 生产部门　B. 销售部门　C. 供应部门　D. 管理部门

19. 由于生产安排不当、计划错误、调度失误等造成的损失，应由（　　）负责。

A. 财务部门　B. 劳动部门　C. 生产部门　D. 采购部门

二、多选题

1. 在制定标准成本时，根据所要求达到的效率不同，所采取的标准有（　　）。

A. 正常标准成本　B. 最佳标准成本　C. 现实标准成本　D. 理想标准成本

2. 标准成本控制系统的内容包括（　　）。

A. 标准成本的执行　B. 标准成本的制定

C. 成本差异的账务处理　D. 成本差异的计算分析

3. 正常标准成本是在正常生产经营条件下应该达到的成本水平，它是根据（　　）制定的标准成本。

A. 现实的耗用水平　B. 正常的价格

C. 正常的生产经营能力利用程度　D. 正常的耗用水平

4. 在确定直接人工正常标准成本时，标准工时包括（　　）。

A. 直接加工操作必不可少的时间　B. 必要的工间休息

C. 调整设备的时间　D. 不可避免的废品耗用工时

5. 下列标准成本差异中，通常应由生产部门负责的有（　　）。

A. 直接材料的价格差异　B. 直接人工的效率差异

C. 变动制造费用的分配率差异　D. 变动制造费用的效率差异

6. 可以套用“用量差异”和“价格差异”模式的成本项目是（　　）。

A. 直接材料　B. 直接人工　C. 变动制造费用　D. 固定制造费用

7. 在材料成本差异分析中，（　　）。

A. 价格差异的大小是由价格脱离标准的程度以及实际采购量的高低所决定的

B. 价格差异的大小是由价格脱离标准的程度以及实际消耗量的高低所决定的

C. 数量差异的大小是由实际用量脱离标准的程度以及标准价格的高低所决定的

D. 数量差异的大小是由实际用量脱离标准的程度以及实际价格的高低所决定的

8. 固定制造费用的“三差异”是指（　　）。

A. 效率差异　B. 耗用差异　C. 能力差异　D. 开支差异

9. 下列关于固定制造费用差异的表述中，正确的有（　　）。

A. 在考核固定制造费用的耗费水平时以预算数作为标准，不管业务量增加或减少，只要实际数额超过预算即视为耗费过多

B. 固定制造费用闲置能量差异是生产能量与实际产量的标准工时之差与固定制造费用标准分配率的乘积

C. 固定制造费用能量差异的高低取决于两个因素：生产能量是否被充分利用、已利用生产能量的工作效率

D. 固定制造费用的闲置能量差异计入存货成本不太合理，最好直接结转本期损益

10. 在进行标准成本差异分析时，形成直接材料数量差异的原因经常有（　　）。

A. 操作疏忽致使废品增加

B. 机器或工具不适用

C. 供应厂家材料价格增加，迫使降低材料用量

D. 操作技术改进而节省用料

11. 下列成本差异中，通常不属于生产部门责任的是（　　）。

A. 直接材料价格差异　　B. 直接人工工资率差异

C. 直接人工效率差异　　D. 变动制造费用效率差异

12. 标准成本按其所依据的生产技术和经营管理水平的分类包括（　　）。

A. 基本标准成本　B. 理想标准成本　C. 正常标准成本　D. 现行标准成本

13. 在确定直接人工正常标准成本时，标准工时包括（　　）。

A. 直接加工操作必不可少的时间　　B. 必要的工间休息

C. 调整设备的时间　　D. 不可避免的废品耗用工时

14. 原材料质量低劣，会造成（　　）向不利方面扩大。

A. 直接材料成本的用量差异　　B. 直接人工成本的效率差异

C. 变动制造费用的效率差异　　D. 固定制造费用的能量差异

15. 下列各项中，能够造成变动制造费用耗费差异的有（　　）。

A. 直接材料质量次，废料过多　　B. 间接材料价格变化

C. 间接人工工资调整　　D. 间接人工的人数过多

16. 影响变动制造费用效率差异的原因的有（　　）。

A. 工人劳动情绪不佳　　B. 作业计划安排不当

C. 加班或使用临时工　　D. 设备故障较多

三、判断题

（　　）1. 标准成本是在正常生产经营条件下应该实现的，可以作为控制成本开支、评价实际成本、衡量工作效率的依据和尺度的一种目标成本。

（　　）2. 正常标准成本与现实标准成本不同的是，它需要根据现实情况的变化不断进行修改，而现实标准成本则可以保持较长一段时间固定不变。

（　　）3. 在经济形势变化无常的情况下，最为合适的标准成本是现实标准成本。

（　　）4. 在生产技术和经营管理条件变动不大的情况下，正常标准成本是一种可以较长时间采用的标准成本。

（　　）5. 从具体数量上看，正常标准成本大于理想标准成本，但又小于历史平均水平。

（　　）6. 现行标准成本可以作为评价实际成本的依据，也可以用来对存货和销货成本进行计价。

（　　）7. 理想标准成本的主要用途是揭示实际成本下降的潜力。

（　　）8. 如果出现不利差异，企业必须采取措施减少该不利差异。

（　　）9. 材料成本脱离标准的差异、人工成本脱离标准的差异、制造费用脱离标准的差异，都可以分为“量差”和“价差”两部分。

（　　）10. 如果企业采用变动成本法计算成本，则不需要制定固定制造费用的标准成本，也不需要进行固定制造费用成本差异的计算和分析，而固定制造费用的控制则通过预算管理来进行。

（　　）11. 直接处理法是指将本期的各种成本差异，按标准成本的比例分配给期末在产品、期末产成品和本期已销售产品。

（　　）12. 直接处理法可以避免期末繁杂的成本差异分配工作，同时本期发生的成本差异全

部反映在本期的利润上，使利润指标能如实地反映本期生产经营工作和成本控制的全部成效，符合权责发生制的要求。

(　　) 13. 递延法下，期末资产负债表的在产品和产成品项目反映的都是实际成本而不是标准成本。

(　　) 14. 标准成本法产生于机械化大生产的时代，其通常适用于大批量稳定生产的企业或产品。

(　　) 15. 标准成本法可以为企业的例外管理提供数据，可以简化存货的计价及成本核算的账务处理工作。

全真实训

实训一　材料标准价格与标准成本的计算

大洋机械制造厂 2017 年 1 月铁铸件产品的实际产量为 500 件，实际耗用某直接材料 4 500 千克，该材料的实际单价为每千克 110 元。单位产品耗用该材料的标准成本为每件 1 000 元，材料消耗定额为每件 10 千克。

要求：(1) 计算该材料的标准价格。

(2) 计算直接材料成本差异，并注明各项差异是有利差异还是不利差异。

实训二　制造费用标准成本差异的计算与分析

龙达机械制造厂年度制造费用预算如下：固定性制造费用 22 000 元，变动性制造费用 1.5 元/小时，预算工时 11 000 小时（5 000 单位×2.2 小时），只生产单一产品。单位产品的制造费用预算为：变动性制造费用 3.3 元（2.2 小时×1.5 元），固定制造费用 4.4 元（22 000/11 000×2.2 小时）。实际当年的产出为 5 100 单位，实耗工时 11 300 小时，发生制造费用为 39 013 元，其中变动性制造费用为 16 724 元。

要求：(1) 计算预算的制造费用总额。

(2) 计算制造费用标准成本差异并分析。

实训三　成本差异的计算与分析

上轴精密仪器有限公司生产精密仪器，相关成本资料如表训 5-1 和表训 5-2 所示。

表训 5-1　　直接材料相关资料表　　金额单位：元

材料品名	标准成本			实际成本			差异
	耗用量/件	单价	金额	耗用量/件	单价	金额	
铁铸件	1 000	10	10 000	1 200	11	13 200	+3 200
铝铸件	2 000	6	12 000	2 100	5	10 500	−1 500
合计			22 000			23 700	+1 700

表训 5-2　　制造费用相关资料表

项目	预算数（工时：6 000）		实际产量标准数（工时：5 000）	实际数（工时：5 500）
	金额/元	分配率	金额/元	金额/元
变动性制造费用	2 400	0.4	0.4×5 000=2 000	2 090
固定性制造费用	4 800	0.8	0.8×5 000=4 000	4 675
制造费用合计	7 200	1.2	1.2×5 000=6 000	6 765

要求：（1）计算直接材料标准成本差异。

（2）计算直接材料数量差异和价格差异。

（3）计算变动制造费用标准成本差异。

（4）计算变动制造费用的效率差异和耗费差异。

（5）计算固定制造费用标准成本差异。

（6）计算固定制造费用的预算差异和能量差异（即能力差异和效率差异之和）。

任务三 作业成本法

任务描述

鑫天有限责任公司同时生产 A、B 两种产品，A 产品每批 1 000 件，年产 10 000 件，B 产品每批 200 件，年产 5 000 件。

有关成本动因资料如下。

A、B 产品单位机器工时比例为 1∶6。

A、B 产品每批材料移动次数分别为 10 次和 20 次。

每批检验单位为 A 产品每批 50 件，B 产品每批 10 件。

A 产品直接材料 20 000 元，直接人工 30 000 元；B 产品直接材料 40 000 元，直接人工 15 000 元。

依据不同的成本库，归集的制造费用如表 5-7 所示。

表 5-7 制造费用（成本库）资料

项目	数额/元	作业层次（成本动因）
材料处理	12 000	批作业层次
检验人员	15 000	批作业层次
管理人员	18 000	能量作业层次
取暖照明	4 000	能量作业层次
折旧	30 000	能量作业层次
机器能量	11 000	单位作业层次
合计	90 000	

任务下达

按成本动因分配制造费用，计算 A、B 产品成本。

知识准备

在传统的产品成本计算中，将除直接材料和直接人工以外的其他生产费用都归入制造费用，并采用单一的分配标准（如直接人工工时或机器工时等）在各种产品之间进行分配。这种制造费用的分配方法不仅提供的成本信息有限，而且往往使生产量较大、技术上不复杂的产品成本偏高，生产量较小、技术上比较复杂的产品成本偏低，从而使成本信息失真，由此带来了成本计算方法的变革及管理思想的转变。作业成本法正是为了弥补传统成本计算方法这一缺陷而产生的，也称为现代成本核算方法。作业成本计算法不仅是一种成本计算方法，更是成本计算与成本管理的有机结合。

作业成本法是将间接成本和辅助费用更准确地分配到作业、生产过程、产品、服务及顾客中的一种成本计算方法。依据对作业成本法的理解，企业的全部经营活动是由一系列相互关联的作业组成的，企业每进行一项作业都要耗用一定的资源；而企业生产的产品（包括提供的服务）需要通过一系列的作业来完成，因而，产品的成本实际上就是企业全部作业消耗资源的总和。在计算成本时，首先按经营活动中发生的各项作业来归集成本，计算作业成本；然后，再按各项作业成本与成本对象（产品或服务）之间的因果关系，即成本动因，将作业成本追溯到成本对象，最终完成成本计算过程。

在作业成本法下，直接成本（如直接材料成本）可以直接计入有关产品，而间接成本（制造费用等）则首先分配到有关作业，计算作业成本，然后再将作业成本分配到有关产品。按作业成本法进行成本计算，仍然可以区分品种法、分批法和分步法等成本计算的基本方法，或者说作业成本法可与品种法、分批法和分步法结合起来运用。

一、作业成本法的核心概念

作业成本法的指导思想是“成本对象消耗作业，作业消耗资源”。作业成本法把间接成本（包括期间费用）和直接成本作为产品（服务）消耗作业的成本同等地对待，拓宽了成本的计算范围，使计算出来的产品（服务）成本更准确、真实。

作业是成本计算的核心和基本对象，产品成本或服务成本是全部作业的成本总和，是实际耗用企业资源成本的终结。

1．资源

资源是企业生产耗费的原始形态，是成本产生的源泉。企业作业活动系统所涉及的人力、物力、财力都属于资源。一个企业的资源包括直接人工、直接材料、制造费用等。

2．作业

作业是指企业在经营活动中的各项具体活动，如签订材料采购合同、将材料运达仓库、对材料进行质量检验、办理入库手续、登记材料明细账等。一项作业可能是一项非常具体的活动，如车工作业；也可能泛指一类活动，如机加工车间的车、铣、刨、磨等所有作业可以统称为机加工作业，甚至可以将机加工作业、产品组装作业等统称为生产作业（相对于产品研发、设计、销售等作业而言）。

作业是作业成本计算系统中最小的成本归集单元。作业贯穿产品生产经营的全过程，从产品设计、原料采购、生产加工，直至产品的发运销售。执行任何一项作业都需要耗费一定的资源。在这一过程中，每个环节、每道工序都可以视为一项作业。某个作业上耗费的资源加总构成该作业的成本，称为作业成本；同质作业的成本称为作业成本库。

按其产出或消耗方式进行分类，可以将作业分成 4 类，如图 5-2 所示。

作业按是否增加产品或服务价值分为两类：增值作业和非增值作业。

增值作业是那些顾客认为可以增加其购买的产品或服务的有用性而有必要保留的作业。一项作业必须同时满足下列 3 个条件才可断定为增值作业：①该作业导致了状态的改变；②该状态的变化不能由其他作业来完成；③该作业使其他作业得以进行。

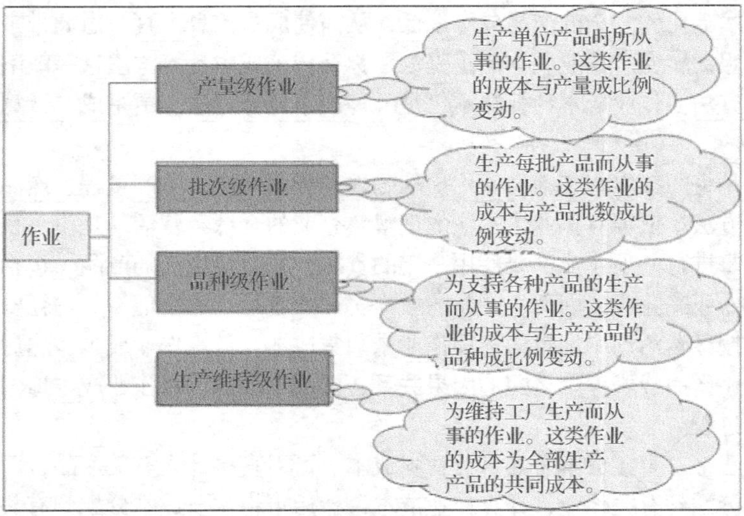

图 5-2　按产出或消耗方式对作业分类示意图

非增值作业是指即便消除也不会影响产品对顾客服务的潜能，不必要的或可消除的作业。如果一项作业不能同时满足增值作业的 3 个条件，就可断定其为非增值作业。

小提示　作业成本法进行成本管理的核心理念之一即是尽量减少或消除非增值作业。

【案例 5-7】某农机厂是典型的国有企业，采取以销定产、多品种小批量的生产模式。传统成本法下制造费用超过人工费用的 200%，成本控制不力。为此，企业决定实施作业成本法。根据企业的工艺流程，确定了 32 个作业，以及各作业的作业动因。作业动因主要是人工工时，其他作业动因有运输距离、准备次数、零件种类数、订单数、机器小时、客户数等。

通过计算，我们发现了传统成本法的成本扭曲：最大差异率达到 46.5%。根据作业成本法提供的信息，为加强成本控制，针对每个作业制定目标成本，使得目标成本可以细化到班组，增加了成本控制的有效性。通过对成本信息的分析，发现生产协调、检测、修理和运输作业不增加顾客价值，这些作业的执行人员归属一个分厂管理，但是人员分布在各个车间。通过作业分析，发现大量人力资源的冗余。根据分析，可以裁减一半的人员，并减少相关的资源支出。分析还显示，运输作业由各个车间分别提供，但是都存在能力剩余，将运输作业集中管理，可以减少三四台叉车。

此外，正确的成本信息对于销售的决策也有重要的影响。根据作业成本信息以及市场行情，企业修订了部分产品的价格。修订后的产品价格更加真实地反映了产品的成本，具有更强的竞争力。

3．成本动因

在作业成本法中，大量地使用着“成本动因”这一概念。成本动因，亦称成本驱动因素，是指导致成本发生的因素，即成本的诱因。成本动因通常以作业活动耗费的资源来进行度量，如质量检查次数、用电度数等。在作业成本法下，成本动因是成本分配的依据。成本动因与成本发生、资源消耗和作业消耗的原因高度相关，支配着成本行为，决定成本的发生，成为成本分配的标准。

在作业成本计算中，成本动因分为资源动因和作业动因。资源动因是引起作业成本变动的因素。被用来计量各项作业对资源的耗用。运用资源动因可以将资源成本分配给各有关作业。作业动因是引起产品成本变动的因素，用来计量各种产品对作业耗用的情况，并被用来作为作业成本的分配基础。基本原理如图 5-3 所示。

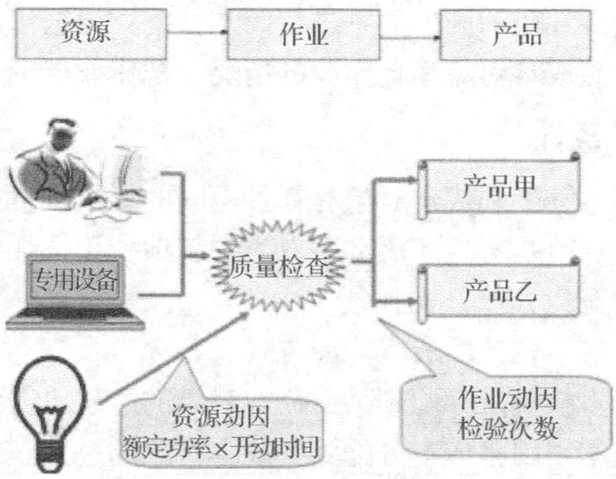

图 5-3　成本动因示意图

4．作业中心

作业中心又称成本库，是指构成一个业务过程的相互联系的作业集合，用来汇集业务过程及其产出的成本。换言之，按照统一的作业动因，将各种资源耗费项目归结在一起，便形成作业中心。作业中心有助于企业更明晰地分析一组相关的作业，以便进行作业管理以及企业组织机构和责任中心的设计与考核。

二、作业成本法的特点

1．成本计算分为两个阶段

作业成本法的基本指导思想是“产品消耗作业，作业消耗资源”。根据这一指导思想，作业成本法把成本计算过程划分为两个阶段：第一阶段，将作业执行中耗费的资源追溯到作业，计算作业成本和作业成本分配率；第二阶段，根据第一阶段计算的作业成本分配率和产品所耗费作业的数量，将作业成本追溯到各有关产品。作业成本法下的成本计算过程可以概括为“资源—作业—产品”。基本原理如图 5-4 所示。

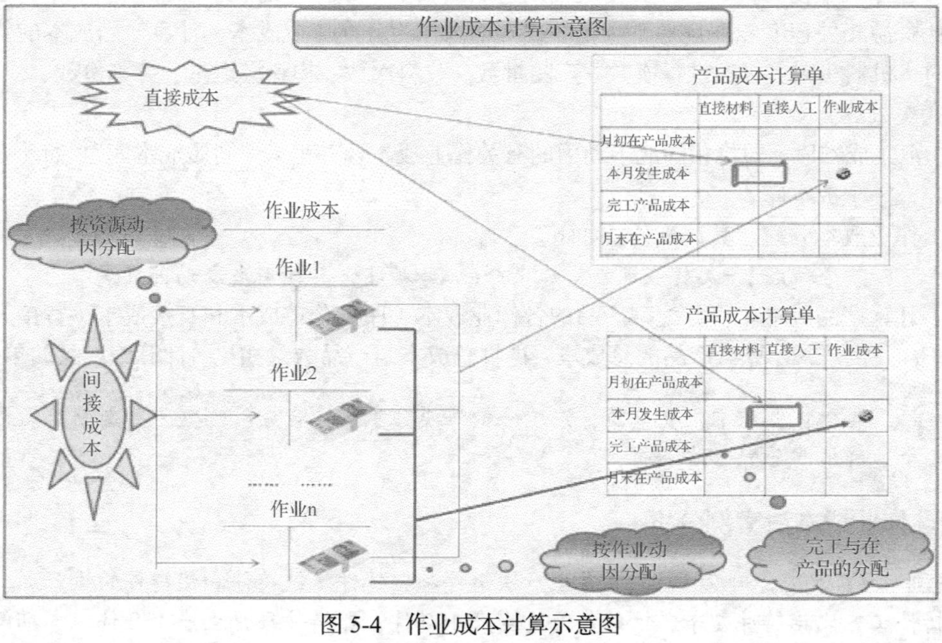

图 5-4　作业成本计算示意图

作业成本计算法基于资源耗用的因果关系进行成本分配：根据作业活动耗用资源的情况，将资源耗费分配给作业；再依照成本对象消耗作业的情况，把作业成本分配给成本对象。

2．成本分配强调可追溯性

作业成本法认为，将成本分配到成本对象有 3 种不同的形式：直接追溯、动因追溯和分摊。作业成本法的一个突出特点，就是对生产活动中发生的各项费用，强调以直接追溯或动因追溯的方式计入产品成本，而尽量避免分摊方式。

分摊是一种简便易行且成本较低的成本分配方式。

直接追溯，是指将成本直接确认分配到某一成本对象的过程（得到的产品成本是最准确的）。

动因追溯，是指根据成本动因将成本分配到各成本对象的过程。

作业成本法强调使用直接追溯法和动因追溯法来分配成本，尽可能避免使用不准确的分摊，因此能够提供更加真实、准确的成本信息。

三、作业成本法的核算程序

在作业成本法下，费用的分配与归集是基于“作业消耗资源，产品消耗作业”来进行的，据此，作业成本法的基本原理可以概括为依据不同成本动因分别设置成本库，再分别以各种成本对象所耗费的作业量分摊其在该成本库的作业成本，然后分别汇总各种成本对象的作业总成本，计算各种成本对象的总成本和单位成本。概括起来，作业成本法的具体程序如下。

（1）确定成本计算对象，与传统成本计算一样，将产品的品种、批次或者步骤作为成本计算对象。将能够直观地确定为某特定产品或服务的资源成本列为直接成本，直接计入该特定产品或服务成本，其余部分则列为作业成本。

（2）确认和计量耗用资源的作业，如订单处理、产品设计、员工培训、材料处理、机器调试、质量检查、包装、销售、一般管理等。

（3）计量作业成本。根据资源耗用方式的不同将间接资源成本分配给相关作业，计算出各项作业的成本，即作业成本。

（4）选择成本动因，即选择驱动成本发生的因素。一项作业的成本动因往往不止一个，应选择与实耗资源相关程度较高且易于量化的成本动因作为分配作业成本、计算产品成本的依据，如人工小时、机器小时、机器准备次数、产品批数、收料次数、物料搬运量、订单份数、检验次数、流程改变次数等。

（5）汇集成本库。即将相同成本动因的有关作业成本合并汇入“同质成本库”，如动力与维护费用可归入一个成本库。

（6）作业成本分配。其计算公式如下。

分摊成本=某作业成本（库）分配率×被某产品耗用成本动因数量

（7）计算产品成本。将分配某产品的各作业成本（库）分摊成本和直接成本（直接人工及直接材料）合并汇总，计算该产品的总成本，再将总成本与产品数量相比，计算该产品的单位成本。

小提示　作业成本法要与品种法、分批法或分步法结合应用，主要区别就是间接制造费用的分配方法不同。

四、作业成本法案例分析

【案例 5-8】宏达公司 2017 年 1 月生产铁铸件和铝铸件。铁铸件和铝铸件的生产加工工艺不同，铁铸件工艺比铝铸件复杂。铁铸件每月生产 100 件，铝铸件每月生产 150 件。本期间的相关资料如表 5-8 和表 5-9 所示。

表 5-8　　铁铸件和铝铸件的直接材料和直接人工资料　　金额单位：元

项目	产品名称	
	铁铸件	铝铸件
产品产量/件	100	150
直接材料	10 000	12 000
直接人工	2 000	3 000

表 5-9　　铁铸件和铝铸件的间接费用　　单位：元

材料费	包装费	质量检验	设备维护	装卸搬运	合计
15 000	8 000	10 000	12 000	5 000	50 000

另外，铁铸件和铝铸件的机器制造工时分别为 180 小时和 320 小时。

要求：（1）按作业成本法将间接费用在 A 产品和 B 产品之间进行分配。

（2）按作业成本法计算 A 产品和 B 产品的总成本和单位成本。

解析：

1. 传统成本计算法下的成本计算

按传统成本计算法，制造费用可按机器制造工时进行分配，制造费用分配率为

制造费用分配率=50 000/（180+320）=100（元/工时）

铁铸件应分摊的制造费用=180×100=18 000（元）

铝铸件应分摊的制造费用=320×100=32 000（元）

根据上述分析和计算可编制产品成本计算表，如表 5-10 所示。

表 5-10　　传统成本计算法下成本计算表　　单位：元

项目	铁铸件	铝铸件
直接材料成本	10 000	12 000
直接人工成本	2 000	3 000
制造费用	18 000	32 000
总成本	30 000	47 000
单位产品成本	300	313

2. 作业成本计算法下的成本计算

（1）界定作业，确认资源。

经研究，发现本企业间接费用的成本动因有 5 个：材料领用数量、包装批次、质量检验小时、设备维修时数和装卸搬运次数。其他有关资料如表 5-11 和表 5-12 所示。

表 5-11　　作业类别和相关作业量

作业类别	成本动因	作业量/件		
		铁铸件	铝铸件	合计
材料领用	材料领用数量	7	8	15
包装	包装批次	3	5	8
质量检验	质量检验小时	10	15	25
设备维护	设备维护时数	4	8	12
装卸搬运	装卸搬运次数	4	6	10

表 5-12　　铁铸件和铝铸件作业成本分配表

作业	作业成本/元	分配率	铁铸件		铝铸件	
			消耗动因	金额/元	消耗动因	金额/元
材料领用	15 000	1 000	7	7 000	8	8 000
包装	8 000	1 000	3	3 000	5	5 000
质量检验	10 000	400	10	4 000	15	6 000
设备维护	12 000	1 000	4	4 000	8	8 000
装卸搬运	5 000	500	4	2 000	6	3 000
合计	50 000			20 000		30 000

（2）选择适当的成本动因分配资源费用。

① 成本对象为材料领用，其成本动因为材料领用数量。

成本动因分配率：15 000÷15=1 000

铁铸件应分配：1 000×7=7 000（元）；铝铸件应分配：1 000×8=8 000（元）

② 成本对象为包装，其成本动因为包装批次。

成本动因分配率：8 000÷8=1 000

铁铸件应分配：1 000×3=3 000（元）；铝铸件应分配：1 000×5=5 000（元）

③ 成本对象为质量检验，其成本动因为质量检验小时。

成本动因分配率：10 000÷25=400

铁铸件应分配：400×10=4 000（元）；铝铸件应分配：400×15=6 000（元）

④ 成本对象为设备维护，其成本动因为设备维护时数。

成本动因分配率：12 000÷12=1 000

铁铸件应分配：1 000×4=4 000（元）；铝铸件应分配：1 000×8=8 000（元）

⑤ 成本对象为装卸搬运，其成本动因为装卸搬运次数。

成本动因分配率：5 000÷10=500

铁铸件应分配：500×4=2 000（元）；铝铸件应分配：500×6=3 000（元）

（3）计算产品成本。铁铸件和铝铸件作业成本的计算如表 5-13 所示。

表 5-13　　作业成本计算表　　单位：元

项目		直接材料	直接人工	间接费用	合计
铁铸件（100 件）	总成本	10 000	2 000	20 000	32 000
	单位成本	100	20	200	320
铝铸件（150 件）	总成本	12 000	3 000	30 000	45 000
	单位成本	80	20	200	300

比较表 5-10 和表 5-13 可见，按作业成本计算法，铁铸件单位成本由传统成本计算的 300 元上升为 320 元；铝铸件单位成本由传统成本计算的 313 元下降到 300 元。产生差异的原因主要是传统成本计算对制造费用只采用单一的分配标准，而忽视了不同作业之间的成本动因不同。显然，按作业成本计算依据作业成本动因，采用多样化的分配标准，从而使成本的可归属性大大提高，所得出的产品成本信息也更为客观、真实，更有利于企业的业绩评价。

五、作业成本法与传统成本法的区别

1．作业成本法与传统成本法的比较

就产品成本计算而言，作业成本法对直接材料、直接人工等直接成本的核算与传统的成本计算方法并无不同，其特点主要体现在间接制造费用的核算上。

在传统的成本计算方法下，间接制造费用通常是在全厂范围内采用一个费用分配率进行一次性分配，或者是先将制造费用按生产部门归集，然后再按一系列的部门分配率进行分配，至于各生产部门制造费用分配的标准，则根据各个生产部门的生产特点选取。例如，劳动密集型的部门以人工工时或人工成本作为制造费用的分配标准；机器密集型的部门以机器小时为制造费用的分配标准；以耗用原材料为主的部门，则以原材料成本为制造费用的分配标准，等等。这种制造费用的分配方法严重忽视了各种产品生产的复杂性和技术含量的不同以及与此相联系的作业量的不同，从而导致了产品成本的扭曲。

在作业成本法下，相关人员对制造费用的核算做了根本性变革。其具体体现：①将制造费用由全厂统一或按部门归集和分配，改为由若干个成本库分别进行归集和分配；②增加了分配标准，由单一标准（直接人工工时或机器小时等）分配改为按引起制造费用发生的多种成本动因进行分配。

2．作业成本法较传统的成本计算方法的优越性

（1）拓宽了成本核算的范围。作业成本法把作业、作业中心、顾客和市场纳入了成本核算的范围，形成了以作业为核心的成本核算对象体系，不仅核算产品成本，而且核算作业成本和动因成本。

（2）提供了相对准确的成本信息。它从成本对象与资源耗费的因果关系着手，根据资源动因将间接费用分配到作业，再按作业动因将作业记入成本对象，从而揭示了资源与成本对象真正的“一对一”的本质联系，克服了传统成本计算假定的缺陷。作业成本计算分配基础的广泛化，使间接费用的分配更具精确性和合理性，克服了传统成本计算按单一的分配标准分配间接费用所造成的对成本信息的严重扭曲，提供了相对准确的成本信息。

（3）作业成本信息可以有效地改进企业战略决策。在作业成本计算法下，由于间接成本不是均衡地在产品间进行分配，而是通过成本动因追踪到产品，因而有助于改进生产，提高企业战略决策的针对性。

（4）有利于企业杜绝浪费、提高经济效益。作业成本计算通过对成本动因的分析，揭示了资源耗费、成本发生的前因后果，便于调动各部门挖掘盈利潜力的积极性，指明了深入到作业水平和对企业供、产、销各个环节的基本活动进行改进与提高的途径。

3．作业成本法的局限性

（1）在成本动因的选择上有一定的主观性，尤其是所选择的成本动因并不总是客观的和可以验证的，有些甚至很难进行恰当选择。例如，厂房租赁费用和车间的一些维持性成本就很难选择合适的成本动因。这些不仅为作业成本的有效实施增加了难度，同时也为管理当局人为地操纵成本提供了可能，导致对这种操纵结果的审计更加困难。

（2）实施作业成本计算的费用较高。全面实施作业成本计算对企业来说无疑是一项相当庞大的系统工程，尤其是在企业业务量大、生产经营过程复杂的情况下，不仅成本计算过程相当复杂，而且需要做许多基础性的工作。

（3）作业成本计算的实施将会降低成本信息的纵向和横向可比性。作业成本计算法较传统的成本计算法，无论在产品成本所包括的内容上还是费用的分配原理上都存在很大的差别。在两种成本核算系统下，不仅同一个企业（或车间）所取得的成本信息会有重大差别，同一种产品的成本信息也会大不相同。这种成本信息上的差别必然会使企业有关资产价值的计量以及企业损益的计算发生变化，而成本信息变化以及由此带来的有关资产价值和企业损益的变化，会使企业前后期的会计信息，以及与其他企业有关的会计信息失去可比性。

在我国一些高科技企业之中，其所需的原材料费用更加昂贵，生产的产品种类繁多，同时还有一项重要的开支即技术工作人员的薪资，这样的企业非常适合运用作业成本法对其生产成本进行核算，能够严格控制企业生产成本的支出和使用，降低生产成本，提高企业的经济效益，增强企业的核心竞争力。

动脑筋

为什么说作业成本法是成本计算方法上的里程碑式的突破，而且给企业成本管理提供了新的理念和方法？

任务实施

在作业成本法下，根据以上资料，计算步骤如下。

（1）按照作业层次分配制造费用

① 单位作业层次（机器能量按机器工时比例分配），如表 5-14 所示。

表 5-14　机器能量成本分配表

产品名称	数量/件	机器工时/小时	合计/件	分配率/（元/小时）	分配额/元
A	10 000	1	10 000	0.275	2 750
B	5 000	6	30 000	0.275	8 250
合计			40 000	0.275	11 000

② 批作业层次（材料处理成本与检验成本分别按移动次数与检验次数比例分配），如表 5-15 和表 5-16 所示。

表 5-15　检验成本分配表

产品名称	批数	每批检验数/件	合计/件	分配率/（元/件）	分配额/元
A	10	50	500	20	10 000
B	25	10	250	20	5 000
合计			750	20	15 000

表 5-16　材料处理成本分配表

产品名称	次数	每批移动次数	合计	分配率	分配额
A	10	50	500		10 000
B	25	10	250		5 000
合计			750	20	15 000

③ 能量作业层次（管理人员成本、取暖照明、折旧按照直接材料成本比例分配），如表 5-17 所示。

表 5-17　　其他作业（全面管理）成本分配表

产品名称	直接材料成本/元	分配率	分配额/元
A	20 000	0.87	17 400
B	40 000	0.87	34 600
合计	60 000	0.87	52 000

（2）汇总

综合上述计算结果，A、B 产品总成本和单位成本汇总表如表 5-18 所示。

表 5-18　　产品成本计算表　　单位：元

项目	A 产品（10 000 件）		A 产品（5 000 件）	
	总成本	单位成本	总成本	单位成本
单位工作层次				
直接材料	20 000	2	40 000	8
直接人工	30 000	3	15 000	3
机器能量	2 750	0.28	8 250	1.65
小计	52 750	5.28	63 250	12.65
批作业层次				
材料处理	2 000	0.2	10 000	2
检验成本	10 000	1	5 000	1
小计	12 000	1.2	15 000	3
能量作业层次				
全面管理	17 400	1.74	34 600	6.92
小计	17 400	1.74	34 600	6.92
合计	82 150	8.22	112 850	22.57

闯关考验

一、单选题

1. 作业成本法的成本计算以（　　）为中心。
   A. 产品　　B. 作业　　C. 费用　　D. 资源
2. （　　）是作业成本的核心内容。
   A. 作业　　B. 产品　　C. 资源　　D. 成本动因
3. 作业成本法适用于具有以下特征的企业（　　）。
   A. 间接生产费用比重较小　　B. 作业环节较少
   C. 生产准备成本较高　　D. 产品品种较少
4. 作业基础成本法与传统成本法的区别之一是作业基础成本法（　　）。
   A. 存在较多的同质成本库　　B. 存在较少的同质成本库
   C. 间接费用分配基础不一定是成本动因　　D. 成本决策相关性较弱
5. 按照作业的执行方式，可将作业分为（　　）。
   A. 主要作业和次要作业　　B. 必需性作业和酌量性作业
   C. 重复作业和不重复作业　　D. 后勤作业和质量作业

6. 下列项目中，不属于按受益对象分类的作业是（　　）。

A. 单位水平作业　B. 协调平衡作业　C. 批次水平作业　D. 工厂维持作业

7. 销售成本和调运成本不包括（　　）。

A. 执行订单成本　　B. 装运成本

C. 编制商品销售价目表　　D. 材料采购

8. 作业成本法所采用的成本动因（　　）。

A. 不考虑辅助作业　　B. 只考虑某些生产作业

C. 将作业与产品直接联系在一起　　D. 将作业与产品间接联系在一起

9. 与数量相关的动因不包括（　　）。

A. 产量　B. 直接人工工时　C. 机器工时　D. 生产工人人数

10. 在作业成本法下通常难以找到合适的成本动因来将（　　）作业所消耗的资源分配至产品。

A. 车间管理　B. 直接人工　C. 质量检验　D. 机器调试

二、多选题

1. 作业按所完成的职能可以分为（　　）。

A. 后勤作业　B. 协调、平衡作业　C. 质量作业　D. 变化作业

2. 作业成本法适用于具有以下特征的企业（　　）。

A. 间接生产费用比重较大

B. 企业规模大、产品品种多、生产准备成本较高

C. 作业环节多且易辨认

D. 计算机技术较高

3. 作业的分类方法主要有（　　）。

A. 按作业所完成的职能分　　B. 按作业的执行方式分

C. 按作业的性质分　　D. 按作业的收益对象分

4. 作业基础成本法的兴起和运用与以下新的制造环境密切相关（　　）。

A. 专业化生产　　B. 电脑辅助设计和自动化生产

C. 弹性制造系统　　D. 适时生产方式（JIT）

5. 成本动因的选择应遵循（　　）原则。

A. 因果关系　B. 受益性　C. 合理性　D. 全面性

6. 作业基础成本计算制度相对于产量基础成本计算制度而言具有以下特点（　　）。

A. 建立众多的间接成本集合

B. 同一个间接成本集合中的间接成本是基于同一个成本动因所驱动的

C. 间接成本的分配应以成本动因为基础

D. 不同集合之间的间接成本缺乏同质性

7. 下列有关产量基础成本计算制度的表述正确的是（　　）。

A. 以人工成本、人工工时等作为间接费用分配的基础

B. 往往会夸大高产量产品的成本，而缩小低产量产品的成本

C. 整个工厂仅有一个或几个间接成本集合（如制造费用、辅助生产等），它们通常缺乏同质性

D. 主要适用于产量是成本主要驱动因素的传统加工业

8. 下列各项中，属于直接成本的是（　　）。

A. 构成产品实体的原材料　　B. 车间照明用电费

C. 车间生产工人工资　　D. 车间管理人员工资

9. 下列各项关于作业成本法的表述中，正确的有（　　）。

A. 它是一种财务预算方法　　B. 它以作业为基础计算成本

C. 它是一种成本控制方法　　D. 它是一种准确无误的成本计算方法

10. 作业基础成本法与传统成本法相比（　　）。

A. 有较多的间接成本库

B. 按成本动因分配生产费用

C. 间接生产费用的分配基础常为非财务变量

D. 提供较精确的成本信息和成本决策相关性较强

三、判断题

（　　）1. 企业的生产过程既是作业消耗资源、产品消耗作业的过程，又是产品价值的形成过程。

（　　）2. 成本动因是驱动或产生成本、费用的各种因素，它通常可分为两种：资源动因和作业动因。

（　　）3. 作业动因是将作业中心的成本分配到产品或劳务的标准，它反映了作业中心对资源的耗用情况。

（　　）4. 作业基础成本法是传统成本计算方法的一种，其主要特点是先按资源动因分配费用，计算各作业中心成本，再按作业动因分配作业成本，计算产品成本。

（　　）5. 在作业基础成本法下，制造费用的分配主要以与产出量相关的因素为分配基础。

（　　）6. 在作业成本法下，辅助生产部门的成本在分派到具体的产品或劳务之前也是先分配至生产部门的。

（　　）7. 预期的机器工时可以作为分配机器维护成本的合理动因。

（　　）8. 作业成本法以成本动因作为分配成本的基础，因此它能提供比传统成本法更为精确的成本信息。

（　　）9. 作业成本管理涉及的仅仅是生产成本，而不包括期间费用。

（　　）10. 要实现作业成本管理的基本思想，就必须借助于作业分析。

全真实训

实训一　确定成本动因

Photon 公司有以下作业：

（1）机器启动　（2）生产计划　（3）材料移动　（4）供电

（5）质量控制　（6）厂房维护　（7）设备保险　（8）员工监管

要求：为以上作业选择合适的成本动因。

实训二　作业成本法的应用

美洋洋服装制造有限公司采用作业基础成本法核算产品成本。该企业某月发生直接材料成本 32 000 元，其中甲产品耗用 18 000 元，乙产品耗用 14 000 元；直接人工成本 19 000 元，其中甲产品应负担 11 000 元，乙产品应负担 8 000 元；制造费用 56 000 元，经分析该企业的作业情况如表训 5-3 所示。

表训 5-3 该企业的作业情况 金额单位：元

作业中心	资源分配/元	成本动因	动因量	
			甲产品	乙产品
材料整理	14 000	处理材料批数	10	30
质量检验	10 000	检验次数	10	15
机器调试	20 000	调试次数	80	120
使用机器	12 000	机器小时数	20	80

要求：（1）计算各作业中心的动因率。

（2）假定该企业的当月产量为甲产品 500 件，乙产品 400 件，期初期末在产品为零，计算这个月的完工产品总成本和完工产品单位成本。

（3）编制有关费用归集、分配和完工产品入库的分录。

实训三　作业成本法的应用

绿洋生物工程公司生产打印纸、包装纸两种产品，其中打印纸 900 件，包装纸 300 件，其作业情况数据如表训 5-4 所示。

表训 5-4 打印纸、包装纸产品作业情况表

作业中心	资源耗用/元	动因	动因量（打印纸）	动因量（包装纸）	合计
材料处理	18 000	移动次数	400	200	600
材料采购	25 000	订单件数	350	150	500
使用机器	35 000	机器小时	1 200	800	2 000
设备维修	22 000	维修小时	700	400	1 100
质量控制	20 000	质检次数	250	150	400
产品运输	16 000	运输次数	50	30	80
合计	136 000				

要求：按作业成本法计算打印纸、包装纸两种产品的成本，并填制表训 5-5。

表训 5-5 打印纸、包装纸产品成本表

作业中心	成本库/元	动因量	动因率	甲产品	乙产品
材料处理	18 000	600			
材料采购	25 000	500			
使用机器	35 000	2 000			
设备维修	22 000	1 100			
质量控制	20 000	400			
产品运输	16 000	80			
合计总成本	136 000				
单位成本					

实训四　完全成本法和作业成本法的比较

龙传人有限公司的主要业务是生产服装服饰。该公司的服装车间主要生产 3 种款式的夹克衫

和 2 种款式的西服。夹克衫和西服分别由两个独立的生产线进行加工，每个生产线有自己的工厂技术部门。5 款服装均按批次组织生产，每批 100 件。

（1）成本资料如表训 5-6 所示。

表训 5-6　　公司每种款式的产量和直接成本表

2017 年 1 月　　金额单位：元

产品品种	夹克			西服		合计
型号	夹克 1	夹克 2	夹克 3	西服 1	西服 2	
本月批次	8	10	6	4	2	30
每批产量/件	100	100	100	100	100	
产量/件	800	1 000	600	400	200	3 000
每批直接人工	3 300	3 400	3 500	4 400	4 200	
直接人工总成本	26 400	34 000	21 000	17 600	8 400	107 400
每批直接材料	6 200	6 300	6 400	7 000	8 000	
直接材料总成本	49 600	63 000	38 400	28 000	16 000	195 000

（2）制造费用发生额如表训 5-7 所示。

表训 5-7　　制造费用发生额表

2017 年 1 月　　金额单位：元

项目	金额
生产准备、检验和供应成本（批次级成本）	84 000
夹克产品线成本（产品级作业成本）	54 000
西服产品线成本（产品级作业成本）	66 000
其他成本（生产维持成本）	10 800
制造费用合计	214 800
制造费用分配率（直接人工）	200%

要求：分别按传统完全成本法和作业成本法计算各批产品的总成本和单位成本。

任务四　质量成本会计

任务描述

蝴蝶手表厂总装车间有 7 条总装流水线，400 多人，11 个生产和准备班组，承担着全厂 6 个品种、年产百万块以上手表的总装任务。

前几年，该厂一直面临着两大难题：一是手表装配合格率低，返修率高达 50%；二是手表装配成本高，仅废品损失一项全年就高达 61.8 万元。为解决这两大难题，该厂推行了质量成本管理，把全面质量成本管理和全面经济核算结合起来，寻求质量水平和成本水平的最优化，并取得了可喜成果。手表装配合格率由上年的 48.2%提高到 61%，跃居全国先进水平，废品损失由上年的 61.8 万元减少到 40.1 万元，下降了 21.7 万元，单位手表装配成本下降了 13%。

任务下达

1. 企业可以开展哪些质量成本活动？
2. 如何确定最佳质量成本，并由此进行质量成本分析？

知识准备

质量成本是企业为了保证和提高产品质量而支出的一切费用，以及因产品质量不能满足客户的要求而产生的一切损失。换言之，质量成本是企业为了确保产品质量和实施全面质量管理而支出的费用，以及因未达到既定产品质量标准而发生损失的总和。

质量成本会计是以产品质量成本为核算对象，将一定时期内所发生的产品质量费用按其使用目的和性质加以确认，并归入适当科目进行核算，为质量成本的分析和控制提供依据。

质量成本会计是基于全面质量管理运动产生和发展的。当今社会是一个“客户导向”的管理思想年代，推行“全面质量管理”观念是企业提高竞争优势的重要途径之一。

动脑筋

当前国际上哪些企业非常关注质量成本？你能找到相关的案例吗？

一、质量成本的分类

质量成本又称质量费用，它是总成本的一部分，包括确保满意质量所发生的费用，以及未达到满意质量的有形与无形损失。根据质量费用在质量控制中所起的作用，按经济用途可以将质量成本分成两个组成部分：控制成本和损失成本（或故障成本）。

控制成本与从生产过程中消除缺陷的活动有关，消除缺陷可以通过预防和鉴定两种方式来实现。预防成本是为了防止产生不合格品与质量故障而发生的各项费用，包括诸如质量计划、新产品的评审、人员的培训和工程分析等活动的成本。这些活动发生在产品投入生产之前，其目的是防缺陷于未然。鉴定或检验成本，是为了检查和评定产品质量、工作质量、工序质量、管理质量是否满足规定要求和标准所需的费用，鉴定或检验的目的是在缺陷出现之后，但产品还未交付用户使用之前消除缺陷。

损失成本，又称故障成本，可以是生产过程中产生的内部损失成本或内部故障成本，也可以是在产品发运后产生的外部损失成本或外部故障成本。内部损失成本包括不合格品损失费、返修费、质量降级费、机器设备停工损失费。外部损失成本包括理赔费、退货损失费、折价损失费等。根据企业实践结果，常见的质量成本如表5-19所示。

表5-19　质量成本（Cost of Quality）分析

质量成本		分析
预防成本	质量计划费	为指定总的质量计划、专门的质量计划，编制质量手册和程序等所支付的费用
	新产品评审费	为制定或评审新产品的质量规范，评价新的设计方案，制定试验和实验计划，对供应商进行评价，以及对市场的销售情况进行研究以确定顾客对质量的要求等所支付的费用
	质量培训费	为制定和执行质量培训计划所支付的费用
	工艺过程计划费	为设计和开发用于工艺过程控制的设备所支付的费用
	有关质量数据的费用	为收集质量数据，对质量数据进行分析和制作报告所支付的费用
	质量改进措施费	对经常出现的质量问题进行有计划的损失调查支付的费用

续表

质量成本		分析
鉴定成本	外购原材料的检验费	为确定外购原材料的质量所支付的费用
	工序检验费	在产品制造过程中，对产品进行的全部测试、抽样检验和其他检验所支付的费用
	成品检验费	在出厂前或售后对成品进行的全部检验或测试所支付的费用
	质量实验室的运行费	在生产过程中的所有阶段，实验室为检验材料的质量所支付的运行费用
内部损失成本	不合格品损失费	由于产品达不到质量要求，某些产品无法使用或售出所造成的原材料和劳动力的损失费用
	返修费	为修复不合格品并使之达到质量要求所支付的费用
	降级使用费	由于产品质量达不到规定的质量等级而不得不折价销售所损失的费用
	重新试验费	在产品被返修后，对其进行检验和试验所支付的费用
	停工损失费	由于质量原因造成设备和人员的停工所损失的费用
外部损失成本	质量担保费	在质量担保期内，因产品质量不符合要求造成用户要求退款、修理或换货所损失的费用
	退货损失费	因产品质量不符合要求造成用户将产品退回到销售商所损失的费用
	诉讼费	因产品质量不符合要求，处理用户申诉所支付的费用
	折价损失费	因产品质量未达到质量标准，折价销售所损失的费用

小提示

只有全面了解了企业经营过程中可能产生的质量成本及其类型，我们才能更好地进行精细化管理，提高企业利润。

二、质量成本管理活动

质量成本管理需要企业全员、全方位和全过程的实施，为保证该项成本管理措施能够落到实处，必须进行全员培训，使全体员工理解开展质量成本管理的意义，熟悉质量成本管理的基本知识，才能使质量成本管理落到实处。开展质量成本管理的具体做法如下。

1．提炼质量成本项目

企业成本项目种类众多，首先要从众多的成本项目中提炼质量成本项目，明确管理对象。确定质量成本项目时应注意4点：紧紧围绕质量主题，剔除那些貌似有关，实际上关系并不密切的开支项目，以免因质量成本范围漫无边际而失去重点；确立具有调节作用的变动成本项目；质量成本项目必须落实到具体部门，以免因为虚设而无法对责任者考核；质量成本项目要易于统计和核算，符合财务制度，适应统计指标体系。

根据以上原则，下面以蝴蝶手表厂为例，该厂经营过程中筛选提炼出的质量成本项目如表5-20所示。

表5-20　　装配质量成本项目月报表　　金额单位：元

组别	净产量	预防费用				鉴别成本			
		质量培训费	质量奖金	其他	金额小计	工序检验费	车间检验员工资	其他	金额小计
		内部故障成本				外部故障成本			
		废品损失	降级损失	回修损失	金额小计	质量担保费	退货损失费	折价损失费	金额小计
合计	质量成本								

这里需要指出的是，质量奖金在有些企业中不进入成本，可是在目前的情况下，质量奖金是工资基金中“活”的部分，具有不可忽视的经济杠杆调节作用，应当纳入预防费用，作为质量成本的一项内容。

动脑筋 企业发放的员工奖励应如何核算？请举例说明。

2．确定目标质量成本

在确定目标质量成本时，要分清哪些成本是可控的，哪些是不可控的，只有可控的成本才能作为目标质量成本。

例如，蝴蝶手表厂在分析装配成本时发现，废品损失、车间经费与工资是主要的矛盾，其中，废品损失在装配成本中是举足轻重的。在基本生产车间，成本项目中有些是可以控制的，有些则“你中有我，我中有你”，难以控制或受制于其他部门，无法控制。管理人员从中提炼出废品损失以及与质量水平休戚相关的辅料，工具消耗和直接反映均衡生产的加班夜餐费作为控制成本，重点控制废品损失。

在明确质量指标时，管理人员对造成手表返修的各个项目逐一分析，并参考历史资料，特别是近年来的资料以及同行业的先进水平，分品种确定新表、回修表的合格率，全品种综合合格率的目标值，在上年实际达到水平的基础上，确立了本年的目标质量和成本：综合合格率提高 6%，成本费用下降 20 万元。

3．分段实施、逐步落实

在实施质量成本管理的过程中，切忌不分主次，急功近利，各项管理工作应制定落实实施计划，逐步推进。

蝴蝶手表厂在推行质量成本管理的过程中将整个工作分成两个阶段。第一个阶段有两个实施重点：一是实施“三个限额”，即限额零件报废、限额辅料工具消耗、限额加班，实施产品目标合格率控制（统机表 58%，203 女表 58%，双历表 50%），通过质量管理月报反映，管理层次是班组。第二个阶段在实施“三个限额”和产品目标合格率控制的基础上，进一步细化和深化分析成品检验退表。实施分项退表控制，实施“三卡”（个人填卡领料、技卡报废、月末盘点卡），管理层次是个人和班组相结合。考虑到第一阶段出现资金占用增加，又提出对资金占用的控制，核定准备班组的合理流转量，建立流水线生产组织最低流转量的模型。

第一阶段实施的重点，在于对快因素的“限额控制”，建立质量成本管理的概念。第二阶段实施的重点，在于深化和细化对慢因素的控制，加强管理的基础工作。

三、最佳质量成本分析

产品质量的提高是受成本制约的，质量合格率的提高，会使废品损失减少，而为了提高合格率，又会增加采取预防措施和加强检测手段方面的费用。鉴别成本和预防费用随着质量合格率的提高而增加；内、外部故障成本，则随着质量合格率的提高而减少。在实践中，由于种种因素所致，合格率和鉴别预防费用不能总保持单调增加，内、外部故障成本也不能保持单调减少，但其较长期间的总趋势则必然如此。作为这两类成本之和的质量总成本，有一个极小值，该极小值所对应的处于两类成本的合理平衡点，即最佳质量成本 M，如图 5-5 所示。

从质量成本管理的实践中，蝴蝶手表厂初步摸索出了质量成本曲线，在目前的生产技术和管理（工艺技术、产品品种、生产组织、管理水平、人员状况等）条件下，最佳质量成本是全品种合格率的 75%，两类成本的合理平衡点是 2.5 万元。

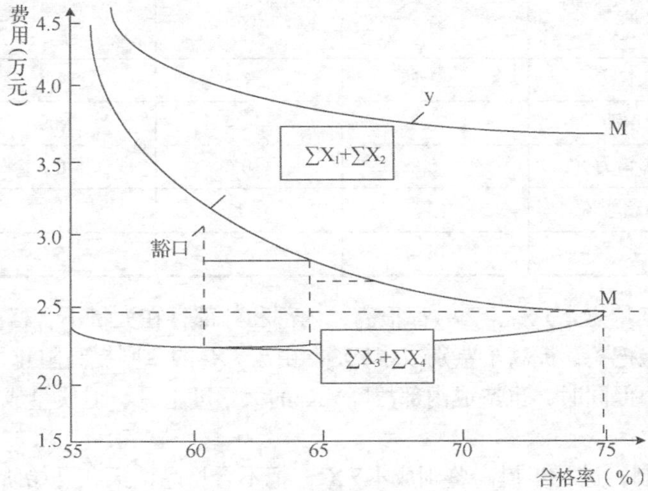

图 5-5　最佳质量成本分析

图中，$\sum X_1+\sum X_2$ 为内部故障成本和外部故障成本之和；$\sum X_3+\sum X_4$ 为鉴别成本和预防费用之和；y 为质量成本总额。

该厂现在处于质量成本曲线的改进区域；现在，故障成本占质量成本的 70%，预防成本占 10%，还没有进入最佳状态的中间区域，降低故障费用，特别是废品损失和回修损失，依然是车间质量成本管理的主攻方向。

利用质量成本曲线，我们还可以算出预防鉴别费用，也可以预测合格率提高的幅度，用以指导生产。假定相邻两期的投资效果相差不大，可以由本期所得的曲线段推出下期预测值：设某期已投入预防和鉴别费用为 ΔX，当期的综合合格率上升 ΔH，由此而减少的故障费用为 y，y / X 是产出 / 投入；将 H–X 的直角三角形的斜边延长，延长量根据下期计划投入预防鉴别费用 X 而定，虚线直角三角形的底边即可作为下期综合合格率的预测值；反过来，亦可先确定综合合格率提高的幅度 H，再预测所需费用。

质量成本是由内部故障成本（$\sum X_1$）、外部故障成本（$\sum X_2$）、鉴别成本（$\sum X_3$）和预防费用（$\sum X_4$）4 大项目构成的，质量成本总额（y）等于这 4 项之和：

$$y=\sum X_1+\sum X_2+\sum X_3+\sum X_4$$

质量成本诸项间的相互比例关系，在不同行业、不同企业间，甚至在同企业的不同时期都会大有差别，这是由于企业的生产类型、产品结构、技术基础、管理水平等条件千差万别，很难有统一的模式。因此，各企业必须在各自的质量成本管理中积累数据，分析研究，建立起自己企业的质量成本管理的优化模型。蝴蝶手表厂在手表装配中有如下体会，如表 5-21 所示。

表 5-21　　质量成本项目相互作用的模式

质量成本项目 \ 降低质量成本步骤		A	B	C	D
内部故障成本	成本/万元	2.9	3.4	2.9	2.4
	比例/%	45.3	61.8	55.8	48
外部故障成本	成本/万元	1.5	0.2	0.3	0.1
	比例/%	23.4	3.7	5.77	2

续表

质量成本项目 \ 降低质量成本步骤		A	B	C	D
鉴别成本	成本/万元	1.2	1.3	1.4	1.5
	比例/%	18.8	24	26.9	30
预防费用	成本/万元	0.8	0.6	0.6	1.0
	比例/%	12.5	11	11.5	20
质量成本总额/万元		6.4	5.5	5.2	5.0

A 为初始状态，其特点是$\sum X_1$、$\sum X_2$都很高，内部和外部存在大量不合格品。

B 是通过加强检验把关，提高了鉴别成本$\sum X_3$。由于$\sum X_3$的急剧提高阻止了不合格品的流出，使外部故障$\sum X_2$下降。但同时，也造成内部故障$\sum X_1$的大幅度上升，但质量成本总额 y 还是比初始状态下降了。

C 是通过工序控制，进一步提高鉴别成本$\sum X_3$，把不合格品消灭在开始阶段，从而使内、外部故障成本下降，最终使质量成本下降。

B、C 都是以鉴别为主的优化系统。

D 是建立了以预防为主的优化系统，其特点是增大预防费用，提高质量意识和操作水平，从而降低质量成本总额。

从中可以得出以下结论。

① 采用以提高鉴别成本为主的优化模式，包括加强检验把关，引进筛选作业和采取工序控制两个方面，其中起根本作用的是采用工序控制，而且关键在于前道工序的控制。当故障成本占质量成本的比例很大时，提高鉴别成本具有敏感的调节作用。

② 降低质量成本的步骤，其初级阶段是采用以提高鉴别成本为主的优化模式，其高级阶段是适当增加预防费用，使内、外部故障成本与鉴别成本下降，最终导致质量成本总额下降，让质量成本变为利润，建立以预防为主的优化系统。

故障成本是由于质量不合格所造成的看得见的损失。作为一个企业，废品损失等故障成本所造成的企业利益的丧失，有可能危及企业的市场和生命。预防和鉴别成本，是为了减少质量方面的损失而必须花费的，减少预防和鉴别费用，会导致故障成本的增加。关键是如何有效地进行预防和鉴别。有些企业对几百万元、上千万元的废品损失等故障成本视而不见，却舍不得花费十几万元、几十万元的预防鉴别费用，这是一种因小失大的做法。

技术的先进性与经济的合理性，是每个管理者或工程技术人员必须树立的全面观念。对于工程技术人员来说，若不顾代价、效益如何，片面追求所谓产品的高质量和技术或设备的先进，就不能算是合格的工程技术人员。同样，作为一个管理者，若只强调节省开支，不考虑质量进步和技术发展远景，他也就不是合格的管理者。必须把质量、成本管理结合起来，讲求质量的经济性，探求最佳成本，才能换得理想的经济效益和社会效益。

动脑筋

你是如何理解“质量就是生命”这句话的？

四、质量成本会计核算的一般程序

传统上，质量是由非会计职能部门掌控的，与质量相关的信息是借助统计方法、管理图法等实际操作提供的，显然这类信息缺乏一条前后贯穿一致的主线。引入质量成本这一价值形态的指标，使得不同部门之间不同的质量控制活动以单一、明了且系统的形式体现出来。质量成本控制则是成本改善控制的一个专门领域，这二者已结合成为一个独特的会计子系统。核算质量成本的一般程序如下。

1．明确质量成本会计的核算对象

质量成本由内部故障成本、外部故障成本、鉴别成本和预防费用 4 大项目构成，因此，可以此 4 项内容作为质量成本会计的核算对象。

2．建立质量成本会计核算体系

根据有关会计科目的设置原则，在“基本生产成本”总账账户下设置“质量成本”二级科目，作为单独核算质量成本的账户，在该二级科目下设置三级科目：“预防成本”“鉴定成本”“内部损失成本”“外部损失成本”，借方核算本期发生的各项质量成本及费用支出，贷方核算期末结转到相关成本费用账户的质量成本，期末本账户无余额。

3．定期进行质量成本分析

会计期末，由各单位财务部门会同质量管理部门对当期质量成本费用进行分析，找出变化趋势和原因，并提交公司财务部门，由公司财务部门及相关部门对公司质量成本的总体变化进行综合分析，寻求一个质量成本最佳区域，使产品质量既能满足客户使用的要求，同时质量成本又能达到最佳状态。产品质量分析可采用“ABC”分析法，把各质量成本明细项目，根据核算结果，按成本高低顺序进行排列，计算各项目成本占质量总成本的百分比和累积百分比，将所有项目分为 A、B、C 3 类，A 类项目占项目总数的 10%～20%，其成本累计百分比占总成本的 60%～80%，A 类项目就是要重点研究的项目，把 A 类项目费用降下来，总成本和产品质量就可能趋向最佳区域。

五、质量成本会计核算的意义

质量成本会计的出现不但丰富了会计理论体系，而且对加强企业质量管理具有十分重要的作用。

1．有利于保证质量成本核算的及时性、连续性

把质量成本核算纳入成本会计核算体系，设置独立的账户专门反映质量成本支出的情况，使质量成本核算成为其他成本费用项目核算的基础，企业为了确定当期的成本费用，从而计算出当期的损益，就必须及时、连续地记录反映质量成本的发生、分配的情况，把质量成本核算纳入成本会计核算的日常工作，从而保证质量成本核算的及时性和连续性。

2．建立质量成本会计能提高全员的质量意识

由于建立质量成本核算体系及考核体系，将各项成本指标落实到车间、班组及相关部门，建立奖惩制度，促使职工形成自觉加强工艺纪律和自检、互查，自觉控制和减少故障废品损失的质量意识，大大降低了不合格品的产生，提高了产品质量，降低了产品成本，提高了经济效益。

3．建立质量成本会计能为企业经营管理提供有效支撑

建立质量成本会计核算体系，对质量成本进行分析控制，不仅仅是为了降低质量成本，更重要的是一个管理概念，通过趋势分析、对比分析等方法，可掌握产品的质量信息，了解产品质量所处的状态，衡量质量管理效果，为领导者做出正确的经营决策提供数据支撑。

动脑筋　质量成本会计核算的意义都有哪些？在日常生活中，还有哪些方法，能够加强企业的成本管理与控制？

任务实施

（1）企业可以开展的质量成本活动如下。

① 对全体员工进行成本管理知识的培训，使全体员工理解开展质量成本管理的意义。

② 提炼质量成本项目，企业要从众多的成本项目中提炼质量成本项目，明确管理对象。

③ 确立目标质量成本，分清哪些成本是可控的，哪些是不可控的，只有可控的成本才能作为目标质量成本。

④ 分段实施、逐步落实。在实施质量成本管理的过程中，各项管理工作应制订落实实施计划，逐步推进。

（2）产品质量的提高是受成本制约的，质量合格率的提高，会使废品损失减少，而为了提高合格率，又会增加采取预防措施和加强检测手段方面的费用。鉴别成本和预防费用，随着质量合格率的提高而增加；内、外部故障成本，则随着质量合格率的提高而减少。由于种种因素所致，合格率和鉴别预防费用不能总保持单调增加，内、外部故障成本也不能总保持单调减少，但其较长期间的总趋势则必然如此。作为这两类成本之和的质量总成本，有一个极小值，该极小值所对应的处于两类成本的合理平衡点，即最佳质量成本。

闯关考验

一、单选题

1. 质量成本按其（　　）可以划分为显性质量成本和隐含质量成本两种。

A. 发生的性质　B. 表现形式　C. 成本控制角度　D. 考核方式

2.（　　）是因质量达不到既定要求、控制失效而造成的损失。

A. 预防成本　B. 鉴定成本　C. 显性质量成本　D. 隐性质量成本

3. 由于质量缺陷而导致的销售下降、降价而放弃的收益等，属于（　　）。

A. 可控成本　B. 显性成本　C. 结果成本　D. 直接质量不良成本

4. 现代质量成本管理的最优水平存在于（　　）。

A. 质量总成本最低之处　B. 产品质量最佳之处

C. 经济效益最好之处　D. 所生产产品达到目标价值之处

5. 产品制造周期指标是反映（　　）。

A. 客户满意度的财务指标　B. 客户满意度的非财务指标

C. 企业内部绩效的财务指标　D. 企业内部绩效的非财务指标

6. 显性成本和隐性成本是从（　　）角度进行的分类。

A. 成本控制　B. 成本发生　C. 全面质量管理　D. 价值补偿

7. 随着产品质量的提高，（　　）。

A. 预防成本与鉴定成本出现下降的趋势，内部缺陷成本与外部缺陷成本也呈下降趋势

B. 预防成本与鉴定成本出现向上的趋势，内部缺陷成本与外部缺陷成本则呈下降趋势

C. 预防成本与鉴定成本出现向上的趋势，内部缺陷成本与外部缺陷成本也呈上升趋势

D. 预防成本与鉴定成本出现下降的趋势，内部缺陷成本与外部缺陷成本则呈上升趋势

8. 在以质量为竞争手段时，列示（　　）成本占销售收入的比率则更具有现实意义。

A. 质量　B. 内部缺陷　C. 外部缺陷　D. 机会成本

9. 将期内质量改进项目的进展程度以图表的形式加以表达的报告是（　　）。

A. 短期质量成本报告　B. 多期趋势质量成本报告

C. 中期质量报告　D. 长期质量成本报告

10. 下列有关质量业绩财务指标的表述中不正确的是（　　）。

A. 是权衡预防成本和缺陷成本的通用标准

B. 是反映企业质量状况的简要指标

C. 是反映企业质量状况总括性的指标

D. 有助于将注意力集中在需要改进的问题领域

二、多选题

1. 现代质量成本具有的特征是（　　）。

A. 广泛性　B. 动态性　C. 多样性　D. 收益性

2. 工作质量指标一般包括（　　）等。

A. 合格率与废品率　B. 等级品率　C. 返修率　D. 质量稳定提高率

3. 从成本控制的角度考察，质量成本可分为可控成本和结果成本。可控成本包括（　　）。

A. 预防成本　B. 内部缺陷成本　C. 外部缺陷成本　D. 鉴定成本

4. 客户满意度的非财务指标包括（　　）。

A. 销售给客户的不良产品数量占销售产品总数量的百分比

B. 客户投诉次数

C. 每条生产线的不良产品数量

D. 准时交货的比例

5. 下列说法中，正确的有（　　）。

A. 产品质量和产品成本之间存在着依存关系

B. 传统质量成本管理的目标是寻求可接受的质量水平

C. 现代质量成本管理强调通过减少缺陷产品的数量，以降低其质量总成本

D. 控制成本的提高，将导致结果成本的下降

6. 下列各项中，属于质量成本的是（　　）。

A. 由于一项质量诉讼导致销售额的下降

B. 由于车床故障导致公司产品毁坏而发生的修理费

C. 支付给废品率最低生产小组的奖金

D. 质量评审费用

7. 下列各项中，属于外部缺陷成本的有（　　）。

A. 由于所生产的产品需要返工而发生的额外运输费

B. 缺陷产品的退回成本

C. 产品保修费用

D. 商誉的损失

8. 下列各项中，属于反映企业内部质量业绩状况的指标有（　　）。

A. 鉴定成本　B. 合格产品占总产品的比例

C. 预防成本　D. 每条生产线的缺陷产品数量

9. 质量业绩考核通常有（　　）。

A. 客户满意度　　B. 企业内部绩效　　C. 外部缺陷成本　　D. 内部缺陷成本

10. 质量成本报告一般有（　　）。

A. 短期质量成本报告　　B. 多期趋势质量成本报告

C. 不定期质量报告　　D. 长期质量报告

三、判断题

（　　）1. 为了全面地反映和考核质量成本的发生情况，在进行会计计量时，还应考虑由于质量缺陷而发生的机会成本。

（　　）2. 质量成本随着地域、时期、使用对象、社会环境、市场竞争的变化而赋予不同的内容和要求。

（　　）3. 进行质量成本的核算，是实施全面质量管理的一个重要前提。

（　　）4. 由于隐含成本是不可计量的，为了满足分析决策之需，可采用适当的方法做相应的估计。

（　　）5. 质量成本水平与可控成本呈反方向的变化，与结果成本呈同方向的变化。

（　　）6. 鉴定成本是为了防止产生不合格品与质量故障而发生的各项费用。

（　　）7. 质量成本效益分析的目的，就是结合企业的具体条件，寻求质量成本的最佳值。

（　　）8. 列示质量成本占销售收入的比率，或列示质量成本占销售成本的比率，能帮助管理人员判断质量相关支出的合理性。

（　　）9. 由于现代质量成本管理的目标是追求零缺陷，因而不应该存在缺陷成本。质量成本报告只是增值与非增值成本之间差异的报告。

（　　）10. 在所有的质量成本中，内部缺陷成本是最具有破坏性的，而且最难计量。

全真实训

2017年年初，大众公司计划开始进行一个质量改进项目。年末，短期质量成本报告所反映的废品和返工品都有所减少。公司的管理层要求估算该质量改进项目产生的财务影响。为了进行这个估算，财务部门收集了下列关于当年和去年的财务数据，如表训5-8所示。

表训5-8　　公司当年和上年的相关财务数据　　单位：元

项目	上年（2014年）	本年（2015年）
销售收入	20 000 000	20 000 000
废品	600 000	400 000
返工	800 000	500 000
产品检验	200 000	220 000
产品保修	1 500 000	1 200 000
质量培训	80 000	100 000
材料检验	50 000	30 000

要求：（1）对上述的各项成本进行分类。

（2）计算每年质量成本占销售收入的百分比。

（3）计算到目前为止，由于质量改进已经增加了多少利润？假定预计质量成本能够降低到销售收入的5%，计算通过质量改进还可增加多少利润（假定销售收入保持不变）？

任务五 责任成本管理

任务描述

面对越来越激烈的市场竞争，宇辰有限责任公司的利润空间不断缩水，公司决策层认为要想立足市场，提高自身的抗风险能力，只有狠抓管理。管理的两条主线是质量控制与成本控制。企业既要高度重视成本核算工作，又要高度重视成本管理工作。据此，宇辰有限责任公司提出了加强成本管理，执行责任成本管理制度，细化考核指标，责任落实到人，实行内部转移价格等方针。

任务下达

1. 什么是责任成本管理制度？其内容包括哪些方面？
2. 什么是内部转移价格？常用的内部转移价格有哪些？

知识准备

责任成本管理是现代企业管理的一个重要组成部分，是把“责任”和“成本”这两个主题巧妙地结合起来的一种科学的成本管理方法，其宗旨是达到在保证生产效率和质量的前提下，以最少的投入换取最大的经济利益，实现企业增效、职工增收的目的。它是一项贯穿企业生产经营全过程的管理工作，须由全员参加、全方位、全过程实施。

一、责任成本管理的含义

责任成本管理是指将企业内部划分为不同的责任中心，明确各责任中心的责任成本，并根据各责任中心的权、责、利关系，来考核其工作业绩的一种成本管理模式。

责任成本管理的理论基础是分权管理的思想，它将成本核算、成本控制与经济责任紧密结合，体现了成本控制过程中权、责、利的协调统一，有利于调动各责任中心的积极性，提高成本控制效果。责任成本管理的流程如图 5-6 所示。

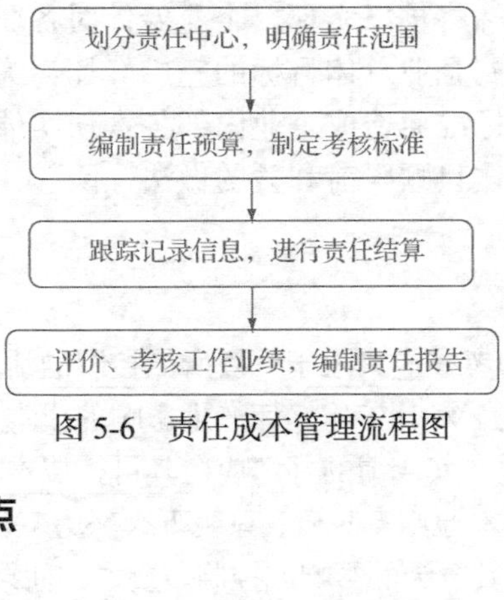

图 5-6 责任成本管理流程图

二、责任成本管理的特点

1. 以“主体”为对象

责任成本控制以成本“主体”作为成本核算和控制的对象，有别于以产品成本为核算和控制对象的传统做法。责任成本控制，以责任中心为对象计算和控制责任成本，能够确保成本控制责任落到实处。

2．以“责任”为原则

责任成本控制遵循“责任”原则计算和控制成本，不同于以“受益”为原则的产品成本核算和控制。责任成本控制要求按照生产经营组织系统确定责任成本层次、建立责任成本中心，并按责任归属传递成本信息，考核成本责任。

3．以“可控”为标准

责任成本控制以“可控”为标准落实成本责任范围，而将不可控成本排除在责任成本之外或仅列作参考指标。责任成本由于只包括可控成本，通过界定每项成本的可控环节、可控时间、控制主体，能够做到控制主体之间相互不受干扰和影响，从而有利于成本控制和考核。

4．以“内部”为范围

责任成本控制以“内部”为范围。企业总目标要经过逐级分解、落实，成为各责任单位的具体责任目标，各责任单位通过有效控制，保证总目标的实现。责任目标对于加强企业内部成本控制、落实成本责任具有重要意义。

三、责任成本管理的原则

责任成本管理是一种管理活动，它以企业内部各责任单位为基础，以保证企业计划的顺利执行和不断提高经济效益为目的。主要利用价值形式对企业内部生产经营活动过程中的耗费、占用和成果进行核算和控制。尽管各企业实施责任会计制度的具体做法可能不尽相同。但都应符合以下几项基本原则。

1．一致性原则

责任者权责范围的确定，责任预算的编制和责任者成绩的评价、考核，可以促使责任者为企业总目标的实现而努力工作，保证各责任中心的目标同企业总目标的一致以及责任者的利益同企业整体利益的一致，防止各责任者偏离企业总目标而各行其是，以致损害企业的整体利益。

企业在实行分权管理的情况下，往往会出现各职能部门、各车间的局部目标同整个企业总目标之间具有差异性。这时就需要各个职能部门和各车间以企业的总体目标为主，协调完成企业的总体目标，否则企业总目标将难以实现。企业要针对各职能部门、各车间制定合适的考核标准。标准的高低直接影响到企业总体目标的完成好坏，为此，企业要选择具有综合性的考核标准，避免由于实行单一标准而造成企业内部各责任实体只重视某一方面的情形。责任指标的综合性可以避免责任实体只顾眼前利益的做法，能够比较全面地反映责任实体所承担的经济责任。

2．可控性原则

可控性原则指上级对下级的考核应只限于下级所能控制的活动或因素。例如，在一个成本中心中，能为这个责任中心所控制，对其工作好坏产生影响的成本，属于可控成本，否则就是不可控成本。对于这个责任中心来说，其成绩的好坏应由其可控成本作为考核和评价的主要依据，不可控成本仅有参考意义。可控成本原则意味着，只要下级努力工作，他就能达到控制目标的要求，因为这些目标的完成情况完全受其行为的影响或控制。反之，如果在责任中心引入不可控指标时，被控对象完成指标的积极性就会受到影响。

3．激励原则

为责任中心确定了符合企业整体利益的目标以后，还要促使各责任中心以最大的努力来完成目标，也就是说对被控对象进行有效的激励。激励的过程是一个非常复杂的行为过程，激励效果的好坏取决于多种因素的综合作用，所以责任成本管理也就是通过对人的行为的激励来发挥作用的。

在责任成本管理中，控制目标的难度和达到目的后的奖励是影响激励效果的两个重要因素。一般来说，这两个因素对激励效果的影响是反方向的。随着目标难度的增加，被控对象的积极性可能会下降，当目标的难度超过一定限度时，被控对象也就没有积极性去完成目标；反之，随着完成目标后奖励的增加，被控对象的积极性就会提高。所以，在设计责任会计制度时，我们可以通过这两个因素的选择和组合来改善对各责任中心的激励。

4．灵活性原则

责任会计制度要在瞬息万变的经营环境中保持其控制效能，必须具有灵活性。首先，责任范围要按经济业务的内在联系划分，把责任细分为几层具体的工作，而不能搞行政分割。否则一旦环境变化，职责划分又不能及时调整，就会出现新工作或新问题无人负责的现象。其次，责任的考核应采用价值指标与非价值指标、长期效益指标与短期效益指标、定性指标与定量指标等多种类型指标，与会计核算、统计核算和业务核算紧密结合的形式进行责任核算，这样才能适应企业内部管理的需要。

5．反馈原则

贯彻责任会计制度还需要有反馈执行情况的信息传递系统，企业应该有一个良好的记录和报告制度，使生产业务部门及责任者能及时了解各自的预算情况，通过预算执行结果和"责任预算"进行对比分析，一是可以使责任者正确了解经过自己的努力所取得的成绩，以及存在的问题，同时使领导者不失时机，得到这类信息，恰当地使用权力，调整责任中心的经济活动。二是通过信息反馈可以使责任者及时了解到信息范围内都出现了什么难题，依靠自身的变化，对环境变化所产生的影响及时地化解。三是通过准确、可靠、及时地反馈经济信息，使企业领导者能做出恰当的决策。反馈原则要求经济活动的报告要及时，间隔期尽量短一些，数据要可靠，但不要求过分精确，以减少工作量。

6．例外管理原则

例外管理也是一种重要的管理原则。企业生产经营活动由于具有多样性和复杂性，同时外部环境经常变化、管理基础强弱不同、管理人员素质高低不一，这些因素都不可避免地使责任单位的执行结果与企业的责任预算发生差异。作为企业最高层次的领导者就要根据差异的不同情况区别对待。如果产生的差异对企业的目标有很大的影响，这就要求高层领导者进行仔细的分析和评价，找出问题的症结所在，保证企业在竞争的条件下生存和发展下去。因此，实行例外管理是必要的。因为，首先，作为一个规模日益扩大、管理日益复杂的企业，其最高层管理者没有必要也不可能对一些日常的事务性工作样样都抓，都放在重要的位置上；其次，现行的会计制度还不能明显地指出和控制某种例外差异的产生，会计资料只是反映执行结果与预算目标相比的差异，这种情况就需要企业实行例外管理，并能为之建立与其相适应的会计制度。

实行例外管理，要避免混淆计划制订差异和计划执行差异。因为造成这两种差异的原因不同，即前者由计划部门造成，后者由执行单位造成。企业高层管理者要根据不同的差异，采取不同方法来处理。

四、责任成本管理的内容

1．确定责任成本中心

企业要形成完整的责任成本管理体系，首先须建立健全组织机构，完善管理体制，明确责任分工。

责任成本中心是企业内部独立存在的，可以在一定的权责范围内自行控制成本发生、收益实现和资金使用的组织单位。企业实施责任成本管理，应根据经营管理工作和管理体制的特定需要，在组织上确定对所辖生产经营活动承担完全经济责任的责任层次，明确划分若干责任单位。各责任单位在企业整个生产经营活动中，必须具有独立的地位，能独立承担一定的经济责任，该责任单位拥有一定的管理和决策权力；该责任单位确有能力独立完成上级所赋予的各项业务经营任务，且有明确、具体的奋斗目标。

根据企业经营活动的不同特点，企业考核工作成绩的不同重点和责任成本中心负责人能够控制的范围，责任成本中心可以分为成本中心、利润中心和投资中心等不同种类的责任成本中心。

（1）成本中心

① 成本中心的含义。一个责任中心只考虑控制成本（费用），不管销售和收入，这种中心称为成本中心。有些组织单位不从事商品生产经营活动，如人事部门、财务部门等，没有成本发生，只核算、控制费用支出，就称其为费用中心。广义说，费用也包括在成本之内。责任成本以责任中心为对象，按责任中心负责人的责任范围核算成本，其原则是“谁负责，谁承担”。

核算责任成本，必须区分两种情况，一种是“可控成本”，一种是“不可控成本”。前者指责任者在其权、责范围内，有办法知道将发生什么费用，能计量发生的费用是多少，且能按标准调整费用支出。后者则相反。可控与不可控是相对的，是在特定的条件下、特定的时间里和特定的责任中心里才有意义，离开这些特殊条件，就无法区分。总之，区分成本的可控与不可控，不可一概而论，需要针对具体情况做具体分析。

动脑筋

从生产车间角度，分析哪些费用是其可控成本？哪些是不可控成本？

② 成本中心的考核。由于成本中心没有收入，只对成本负责，因而对成本中心的考核与评价应以责任成本为重点，即以业绩报告为依据，衡量责任成本的实际数额与预算数发生多大差异，并分析研究其发生的原因。成本中心编制的“业绩报告”亦称“实绩报告”，通常只需按该中心的可控成本的各明细项目列示其预算数（责任预算）、实际数和差异数，指标可用金额、实物或时间量度，格式如表 5-22 所示。

表 5-22　第一车间（成本中心）实绩报告

2017 年 1 月　单位：元

项目	预算数	实际数	差异
下属单位转来的责任成本			
一工段	28 000	29 600	1 600
二工段	24 000	23 800	−200
小计	52 000	53 400	1 400
本车间可控成本			
工人工资	3 600	3 640	40
管理人员薪金	6 400	6 280	−120
折旧费	4 000	4 000	0
维修费	3 000	3 340	340
机物料	1 800	2 160	360
小计	18 800	19 420	620
本车间责任成本	70 800	72 820	2 020

各成本中心发生的不可控成本，一般有两种处理方式：第一，全部省略，不予列示，以便突出重点。第二，作为业绩报告的参考资料，以便管理当局了解各成本中心在一定期间消耗的全貌。

值得注意的是，业绩报告中“成本差异”是考核与评价成本管理工作中实绩好坏的重要标志。凡预算数大于实际数，称为有利差异，即表示节约或顺差，通常在数额后用 F 表示；若预算数小于实际数，称为“不利差异”，即表示超支或逆差，通常在数额后用 V 表示。

有些企业在“业绩报告”的“差异”栏后面加上“差异原因分析”一栏，其具体内容应该按上面所讲的方法进行填列。此栏的目的主要是作为企业修改预算，或采取措施巩固成绩，纠正缺点的信息反馈的依据。

（2）利润中心。

① 利润中心的含义。如果一个责任中心在发生费用的同时产生收入，就可称之为利润中心。建立利润中心，就是要对责任中心实行“自负盈亏”形式的核算与考核。

利润中心可分为自然的利润中心和人为的利润中心两种。自然利润中心是指那些能够直接对外界市场提供产品和劳务，从而给企业带来利润的责任中心。人为的利润中心则是指那些按企业内部结算价格向企业内部各责任中心“出售”产品的责任中心。

② 利润中心的考核。由于利润中心既对成本负责，又对收入和利润负责，因而对利润中心的考核与评价，应当以贡献毛益与税前净利为重点。由于利润是成本、销售数量和价格等诸多因素综合作用的结果，因而通常以利润为考核和评价利润中心的实绩。下例以数据说明利润中心的考核指标。

【案例 5-9】某企业有甲、乙两个部门，这两个部门都是利润中心，则利润指标的计算如表 5-23 所示。

表 5-23　　企业损益报表

2017 年度　　单位：元

项目	全厂	甲部门	乙部门
销售收入	425 000	250 000	175 000
减：变动成本	227 500	125 000	102 500
贡献毛益	197 500	125 000	72 500
减：固定制造成本	72 500	30 000	42 500
剩余贡献毛益	125 000	95 000	30 000
减：间接固定成本	62 500	22 500	40 000
净收益	62 500	72 500	−10 000

表 5-23 中的间接固定费用由企业通过某种方法分配给甲、乙两部门。尽管有许多间接费用的分配方法，但都难以说明间接固定费用的不可控性。因而，有人认为，不应该把不受利润中心控制的间接费用包括在业绩考核指标中，使考核和评价产生困难，而应用贡献毛益来代替净收益。也就是说，将间接固定费用保留在上级部门，不再往下分配。这样利润中心变成了毛益中心。仍用上例数据将上表改为考核贡献毛益中心的表 5-24。

（3）投资中心。

① 投资中心的含义。投资中心是既对成本、收入和利润负责，又对投资效果负责的责任中心。投资中心是最高层次的责任中心，它拥有最大的决策权，也承担最大的责任，其获利能力与其所使用的创造利润的资产相联系。如大型集团所属的子公司、分公司、事业部等。投资中心只适用于规模和经营权较大的部门，一般按地区或产品设置，或既按地区又按产品设置。

表 5-24 企业内部损益表

2017 年度 单位：元

项目	全厂	甲部门	乙部门
销售收入	425 000	250 000	175 000
减：变动成本	227 500	125 000	102 500
贡献毛益	197 500	125 000	72 500
减：固定制造成本	72 500	30 000	42 500
剩余贡献毛益	125 000	95 000	30 000
减：间接固定成本	62 500		
净收益	62 500		

投资中心必然是利润中心，但利润中心并不都是投资中心。利润中心没有投资决策权，而且在考核利润时也不考虑所占用的资产。

投资中心的经理既对成本和利润负责，同时也对投资效果负责。投资中心的成绩既要用它取得的利润来衡量，也要用投资报酬率、剩余利润、投资回收期等利润对投资额的数量关系指标衡量。在投资中心的业绩报告中，不仅有利润数字，还有取得这个利润所占用的资产金额和上述关系指标。这样的考核较为全面、彻底和可靠。像考核一个独立经营的企业一样，这样的考核能更好地发挥经理的积极性和主动性。

② 投资中心的考核。由于投资中心实质上也是利润中心，它不仅需要对成本、收入、利润负责，而且还要对所占用的全部投资承担责任，因而对投资中心的考核与评价除了考核成本、收入和利润等指标外，重点应放在“投资报酬率”和“剩余收益”两个指标的考核。

a. 投资报酬率。投资报酬率就是净利润占投资额的百分比，也叫作投资利润率或投资收回率。计算公式如下：

投资报酬率=净利润/投资总额

例如，净利润为 10 000 元。投资总额为 100 000 元，则投资报酬率为 10%。

在这里，“净利润”可以是指营业净利，可以是指税前净利（即营业净利加上利息收入，减去利息支出），也可以是指税后净利（即税前净利减去所得税）；“投资总额”可以是指包括股本、资本公积金和保留盈余在内的资本，可以是指资本加负债，也可以是指包括固定资产和流动资产在内的全部资产，其中资产按原始价值计价。不同的算法，所计算的指标内涵不同。

单纯依靠投资报酬率控制和考核各投资中心的工作，有时会发生不应有的现象：一些投资中心接受了有损公司利益的投资项目，另一些投资中心却放弃了对公司有利的项目。

【案例 5-10】某公司下面设有两个投资中心，它们和全公司的投资报酬率如表 5-25 所示。

表 5-25 各投资中心投资报酬率

投资中心	净利/元	资产/元	投资报酬率/%
甲	450	3 000	15
乙	100	2 000	5
全公司	550	5 000	11

假设甲投资中心有一个投资项目，投资额为 2 000 元，期望净利为 290 元。从表 5-26 中可以看到，这个投资项目能使公司的投资报酬率由 11%上升到 12%，显然是一个好的投资项目。但是，甲投资中心不愿意接受它，因为它将使甲投资中心的投资报酬率由 15%下降到 14.8%。

表 5-26　　各投资中心投资报酬率

投资中心	净利/元	资产/元	投资报酬率/%
甲	740	5 000	14.8
乙	100	2 000	5
全公司	840	7 000	12

又假设，乙投资中心接纳了一个投资项目，投资额为 1 000 元，期望净利为 80 元。于是，它的投资报酬率由 5%上升到 6%，并因此而得到了好评。实际上，这个投资项目将公司的投资报酬率由 11%下降到 10.5%，本来应该拒绝的。这个投资项目造成的结果如表 5-27 所示。

表 5-27　　各投资中心投资报酬率

投资中心	净利/元	资产/元	投资报酬率/%
甲	450	3 000	15
乙	180	3 000	6
全公司	630	6 000	10.5

为了避免这种弊病，许多公司建立了投资委员会，专门负责监督全公司的投资决策，保证各投资中心的决策符合全公司的利益。

b. 剩余收益。由于投资报酬率有上述缺点，所以美国通用电气公司提出了一个新的指标——剩余利润或剩余收益，用以评价和考核各个投资中心。投资中心获得的净利减去按所用资本计算的资金成本（指绝对额），剩余的部分就叫作剩余利润。资金成本，一般按公司的加权平均资金成本比较计算，也可以按照公司为每个投资中心分别规定的不同资金成本比率或期望的投资报酬率计算。

【案例 5-11】已知上例材料，该公司的加权平均资金成本为 10%，甲投资中心使用的资金成本为 300（3 000×10%）元，目标期望净利为 450 元，则其目标剩余利润就为 150 元。

如果按剩余利润指标考核甲投资中心，那么它就不会拒绝对公司有利的投资项目，因为这样的投资项目也将增加它的剩余利润。例如，投资额为 2 000 元而净利 290 元的投资项目，将会使它的剩余利润由原来的 150 元上升为 240 元。

净利（450+290）　　740
资金成本（5 000×10%）　　500
剩余利润　　240

同时，它也不会采纳对公司不利的投资项目，以免降低它的剩余利润。例如，投资额为 1 000 元而净利为 80 元（低于资金成本）的投资项目，将使它的剩余利润由 150 元下降为 130 元，必将遭到它的拒绝。

净利（450+80）　　530
资金成本（4 000×10%）　　400
剩余利润　　130

可见，用剩余利润指标考核投资中心，可以在投资决策方面使各个投资中心的利益与公司的利益取得一致。

除了上述的三类基本的责任中心之外，有些企业还设有费用中心和收入中心。

2．编制责任成本预算

确定责任中心之后，就要明确各责任成本中心的责任成本，就要编制责任成本预算。这一过程，实际上就是按责任归属，分解企业成本计划的过程。

（1）责任预算的概念。所谓责任预算是指以责任中心为对象，以其可控的成本、收入和利润等为内容编制的预算。责任预算既是责任中心的努力目标和控制依据，又是考核责任中心业绩的标准。在实行责任成本管理的企业中，责任预算是企业全面预算的补充和具体化，可以同全面预算融为一体。

责任预算是由各个责任指标构成的，它包括主要责任指标和其他责任指标两部分。各种考核指标都是各个责任中心的主要责任指标，也是必须保证实现的指标。它们是以各个责任中心特有的责任和权力为依据而建立的，体现了各责任中心之间责任和权力的主要区别。其他指标是根据企业其他总的奋斗目标分解而得到的或为保证主要责任指标的完成而必须完成的责任指标，如责任中心劳动生产率、设备完好率、出勤率、各种材料消耗的节约、职工培训等指标。

（2）责任预算的编制。编制责任预算的目的在于将责任中心的经济责任数量化。预算编制程序有两种方式，一种是在企业全面预算的基础上，从责任中心的角度，对全面预算进行层层分解而形成的各责任中心的预算。或者说，是把全面预算确定的目标，按照企业内部各责任中心进行划分，落实到企业的各个部门和各级单位，以保证实现企业的总体目标。这种自上而下、指标层层分解的方式是比较常见的，其优点是使整个企业浑然一体，便于统一指挥和调度；不足之处是可能会遏制责任中心工作的积极性和创造性。另一种是采取自下而上的方式，即由各个责任中心首先自行列示各自的预算指标，层层汇总，最后由企业负责人或诸如预算委员会等机构进行汇总和调整，从而建立企业全面预算。这种方式虽然有利于发挥各责任中心的积极性，但却容易使各责任中心只注意本中心的具体情况，或者局限于本部门管理的狭窄范围之内。各责任中心的作用虽然可能得到最大限度的发挥，然而却容易造成彼此协调差、支持少，冲击企业的总体目标。而且，这样指标层层汇总的调整，工作量很大。因此，从总体上说，这种方法并不可取，但应注意该方法也有有利于调动和提高责任中心积极性和创造性的一面。

责任预算的编制程序与企业组织机构设置和经营管理方式有密切的关系。组织机构设置如果与经营管理方式不同，那么责任预算的编制程序也会有较大的差异。

【案例 5-12】假设 AB 公司下属 A、B 两个分公司（利润中心），各分公司下属三个部门：销售部门（销售中心）、制造部门（成本中心）、行政管理部门（成本中心）。

AB 公司责任预算的简略形式（为简化起见，成本中心发生的费用均为可控成本）如表 5-28、表 5-29、表 5-30、表 5-31 和表 5-32 所示。

表 5-28　　AB 公司责任预算　　2017 年

营业利润	责任人	责任预算/元	责任中心
利润中心	A 公司	34 400	A 公司经理
利润中心	B 公司	40 000	B 公司经理
利润中心	合计	74 400	公司总经理

表 5-29　　A 公司责任预算　　2017 年

责任中心	项目	责任预算/元	责任人
收入中心	销售收入	460 000	销售部经理
	可控成本		
成本中心	制造部	300 000	制造部经理
	行政管理部	65 600	行政管理部经理
	销售部	60 000	销售部经理
	合计	425 600	
利润中心	营业利润	34 400	A 公司经理

表 5-30　　A 公司销售部责任预算　　2017 年

责任中心	项目	责任预算/元	责任人
收入中心	东北销售区	200 000	责任人 H
收入中心	东南销售区	100 000	责任人 K
收入中心	西北销售区	130 000	责任人 C
收入中心	西南销售区	20 000	责任人 D
收入中心	出口销售	10 000	责任人 E
收入中心	合计	460 000	销售部经理

表 5-31　　A 公司制造部责任预算　　2017 年

责任中心	项目	责任预算/元	责任人
成本中心　一车间	变动成本		一车间负责人
	直接材料	100 000	
	直接人工	12 000	
	变动性制造费用	8 000	
	小计	120 000	
	固定成本		
	固定性制造费用	14 000	
	合计	134 000	
成本中心　二车间	变动成本		二车间负责人
	直接材料	80 000	
	直接人工	8 000	
	变动性制造费用	12 000	
	小计	100 000	
	固定成本		
	固定性制造费用	46 000	
	合计	146 000	
制造部其他费用		154 000	制造部经理
成本中心　总计		434 000	制造部经理

表 5-32　　A 公司行政管理部及销售部责任预算（费用）　　2017 年

责任中心	项目	责任预算/元	责任人
成本中心	行政管理部		行政管理部经理
	工资费用	60 000	
	折旧费	4 000	
	保险费	1 000	
	办公费	600	
	合计	65 600	

续表

责任中心	项目	责任预算/元	责任人
成本中心	销售部		销售部经理
	工资费用	30 000	
	办公费	20 000	
	广告费	6 000	
	其他	4 000	
	合计	60 000	

3．责任成本核算

（1）落实责任成本单位与责任人。企业成本计划经过横向、纵向分解后，落实到各生产部门和有关职能部门，形成各责任单位的责任成本计划。只要这些责任成本计划符合实际情况，各成本责任单位就应与上级责任单位签订内部经济合同，以保证责任成本计划的落实和贯彻执行。

（2）对实际发生的责任成本进行核算。为使本责任成本单位的领导人和上级责任成本部门了解本单位责任成本计划的落实和执行情况，该级责任成本单位就必须对实际发生的责任成本进行核算。

责任成本核算必须按照责任中心设置账户，建立明细账，用于归集和计算各自的责任成本。企业内部成本核算的各种凭证，也要适应责任成本核算的要求，注明责任单位，并以责任单位为对象进行归集。进行责任成本核算，需要分清各责任中心之间的责任界限，对各成本中心之间发生的经济往来，按照企业内部的转移价格，进行责任成本清算。

所谓责任成本清算，就是对各成本中心之间互相提供的劳务或者产品，进行计价清算，以达到结转费用的目的。为了正确组织企业内部各责任中心之间的责任成本清算，企业需要制定合理的内部结算价格及结算方式。

（3）合理制定内部转移价格。内部转移价格是指企业内部有关责任中心之间转移中间产品、相互提供劳务的结算价格。

内部转移价格采取了"价格"的形式，使两个责任中心形成交易的"买""卖"双方，它具有与外部市场价格相类似的作用。如在价格一定的情况下，要想获得较高的内部利润，卖方（产品或劳务的提供方）就必须不断改善经营管理，降低成本和费用，以其确定的收入抵偿支出；买方（产品或劳务的接受方）则必须在一定的购置成本下，千方百计地降低再加工的成本，争取较高的经济效益。

内部转移价格的确定，一般可以采取市场价格法、协商价格法、双重内部转移价格法和以"成本"作为内部转移价格等。

① 市场价格法。以市场价格作为内部转移价格的责任中心，应该是独立经营核算的利润中心，它们有权决定生产产品的数量、出售或购买的产品对象及其相应的价格。通常认为市场价格是制定内部转移价格最好的依据。市场价格最能体现责任中心的基本要求，因为在企业内部引进市场机制，所以造成一种竞争的气氛，其中每个利润中心实质上都成为了独立的机构，各自经营、相互竞争，最终通过利润指标来考核和评价其工作成果。

【案例 5-13】MN 公司下属两个分部 M、N，均为投资中心。M 分部生产的 K 部件，既可以作为 N 分部的原材料，也可以直接在市场上销售。目前的市场价格是每件 20 元，年最大生产能力为 100 000 件；N 分部每年需要 K 部件 40 000 件，可以从 M 分部或市场购入。在这种情况下，

MN 公司以市场价格作为内部转移价格，不论 M 分部将 K 部件对外销售还是对内销售，或不论 N 分部是从外部购买还是从 M 分部购买，对 M、N 分部和公司总体的营业收益均无影响。MN 公司简易损益表如表 5-33 所示。

表 5-33　　　　MN 公司损益表　　　　单位：元

项目			M 分部	N 分部	合计
销售收入	20 元×100 000 件		2 000 000		2 000 000
	40 元×40 000 件			1 600 000	1 600 000
	合计		2 000 000	1 600 000	3 600 000
成本	变动成本	10 元×100 000 件	1 000 000		1 000 000
		30 元×40 000 件		1 200 000	1 200 000
	固定成本		600 000	200 000	800 000
	合计		1 600 000	1 400 000	3 000 000
营业利润			400 000	200 000	600 000

*N 分部的变动成本 30 元，包括购入原材料成本 20 元，本分部发生的成本 10 元。

假设 M 分部的最大生产能力为 140 000 件，外部市场的最大销售量为 100 000 件，则剩余生产能力为 40 000 件。在这种情况下，MN 公司如果仍采用市场价格作为内部转移价格，就不会使公司利润最大化。这是因为虽然 M 分部生产的 K 部件的变动成本仅为 10 元，低于内部转移价格 20 元，但对于 N 分部来说，不论是从外部购买，还是从内部转移购买，其购买成本都是一样的。这样的转移价格不会激励 N 分部从 M 分部购人 K 部件。如果 N 分部从外部购买 K 部件，一方面会造成 M 分部生产能力的闲置，另一方面也会使公司的营业利润减少 400 000 元（40 000×10）。

采用市场价格作为内部转移价格是完全竞争市场条件下的一种理想的转移价格。但是完全竞争的市场条件是很难找到的，而且市场价格也受到一定的限制，有些产品（半成品）没有现成的市价，而另一些产品只有非完全竞争市场价格，不能直接作为内部转移价格。

② 协商价格法。如上所述，如果 K 部件的内部转移价格低于市场价格，就会鼓励 N 分部从 M 分部购买 K 部件，因而就会提高 N 分部和整个公司的收益水平。在这种情况下，企业应采用内部协商价格。

成功的协商价格依赖于以下条件。

第一，要有一个某种形式的外部市场。两个部门的经理可以自由地选择接受或是拒绝某一价格。如果根本没有可能从外部取得或销售中间产品，就会使一方处于垄断状态，这样的价格不是协商价格，而是垄断价格。

第二，当价格协商的双方发生矛盾不能自行解决，或双方谈判可能导致企业非最优决策时，企业的高一级管理层要进行必要的干预。

【案例 5-14】依前例 MN 公司，经过协商，K 部件的转移价格为 15 元，这样 N 分部从 M 分部购入 K 部件，单位成本就会降低 5 元；同时，M 分部的销售量就会增加到 140 000 件（100 000 件对外销售，40 000 件对内销售），销售收入由 2 000 000 元增加到 2 600 000 元（20×100 000+15×40 000），即增加收入 600 000 元，增加收益 200 000 元（600 000−10×40 000）。由于 N 分部的材料购入成本降低 200 000 元（5×40 000），相应增加收益 200 000 元。以 15 元作为内部转移价格的结果是使公司利润增加了 400 000 元，如表 5-34 所示。

表 5-34　　　　MN 公司损益表　　　　单位：元

项目			M 分部	N 分部	合计
销售收入	20 元×100 000 件		2 000 000		2 000 000
	15 元×40 000 件		600 000		600 000
	40 元×40 000 件			1 600 000	1 600 000
	合计		2 600 000	1 600 000	4 200 000
成本	变动成本	10 元×140 000 件	1 400 000		1 400 000
		25 元×40 000 件		1 000 000	1 000 000
	固定成本		600 000	200 000	800 000
	合计		2 000 000	1 200 000	3 200 000
营业利润			600 000	400 000	1 000 000

*N 分部的变动成本 25 元中，包括购入成本 15 元，本部发生成本 10 元。

内部转移价格如果低于市场价格，但高于 M 分部生产 K 部件的变动成本，就会使各分部的收益增加，进而使整个公司的收益增加。在本例中，内部协商价格可在 20 元到 10 元之间波动。例如，当内部转移价格为 18 元时，可使 M 分部的收益增加 320 000 元（720 000−400 000），N 分部收益增加 80 000 元（280 000−200 000），整个公司收益增加仍为 400 000 元（1 000 000−600 000），如表 5-35 所示。

表 5-35　　　　MN 公司损益表
2017 年　　　　金额单位：元

项目			M 分部	N 分部	合计
销售收入	20 元×100 000 件		2 000 000		2 000 000
	18 元×40 000 件		720 000		720 000
	40 元×40 000 件			1 600 000	1 600 000
	合计		2 720 000	1 600 000	4 320 000
成本	变动成本	10 元×140 000 件	1 400 000		1 400 000
		28 元×40 000 件		1 120 000	1 120 000
	固定成本		600 000	200 000	800 000
	合计		2 000 000	1 320 000	3 320 000
营业利润			720 000	280 000	1 000 000

*N 分部变动成本 28 元中，包括外购原材料成本 18 元，本分部发生的成本 10 元。

以内部协商价格作为内部转移价格，可以照顾双方利益并得到双方的认可，使价格具有一定的弹性。但在确定内部协商价格时，双方容易争执不休，造成部门间的矛盾。双方如果过多地依赖上级管理当局的仲裁，又会降低衡量部门业绩的作用。

③ 双重内部转移价格法。所谓双重内部转移价格，是指对产品（半成品）的供需双方分别采用不同的转移价格。例如，对产品（半成品）的“出售”部门，可按市场价格计价；而对“购买”部门，则按“出售”部门的单位变动成本计价；其差额由会计部门进行调整。这样的区别对待，有利于产品（半成品）接受部门正确地进行经营决策，避免因内部定价高于外部市场价格，接受

部门向外部进货，而不从内部“购买”，使企业内部的产出（半成品）供应部门的部分生产能力闲置的情况出现。双重内部转移价格也有利于提高供应单位在生产经营过程中充分发挥其主动性和积极性。这种方法通常在中间产品有外部市场、生产（供应）部门生产能力不受限制，且变动成本低于市场价格的情况下才会行之有效，才能提高企业的整体收益。

④ 以“成本”作为内部转移价格。由于在成本管理中经常使用不同的成本概念，如实际成本、标准成本、变动成本等，因此，有多种制定内部转移价格的方法。不同的方法将产生不同的影响。

动脑筋 如果采用实际成本法、实际成本加成法、标准成本法、标准成本加成法、变动成本法作为内部转移价格，请分别分析对交易双方会产生何种影响？

（4）责任转移。如果发生了由于责任成本单位不可抗的原因而产生了额外的成本，就需要对这些额外的成本进行责任转移。为了能够有效地进行责任转移，企业就必须分清产生额外成本的责任：是其他责任成本单位的过失，还是企业外部单位的原因，是天灾人祸，还是制度方面的原因等。确定了相应的责任归属以后，就应该根据一定的规则，将这些额外的成本转移给造成经济损失的责任单位或责任者。

责任转移的内容，一般包括非自身责任造成的停工损失、废品损失、其他损失等。

4．业绩考核和评价

责任成本的考核和评价，是发挥责任成本控制作用的关键。因为责任成本的考核与评价是否得当，将会直接影响企业全体成员参与成本管理的积极性的高低。

（1）责任成本的考核。业绩考核以与责任中心有关或可控制的范围为限度。报告包括可控制和不可控制两类项目，有时为了使报告内容完整，不可控制的因素亦将列入报告之中，但在进行业绩考核时，应选择可控制的因素进行评价。

例外管理的原则对于业绩考核与评价也是非常适用的。合乎正常的偏差可用一般评价，对于那些明显不正常或距离预定范围差距较大的事项应予以重点评价，并进行因素分析和责任的确定，以评定工作的优劣和指明影响工作程度的大小。

进行业绩考核应着重于比较的方式，包括实际与预算或实际与标准的比较，以及不同时间、不同部门、不同产品和不同企业的比较。实际与预算的比较可以说明预算的完成情况，实际与标准的比较可以发现脱离标准的偏差及其原因，不同时间的比较可以发现生产经营活动的一般趋势和规律性，不同部门的比较可以衡量部门间的经营管理水平和所取得的成果，不同产品的比较可以了解各种产品贡献大小以利于生产决策，同行业的比较可以从中找出企业的所短，以取人之所长。不过应该指出的是，在进行各种比较时，必须消除一些不可比较的因素，特别是在不同部门、不同产品间的比较。

（2）责任成本报告的编制。责任成本报告按其反映的经济业务内容，可以分为成本报告与财务报告；按其编制的时间，可以分为日报、周报、旬报、季报、年报；按其报告的形式，可以分为书面报告、图解报告和口头报告。责任报告的组成内容应根据各个企业的组织结构确定。在垂直组织结构的企业，其成本由最基层的成本中心进行归集，逐级汇总，并逐级加入固定成本和变动的间接成本。比如车间按班组汇总直接成本之后，应将车间的共同成本分项加入，汇总为车间成本，全厂在汇总各车间成本之后，再加入企业发生的共同成本，即可求得全部工厂成本。

成本报告逐级汇总时，过于详细的成本明细项目是没有必要列上的。因为对于一个企业领导者来说，没有必要了解几十个或者上百个作业班组各自发生的成本。垂直结构的组织系统，在管理上应逐级分层控制。若一个上千人的企业的领导，要想把所有生产班组都严格控制起来，而不借助于车间、工段等各级组织的力量，实践证明是做不到的。

责任成本报告中的“成本差异”，是评价与考核成本中心责任业绩完成情况的重要指标。

因为各责任中心是逐级设置的，所以责任成本预算和责任业绩报告也应自下而上报送，从最基层的成本中心逐级向上汇编，直至最高管理层。每一级的责任成本预算和责任业绩报告，除最基层的责任中心只有本身的可控成本外，都应包括下属单位转来的责任成本和本身的可控成本，这样就形成了一条“责任链”。责任成本报告的一般格式如表 5-36 所示。

表 5-36　　企业装配车间责任成本报告

2017 年　　单位：元

摘要	预算	实际	差异
下属单位转来的责任成本			
A 工段	14 000	14 800	+800
B 工段	12 000	11 900	−100
小计	26 000	26 700	+700
本车间自身的可控成本			
间接人工	1 800	1 820	+20
管理人员工资	3 200	3 140	−60
设备折旧费	2 000	2 000	0
设备维修费	1 500	1 670	+170
机物料消耗	900	1 080	+180
……			
小计	9 400	9 710	+310
本车间的责任成本合计	35 400	36 410	+1 010

各种报告形式的采用，应根据业务内容、业务性质、报告对象和使用情况而定。一般地说，高层管理人员多喜欢图表或图解，这种形式能给人以清晰、明快而深刻的印象，但是只能指出综合性的大概情形。如果需要较为精确的明细材料，就必须使用数字列表方式。这种方式大都为会计人员和喜欢数字的人所运用。图解报告可以迅速地了解企业经营得失的最突出的问题。

（3）责任成本的评价。考核的目的是为了进一步调动企业全体员工的成本管理积极性。因此，企业应该将各个责任成本中心完成责任成本的情况，与该责任中心获得的物质利益和其他鼓励结合起来。

通过考核、评估和奖惩，使全体员工明确这一点：责任成本完成得好坏，与自身的物质经济利益和集体荣誉感密切相关。当然，为了使责任成本控制真正在成本管理中发挥作用，还要加强职工的思想工作，要求职工树立全局观念，培养敬业精神，提高管理意识。

任务实施

（1）责任成本管理是指将企业内部划分为不同的责任中心，明确责任成本，并根据各责任中心的权、责、利关系，来考核其工作业绩的一种成本管理模式。

主要内容包括确定责任成本中心、编制责任成本预算、进行责任成本核算、业绩考核与评价四个方面。

（2）内部转移价格是指企业内部有关责任中心之间转移中间产品相互提供劳务的结算价格。内部转移价格的确定，一般可以采取市场价格法、协商价格法、双重内部转移价格法、以“成本”作为内部转移价格等。

闯关考验

一、单选题

1. 计算投资报酬率时，其经营资产计价是采用（　　）。
   A. 原始价值　B. 账面价值　C. 委估价值　D. 市场价值
2. 责任会计的主体是（　　）。
   A. 管理部门　B. 责任中心　C. 销售部门　D. 生产中心
3. 投资中心的利润与其投资额的比率是（　　）。
   A. 内部收益率　B. 剩余收益　C. 部门贡献边际　D. 投资报酬率
4. 责任会计中确定责任成本的最重要的原则是（　　）。
   A. 可避免性　B. 因果性　C. 可控性　D. 变动性
5. 成本中心的责任成本是指该中心的（　　）。
   A. 固定成本　B. 产品成本　C. 可控成本之和　D. 不可控成本之和
6. 下列项目中，不属于利润中心负责范围的是（　　）。
   A. 成本　B. 收入　C. 利润　D. 投资效果
7. 以获得最大净利为目标的组织单位是（　　）。
   A. 责任中心　B. 成本中心　C. 利润中心　D. 投资中心
8. 对于成本中心来说，考核的主要内容是（　　）。
   A. 标准成本　B. 可控制成本　C. 直接成本　D. 可变成本
9. 为了使部门经理在进行决策时其目标与企业目标协调一致，应该采用的评价指标为（　　）。
   A. 投资报酬率　B. 剩余收益　C. 现金回收率　D. 销售利润率
10. 在以成本作为内部转移价格制定基础的条件下，如果产品的转移涉及利润中心或投资中心时，下列方法中能够采用的只能是（　　）。
   A. 标准成本法　B. 变动成本法　C. 实际成本法　D. 标准成本加成法

二、多选题

1. 建立责任会计应遵循的基本原则有（　　）。
   A. 一致性原则　B. 可控性原则　C. 激励原则　D. 例外管理原则
2. 责任中心按其所负责任和控制范围不同，分为（　　）。
   A. 成本中心　B. 利润中心　C. 投资中心　D. 收入中心
3. 责任中心考核的指标包括（　　）。
   A. 可控成本　B. 剩余收益　C. 利润　D. 投资报酬率
4. 对投资中心考核的重点是（　　）。
   A. 贡献边际　B. 销售收入　C. 投资报酬率　D. 剩余收益
5. 利润中心分为（　　）。
   A. 自然利润中心　B. 人为利润中心　C. 实际利润中心　D. 预算利润中心

6. 成本中心可以是（　　）。

A. 车间　　B. 个人　　B. 工段　　D. 班组

7. 内部转移价格的确定，一般可以采取（　　）等方法。

A. 市场价格法　　B. 协商价格法

C. 双重内部转移价格法　　D. 以“成本”作为内部转移价格

三、判断题

（　　）1. 责任成本管理是指将企业内部划分为不同的责任中心，明确责任成本，并根据各责任中心的权、责、利关系，来考核其工作业绩的一种成本管理模式。

（　　）2. 可控性原则是指上级对下级的考核不应只限于下级所能控制的活动或因素。

（　　）3. 责任中心可以分为成本中心、利润中心和投资中心等不同种类的责任中心。

（　　）4. 如果一个责任中心在发生费用的同时又产生收入，就可称之为投资中心。

（　　）5. 由于利润中心既对成本负责，又对收入和利润负责，因此对利润中心的考核与评价，应当以投资报酬率为重点。

（　　）6. 投资中心的成绩既要用它取得的利润来衡量，也要用投资报酬率、剩余利润、投资回收期等利润对投资额的数量关系指标衡量。

（　　）7. 责任预算是指以责任中心为对象，以其可控的成本、收入和利润等为内容编制的预算。

（　　）8. 内部转移价格是指企业内部有关责任中心之间转移中间产品相互提供劳务的结算价格。

全真实训

1. 某成本中心的有关项目的实际指标如表训 5-9 所示。

表训 5-9　　实际指标　　单位：元

项目	实际	预算	差异
下属中心转来的责任成本			
甲工段	11 400	11 000	+400
乙工段	13 700	14 000	−300
合计	25 100	25 000	+100
成本中心的可控成本			
间接人工	1 580	1 500	+80
管理人员工资	2 750	2 800	−50
设备折旧费	2 440	2 440	+40
设备维修费	1 300	1 200	+100
合计	8 070	7 900	+170
本责任中心的责任成本合计	33 170	32 900	+270

要求：考核评价该中心的预算执行情况。

2. 已知：某公司的某部门（利润中心）的有关数据资料如下。

部门销售收入　　100 000 元

部门销售产品变动成本和变动销售费用　　70 000 元

部门可控固定成本　　　　　　　　　　5 000 元
部门不可控固定成本　　　　　　　　　6 000 元
要求：计算该部门各级利润考核指标。

3. 某投资中心的有关资料如下：
期初资产原价　　　100 000 元
期末资产原价　　　110 000 元
本期营业利润　　　 20 000 元
要求：计算该投资中心的投资报酬率。

4. 某企业有若干个投资中心，报告期整个企业的投资报酬率为 14%，其中甲投资中心的投资报酬率为 18%。该中心的经营资产平均余额为 200 000 元，利润为 36 000 元。预算期甲投资中心有一追加投资的机会，投资额为 100 000 元，预计利润为 16 000 元，投资报酬率为 16%，甲投资中心预期最低投资报酬率为 15%。

要求如下。

（1）假定预算期甲投资中心接受了上述投资项目，分别用投资报酬率和剩余收益指标来评价考核甲投资中心追加投资后的工作业绩。

（2）分别从整个企业和甲投资中心的角度，说明是否应当接受这一追加投资项目。

5. 假设某分部的经营资产为 400 000 元，经营净利润为 120 000 元。

要求如下。

（1）计算该分部的投资报酬率。

（2）如果最低利润率按 14%计算，其剩余利润是多少？

（3）如果采用投资报酬来衡量其工作成果，预计对管理部门的行动有什么影响？

（4）如果采用剩余利润来衡量其工作成果，预计对管理部门的行动有什么影响？

6. 某利润中心有关项目的实际数和预算数如表训 5-10 所示。其中，“变动销售费用”和“直接发生的固定成本”项目属于该利润中心的可控成本；“上级分配的固定成本”是该利润中心不可控成本；其他成本均为下属成本中心转来的责任成本。

表训 5-10　　某投资中心有关项目的实际数和预算数　　单位：元

项目	实际	预算	差异
销售收入	240 000	230 000	+10 000
变动成本			
变动生产成本	74 000	70 000	+4 000
变动销售成本	34 000	35 000	−1 000
变成成本合计	108 000	105 000	+3 000
贡献边际	132 000	125 000	+7 000
期间成本			
直接发生的固定成本	8 400	8 000	+400
上级分配的固定成本	6 300	6 500	−200
期间成本合计	147 000	14 500	+200
营业利润	117 300	110 500	+6 800

要求：对上述责任报告进行分析评价

7. 某投资中心有关项目的实际数和预算数如表训 5-11 所示。

表训 5-11　某投资中心有关项目的实际数和预算数　金额单位：元

项目	实际	预算	差异
销售收入	500 000	460 000	+40 000
营业成本与费用	470 000	440 000	+30 000
营业利润	30 000	20 000	+10 000
平均资产原价	150 000	125 000	+25 000
投资报酬率	20%	16%	+4%
按最低投资报酬率 15%计算的报酬	22 500	18 750	+3 750
剩余收益	7 500	1 250	+6 250

要求：对上述责任报告进行分析评价。

项目小结

定额成本制度是通过事前制定产品定额成本并将其作为目标成本，在生产费用发生的当时将实际发生的费用与目标成本进行对比揭示差异，并找出原因，及时控制、监督实际生产费用的支出，加强成本差异的日常核算、分析和控制。月终，再根据定额成本、定额差异和定额变动来计算实际成本的一种成本制度。

定额通常包括消耗定额、劳动定额（工时定额、产量定额）、费用定额和储备定额等。

通过实行定额成本制度有利于加强成本的日常控制；有利于进行产品成本的定期分析；有利于考核生产各个环节成本控制的成效，进一步挖掘降低成本的潜力。

标准成本制度是把生产过程开始之前的事前计划、生产过程进行中的事中控制和生产过程完成之后的事后计算和分析有机地结合起来的一种成本计算方法。标准成本可以分为理想标准成本、基本标准成本和正常标准成本 3 种。

产品的标准成本是由产品的直接材料、直接人工和制造费用组成的，所以标准成本就是针对工厂成本的料、工、费 3 大项目进行制定的。

直接材料标准成本包括材料用量标准和价格标准；直接人工标准成本包括工时标准和工资率标准；制造费用标准成本包括变动制造费用标准和固定制造费用标准。

成本差异是指实际成本与标准成本之间的差额，包括直接材料成本差异、直接人工成本差异和制造费用差异 3 部分。其中，制造费用差异又可分为变动制造费用差异和固定制造费用差异。

作业成本法是将间接成本和辅助费用更准确地分配到作业、生产过程、产品、服务及顾客中的一种成本计算方法。作业成本法的指导思想是“成本对象消耗作业，作业消耗资源”。

作业是成本计算的核心和基本对象，产品成本或服务成本是全部作业的成本总和，是实际耗用企业资源成本的终结。

按其产出或消耗方式进行分类，可以将作业分成产量级作业、批次级作业、品种级作业和生产维持级作业；按是否增加产品或服务价值分类，可将作业分为增值作业和非增值作业。

成本动因亦称成本驱动因素，是指导致成本发生的因素，即成本的诱因。成本动因通常以作业活动耗费的资源来进行度量。成本动因分为资源动因和作业动因。

作业成本法的基本原理可以概括为依据不同成本动因分别设置成本库，再分别以各种成本对象所耗费的作业量分摊其在该成本库的作业成本，然后分别汇总各种成本对象的作业总成本，计算各种成本对象的总成本和单位成本。

作业成本法对直接材料、直接人工等直接成本的核算与传统的成本计算方法并无不同，其特点主要体现在间接制造费用的核算上。

质量成本是企业为了保证和提高产品质量而支出的一切费用，以及因产品质量不能满足用户和消费者的要求而产生的一切损失。

质量成本又称质量费用。根据质量费用在质量控制中所起的作用，按经济用途可以将质量成本分成两个组成部分：控制成本和损失成本（或故障成本）。

质量成本管理需要对全员进行培训、提炼质量成本项目、确立目标质量成本分段实施、逐步落实。

鉴别成本和预防费用，内、外部故障成本之和的质量总成本有一个极小值，该极小值所对应的处于两类成本的合理平衡点，即最佳质量成本。

核算质量成本的一般程序是明确质量成本会计的核算对象；建立质量成本会计核算体系；定期进行质量成本分析。

质量成本会计核算有利于保证质量成本核算的及时性、连续性；能提高全员的质量意识；能为企业经营管理提供有效依据。

参 考 文 献

[1] 财政部会计资格评价中心．初级会计实务．北京：中国财政经济出版社，2017.

[2] 中国注册会计师协会．2016 年度注册会计师全国统一考试辅导教材——会计．北京：财政经济出版社，2016.

[3] 王超．成本会计实务．北京：教育科学出版社，2013.

[4] 陈强．初级会计实务．北京：人民邮电出版社，2016.

[5] 胡中艾，蒋小芸．成本核算．北京：高等教育出版社，2011.

[6] 江希和．成本会计．北京：高等教育出版社，2011.